Nordsee

DÄNEMARK

Ostsee

Ostfriesische
Inseln

NIEDERLANDE

POLEN

Elbe

Ems

Oder

Havel

Spree

HARZ

Weser

Elbe

Neisse

BELGIEN

Rhein

THÜRINGER
WALD

Erzgebirge

TSCHECHOSLOWAKEI

LUX.

Main

50°N

Mosel

ODENWALD

BAYRISCHER WALD

Rhein

Neckar

Donau

SCHWÄBISCHE ALB

Donau

FRANKREICH

SCHWARZWALD

Inn

Feldberg

ALPEN

UNGARN

Rhein

Zugspitze

10°O

Riffelberg

Matterhorn

0   120   240 Kilometer

Adriatisches
Meer

JUGOSLAWIEN

ITALIEN

Deutsch für alle

Deutsch für alle

BEGINNING COLLEGE GERMAN: A COMPREHENSIVE APPROACH 3/e

Werner Haas
Ohio State University

Gustave Bording Mathieu
California State University, Fullerton

JOHN WILEY & SONS

New York   Chichester   Brisbane   Toronto   Singapore

Cover and Interior Design by Carolyn Joseph
Cover Photo by: The Image Bank/Elyse Lewin
Photo of: Munich, Germany

Library of Congress Cataloging in Publication Data:

Haas, Werner, 1928-
  Deutsch für alle.

  Includes index.
    1. German language—Grammar—1950–   . 2. German
language—Textbooks for foreign speakers—English.
I. Mathieu, Gustave, 1921–   . II. Title.
PF3112.H23 1987   438.2′421   86-23420
ISBN 0-471-83115-8

Printed in the United States of America

10 9 8 7 6 5 4 3 2 1

This is the third edition of *Deutsch für alle*, a complete program for first-year college German. Like the other editions, it is based on dialogs, readings, communicative activities, and grammatical explanations that the authors hope will prove to be interesting and lively, yet solid and culturally authentic.

To learn a second language, the student must practice. To facilitate practice in the classroom, *Deutsch für alle* involves the class in role-playing, student-to-student give-and-take, teacher-to-student exchange (and vice versa), reading aloud individually or in chorus, responding to listening-comprehension exercises, and playing linguistic games. During each minute of every class, students are invited to use their eyes, ears, mouth, and mind in active practice of German. *Deutsch für alle* provides for the development of the four skills of listening, speaking, reading, and writing German, though most writing is assigned as homework, saving class time for oral communication and grammatical practice.

A young child can learn a language merely by unconscious exposure to it. Adults, however, learn best if they understand the concept underlying what they are practicing. Consequently, our grammar section is entitled *Grammatik: Theorie und Anwendung*. Succinct grammar explanations are followed immediately by practice. The methodology is that of the "habit-forming conceptual approach."

Organization Each of the 18 chapters in the textbook contains the following features:

1. *Dialog*. The dialog introduces the basic grammatical structures developed in the chapter. The dialog need not be memorized, but is designed for oral practice.

2. *Fragen zum Dialog* and *Persönliche Fragen*. The former will help the student to understand the vocabulary and structures introduced in the dialog. The latter invite the students to engage in "creative practice" by expressing their own views.

3. *Aussprache-Übung*. The pronunciation section contrasts German vowel and consonant sounds with each other and with English consonant sounds.

4. *Grammatik: Theorie und Anwendung*. Grammatical structures are explained and followed immediately by practical application through oral practice. We have endeavored to make exercises situation-oriented rather than mechanical and artificial. The vocabulary used in the exercises is recycled from the dialog of the current chapter and the dialogs and *Lesestücke* of preceding chapters. The display examples that illustrate grammatical features often use words and structures that will occur in the *Lesestück* of the current chapter. These are always accompanied by an English translation. Our consistent aim has been to reinforce previously encountered vocabu-

v

lary while preparing the students for an easier, and therefore more enjoyable, reading of the upcoming *Lesestück*.

A special feature of the *Grammatik* section is the *Vorsicht! Fehlergefahr!*, which alerts readers to the most common errors that English-speaking students of German make because of the well-known factor of interference. This feature serves as "preventive medicine" by drawing the students' attention to many common pitfalls.

5. The *Lesestück* incorporates the grammatical features of the chapter, without sacrificing the natural flow and idiomatic usage of German. The content of the *Lesestücke*, as well as of the dialogs, ranges from human interest to current issues, and from cultural information to historic events. At all times, we communicate with the students as mature adults.

6. *Situationen.* This section aims to stimulate the students to invent short but creative oral exchanges. Short of actually being among Germans or in a German-speaking country, the *Situationen* should help to instill confidence in the students to use German freely on their own—even at the risk of making a few mistakes. Language learners face two basic problems: *what* to say and *how* to say it. The "mini-theater" of the *Situationen* and the brevity of the expected exchanges should help to resolve both problems.

7. *Schriftlich wiederholt.* These written exercises are intended as a review of grammatical structures learned in the chapter. They are diversified and provide for both predetermined and free responses. The vocabulary they draw on is based on the dialogs and *Lesestücke* of both the current chapter and previous chapters.

8. *Sprechen leicht gemacht!.* This is an activities section coordinated with the grammar presented in each chapter. Each subsection notes what structure is being practiced so that the instructor may turn to *Sprechen leicht gemacht!* after a specific point of grammar has been taken up.

Sprechen leicht gemacht! should motivate students to communicate by expressing their own personal reactions to a wide variety of matters. Many of these activities are serious, whereas others are tongue-in-cheek or even just plain fun. *Sprechen leicht gemacht!* does not consist of exercises done by numbers. Rather, it is designed so students can select words or phrases from those suggested because they express what they want to communicate. They are open-ended and invite the students to expand on the suggested responses.

Integrated
Program
Materials

Supporting the textbook are a workbook (*Arbeitsbuch*), an Annotated Instructor's Edition, and a complete laboratory tape program available for purchase or on loan for local duplication.

The *Arbeitsbuch* contains the following main features:

1. *Selbst-Test.* For each chapter there is a programmed test with the correct response provided in the right column. The *Selbst-Test* is closely coordinated with the *Grammatik* section of the text. This permits simultaneous study and practice of the text and the workbook. In effect, the *Selbst-Test* provides

a complete review and reinforcement of the grammar points discussed in the text.

The *Selbst-Test* is designed to 1) reinforce classroom learning, 2) help students who may have missed a class to catch up, and 3) provide individualized study practice.

2. *Probe-Test.* These writing exercises review the entire grammatical, structural, and vocabulary materials of each chapter. They provide practice for tests that the instructor may want to devise.

3. *Aussprache-Übung.* This pronunciation section contrasts German consonant and vowel sounds both with each other and with English. It complements the *Aussprache-Übungen* for the text, which focus on German vowel sounds.

The *Arbeitsbuch* contains a *Review of Highlights* consisting of exercises on the main grammar structures presented in each chapter of the text. It also includes a *Review of errors often made by English-speaking students of German* and the English equivalent of the dialogs in the text.

The tapes cover all the dialogs and *Lesestücke* from the text, exercises on the grammar structures (all the *Anwendungen* from the text plus new exercises), listening-comprehension materials, *Hör' zu . . . und antworte!*, and the pronunciation sections from the text and the workbook. A complete laboratory tapescript is available without charge to users of *Deutsch für alle*.

Changes in the Third Edition

For instructors who are familiar with the earlier editions of *Deutsch für alle*, we will briefly summarize the major changes in the third edition that were introduced in response to the suggestions of teachers and reviewers as well as our own continuing classroom experience.

1. Most importantly, the separate Instructor's Manual has been replaced by an *Annotated Instructor's Edition* that has marginal notes to help the instructor toward more effective teaching and to enliven the class through suggestions and explanations pertaining to grammar and culture. The Annotated Instructor's Edition also contains an answer key for all the textbook exercises with a fixed response. (The answer key for the *Arbeitsbuch* (*Probe-Test*) and for the laboratory program is printed in a separate brochure.)

2. This edition includes an English–German *Wörterverzeichnis* listing the active vocabulary, including all the words needed for translation exercises.

3. The book has been revised in order to give more time to the instructor. The *Dialog* and *Lesestücke* have been refined and brought up to date. Some chapters (e.g., Chapter 4) have been rewritten so that they can be used more effectively in class. Chapters 6 and 14 have been rewritten to cover new topics. In addition, grammar sections have been tightened up and new exercises added.

4. The popular *Sprechen leicht gemacht!* activities have been reworked and expanded to provide even more communicative classroom activity than before.

5. The whole book has been revised to ensure that, while cultural authenticity is maintained, there are no unwitting sexist attitudes expressed.

As with the second edition, several grammar points that are rarely used or are of secondary importance to first-year students have been included in the *Reference Grammar* at the end of the text for those instructors who might want to introduce them to their students.

Acknowledgments   We wish to thank the following reviewers for their suggestions for this edition: Steven M. Benjamin, Radford University; Irene Stocksieker DiMaio, Louisiana State University; Christopher Dolmetsch, Marshall University; Frank Donahue, University of Texas; Henry Geitz, University of Wisconsin; Trudy Gilgenast, University of Delaware; Richard C. Helt, University of Arizona; Reinhard K. Hennig, United States Military Academy; John F. Lalande, University of Illinois; Jennifer Liebnitz, University of Missouri, Kansas City; Carol Miller, Kansas State University; Dennis Mueller, University of Missouri, Columbia; Wolfgang Pfabel, Illinois State University; William Small, University of Maine, Orono; Heimy Taylor, Ohio State University; and Morris Vos, Western Illinois University.

W. H.
G. B. M.

INHALTSVERZEICHNIS

Deutsch für alle

USEFUL CLASSROOM EXPRESSIONS

Guten Morgen/Tag/Abend!	*Good morning/day/evening!*
Auf Wiedersehen!	*Good-bye!*
Wie geht es Ihnen, Herr/Frau/ Fräulein _____?	*How are you, Mr./Mrs./Miss _____?*
Danke, gut.	*Fine, thank you.*
Bis morgen.	*Till tomorrow.*
Wie bitte?	*What was that?*
Ich weiß nicht.	*I don't know.*
Haben Sie Fragen?	*(Do you have) any questions?*
Ich habe eine Frage.	*I have a question.*
Auf deutsch, bitte!	*In German, please.*
Wie sagt man auf deutsch _____?	*How does one say _____ in German?*
Antworten Sie, bitte!	*Answer, please.*
Wiederholen Sie, bitte!	*Repeat, please.*
Lauter, bitte!	*Louder, please.*
Alle zusammen!	*All together.*
Lesen Sie, bitte!	*Read, please.*
Bitte, machen Sie Ihr Buch auf! (*or* **Bitte, öffnen Sie Ihr Buch!**)	*Open your book, please.*
Seite zehn, Zeile drei.	*Page ten, line three.*
Machen Sie Ihr Buch zu! (*or* **Schließen Sie Ihr Buch!**)	*Close your book.*
Drehen Sie Ihr Buch um!	*Turn your book over.*
Verstehen Sie das?	*Do you understand that?*
Hören Sie zu, bitte!	*Listen please.*
Noch einmal, bitte!	*Again, please.*
Bitte, fangen Sie an!	*Begin, please.*
Bitte, sprechen Sie langsamer!	*Please speak more slowly.*
Gehen Sie an die Tafel!	*Go to the board.*
Schreiben Sie an die Tafel!	*Write on the chalkboard.*
Was haben wir auf?	*What is our homework?*
Ihre Hausaufgabe ist _____.	*Your homework is _____.*
Stehen Sie auf, bitte!	*Please stand up.*
Setzen Sie sich, bitte!	*Please sit down.*
Entschuldigen Sie!	*Excuse me.*
Machen Sie die Tür zu, bitte! (*or* **Schließen Sie die Tür, bitte!**)	*Close the door, please.*
Haben wir heute eine Prüfung?	*Do we have an exam today?*
Machen wir fünf Minuten Pause!	*Let's have a five-minute break.*

USEFUL WORDS FOR THE CLASSROOM

der **Bleistift, -e**	*pencil*
das **Buch, ⁻er**	*book*
das **Fenster, -**	*window*
das **Heft, -e**	*notebook*
die **Karte, -n**	*map*
das **Klassenzimmer, -**	*classroom*
die **Kreide**	*chalk*
der **Kugelschreiber, -**	*ball-point pen*
das **Licht, -er**	*light*
der **Papierkorb, ⁻e**	*wastepaper basket*
der **Stuhl, ⁻e**	*chair*
die **Tafel, -n**	*chalkboard*
der **Tisch, -e**	*table*
die **Tür, -en**	*door*
die **Wand, ⁻e**	*wall*

DIE WOCHENTAGE · *DAYS OF THE WEEK*

Montag	*Monday*
Dienstag	*Tuesday*
Mittwoch	*Wednesday*
Donnerstag	*Thursday*
Freitag	*Friday*
Samstag (*or* **Sonnabend**)	*Saturday*
Sonntag	*Sunday*
gestern	*yesterday*
heute	*today*
morgen	*tomorrow*
die **Woche**	*week*
das **Wochenende**	*weekend*

DIE ZAHLEN 0 BIS 20 · *NUMBERS 0 to 20*

null	*0*	**elf**	*11*
eins	*1*	**zwölf**	*12*
zwei	*2*	**dreizehn**	*13*
drei	*3*	**vierzehn**	*14*
vier	*4*	**fünfzehn**	*15*
fünf	*5*	**sechzehn**	*16*
sechs	*6*	**siebzehn**	*17*
sieben	*7*	**achtzehn**	*18*
acht	*8*	**neunzehn**	*19*
neun	*9*	**zwanzig**	*20*
zehn	*10*		

Studenten in Stuttgart.

Wie heißt sie? Und wer ist er?

Tatsache oder Klischee? (Ist das richtig oder falsch?)

DIALOG

Wie heißt sie? Und wer ist er?

GÜNTER MÜLLER	Hans, kennst du das Mädchen dort?
HANS MAYER	Nein, ich kenne sie nicht. Wer ist sie?
GÜNTER	Sie heißt Ursula Schwarz; sie ist Studentin.
HANS	Was studiert sie?
GÜNTER	Sie studiert Medizin. —Und sie ist sehr nett! (*Fräulein Schwarz kommt.*)
GÜNTER	Guten Tag, Ursula, wie geht's?
URSULA SCHWARZ	Danke, gut. Und dir?
GÜNTER	Danke, auch gut. —Ursula, das ist Hans Mayer.
URSULA	Guten Tag, Herr Mayer. Sind Sie auch Student?
HANS	Ja, ich studiere Biologie.
GÜNTER	…und er tanzt gern, hat viele Platten, lernt Karate, spielt Tennis und…
URSULA	Tennis? Ich spiele auch gern Tennis, aber leider nicht sehr gut.
GÜNTER	Ursula, kommst du heute abend ins Konzert?
URSULA	Ich glaube nicht. Ich habe heute keine Zeit. Und viel Arbeit! (*Der Bus kommt.*) Hier ist der Bus. Auf Wiedersehen!
ALLE	Auf Wiedersehen!

WORTSCHATZ ZUM DIALOG[1]

ACTIVE VOCABULARY

nouns

die **Arbeit**	*work*	der **Herr, -en**	*Mr.; gentleman*
der **Bus, -se**	*bus*	das **Mädchen, -**	*girl; young unmarried woman*
das **Fräulein, -**	*Miss*		

[1]*Vocabulary for the dialog.* "Active vocabulary" is high-frequency words that are essential for speaking practice based on the dialog and the *Lesestück*, and for English to German translation exercises. "For recognition" vocabulary consists of words less frequently used, proper nouns, and some cognates. Words that are glossed in the *Lesestück* are not usually included in the word list.

der **Student, -en**   student (male)
die **Studentin, -nen**   student (female)

der **Tag, -e**   day
die **Zeit, -en**   time

verbs

glauben	to believe	**lernen**	to learn
haben (hat)	to have, possess	**sein (ist)**	to be
heißen	to be called	**spielen**	to play
kennen	to be acquainted with, know	**studieren**	to study
		tanzen	to dance
kommen	to come		

other words

aber	but	**kein(e)**	no, none, not any
das	the; this, that	**nein**	no
du	you (familiar)	**nicht**	not
er	he	**sie**	she; they
gern(e)	to like to; gladly	**Sie**	you (formal)
gut	good, well	**und**	and
heute	today	**viel**	much
hier	here	**viele**	many
ich	I	**was**	what
ja	yes	**wer**	who

special and idiomatic expressions

Auf Wiedersehen!	Good-bye!	**Wie geht's?**	How are you?
gern + verb	to like	**Danke, gut.**	Fine, thanks.
Guten Tag!	Hello (Good day)!	**Und dir?**	And you? (familiar)
Wie heißt sie?	What's her name?		

VOCABULARY FOR RECOGNITION

nouns

die **Biologie**	biology	die **Medizin**	medicine
der **Dialog, -e**	dialog	die **Platte, -n**	record
das **Karate**	karate	der **Wortschatz**	vocabulary (literally, treasure of words)
das **Konzert, -e**	concert		

other words

auch	also, too	**leider**	unfortunately
dort	there	**nett**	nice
heute abend	tonight	**sehr**	very
ins = in das	to the		

● FRAGEN ZUM DIALOG[1]

A *Complete the sentences using information from the dialog.*

1. Ursula Schwarz studiert (Biologie/Medizin/Musik).
2. Hans Mayer studiert (Medizin/Biologie/Physik).
3. Ursula spielt (gut/auch/heute) Tennis.
4. Günter Müller (tanzt/spielt/studiert) auch.
5. Ursula hat (keine/viel/heute) Zeit.

B *Answer in German.*

1. Wie heißt das Mädchen?	Sie heißt _____.
2. Was ist sie?	Sie ist _____.
3. Was studiert sie?	Sie studiert _____.
4. Was studiert Hans Mayer?	Er studiert _____.
5. Spielt sie Tennis?	Ja, sie spielt _____.
6. Spielt er Tennis?	Ja, _____.
7. Ist Ursula nett?	Ja, _____.
8. Tanzt Hans gern?	Ja, _____.
9. Was kommt?	Der _____.

● PERSÖNLICHE FRAGEN[2]

1. Wie heißen Sie?	Ich heiße _____.
2. Sind Sie Student/Studentin?	Ja, ich bin_____.
3. Was studieren Sie?	Ich studiere _____.[3]
4. Was lernen Sie?	Ich lerne _____.
5. Spielen Sie Tennis?	Ja, ich _____.

● AUSSPRACHE-ÜBUNG[4]

Long **a** versus short **a**

LONG		SHORT	
der **Staat**	*state*	die **Stadt**	*city*
der **Stahl**	*steel*	der **Stall**	*stable*
er **kam**	*he came*	der **Kamm**	*comb*
raten	*to guess*	die **Ratten**	*rats*
die **Maße**	*measures, sizes*	die **Masse**	*the mass*
der **Kahn**	*boat*	ich **kann**	*I can*
die **Wahl**	*election*	der **Wall**	*wall*

[1]*Questions about the dialog*

[2]*Personal questions*

[3]Ask your instructor in German: ,,Wie sagt man auf deutsch [your major in English]?''

[4]*Pronunciation Exercise.* Pronounce only the German words in boldface, not the articles **der**, **die**, **das** or the English words. You need not learn these words as vocabulary. The complete text of each *Aussprache-Übung* is printed in the *Arbeitsbuch* and is recorded on a special tape.

GRAMMATIK Theorie und Anwendung[1]

1. SUBJECT PRONOUNS

A pronoun is a word that replaces a noun. (In Latin, *pro* means *in place of*.)

NOUN

Ursula tanzt gern.   *Ursula likes to dance.*

PRONOUN

Sie tanzt gern.   *She likes to dance.*

WHAT'S THE "NOMINATIVE"? THE DO-ER!

The nominative is the case of the subject. The subject is the person or thing performing the action. In the examples above, Ursula is the subject.

FORMS OF SUBJECT PRONOUN

SINGULAR		PLURAL	
ich	*I*	**wir**	*we*
du	*you* (familiar)	**ihr**	*you* (familiar)
er, sie, es	*he, she, it*	**sie**	*they*
Sie	*you* (formal)	**Sie**	*you* (formal)

BEISPIELE[2]   Was ist Herbert? **Er** ist Student.   *What is Herbert? He is a student.*

Was ist Helga? **Sie** ist Studentin.   *What is Helga? She is a student.*

Was spielen Herbert und Helga? **Sie** spielen Tennis.   *What do Herbert and Helga play? They play tennis.*

Wie ist das Wetter? **Es** ist schlecht.   *How is the weather? It is bad.*

Wie heißen **Sie**? **Ich** heiße _____.   *What is your name? I am called* _____.

THREE DIFFERENCES BETWEEN ENGLISH AND GERMAN SUBJECT PRONOUNS

1. German **ich**, unlike English *I*, is not capitalized unless it begins a sentence.
2. German **Sie** is always capitalized when it is the equivalent of English *you*.

[1]*Grammar: Theory and Application*
[2]*Examples.* Examples in this section, accompanied by English equivalents, are generally from the forthcoming *Lesestück* and thus prepare for the lesson's reading selection.

Sie studieren Medizin in München.

3. German has three subject pronouns corresponding to English *you*:

	du	familiar singular
you	**ihr**	familiar plural, as in "you all"
	Sie	formal, both singular and plural, always capitalized

THE PRONOUN

Man is a subject pronoun, corresponding to English *one, people, you* (but *never* to English *man*).

Hier trinkt **man** viel Bier.	*One drinks a lot of beer here.*
In Österreich tanzt **man** gern.	*In Austria people like to dance.*
Man lebt hier anders.	*One lives differently here.*

● ANWENDUNG

A *Supply the German pronoun suggested by the English cue.*

1. (*I*) _____ spiele gern Tennis.
2. (*we*) _____ haben keine Zeit.
3. (*he*) _____ kennt das Mädchen.
4. (*they*) _____ tanzen gern.

5. (*you—familiar singular*) Fritz, studierst _____ Biologie?
6. (*she*) _____ ist sehr nett.
7. (*you—familiar plural*) Hans und Erika, spielt _____ Tennis?
8. (*it*) _____ ist gut.
9. (*you—formal singular*) _____ spielen gut, Herr Müller.
10. (*you—formal plural*) Herr Mayer und Fräulein Schwarz, haben _____ heute Zeit?
11. (*one*) _____ glaubt es nicht.

WHEN TO USE du OR Sie

The formal **Sie** is used when speaking to strangers and persons you would normally address as **Herr** *Mr., Sir*; **Frau** *Mrs.*; or **Fräulein** *Miss*. The familiar **du** and **ihr** are used when speaking to relatives, close friends, children, animals, and generally among younger people and students. As a rule of thumb, use **du** and **ihr** with people whom you would call by their first name.

IF IN DOUBT . . . Sie!

Customs regarding the use of **Sie** and **du** vary from place to place, and change with time. If in doubt, you will always be correct to use **Sie** until you become certain that you may use **du**.

● ANWENDUNG

B *Complete the sentence or question with the appropriate subject pronoun.*

1. Ich studiere Deutsch. Und was studierst _____, Günter?
2. Wir tanzen gern. Und _____, Fräulein Müller und Fräulein Schwarz?
3. Fräulein Mayer, _____ sind sehr nett.
4. Karl, _____ spielst sehr gut Tennis.
5. Ursula und Hans, kommt _____ heute?
6. Ich glaube es nicht. Glauben _____ es, Herr Müller?
7. Ursula, kennst _____ Günter?
8. Wir sind Studenten. Bist _____ Student, Karl?

C *Complete with the appropriate subject pronoun.*

1. Günter kommt nicht ins Konzert. _____ hat keine Zeit.
2. Hans und Karl haben viele Platten. _____ tanzen auch gern.
3. Ursula studiert Biologie und _____ spielt auch Tennis.
4. Fräulein Schwarz ist Studentin. _____ studiert Medizin.
5. Guten Tag, Herr Müller. Spielen _____ heute Tennis?
6. Wer ist das Mädchen dort? Und was studiert _____?[1]
7. Wie heißt der Student dort? Und was studiert _____?

[1]Grammatically, the pronoun required is **es**, but most Germans would prefer **sie**.

2. THE DEFINITE ARTICLES der, die, das

BEISPIELE

Ist **der** Wein gut?	*Is the wine good?*
Ist **die** Tradition alt?	*Is the tradition old?*
Ist **das** Wetter gut?	*Is the weather good?*

GENDER AND SEX ARE NOT NECESSARILY THE SAME

Every German noun has a grammatical gender which is indicated by the definite article. English has only one definite article: *the*. German has three.

1. masculine (**der**-words)
   der Bus *bus*; **der** Tag *day*
2. feminine (**die**-words)
   die Zeit *time*; **die** Frage *question*
3. neuter (**das**-words)
   das Jahr *year*; **das** Konzert *concert*

Grammatical gender is not necessarily the same as biological gender. In his satirical piece "The Awful German Language," Mark Twain poked fun at this peculiarity of German when he wrote: "In German a young lady [**das Mädchen**] has no sex, while a turnip [**die Rübe**] has. Think what overwrought reverence that shows for the turnip, and what callous disrespect for the girl."

LEARN IT BY HEART.

Twain also noted that since every noun has a gender, yet there is "no sense or system in the distribution" of **der**, **die**, **das**, "the gender of each must be learned separately and by heart."

GENDER AND SEX SOMETIMES COINCIDE . . .

Mark Twain was exaggerating somewhat. Although it is true that objects may have any one of the three genders, the grammatical gender of nouns designating people is usually the same as their biological sex. Here are a few such nouns, which show that grammatical and natural sex sometimes do coincide.

der-WORDS		**die**-WORDS	
der Herr	*Mr., Sir*	**die** Dame	*lady*
der Student	*student*	**die** Studentin	*student*
der Mann	*man*	**die** Frau	*Mrs., woman*
der Vater	*father*	**die** Mutter	*mother*
der Sohn	*son*	**die** Tochter	*daughter*
der Bruder	*brother*	**die** Schwester	*sister*

... AND SOMETIMES NOT

der Löffel   *spoon*   **die** Gabel   *fork*
das Messer *knife*

WHY ARE WE NEUTER?

Das Mädchen *girl* and **das Fräulein** *Miss* are neuter because all nouns with the endings **-chen** or **-lein** are **das**-words. Another example: **das Kätzchen** *little cat, kitten.*

NOUNS ENDING IN -**in** ARE **die**-WORDS

Many masculine German nouns referring to persons can be made feminine by adding the ending **-in**.

der **Student**	*male student*	der **Schweizer**	*Swiss man*
die **Studentin**	*female student*	die **Schweizerin**	*Swiss woman*
der **Amerikaner**	*American man*	der **Arbeiter**	*male worker*
die **Amerikanerin**	*American woman*	die **Arbeiterin**	*female worker*

● ANWENDUNG

A   *Restate the sentence with the noun in the feminine. Don't forget to change the definite article.*

1. Wer ist der Student?
2. Der Amerikaner ist nett.
3. Der Schweizer tanzt gut.

3. THE GENDER OF THIRD-PERSON PRONOUNS

Pronouns must have the same gender as the noun they stand for.

BEISPIELE   Wo ist **der** Bus? **Er** ist dort.   *Where is the bus? It is there.*

Ist **die** Platte populär? Ja, **sie** ist populär.   *Is the record popular? Yes, it is popular.*

Ist **das** Wetter schlecht? Ja, **es** ist schlecht.   *Is the weather bad? Yes, it is bad.*

"FILL 'ER UP!"

Students beginning to learn German might find it odd to think of a bus as "he" or a record as "she." Yet, in English we say of a ship, "*She sailed today,*" or of a car, "*Fill her up.*" and "*She runs good (well)!*"

● ANWENDUNG

A   *Answer yes, replacing the noun with the appropriate pronoun.*

1.   Ist das Konzert heute? Ja, _____ ist heute.
2.   Kommt der Bus? Ja, _____ kommt.
3.   Ist die Platte gut? Ja, _____ ist gut.
4.   Heißt die Studentin Erika? Ja, _____ heißt Erika.
5.   Ist der Wein gut? Ja, _____ ist gut.
6.   Spielt der Student Tennis? Ja, _____ spielt Tennis.
7.   Kennt er das Mädchen? Ja, er kennt _____.
8.   Ist das Fräulein nett? Ja, _____ ist nett.
9.   Studiert die Studentin Medizin? Ja, _____ studiert Medizin.

4.   THE PLURAL OF NOUNS

ALL PLURALS = die!

In the plural, gender distinctions in the articles disappear. The article **die** is used
for *the* in the plural.

Sie trinken Coca-Cola. Und was kaufen sie?

SINGULAR		PLURAL	
der Staat	*nation, state*	**die** Staaten	*nations, states*
die Karte	*map, ticket*	**die** Karten	*maps, tickets*
das Mädchen	*girl*	**die** Mädchen	*girls*

FIVE WAYS TO MAKE NOUNS PLURAL

English nouns usually add the symbol -*s* to show the plural.[1] German nouns follow five basic patterns for showing the plural.

a) Add **-e**
   der **Lehrer**—die **Lehrer** *teachers*
   Some of these nouns may use an umlaut: der **Vater**—die **Väter** *fathers.*

b) Add **-e**
   der **Tag**—die **Tage** *days*
   Some may use an umlaut: die **Nacht**—die **Nächte** *nights.*

c) Add **-er**
   das **Kind**—die **Kinder** *children*
   Some may use an umlaut: das **Haus**—die **Häuser** *houses.*

d) Add **-en** or **-n**
   die **Frau**—die **Frauen** *women*; die **Platte**—die **Platten** *records*
   These never umlaut.

e) Add **-s**
   das **Auto**—die **Autos** *cars*

WHAT IS AN UMLAUT?

Umlaut is a German term for a change of vowel sounds. It is shown in writing by two dots (¨). The word *umlaut* is listed in Webster's dictionary.

MEMORIZE PLURALS!

Because the plurals of nouns may look and sound so different from the singular, it is important to memorize both the singular and the plural when learning a new noun.

USING THE DICTIONARY

When you are unsure of the plural of a noun, look it up in the dictionary or in the end vocabulary, pp. 529–562. Here is what the symbols mean.

das **Mädchen, -** *girl*   no change in plural: die **Mädchen**
die **Mutter, ⁻** *mother*   no addition, but adds umlaut: die **Mütter**

---

[1]But note: *mouse, mice; child, children; glass, glasses; one sheep, two sheep.*

das **Jahr, -e** *year*	adds **-e**: die **Jahre**
der **Zug, ⸚e** *train*	adds **-e** and umlaut: die **Züge**
das **Kind, -er** *child*	adds **-er**: die **Kinder**
das **Volk, ⸚er** *people*	adds **-er** and umlaut: die **Völker**
die **Frage, -n** *question*	adds **-n**: die **Fragen**
der **Staat, -en** *state*	adds **-en**: die **Staaten**
das **Klischee, -s** *cliché*	adds **-s**: die **Klischees**

Some nouns have no plural (die **Milch** *milk*). Some nouns have no singular (die **Leute** *people*).

● ANWENDUNG

A *Complete the sentences, putting the noun into the plural. Consult the word list below, if necessary.*

1. Die Zeit ist schlecht. _____ sind schlecht.
2. Die Karte ist hier. _____ sind hier.
3. Der Herr ist nicht hier. _____ sind nicht hier.
4. Das Mädchen ist nett. _____ sind nett.
5. Der Zug kommt. _____ kommen.
6. Der Vergleich ist gut. _____ sind gut.
7. Der Tag ist lang°. _____ sind lang.   *long*

der **Herr, -en**	*man*	das **Volk, ⸚er**	*people*
die **Karte, -n**	*map*	der **Vergleich, -e**	*comparison*
das **Mädchen, -**	*girl*	die **Zeit, -en**	*time*
der **Tag, -e**	*day*	der **Zug, ⸚e**	*train*

⚠ Vorsicht!¹   Fehlergefahr!²

German nouns begin with a capital letter. In English, only proper nouns are capitalized.

Deutschland *Germany* (a proper noun)
die **Wahrheit** *truth* (a common noun)

The opposite is true for adjectives. Unlike English, German does not usually capitalize adjectives that refer to proper nouns.

der **amerikanische** Student   *the American student* (adjective)

---

¹*Attention!* (literally, *foresight*). This international traffic sign for "Caution" is used throughout the text to indicate pitfalls to be avoided. It will alert you to the most common mistakes made by English-speaking students of German.

²*Danger of making a mistake!* (from **der Fehler** *mistake* and **die Gefahr** *danger*)

5. THE PLURAL OF PRONOUNS

GENDER DISTINCTIONS DISAPPEAR IN THE PLURAL.

In the plural the subject pronoun in German is always **sie**.

SINGULAR

Ist der Zug pünktlich? Ja, **er** ist pünktlich.

Is the train on time? Yes, it is on time.

PLURAL

Sind die Züge pünktlich? Ja, **sie** sind
pünktlich.

*Are the trains on time? Yes, they are
on time.*

● ANWENDUNG

A   *Answer yes, replacing the noun with the appropriate pronoun.*

1. Ist das Konzert gut? Ja, _____ ist gut.
2. Sind die Konzerte gut? Ja, _____ sind gut.
3. Kommen die Studenten heute? Ja, _____ kommen heute.
4. Kommt der Student heute? Ja, _____ kommt heute.
5. Sind die Kinder hier? Ja, _____ sind hier.
6. Ist das Kind hier? Ja, _____ ist hier.
7. Ist die Studentin dort? Ja, _____ ist dort.
8. Sind die Studentinnen dort? Ja, _____ sind dort.
9. Ist die Milch gut? Ja, _____ ist gut.

⚠ **Vorsicht!**   **Fehlergefahr!**

In spoken German, **sie** and **Sie** sound exactly alike and, as a subject, may
have any one of four English equivalents: *you, she, they,* or *it*. The intended
meaning can usually be determined from the context, the verb endings, and
the spelling.

Sie kommt.	*She comes.*
Sie kommen.	*They come* (or *You come*).
Kommen **sie**?	*Are they coming?*
Kommen **Sie**?	*Are you coming?*
Ist die Platte gut? Ja, **sie** ist gut.	*Is the record good? Yes, it is good.*

6.   sein AND haben, PRESENT TENSE

KEY VERBS—MEMORIZE!

Sein *to be* and **haben** *to have* are key verbs because they also function as auxiliaries (helping verbs used in forming other tenses). Their forms must be memorized.

	SINGULAR		PLURAL	
sein	ich **bin**	*I am*	wir **sind**	*we are*
	du **bist**	*you are*	ihr **seid**	*you are*
	er, sie, es **ist**	*he, she, it is*	sie, Sie **sind**	*they, you are*
haben	ich **habe**	*I have*	wir **haben**	*we have*
	du **hast**	*you have*	ihr **habt**	*you have*
	er, sie, es **hat**	*he, she, it has*	sie, Sie **haben**	*they, you have*

● ANWENDUNG

A   *Supply the correct form of* **sein**.

1.   Fräulein Stein _ist_ Amerikanerin.
2.   Wir _sind_ jung°.   *young*
3.   Du _bist_ sehr nett.
4.   Fritz und Hans, _____ ihr gern hier?
5.   Ich _____ gern hier.
6.   Herr Klein, _____ Sie Schweizer?
7.   Es _____ gut.
8.   Dort _____ die Studenten. Sie _____ Amerikaner.
9.   Er _____ sehr alt.

B   *Supply the correct form of* **haben**.

1.   Wir _____ die Platte.
2.   _____ du Zeit?
3.   Karin _____ die Karte.
4.   Fritz und Hans, _____ ihr das Geld°?   *money*
5.   Ich _____ kein Geld.
6.   Frau Müller, _____ Sie Kinder?
7.   Er _____ Zeit.
8.   _____ die Mädchen Karate gern°?   **gern haben**   *to like*
9.   _____ Sie Hans/Ursula gern?

● SYNOPSIS EXERCISE[1]

If the subject is in the singular, restate the sentence in the plural, and vice versa.

1.	Wir sind hier.	_____ hier.
2.	Ich habe Geld.	_____ Geld.
3.	Ihr seid nett.	_____ nett.
4.	Du hast Geld.	_____ Geld.
5.	Ist sie jung?	_____ jung?
6.	Ist er jung?	_____ jung?
7.	Wir haben kein Geld.	_____ kein Geld.
8.	Sie ist charmant.	_____ charmant.
9.	Sie hat Zeit.	_____ Zeit.
10.	Hat sie Zeit?	_____ Zeit?

7. THE INFINITIVE

WHAT IS AN INFINITIVE?

The infinitive is the basic form of a verb as it is listed in the dictionary. German infinitives end in **-en** (or **-n**). German has no equivalent of English *to* before the infinitive. The infinitive consists of the stem + the ending **-(e)n**. To find the stem, delete **-(e)n**. The stem is important because the personal endings are added to it.

VERB STEM	INFINITIVE	
lieb-	**lieben**	*to love*
arbeit-	**arbeiten**	*to work*
denk-	**denken**	*to think*
wander-	**wandern**	*to hike*

8. THE PRESENT TENSE OF VERBS

STEM ENDINGS

In the present tense of German verbs, the **wir-**, **sie-**, and **Sie**-forms end in **-en** or **-n**; the **er/sie/es-** and **ihr**-forms end in **t**; and the **du**-form ends in **-st** (compare Shakespeare's English: "Thou *canst* not then be false to any man") or the biblical "Thou hast sinned." Memorize this model:

[1]Synopsis exercises combine several grammatical points practiced separately in preceding exercises.

	SINGULAR	PLURAL
kaufen *to buy*	ich kauf**e** du kauf**st** er, sie, es kauf**t**	wir kauf**en** ihr kauf**t** sie, Sie kauf**en**

LINKING **-e-** SO THAT YOU CAN HEAR THE ENDING

When the verb stem ends in **-d** or **-t**, a linking **-e-** is inserted between the stem and the ending in order to facilitate pronunciation of the **du-**, **er-**, and **ihr-**forms.

arbeiten   *to work*
du arbeit**e**st   er arbeit**e**t   ihr arbeit**e**t

finden   *to find*
du find**e**st   er find**e**t   ihr find**e**t

heiraten   *to get married*
du heirat**e**st   er heirat**e**t   ihr heirat**e**t

When the verb stem ends in a "hissing" sound represented by the letters **-s**, **-ß**, or **-z**, only **-t** is added to the **du-**form (instead of **-st**).

heißen   *to be called*
du heiß**t**

tanzen   *to dance*
du tanz**t**

● ANWENDUNG[1]

A   *Complete the sentence with the correct verb form.*

1. (kennen)   Ich _____ das.
2. (heißen)   Wie _____ du?
3. (kommen)   Er _____ heute.
4. (kennen)   Wir _____ es.
5. (spielen)   Ihr _____ gut.
6. (glauben)   _____ Sie das?

---

[1]Some of the verbs in this exercise are glossed. They will be introduced in the *Lesestück* for this chapter. They are glossed here because they are new vocabulary, rather than vocabulary "recycled" from dialogs and readings. Words that are not glossed are vocabulary from the dialog of Chapter 1. Such words are included in the vocabulary lists following each dialog and reading. In future chapters, recycled vocabulary is used in the grammar exercises.

7. (studieren)   Was _____ ihr?
8. (arbeiten°)   _____ du gern?   *to work*
9. (wandern°)   Wo _____ Sie?   *to hike*
10. (finden°)   Ich _____ es nicht.   *to find*
11. (tanzen)   _____ du nicht?
12. (heiraten°)   Wir _____ heute.   *to marry*
13. (denken°)   Er _____ nicht so.   *to think*
14. (kaufen°)   _____ Helmut das Auto?   *to buy*
15. (fragen°)   Ich _____ viel.   *to ask*

B *Say the sentence or question. Then repeat it, giving the correct verb form for the new cue subject.*

1.	Er kommt.	Du _____.	6. Du arbeitest.	Ich _____.
2.	Ich spiele.	Wir _____.	7. Sie studieren.	Er _____.
3.	Sie arbeiten.	Ihr _____.	8. Ich heirate.	Du _____.
4.	Tanzen Sie?	_____ du?	9. Wandern Sie?	_____ ihr?
5.	Wir arbeiten.	Erika _____.	10. Studiert sie?	_____ du?

ACHTUNG!¹ THREE FORMS VS. ONE

If you were a native speaker of German learning English, you would have to learn three forms to express present time in English. Fortunately, German has only one!

REGULAR PRESENT	*We save money.*	
PROGRESSIVE PRESENT	*We are saving money.*	Wir **sparen** Geld.
EMPHATIC PRESENT	*We do save money.*	

● ANWENDUNG

C *Express in German.*

1. I am working today.
2. Yes, he does play tennis!
3. They play well.
4. Stella and Uli are saving money.
5. He is studying biology.
6. Fritz, are you studying English?
7. They are coming today.
8. Is she working well?
9. Are you working, Mrs. Kaufmann?

---

¹**Ac tung!** *Attention!*

9. VERB-SUBJECT WORD ORDER IN QUESTIONS

"MAN BITES DOG" VS. "DOG BITES MAN"

As the statement above shows, word order plays a key role in communication.

ONE WAY TO ASK A QUESTION

It is simple to ask a question in German. Just reverse the word order, placing the verb before the subject.

STATEMENT **Carla verwendet** Lippenstift.   *Carla uses lipstick.*

QUESTION   **Verwendet Carla** Lippenstift?   *Does Carla use lipstick?*

Try it in English: *That is the truth* vs. *Is that the truth?*
He has the money vs. *Has he the money?*

LANGUAGE HAS ITS OWN MUSIC.

Intonation is the music of speech. In statements, the voice usually falls toward the end. In questions, it usually rises.[1]

STATEMENT   Das ist falsch.   *That is wrong.*

QUESTION   Ist das richtig?   *Is this right?*

● ANWENDUNG

A *Say the sentence. Then turn it into a question. Be sure to raise your voice at the end of the question.*

1. Sie ist Studentin.   _____ sie Studentin?
2. Fritz kennt das Mädchen.   _____ das Mädchen?
3. Er lernt viel.   _____ viel?
4. Du spielst Tennis.   _____ Tennis?
5. Sie hat viel Geld.   _____ viel Geld?
6. Sie kommen heute abend.   _____ heute abend?

[1]For short questions, Germans sometimes do not use Verb-Subject word order, but simply end a statement with rising intonation. Such questions often express amazement, sarcasm, or disbelief.

Er hat viel Geld?   *He has lots of money?*

YES–NO QUESTIONS

Questions fall into two major types. The first requires "yes" or "no" as an answer.

Hat die Schweizerin das Wahlrecht?	*Does the Swiss woman have the right to vote?*
Ja, sie hat das Wahlrecht.	*Yes, she has the right to vote.*
Sprechen Sie gut Englisch?	*Do you speak English well?*
Nein, ich spreche nicht gut Englisch.	*No, I don't speak English well.*

QUESTION WORDS

The second type of question begins with a question word. The six most common question words in German all begin with **w**.

wer?	*who?*		**wo?**	*where?*
was?	*what?*		**warum?**	*why?*
wann?	*when?*		**wie?**	*how?*

BEISPIELE   **Wo** ist das Konzert?   **Wann** kommt sie?

BOTH USE V–S WORD ORDER.

Both the *yes–no* type of question and the type that begins with a question word require Verb–Subject (V–S) word order.[1]

V   S
Haben Sie Zeit?   *Do you have time?*

V   S
Wie alt **sind** die **Vereinigten Staaten**?   *How old is the United States?*

● ANWENDUNG

B   *Ask questions that would elicit the answers on the right. Several questions may be possible.*

1. Was ____?	Sie ist Studentin.
2. Wie ____?	Das Wetter ist gut.
3. Wer ____?	Ursula kommt jetzt.
4. Wann ____?	Er arbeitet heute.
5. Wo ____?	Sie ist in Deutschland.
6. ____?	Ja, er hat heute Zeit.
7. ____?	Ja, ich spiele viel Tennis.
8. ____?	Nein, der Bus kommt heute nicht.

[1]Sometimes called "Inverted word order."

⚠ **Vorsicht!   Fehlergefahr!**

> New students of German often confuse **wer?** *who?* with **wo?** *where?*
>
> | | |
> |---|---|
> | **Wer** ist das? | Who *is that?* |
> | **Wo** ist das? | Where *is that?* |
> | **Wer** sind Sie? | Who *are you?* |
> | **Wo** sind Sie? | Where *are you?* |
> | **Wer** ist Student? | Who *is a student?* |
> | **Wo** ist Hans? | Where *is Hans?* |

10. THE GERMAN ALPHABET

Listen to your instructor and imitate the sounds.[1]

a	ah	**h**	hah	**o**	oh	**v**	fau
b	beh	**i**	ih	**p**	peh	**w**	weh
c	tseh	**j**	jot	**q**	kuh	**x**	iks
d	deh	**k**	kah	**r**	err	**y**	üppsilon
e	eh	**l**	ell	**s**	ess	**z**	tsett
f	eff	**m**	emm	**t**	teh		
g	geh	**n**	enn	**u**	uh		
ä	äh	**ö**	öh	**ü**	üh	**ß**	scharfes **s** (*or* ess-tsett)

● ANWENDUNG

A *Wie schreibt man?*

Großes A, B, C, usw.[2] (*Capital A, B, C, etc.*)
Kleines a, b, c, usw. (*Lower case a, b, c, etc.*)

1. Buchstabieren Sie Ihren Namen! (*Spell your name.*)
2. Buchstabieren Sie _____!
3. Fragen Sie: ,,Wie schreibt man _____?'' (*How does one spell _____?*)

B *Diktat. Schreiben Sie, was Sie hören!* (*Dictation. Write what you hear.*) Your instructor will read a few sentences.)

[1]There is no way that any written representation of sounds can communicate the real sounds. These are but an approximation. Listen to the tapes and to your instructor.
[2]**und so weiter** *and so on, etc.*

LESESTÜCK

Tatsache oder Klischee? (Ist das richtig oder falsch?)

Die Vereinigten Staaten sind jetzt über 200 (zweihundert) Jahre alt. 200 Jahre USA—ist das jung oder alt? Wir sagen: Amerika ist jung, aber die Demokratie in Nordamerika ist alt. Das deutsche Volk ist alt, aber die Demokratie in Deutschland ist jung.

Is there Gibt es° nur d a s[1] deutsche Volk? Nein, es gibt die Deutschen, die Österreicher und die Schweizer.

Die Karte zeigt vier Staaten: die Bundesrepublik Deutschland (BRD), die Deutsche Demokratische Republik (DDR), die Republik Österreich und die Schweiz.

dissimilar Man nennt die Bundesrepublik auch Westdeutschland und die DDR oft Ostdeutschland. Vier Staaten, vier ,,Demokratien''; aber die Demokratien sind sehr verschieden°.

different Die Vereinigten Staaten vergleicht man oft mit anderen Nationen. In Amerika fragen wir: Sind die Deutschen anders°? Denken die Österreicher anders? Leben die Schweizer anders? Der Vergleich ist interessant, aber auch problematisch. Wir suchen die Wahrheit—und finden das Klischee.

[1]In German, spaced lettering is like italics in English. Stress **das**.

24

Hier sind ein paar Beispiele. Sind das Tatsachen oder Klischees? Ist das richtig oder falsch? Oder ist es halb richtig und halb falsch? Was ist die Antwort? Was denken Sie?

AMERIKANER denken nur an Geld
spielen gern Football
arbeiten immer am Wochenende

DEUTSCHE trinken nur Bier
lieben Krieg
haben nicht viel Humor
arbeiten Tag und Nacht

ÖSTERREICHER lieben das Kaffeehaus
tanzen immer Walzer
kaufen Lederhosen und Dirndl

SCHWEIZER sparen immer
haben zu viele Banken
sind immer neutral
produzieren Schweizer Käse

IN DEUTSCHLAND sind die Züge pünktlich
wandert man am Wochenende
ist das Wetter immer schlecht

,,Prost!" —Oktoberfest in München.

"Die Schweiz produziert viel
Schweizer Käse."

Was kauft man hier?

IN ÖSTERREICH	ist es immer gemütlich
	hat man immer Zeit
IN AMERIKA	gibt es keine Tradition
	gibt es Freiheit für alle
DIE SCHWEIZERIN	hat jetzt das Wahlrecht
	versteht drei Sprachen

DIE DEUTSCHE FRAU   ist nur Hausfrau
                       findet Politik uninteressant

DIE AMERIKANERIN   heiratet jung
                       verwendet immer Lippenstift

WORTSCHATZ ZUM LESESTÜCK[1]

ACTIVE VOCABULARY

nouns

die **Antwort, -en**	answer	die **Nacht, ⸚e**	night
das **Beispiel, -e**	example	**Österreich**	Austria
das **Bier, -e**	beer	die **Schweiz**	Switzerland
Deutschland	Germany	die **Sprache, -n**	language
die **Frage, -n**	question	der **Staat, -en**	state
die **Frau, -en**	woman	die **Tatsache, -n**	fact
das **Geld**	money	die **Vereinigten Staaten**	the United States
das **Haus, ⸚er**	house	das **Wetter**	weather
das **Jahr, -e**	year	der **Zug, ⸚e**	train
der **Käse, -**	cheese		
der **Krieg, -e**	war		

verbs

arbeiten	to work	**sagen**	to say
denken	to think	**sparen**	to save
finden	to find	**suchen**	to seek, look for
fragen	to ask	**trinken**	to drink
heiraten	to marry	**vergleichen**	to compare
kaufen	to buy	**verstehen**	to understand
leben	to live	**verwenden**	to use
lieben	to love, like	**wandern**	to hike
nennen	to call	**zeigen**	to show; to point out
produzieren	to produce		

other words

alt	old	**es**	it
deutsch	German	**falsch**	false, incorrect, wrong
drei	three	**gemütlich**	comfortable, cozy
ein	a; one	**immer**	always

[1]Some easily recognizable cognates and most words that are glossed in the *Lesestück* are omitted from word lists but are included in the end vocabulary.

jetzt	*now*		**richtig**	*correct, right*
jung	*young*		**schlecht**	*bad, poor*
kalt	*cold*		**über**	*over; around*
man	*one*		**vier**	*four*
mit	*with*		**warum**	*why*
nie	*never*		**wie**	*how; as*
nur	*only*		**wir**	*we*
oder	*or*		**wo**	*where*
(ein) paar	*a few*			

special and idiomatic expressions

am Wochenende	*on the weekend*		**es gibt**	*there is, there are*
an Geld denken	*to think of money*			

VOCABULARY FOR RECOGNITION

nouns

Amerika	*America*		das **Kaffeehaus, ̈er**	*coffee shop*
der **Amerikaner, -**	*American (male)*		die **Karte, -n**	*map*
die **Amerikanerin, -nen**	*American (female)*		das **Klischee, -s**	*cliché*
die **Bank, -en**	*bank*		die **Lederhose, -n**	*leather pants*
die **Bundesrepublik Deutschland (BRD)**	*Federal Republic of Germany*		das **Lesestück, -e**	*reading selection*
			der **Lippenstift, -e**	*lipstick*
			Ostdeutschland	*East Germany*
die **Demokratie, -n**	*democracy*		der **Österreicher, -**	*Austrian (male)*
der **Deutsche, -n**	*German (male)*		die **Österreicherin, -nen**	*Austrian (female)*
die **Deutsche, -n**	*German (female)*			
die **Deutsche Demokratische Republik (DDR)**	*German Democratic Republic*		der **Schweizer, -**	*Swiss (male)*
			die **Schweizerin, -nen**	*Swiss (female)*
das **Dirndl, -**	*dirndl (traditional Austrian or Bavarian woman's costume)*		der **Soldat, -en**	*soldier*
			die **Tradition, -en**	*tradition*
			der **Vergleich, -e**	*comparison*
			das **Volk, ̈er**	*people, nation*
			das **Wahlrecht**	*right to vote*
			die **Wahrheit**	*truth*
die **Freiheit**	*liberty, freedom*		der **Walzer, -**	*waltz*
die **Hausfrau, -en**	*housewife*		**Westdeutschland**	*West Germany*

other words

an	*at; on*		**interessant**	*interesting*
ander-	*other*		**oft**	*often*
anders	*different(ly)*		**problematisch**	*problematic*
halb	*half*		**pünktlich**	*punctual(ly), on time*

so	so, like that	vor	before; in front of
uninteressant	uninteresting	zu	to; too
verschieden	various, different		

● FRAGEN ZUM LESESTÜCK

Antworten Sie auf deutsch (mündlich oder schriftlich)![1]

1. Wie alt sind die Vereinigten Staaten?
   Die Vereinigten Staaten sind _____.
2. Ist die Demokratie in Deutschland alt oder jung?
   Die Demokratie in Deutschland ist _____.
3. Wie nennt man Westdeutschland?
   Man nennt Westdeutschland _____.
4. Wie nennt man Ostdeutschland?
   Man nennt Ostdeutschland _____.
5. Warum sind Klischees problematisch?
   Klischees sind oft _____.
6. Was trinken die Deutschen?
   Die Deutschen trinken _____.
7. Was haben die Schweizer?
   Die Schweizer haben _____.
8. Wandert man in Deutschland oft?
   Ja, man wandert in Deutschland oft am _____.
9. Wo ist es gemütlich (und wo tanzt man Walzer)?
   _____ ist es gemütlich.
10. Wer hat jetzt das Wahlrecht?
    _____ hat jetzt das Wahlrecht.
11. Wie heißen die zwei deutschen Staaten?
    Sie heißen _____.

● SITUATIONEN

In this section of each chapter you will be given an opportunity to respond freely, originally, and creatively in German. The situations are based on the Dialog *and the* Lesestück. *If you can, develop the situation into an exchange of several lines.*

1. *You have just met a student at a party. He/she says:* ,,Ich studiere Biologie.'' *Respond.*
2. *You have met a German student at the Roter Ochse in Heidelberg.*[2] *He says:* ,,Ja, die Amerikaner denken nur an Geld.'' *You respond.*

[1]*Answer in German (orally or in writing).*
[2]The Red Ox is an old student hangout in Heidelberg, frequented today mostly by tourists.

3. *You are a* Swiss *citizen. A German tells you:* ,,Die Schweizer haben zu viele Banken.'' *You respond.*

4. *You would like to meet a student in your class. You ask a classmate:* ,,Wer ist er/sie?'' *Your classmate responds, and conversation ensues.*

Possible responses by different students:

1. ,,Und ich studiere Informatik°.''/,,Ich auch.''/,,Wo?''/ usw.   *computer science*

2. ,,Das ist nicht richtig!''/,,Das ist falsch!''/,,Und die Deutschen denken nur an Politik!''/usw.

3. ,,Ja, wir haben auch viel Geld!''/,,Ja, wir sparen viel!''/,,Ist das schlecht?''/usw.

● SCHRIFTLICH WIEDERHOLT[1]

A   *Write five sentences using some of the following words or others.*

BEISPIELE   **Ich wandere gern.** *or* **Die Schweiz ist neutral.**

arbeiten	wandern	sein	heiraten	verstehen	haben
tanzen	finden	lieben	lernen	fragen	kaufen

Tag und Nacht   viel Geld   am Wochenende   die Demokratie
sehr nett   richtig   anders   neutral   die deutsche Frau
der Österreicher   viel Zeit   gern, usw.

B   *Write an answer to each question, using a personal pronoun in place of the noun.*

BEISPIEL   Ist der Student hier? Ja, **er ist hier**.

1. Ist das Klischee falsch? Ja, _____.
2. Kommt der Bus? Ja, _____.
3. Ist das Wetter schlecht? Ja, _____.
4. Ist die Tradition alt? Ja, _____.

C   *Write a question in German for each item.*

1. Ask a friend if he/she has time now.
2. Ask a stranger if he/she has time now.
3. Ask someone when the bus is coming.
4. Ask a friend if he/she likes to dance.
5. Ask someone what his/her name is.

[1]*Written review*

D *Express in German.*

1. She is young.
2. They have much (a lot of) money.
3. There are many banks.
4. I am an American.
5. That's wrong.

6. Who has time?
7. Does he drink much beer?
8. We save money.
9. He is always working.
10. Where does she work?

SPRECHEN LEICHT GEMACHT![1]

to practice **heißen** in introductions . . .

Mein Name[2] **A** *Student A turns to student B and says:* **Wie heißen Sie?** *or* **Wie heißt du?** *Student B answers:* **Ich heiße _____** *and then asks student C* **Wie heißen Sie?** *or* **Wie heißt du?**, *and so on.*

to practice verb forms in the first person . . .

Wer bin ich? **B** *Tell the class about yourself by replacing the underlined word with one of the cue expressions that applies to you. If none fits, ask your instructor:* **„Wie sagt man auf deutsch _____?"**

Ich bin <u>Schweizer</u>.   (Student, Studentin, Amerikaner, Amerikanerin, Schweizerin)

Ich bin <u>charmant</u>.   (jung, alt, pünktlich, nett, populär, intelligent, dumm)

Ich spiele <u>Tennis</u>.   (Fußball, Gitarre, Klavier°, Basketball, Golf)   *piano*

Ich studiere <u>Deutsch</u>.   (Englisch, Mathematik, Chemie, Biologie, Soziologie, Ökonomie, Physik)

Ich habe <u>Zeit</u>.   (Geld, Humor, Lederhosen, Platten, Kinder)

Ich arbeite <u>gern</u>.   (viel, nicht, hier, gut, heute, nie, am Wochenende, Tag und Nacht)

Ich liebe <u>Musik</u>.   (Männer, Mädchen, Frauen, Autos, Tennis, Lederhosen, Dirndl)

Ich trinke $\left\{\begin{matrix} \text{viel} \\ \text{nie} \end{matrix}\right\}$ Milch°.   (Kaffee, Tee, Wasser, Wein, Bier, Löwenbräu, Liebfrauenmilch, Dr. Pepper)   *milk*

[1] *Talking made easy!*
[2] *My name*

Was spielen sie: Fußball oder Football?

Ich kenne Kanada.   (Deutschland, die Schweiz, Österreich, Liechtenstein, die Vereinigten Staaten)

Ich spiele gern.   (tanze, arbeite, studiere, trinke, spare, denke, frage, lebe, wandere, lerne)

to practice questions . . .

Neugierig[1]   C   *Make a statement about yourself by combining words from the lists below. Then ask a classmate whether he or she likes to do the same thing.*

Note: In this and all unnumbered exercises, pick at random! The question marks invite you to use your own words and imagination.

BEISPIEL   Ich spiele gern.
          Spielst du (*or* Spielen Sie) auch gern?

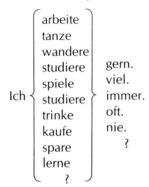

Ich
{ arbeite
tanze
wandere
studiere
spiele
studiere
trinke
kaufe
spare
lerne
? }
{ gern.
viel.
immer.
oft.
nie.
? }

[1]*Curious, nosy*

to practice the present tense of verbs . . .

Spiel und sprich![1] D   *Student A says* **Ich tanze gern.** *Student B adds a second verb (for example,* **Ich tanze und spiele gern**). *Student C adds a third verb, and so on. The student who can repeat all the verbs added by at least five preceding students wins.*

to practice comprehension of the reading . . .

Verstehen ist leicht![2] E   *All students close their books, except for those who in turn read one or more of the following statements based on the reading. The class responds with* **Richtig!** *or* **Falsch!**

Es gibt zwei deutsche Staaten.
Ein Klischee ist immer richtig.
Die Vereinigten Staaten sind hundert Jahre alt.
Die Österreicher leben in der Schweiz.
Die Amerikaner trinken keine Milch.
Die Deutschen trinken nie Bier.
Die Amerikanerin hat kein Wahlrecht.
Die Amerikaner denken immer an Geld.

Züge sind immer pünktlich.
Lippenstift ist populär.
Zeit ist Geld.
Die Wahrheit ist nie falsch.
In Amerika liebt man alte Traditionen.
Die Amerikanerin ist gern Hausfrau.
Das Wochenende ist immer gemütlich.

just for fun . . . nur zum Spaß . . .

Deutsches Sprichwort[3] F   Wein auf Bier,
das rat' ich dir.
Bier auf Wein,
das laß sein.

Wine after beer,
I recommend, my dear.
Beer after wine,
There draw the line.

[1]*Play and talk!*
[2]*Understanding is easy!*
[3]*German proverb*

Wie heißt
das Land?

G *Try to match the international automobile registration letters, or plates,
with the country. Your instructor will help you with the pronunciation of the
letters.*[1]

NATIONALITÄTS-
KENNZEICHEN   DAS LAND

FL	Polen	
B	Bundesrepublik Deutschland	
DK	Deutsche Demokratische Republik	
F	Schweiz°	*Confederatio Helvetica*
H	Niederlande	
CH	Mexiko	
USA	Frankreich	
IRL	Portugal	
L	Österreich	
NL	Belgien	
D	Dänemark	
GR	Italien	
A	Kanada	
DDR	Luxemburg	
GB	Griechenland	
E	England	
I	BRD-Zollfrei°	*tax-exempt*
S	Schweden	
Z	Liechtenstein	
PL	Irland	
CDN	Spanien	
P	Die Vereinigten Staaten	
MEX	Ungarn	
?		

Kleiner
Kulturspiegel[2]

H *Was paßt zusammen? Sagen Sie laut die Nationalität mit dem richtigen
Symbol! (What goes together? Say aloud the nationality with the correct
symbol.)*

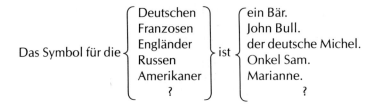

Das Symbol für die { Deutschen / Franzosen / Engländer / Russen / Amerikaner / ? } ist { ein Bär. / John Bull. / der deutsche Michel. / Onkel Sam. / Marianne. / ? }

[1]Pronunciation of the German alphabet is explained on p. 23.
[2]*Mini cultural mirror*

Fährt der Bus bis Bismarck-Allee oder Hagenplatz?

KAPITEL 2

Vielen Dank für die Auskunft

1. Verbs with a Change in the Stem Vowel
2. The Indefinite Articles **ein** and **eine**
3. **kein**: The Negative Form of **ein**
4. The Accusative of Definite and Indefinite Articles
5. The Accusative of Personal Pronouns
6. The Present Tense of **wissen** *to know*
7. **es gibt** *there is, there are*
8. Verbal Nouns

Was ist anders—was ist gleich?

Vielen Dank für die Auskunft

HERR KAUFMANN	Herr Wertheim, wie komme ich von hier in die Beethoven-Straße?
HERR WERTHEIM	Sind Sie zu Fuß oder haben Sie ein Auto?
HERR KAUFMANN	Ich bin heute zu Fuß. Ich gehe gern zu Fuß.
HERR WERTHEIM	Zu Fuß ist es ziemlich weit. Warum nehmen Sie nicht die Straßenbahn? Die ,,Sieben'' fährt dorthin.
FRAU WERTHEIM	Halt, Hans, die ,,Sieben'' fährt nur bis Bismarck-Allee. Aber von dort gibt es jetzt einen Bus.
HERR WERTHEIM	Weißt du das sicher?
FRAU WERTHEIM	Ja, ich fahre oft dorthin. Der Bus fährt alle fünfzehn Minuten.
HERR WERTHEIM	Ich glaube, du hast recht. (*sieht auf die Straße*) Was, es regnet schon wieder? So ein Wetter. Und Sie haben keinen Regenschirm!
HERR KAUFMANN	Das macht nichts. Ich habe einen Regenmantel.
FRAU WERTHEIM	Na, hoffentlich werden Sie nicht ganz naß. Sie wissen, jetzt ist Grippezeit.
HERR KAUFMANN	Keine Angst, der Regen stört mich nicht. Vielen Dank für die Auskunft.
HERR WERTHEIM	Nichts zu danken. Auf Wiedersehen!
HERR KAUFMANN	Auf Wiedersehen!

WORTSCHATZ ZUM DIALOG

ACTIVE VOCABULARY

nouns

die **Auskunft**, ̈e	information		die **Minute**, -n	minute
das **Auto**, -s	car		der **Regen**	rain
der **Fuß**, ̈e	foot		die **Straße**, -n	street, road

verbs

danken	to thank	**regnen**	to rain
fahren (fährt)	to go, drive	**sehen (sieht)**	to look, see
geben (gibt)	to give	**stören**	to bother, disturb
gehen	to walk, go	**werden (wird)**	to become
machen	to do, make	**wissen (weiß)**	to know
nehmen (nimmt)	to take		

other words

alle	all, every	**sicher**	certainly, sure, for sure
ganz	completely, all	**weit**	far
nichts	nothing	**wieder**	again
schon	already		

special and idiomatic expressions

alle fünfzehn Minuten	every fifteen minutes	**na**	well (interjection)
das macht nichts	that doesn't matter	**nichts zu danken**	don't mention it
die Sieben	number seven streetcar	**recht haben**	to be right (of people)
halt	stop, wait a minute	**Vielen Dank!**	Thanks a lot!
keine Angst	don't worry, don't be afraid	**zu Fuß gehen**	to walk

VOCABULARY FOR RECOGNITION

nouns

die **Allee, -n**	avenue, street	der **Regenmantel, ¨**	raincoat
die **Angst**	fear, anxiety	der **Regenschirm, -e**	umbrella
die **Grippezeit**	flu season	die **Straßenbahn, -en**	streetcar

other words

bis	until, up to, as far as	**mich**	me
dorthin	to there, that way	**naß**	wet
für	for	**von**	from
hoffentlich	hopefully, I hope	**ziemlich**	quite, rather

Begrüßungen	Greetings
Guten Morgen!	*Good morning!*
Guten Tag!	*Good day!*
Guten Abend!	*Good evening!*
Gute Nacht!	*Good night!*
Grüß Gott!	*Good day!*
Auf Wiederhören!	*'Bye now!* (telephone)
Auf Wiedersehen!	*Good-bye!*
Tschüß!	*'Bye now!, So long!, Ciao!*

● FRAGEN ZUM DIALOG

Answer the question according to the information in the dialog.

1. Wer ist heute zu Fuß?
2. Fährt die Straßenbahn bis Beethoven-Straße?
3. Wer fährt oft dorthin?
4. Wie oft fährt der Bus?
5. Wie ist das Wetter?
6. Hat Herr Kaufmann einen Regenschirm?
7. Ist jetzt Grippezeit?

● PERSÖNLICHE FRAGEN

1. Haben Sie ein Auto?
   Ja, ich habe _____. Nein, ich habe _____.
2. Gehen Sie gern zu Fuß?
   Ja, ich _____. Nein, ich _____.
3. Haben Sie einen Regenschirm?
   Ja, ich habe _____. Nein, _____.

● AUSSPRACHE-ÜBUNG

Long **e** versus short **e**

LONG		SHORT	
das **Heer**	*army*	der **Herr**	*gentleman*
beten	*to pray*	die **Betten**	*beds*
ich **stehle**	*I steal*	die **Stelle**	*place*
wen	*whom*	**wenn**	*if, when*

LONG		SHORT	
die **Speere**	*spears*	die **Sperre**	*turnstile*
das **Wesen**	*being*	**wessen**	*whose*
den (accusative singular of **der**)		**denn**	*because*

GRAMMATIK Theorie und Anwendung

1. VERBS WITH A CHANGE IN THE STEM VOWEL

In Chapter 1 you learned the endings that are added to verb stems to form the present tense. But while the ending pattern is uniform, the **stem** of some verbs changes.

BEISPIELE

Wir **sehen** den Zug.	*We see the train.*
Er **sieht** den Zug.	*He sees the train.*
Ich **nehme** den Bus. **Nimmst** du auch den Bus?	*I am taking the bus. Are you also taking the bus?*
Wir **fahren** nach Haus. **Fährt** Gisela auch nach Haus?	*We are going home. Is Gisela also going home?*

WHEN DOES THE VOWEL CHANGE?

Some verbs with the stem vowel **a** and **e** change the vowel in the **du**- and **er/sie/es**-forms of the present tense. The vowel changes are **a** to **ä**, **e** to **i** (short **i**), or **e** to **ie** (long **i**).

AND WHEN NOT?

Never in the **ich**-form and the plural forms.

fahren (a to ä)
ich **fahre**
wir, sie, Sie **fahren** } du **fährst**, er, sie, es **fährt**

Another verb: **tragen (trägt)** *to wear*

nehmen (e to i)
ich **nehme**
wir, sie, Sie **nehmen** } du **nimmst**, er, sie, es **nimmt**

Cochem an der Mosel. Was gibt es hier? Bier oder Wein?

Other verbs: **essen (ißt)**   *to eat*
          geben (gibt)   *to give*
          sprechen (spricht)   *to speak*
          treffen (trifft)   *to meet*

sehen (e to ie)
      ich **sehe**
wir, sie, Sie **sehen** } du **siehst**, er, sie, es **sieht**

Another verb: **lesen (liest)**   *to read*

● ANWENDUNG

A   *Say the sentence. Then restate it, changing the verb form to match the new subject.*

1.   Ich nehme den Bus. Du _____.
2.   Wir fahren am Wochenende. Er _____.
3.   Wir sprechen Deutsch. Lisa _____.
4.   Wir sehen viele Touristen. Man _____.
5.   Ich gebe gern Auskunft. Du _____.
6.   Dieter und Karin tragen Jeans. Fritz _____ auch Jeans.
7.   Treffen Sie heute Heidi? _____ er heute Heidi?
8.   Ich esse gern Sauerkraut. _____ du es auch gern?
9.   Ich sehe die Straßenbahn. Er _____.

2.   THE INDEFINITE ARTICLES ein AND eine

FORMS

The definite articles are **der**, **die**, **das**. The indefinite article for **der** and **das** is **ein**; for **die** it is **eine**. **Ein** and **eine** correspond to English *a* or *an*.

BEISPIELE		
	Wo ist **der** Supermarkt?	*Where is the supermarket?*
	Wo ist **ein** Supermarkt?	*Where is a supermarket?*
	Wo ist **das** Geschäft?	*Where is the store?*
	Wo ist **ein** Geschäft?	*Where is a store?*
	Wo ist **die** Bank?	*Where is the bank?*
	Wo ist **eine** Bank?	*Where is a bank?*

● ANWENDUNG

A   *Restate the sentences, replacing the definite article with the appropriate indefinite article.*

1.   Hier ist das Auto.
2.   Wann fährt der Bus?
3.   Ich kaufe die Lederhose.
4.   Der Student arbeitet hier.
5.   Ich kenne das Mädchen.
6.   Er fragt die Frau.
7.   Helmut findet die Bank.

3.   kein: THE NEGATIVE FORM OF ein

FORMS

Kein follows the same pattern as **ein**: **kein** for **der**- and **das**-nouns, **keine** for **die**-nouns. The plural form for all nouns is **keine**. **Kein** and **keine** correspond to English *not a* (or *an*), *not any*, or *no*.

<table>
<tr><td>BEISPIELE</td><td>Ist hier ein Geschäft? Nein, hier ist kein Geschäft.</td><td>Is there a shop here? No, there is no shop here.</td></tr>
<tr><td></td><td>Haben Sie ein Radio? Nein, ich habe kein Radio.</td><td>Do you have a radio? No, I don't have a radio.</td></tr>
<tr><td></td><td>Sind hier Touristen? Nein, hier sind keine Touristen.</td><td>Are tourists here? No, there aren't any tourists here.</td></tr>
</table>

 Vorsicht!   **Fehlergefahr!**

> **Kein** and **keine** are the equivalents of English *not a, not an, not any,* or *no* followed by a noun. Do not let the English structure mislead you into saying **nicht ein** or **nicht eine** instead of **kein** or **keine**.
>
> Ich habe **kein** Geld.   *I don't have any money. (I have no money.)*
>
> Er hat **keine** Meinung.   *He has no opinion.*

● ANWENDUNG

A   *Answer in the negative.*

1. Haben Sie ein Auto? Nein, ich habe _____.
2. Gehen Sie gern zu Fuß? Nein, _____.
3. Haben Sie eine Frage? Nein, _____.
4. Tragen Sie Jeans? Nein, _____.
5. Fährt der Bus alle zehn Minuten? Nein, _____.
6. Gibt es hier eine Mozart-Straße? Nein, es gibt hier _____.
7. Haben Sie Geld? Nein, ich habe _____.
8. Hat Herr Wertheim recht? Ich glaube, er _____.
9. Fährt jetzt ein Zug nach Oberammergau? Nein, jetzt _____.
10. Gibt es hier Hotels? Nein, es gibt _____.
11. Regnet es? Nein, es _____.
12. Hast du Zeit? Nein, _____.
13. Haben Sie Platten? Nein, _____.

4. THE ACCUSATIVE OF DEFINITE AND INDEFINITE ARTICLES

NOMINATIVE: CASE OF THE SUBJECT

As you learned in Chapter 1, the nominative is the case of the subject, the person or thing performing the action.

Der Verkäufer kommt jetzt. *The salesman is coming now.*

ACCUSATIVE: CASE OF THE DIRECT OBJECT

The accusative is the case of the direct object, the recipient of the action. You can usually identify the direct object in a sentence by asking, ''Who or what is the object of the action?''

MASCULINE

Wen kennt Franz? Franz kennt **den** Lehrer. *Whom does Franz know? Franz knows the teacher.*

FEMININE

Was sieht Gretel? Gretel sieht **die** Reklame. *What does Gretel see? Gretel sees the ad.*

NEUTER

Was kaufen Sie? Ich kaufe **das** Auto. *What are you buying? I'm buying the car.*

ONLY THE MASCULINE IS DIFFERENT.

The feminine singular, neuter singular, and plural forms are *the same* in the nominative and the accusative. Only the masculine changes, from **der** to **den** and from **ein** to **einen**.

	MASCULINE	FEMININE	NEUTER	PLURAL
Nominative	der ein	die eine	das ein	die keine
Accusative	den einen	die eine	das ein	die keine

Was sehen Sie auf dem Bild?
Was macht die Frau? (Sie
pflückt (*picks*) Trauben
(*grapes*).) Was steht neben dem
Bild? Übersetzen Sie es!

Der Wein kommt von hier.

NOMINATIVE

Der Mann hat kein Auto.   *The man has no car.*

ACCUSATIVE

Kennst du **den** Mann?   *Do you know the man?*

NOMINATIVE

Hier kommt **ein** Bus!   *Here comes a bus!*

ACCUSATIVE

Wo sehen Sie **einen** Bus?   *Where do you see a bus?*

● ANWENDUNG

A   *Answer the question using the accusative form of each cue expression.*

1.   Was sehen Sie? Ich sehe _____.
     (der Bus, die Platte, das Mädchen, die Bank, der Regenschirm, die
     Straße, die Straßenbahn, der Wein, der Zug, die Mädchen)
2.   Was haben Sie? Ich habe _____.
     (eine Frage, ein Auto, ein Regenmantel, ein Haus, eine Platte, keine Zeit,
     kein Regenschirm, kein Mann, keine Platten, kein Bier, kein Lippenstift)

3. Wen kennen Sie? Ich kenne _____.
   (der Amerikaner, die Amerikanerin, kein Professor, ein Schweizer, eine Schweizerin, kein Österreicher, eine Studentin)

5. THE ACCUSATIVE OF PERSONAL PRONOUNS

Pronouns, like articles, change their form to show case.

BEISPIELE		
	Ich liebe Karin und sie liebt **mich**.	*I love Karin and she loves me.*
	Ja, du verstehst Karin und sie versteht **dich**.	*Yes, you understand Karin and she understands you.*
	Er liebt **sie** und sie liebt **ihn**.	*He loves her and she loves him.*
	Wir kennen **sie** und sie kennen **uns**.	*We know them and they know us.*

OVERVIEW OF FORMS

The following table shows all the forms of the personal pronouns in the nominative and accusative cases. Note that the nominative and accusative forms are the same in four instances.

	SINGULAR					PLURAL			
Nominative	ich	du	er	sie	es	wir	ihr	sie	Sie
Accusative	mich	dich	ihn	sie	es	uns	euch	sie	Sie

● ANWENDUNG

A *Complete the sentence using the accusative form of the personal pronoun shown in the cue.*

1. (er) Wir kennen _____.
2. (wir) Er kennt _____.
3. (ich) Sie kennen _____.
4. (Lotte) Ich kenne _____.
5. (Herr und Frau Schürmann) Wir kennen _____.
6. (du) Hans kennt _____.
7. (ihr) Wir fragen _____.

B *Ask the question, then say that you will visit each person tomorrow.*

BEISPIEL Hast du morgen Zeit? Ich besuche° **dich** morgen.   *visit*

1. Haben Sie morgen Zeit? Ich besuche _____ morgen.
2. Habt ihr morgen Zeit? Ich besuche _____ morgen.

3. Hat sie morgen Zeit? Ich besuche _____ morgen.
4. Hat er morgen Zeit? Ich besuche _____ morgen.
5. Haben sie morgen Zeit? Ich besuche _____ morgen.
6. Hast du morgen Zeit? Ich besuche _____ morgen.

GENDER AND CASE OF THIRD-PERSON PRONOUN

As you learned in Chapter 1, the gender of a personal pronoun is the same as that of the noun it stands for. Its case, however, is determined by *its own* function in the sentence.

BEISPIELE

NOMINATIVE	ACCUSATIVE
Wie heißt **der** Wein? **Er** ist gut. *What is the wine called? It is good.*	Kennst du **ihn**? *Do you know it?*
Wie alt ist **die** Tradition? **Sie** ist wichtig. *How old is the tradition? It is important.*	Kennen Sie **sie**? *Do you know it?*
Wie heißt **das** Geschäft? **Es** ist neu. *What is the store called? It is new.*	Kennen Sie **es**? *Do you know it?*
Wer sind **die** Leute? **Sie** kommen aus Amerika. *Who are the people? They come from America.*	Kennst du **sie**? *Do you know them?*

Ihn, **sie**, **es**, and **sie** in the accusative column are accusative forms because they function as the direct object of **kennen**. Note that only the masculine accusative form (**ihn**) is different from the nominative.

● ANWENDUNG

C *Complete each sentence with personal pronouns standing for the cue noun shown in parentheses.*

1. (das Beispiel) _____ ist falsch und ich finde _____ schlecht.
2. (das Auto) _____ fährt prima° und ich liebe _____.   *super*
3. (der Wein) _____ ist gut und ich trinke _____ gern.
4. (die Traditionen) _____ sind anders und ich verstehe _____ nicht.
5. (der Walzer) _____ ist populär und ich tanze _____ gern.
6. (der Zug) _____ ist pünktlich und ich finde _____ gemütlich.
7. (die Frage) _____ ist interessant und ich finde _____ gut.
8. (das Bier) _____ ist billig und ich kaufe _____ oft.
9. (die Milch) _____ ist kalt und ich trinke _____ gern.

D *Answer the questions, using the appropriate personal pronouns.*

1. Kennt Peter die Studentin? Ja, _____.
2. Trägt Fritz die Lederhose? Ja, _____.
3. Liebt Elke das Dirndl? Ja, sie _____.
4. Nimmt Gustav den Bus? Ja, er _____.
5. Verwenden Sie den Lippenstift? Ja, _____.
6. Kennt Ilse das Hotel? Ja, _____.
7. Studiert Herr Braun die Karte? Ja, _____.
8. Heiratet Heidi Hans? Ja, _____.
9. Trinken Sie das Bier? Ja, _____.
10. Finden Sie Irene nett? Ja, _____.
11. Fragen Sie heute den Professor? Ja, _____.
12. Nehmen Sie oft die Straßenbahn? Ja, _____.
13. Besucht dich Fritz zu Haus? Ja, _____.

E *Student A and student B communicate by completing the blank with the appropriate personal pronoun.*

STUDENT A	STUDENT B
1. Ich kenne diesen Amerikaner. Kennen Sie _____ auch?	Ja, ich kenne _____.
2. Ich kenne diese Studentin. Kennst du _____ auch?	Nein, ich kenne _____ nicht. Wie heißt _____?
3. Ich verstehe dich gut. Verstehst du _____ auch?	Ja, ich verstehe _____ sehr, sehr gut!
4. Ich sehe oft Karin und Fritz. Sehen Sie _____ auch oft?	Nein, leider sehe ich _____ nie.
5. Versteht ihr uns gut?	Ja, wir verstehen _____ sehr gut.

6. THE PRESENT TENSE OF wissen *to know*

BEISPIELE **Wissen** Sie die Antwort? Ja, ich **weiß** sie.

Do you know the answer? Yes, I know it.

Weiß er schon den Tag? Ja, er **weiß** ihn schon.

Does he already know the day? Yes, he already knows it.

FORMS

ich **weiß**	wir **wissen**
du **weißt**	ihr **wißt**
er, sie, es **weiß**	sie, Sie **wissen**

Note that the stem vowel in the singular is **ei**, but in the plural it is **i**. Also note that the **er**-form does not end in **-t**.

 Vorsicht!   **Fehlergefahr!**

> German has two equivalents for the English verb *to know*. **Kennen** is used with concrete things, places, and persons (in the sense of *being acquainted with*). **Wissen** is used with abstract things and ideas (in the sense of *knowing factually*).
>
> | | |
> |---|---|
> | Ich **kenne** den Mann. | *I know the man* |
> | Ich **kenne** die Stadt. | *I know the city.* |
> | | |
> | Ich **weiß** die Wahrheit. | *I know the truth.* |
> | Ich **weiß**, wie er heißt. | *I know his name.* |

● ANWENDUNG

A   *Restate the sentence, changing the subject from the singular to the plural, or vice versa.*

1.   Ich weiß es nicht. _____ es nicht.
2.   Du weißt die Antwort. _____ die Antwort.
3.   Weiß sie es? _____ es?
4.   Wissen sie nichts? _____ er nichts?

B   *Supply the correct form of* **wissen** *or* **kennen**.

1.   Erika _____ nichts.
2.   Er _____ mich gut.
3.   Ich _____ viel.
4.   Ihr _____ die Platte nicht?
5.   _____ Sie die Antwort?
6.   _____ Sie das Kaffeehaus?
7.   Du _____ warum.
8.   _____ sie die Tradition?
9.   Ich _____ die Wahrheit.
10. Ich _____ sie gut.

Ich weiß, daß ich nichts weiß.[2]

Was ich nicht weiß, macht mich nicht heiß.[1]

---

[1]*What I don't know doesn't bother me* (literally, *doesn't make me hot*).
[2]*I know that I know nothing.*—Socrates

7. es gibt *there is, there are*

The expression **es gibt** is derived from the verb **geben** *to give*, but it has little else to do with **geben**. It corresponds to English *there is* and *there are*. **Es gibt** is always followed by the accusative case.

BEISPIELE Es gibt hier **keinen** Bus.   *There is no bus here.*

Gibt es **einen** Charter-Flug?   *Is there a charter flight?*

● ANWENDUNG

A *Answer the questions as indicated.*

1. Gibt es heute ein Konzert? Ja, _____.
2. Gibt es hier einen Supermarkt? Ja, _____.
3. Gibt es hier eine Bank? Nein, _____.
4. Gibt es eine Straßenbahn? Nein, _____.
5. Gibt es hier eine Kant-Straße? Ja, _____.
6. Gibt es dort alte Traditionen? Ja, _____.
7. Gibt es hier einen Bus? Nein, _____.

8. VERBAL NOUNS

INFINITIVE → NOUN

Almost any German infinitive can be used as a noun. This construction is known as a verbal noun. Verbal nouns are neuter in gender, and are always capitalized. In speaking, the article **das** is often omitted. Verbal nouns in English end in -*ing*.

arbeiten—das **Arbeiten**
Arbeiten ist gesund.   *Working is healthy.*

spielen—das **Spielen**
Macht **das Spielen** Spaß?   *Is playing fun?*

● ANWENDUNG

A *Complete with the verbal noun that corresponds to the cue infinitive.*

1. (sparen)   _____ ist immer gut.
2. (wandern)   Wo ist _____ populär?
3. (studieren) Ist _____ interessant?
4. (trinken)   Warum ist _____ schlecht?
5. (tanzen)   _____ macht immer Spaß.

Vorsicht! **Fehlergefahr!**

German **man** is not a

German **man** can be a real troublemaker. It looks like, but is never the equivalent of, English *man*. It corresponds to English *one, people, you,* or *they.*

Man vergleicht oft die USA mit anderen Nationen.	*One often compares the USA with other nations.*
In Österreich hat **man** immer Zeit.	*In Austria, people always have time.*

German **also** is another troublemaker. It looks like English *also,* but means *therefore, so.*

Also ist der Einkauf oft ein kleiner Besuch.	*Therefore shopping is often a short visit.*

LESESTÜCK

Was ist anders—was ist gleich?

1. *,,Supermarkt''—gibt es das in Deutschland und Österreich?*

Ja, es gibt viele Supermärkte in Deutschland und Österreich. Aber sie sind nicht immer so groß wie in Amerika. Über den Supermarkt gibt es viele Meinungen. Viele Leute finden ihn praktisch und wichtig, andere finden ihn unpersönlich° und ungemütlich°. In den kleinen Städten hat man das kleine Geschäft gern. Hier kennt der Verkäufer den Kunden oder die Kundin; und hier kennen die Kunden den Verkäufer oder die Verkäuferin. Man spricht miteinander°. Also ist der Einkauf oft ein kleiner Besuch.

2. *Wohin fahren die Deutschen in den Ferien?*

Viele fahren ans Meer; meistens nach Italien°, Griechenland°, oder Spanien°. Dort suchen sie Sonne. Wer Berge liebt, fährt in die Alpen°. Und wer Geld hat—und viele Deutsche haben es—reist nach Afrika, Asien oder

Was kauft man hier?

Was tragen die zwei Mädchen? Hosen oder Jeans?

Was haben die Mädchen (in der Hand)? (einen Regenschirm)

Amerika. Überall trifft man heute deutsche Touristen. Man sieht sie in Kairo, in Tokio und in San Francisco. Wie ist das möglich? Es gibt viele Charter-Flüge, und sie sind besonders billig.

3. Gibt es ein Alkoholikerproblem in Deutschland?

Natürlich kennt man auch in Deutschland den Trinker und die Trinkerin. Wo es Alkohol gibt, gibt es auch Alkoholiker. Aber man trinkt in Deutschland und Österreich Bier und Wein und nicht so viele ,,harte Drinks''. Die Deutschen, Österreicher und Schweizer trinken gern ,,mäßig°, aber regelmäßig°'' (so sagt eine populäre Reklame).

moderately
regularly

4. Kennt man in Deutschland ,,Jeans''?

Ja, viele Jungen und Mädchen (und auch Männer und Frauen) tragen heute die amerikanischen Jeans. Man sieht sie fast überall. Jeans sind heute in Deutschland so populär wie früher Lederhosen und Dirndl. Schon 1850 (achtzehnhundertfünfzig) tragen die Goldgräber° in Kalifornien blaue Hosen. Schon damals nennt man sie Blue Jeans. Wie heißt der Verkäufer? Sie kennen ihn: Er heißt: Levi Strauß. Und woher kommt er? Aus Bayern°.

prospectors

Bavaria

WORTSCHATZ ZUM LESESTÜCK

ACTIVE VOCABULARY

nouns

der **Berg, -e**	mountain		der **Kunde, -n**	customer (male)
der **Besuch, -e**	visit		die **Leute** (pl. only)	people
die **Ferien** (pl. only)	vacation		der **Mann, ¨er**	man
			die **Sonne, -n**	sun
der **Flug, ¨e**	flight		die **Stadt, ¨e**	city
das **Geschäft, -e**	shop, store; business		der **Supermarkt, ¨e**	supermarket
			der **Verkäufer, -**	salesman
der **Junge, -n**	boy		der **Wein, -e**	wine

verbs

reisen	to travel		**tragen (trägt)**	to wear
sprechen (spricht)	to speak		**treffen (trifft)**	to meet

other words

also	therefore, so		**billig**	cheap, inexpensive
amerikanisch	American		**groß**	large, big
aus	from		**ihn**	him; it

klein	small, little		**welch-**	which
nach	after, to		**wichtig**	important
über	about, concerning		**woher**	from where
überall	everywhere		**wohin**	where (to)

special and idiomatic expressions

so . . . wie   as . . . as

VOCABULARY FOR RECOGNITION

nouns

der **Alkoholiker, -**	alcoholic, drunk		die **Reklame, -n**	advertisement
der **Einkauf, ⸚e**	shopping, purchase		der **Tourist, -en**	tourist
die **Hose, -n**	pants, trousers		der **Trinker, -**	alcoholic (male)
die **Kundin, -nen**	customer (female)		die **Trinkerin, -nen**	alcoholic (female)
das **Meer, -e**	sea, ocean			
die **Meinung, -en**	opinion		die **Verkäuferin, -nen**	saleswoman

other words

ans = an das	to the		**hart**	hard
besonders	especially		**meistens**	mostly
blau	blue		**möglich**	possible
damals	(back) then, at that time		**natürlich**	naturally, of course
fast	almost		**populär**	popular
früher	earlier, formerly		**regelmäßig**	regular(ly)
gleich	the same		**wer**	whoever

● FRAGEN ZUM LESESTÜCK

Antworten Sie auf deutsch!

1. Wie finden viele Leute in Deutschland oder Österreich den Supermarkt?
   Sie finden ihn _____.
2. Warum liebt man in kleinen Städten das kleine Geschäft?
   Hier kennt _____.
3. Wohin fahren viele Deutsche in den Ferien?
   Viele Deutsche fahren _____.
4. Warum fahren viele Deutsche nach Italien, Griechenland oder Spanien?
   Sie _____.
5. Wo trifft man heute deutsche Touristen?
   Man trifft sie in _____.
6. Warum reisen viele Deutsche?
   Sie _____.
7. Was trinkt man in Deutschland und Österreich?
   Man _____.

8. Was sagt eine populäre Reklame?
   Man trinkt _____.
9. Wer trägt heute die amerikanischen Jeans? Und wo?
   Viele _____.

- ## SITUATIONEN

1. *You are Herr Wertheim. You are surprised that your wife knows the bus schedule. She says: ,,Der Bus fährt alle fünfzehn Minuten.'' You admit that she is right.*
2. *You don't own a car. A German neighbor says: ,,Sie haben kein Auto?'' What do you reply?*
3. *You are in Germany and are hoping for good weather. You look out of the window and your friend asks: ,,Wie ist das Wetter heute?'' You respond.*

- ## SCHRIFTLICH WIEDERHOLT

A *Supply the correct form of* **wissen** *or* **kennen** *to complete the question. Then complete the response, replacing the noun with the appropriate personal pronoun.*

BEISPIEL   **Kennst** du den Österreicher? Ja, ich **kenne ihn**.

1. _____ Sie die Verkäuferin? Ja, ich _____.
2. _____ er die Antwort? Ja, er _____.
3. _____ ihr die Wahrheit? Ja, wir _____.
4. _____ du das Geschäft? Ja, ich _____.
5. _____ Sie Berlin? Ja, ich _____.
6. _____ sie die Tatsachen? Ja, sie _____.
7. _____ er den Verkäufer? Ja, er _____.
8. _____ ihr die Reklame? Ja, wir _____.

B *With the help of the cues, write an answer to the question.*

1. Warum fahren viele Deutsche nach Italien oder Spanien?
   billig sein   Sonne suchen   das Meer lieben   Geld haben
2. Warum gehen Sie heute zu Fuß?
   kein Geld haben   gern gehen   kein Auto haben   viel Zeit haben   der Bus fährt nicht

C *Complete each question in a meaningful way.*

1. Wer reist _____?
2. Wohin fährt _____?
3. Was sieht _____?
4. Woher kommt _____?
5. Wer spricht _____?
6. Wo trifft _____?
7. Wer trägt _____?
8. Wie alt _____?

D   *Express in German.*

1. I don't have a car.
2. He takes the bus.
3. She speaks German.

4. Where do you meet her?
5. They don't know him.
6. He asks them, but not me.

SPRECHEN LEICHT GEMACHT!

to practice verbs with a change in the stem vowel . . .

Wer macht was?   A   *Match the subject with a correct verb form and create a sentence that makes sense.*

Man
Der Staat
Wir
Er
Du
Vater
Der Professor
Lotte und Doris
Ich
Ihr
Es
    ?

trifft viele Touristen.
fährst nach München.
gibt viel Arbeit.
sehen euch morgen.
trägt immer Jeans.
tragen immer Lederhosen.
treffe dich heute.
gibt immer falsche Auskunft.
nehmen den Bus.
spricht Deutsch.
siehst alles falsch.
nimmt viel Geld.
    ?

Was macht Ihr Freund oder Ihre Freundin gern?[1]   B   *Make a sentence using the cue expressions, according to the example.*

(Deutsch sprechen)
(Jeans tragen)
(nach Deutschland fahren)
(eine Party geben)
(viele Leute treffen)
(Kuchen° essen)
(Reklamen lesen°)
(die Berge sehen)
    ?

Er/Sie spricht gern Deutsch.

cake

read ads

[1]*What does your (male or female) friend like to do?*

to practice **ein, eine** in the accusative . . .

Was brauchen Sie?[1]

C *You offer something to someone—but then you realize he or she already has it.*

Hier ist {
eine Karte.
ein Regenschirm.
eine Platte.
ein Tennisball (masc.).
ein Lippenstift.
eine Lederhose.
ein Bier.
ein Dirndl.
ein Rucksack (masc.).
?
} Ach, Sie haben schon _____.

to practice **der, die, das** and the personal pronouns in the accusative . . .

Wo ist, was Sie suchen?[2]

D *Ask your classmates whether they see the following things and say that you see them.*

Sehen Sie
Siehst du
{
das Auto?
der Wein?
die Platte?
die Mädchen?
der Fernseher°?
das Programm?
der Verkäufer?
die Leute?
der Professor?
der Supermarkt?
der Bus?
das Geschäft?
der Berg?
die Bank?
der Zug?
das Geld?
die Verkäuferin?
?
}
Ja, ich sehe _____!

TV set

[1]*What do you need?*
[2]*Where is what you are looking for?*

to practice the accusative of personal pronouns . . .

Warum nicht?   E   *Student A gives the statement. Student B responds by asking the question.*

Ich verstehe dich nicht.		verstehst du _____ nicht?
Wir schreiben euch nicht.		schreibt ihr _____
Sie sucht ihn nicht.		sucht sie _____
Ich frage dich nicht.		fragst du _____
Er kennt sie nicht.	Warum	kennt er _____
Ich treffe Sie nicht.		treffen Sie _____
Sie heiratet ihn nicht.		heiratet sie _____
Ich liebe dich nicht.		liebst du _____

to practice **kein** in the accusative . . .

Wir haben es nicht.   F   *Ask your classmates whether they have the things below. (Student A to Student B, Student B to Student C, and so on)*

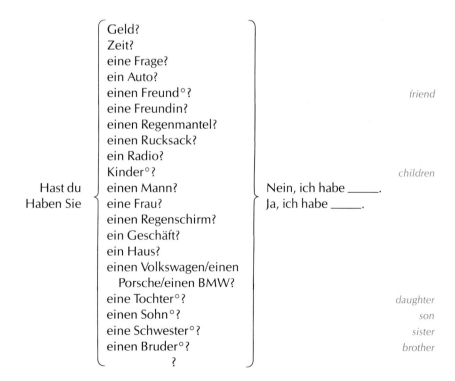

| Hast du Haben Sie | Geld?
Zeit?
eine Frage?
ein Auto?
einen Freund°?
eine Freundin?
einen Regenmantel?
einen Rucksack?
ein Radio?
Kinder°?
einen Mann?
eine Frau?
einen Regenschirm?
ein Geschäft?
ein Haus?
einen Volkswagen/einen Porsche/einen BMW?
eine Tochter°?
einen Sohn°?
eine Schwester°?
einen Bruder°?
? | Nein, ich habe _____.
Ja, ich habe _____. | friend

children

daughter
son
sister
brother |

to practice **wissen** . . .

Wer weiß was?   **G**   *Match the subject with the correct verb form. Make sure your sentence makes sense.*

Die F.B.I.	wissen es nicht oft.
Ich	weißt viel.
Die Professoren	wissen nichts.
Ein Dummkopf	wißt es nie.
Du	weiß viel.
Der Computer	weiß es nicht.
Ihr	weiß nichts.
Mein Vater	weiß das besser.
Meine Eltern°	wissen es immer.
?	?

parents

to practice **classroom expressions** . . .

Erweitern Sie Ihren Wortschatz!¹   **H**   *Say what you are doing as you do it or point to it! (But don't rely on the translation.)*

Ich	gehe an das Fenster.	I see the map.
	nehme die Kreide in die Hand.	I go to the window.
	schreibe an die Tafel.	I pick up the wastepaper basket.
	gehe an die Tür.	I write on the chalkboard.
	nehme den Papierkorb in die Hand.	I go to the door.
	sehe die Karte.	I pick up the chalk.
	?	?

your personal views . . .

Was ist Ihre Meinung?²   **I**   *React to the statements below with one of the sentences on the right, or with one of your own.*

Es gibt zu viele Touristen. Man trifft sie überall.
Das Alkoholikerproblem ist nicht groß.
Viele Mädchen tragen heute Hosen.
Die Deutschen trinken ,,mäßig, aber regelmäßig''.
?

Das macht nichts.
Sie haben recht.
Das ist gut.
?

¹*Increase your vocabulary.*
²*What is your opinion?*

Was ich
denke . . .

J *Create sentences that reflect your personal feelings, and say them out loud.*

Ich finde den Supermarkt	schwer°. *difficult*
Ich lebe gern in	nicht gut.
In den Ferien fahre ich immer	zu unpersönlich.
Gott sei Dank sind Charter-	keine Goldgräberin°. *female prospector ("golddigger")*
Flüge	gern.
„Regelmäßig mäßig trinken"	billig.
finde ich	an das Meer.
Das Wahlrecht finde ich	kleinen Städten.
Ich glaube, Alkohol ist	nicht gern.
Ich trage Jeans, aber ich bin	auch ein Rauschgift°. *drug*
Ich glaube, Milch	auch problematisch.
?	ist gesund°. *healthy*
	richtig.
	falsch.
	wichtig.
	gemütlich.
	praktisch.
	?

just for fun . . .

Bier-Liedchen[1]

**K Liedchen aus der alten Zeit
(nicht mehr zu singen)[2]**

Eins. Zwei. Drei. Vier.
Vater braucht° ein Bier. *needs*
Vier. Drei. Zwei. Eins.
Mutter braucht keins.

—*Bertolt Brecht*

**Er ist der Autor von „Mackie Messer". Wie heißt
der Song auf Englisch?**

[1]*Beer ditty*
[2]*Ditty from olden times (not to be sung anymore)*

KAPITEL 3

Wann fährt der Zug nach Nürnberg?

Kleine Krise (oder: Wenn man den
Fahrplan nicht richtig liest)

Mini ABC für Touristen

DIALOG

Kleine Krise (oder: Wenn man den Fahrplan nicht richtig liest)

Personen	*Fritz Richter*
	ein Passant
	ein Fräulein im Auskunftsbüro
Ort	*Der Bahnhof in Nürnberg*

Herr Richter hat es sehr eilig. Er sieht, daß auf Gleis 1 (eins) ein Zug steht. Er fragt einen Passanten.

HERR RICHTER   Bitte, ist das der Zug nach Köln?

DER PASSANT   Der Zug nach Köln? Das weiß ich nicht. Sehen Sie dort das Schild „Auskunft"? Fragen Sie dort.

HERR RICHTER   Wo? (*sieht nach links*) Ich sehe kein Schild.

DER PASSANT   Nein, nicht da, dort. Sehen Sie nach rechts, nicht nach links.

HERR RICHTER   Ach ja, jetzt sehe ich es. Vielen Dank. (*läuft schnell weiter; findet das Auskunftsbüro*) Guten Tag! Bitte, wo steht der Schnellzug nach Köln? Er fährt um 20 (zwanzig) Uhr ab.

DAS FRÄULEIN   Schnellzug nach Köln? Heute fährt kein Schnellzug nach Köln.

HERR RICHTER   Das ist nicht möglich! Hier ist der Fahrplan. Da, lesen Sie, bitte: Schnellzug nach Köln. Abfahrt: Nürnberg 20 Uhr.

DAS FRÄULEIN   (*liest den Fahrplan*) Es tut mir leid. Aber der Zug fährt nur an Wochentagen. Heute ist Sonntag.

HERR RICHTER   Ach, du lieber Gott! Was mache ich jetzt?

DAS FRÄULEIN   Fliegen Sie doch, wenn Sie es so eilig haben.

HERR RICHTER   Wieviel kostet es?

DAS FRÄULEIN   220 (zweihundertzwanzig) Mark.

HERR RICHTER   Gibt es heute noch einen Flug nach Köln?

DAS FRÄULEIN   (*sieht auf die Uhr*) Ja, in 40 (vierzig) Minuten.

HERR RICHTER   Glauben Sie, daß ich noch einen Platz bekomme?

DAS FRÄULEIN   Vielleicht. Moment mal, bitte. Ich rufe die „Lufthansa" an. (*Sie telefoniert.*) Ja, Lufthansa Flug 219 (zweihundertneunzehn) hat noch Plätze.

HERR RICHTER	Habe ich noch Zeit? Der Flughafen ist ziemlich weit von hier, nicht wahr?
DAS FRÄULEIN	Kein Problem, wenn Sie ein Taxi nehmen.
HERR RICHTER	Vielen Dank!
DAS FRÄULEIN	Guten Flug!

WORTSCHATZ ZUM DIALOG

ACTIVE VOCABULARY

nouns

die **Abfahrt, -en**	*departure*	der **Platz, ⁱe**	*seat*
der **Bahnhof, ⁱe**	*railroad station*	der **Sonntag**	*Sunday*
der **Flughafen, ⁱ**	*airport*	die **Uhr, -en**	*clock, watch*
die **Person, -en**	*character, person*	der **Wochentag, -e**	*weekday*

verbs

ab·fahren (**fährt ab**)	*to depart, leave*	**kosten**	*to cost*
an·rufen	*to call up, phone*	**lesen (liest)**	*to read*
bekommen	*to get*	**stehen**	*to stand*
fliegen	*to fly*	**telefonieren**	*to phone*
		weiter·laufen	*to keep on running*

other words

auf	*on*	**noch**	*still, yet*
bitte	*please, pardon, excuse me*	**rechts**	*(to the) right*
da	*here*	**schnell**	*quick(ly), fast*
daß	*that (conjunction)*	**wenn**	*if, when*
im = in dem	*in the*	**vielleicht**	*perhaps, maybe*
links	*(to the) left*	**wieviel**	*how much*

special and idiomatic expressions

Ach, du lieber Gott!	*Oh, my God!*	**es tut mir leid**	*I am sorry*
ach ja	*Oh yes; yeah*	**Guten Flug!**	*Have a good flight!*
an Wochentagen	*on weekdays*		
es eilig haben	*to be in a hurry*	**Moment mal, bitte.**	*Just a moment, please.*
Fliegen Sie doch!	*Why don't you fly!*[1]	**nicht wahr?**	*isn't it?, right?*
		um 20 Uhr	*at 8 P.M.*

[1]Germans use **doch** as a "flavor" word, just as in English we use *well*. Literally it means *Well, fly*.

VOCABULARY FOR RECOGNITION

nouns

das **Auskunftsbüro, -s**	*information office*	**Nürnberg**	*Nuremberg*
der **Fahrplan, ¨e**	*schedule, timetable*	der **Ort, -e**	*place*
		der **Passant, -en**	*passer-by*
das **Gleis, -e**	*track*	das **Problem, -e**	*problem*
Köln	*Cologne*	das **Schild, -er**	*sign*
die **Krise, -n**	*crisis*	der **Schnellzug, ¨e**	*express train*
		das **Taxi, -s**	*taxi, cab*

● FRAGEN ZUM DIALOG

Lesen Sie die Fragen und geben Sie die richtige Antwort![1]

1. Wieviele Personen sind im° Bahnhof?   *in the*
   (Zwei/Drei/Vier)
2. Warum sieht Herr Richter das Schild nicht?
   (Er sieht nach links/Es gibt kein Schild/Er ist blind)
3. Warum fährt heute kein Schnellzug nach Köln?
   (Es ist Montag/Der Zug ist nicht pünktlich/Es ist Sonntag)
4. Wann gibt es einen Flug nach Köln?
   (In vierzig Minuten/Am Wochenende/In ein paar Minuten)
5. Was macht das Fräulein?
   (Sie läuft schnell weiter/Sie ruft die Lufthansa an/Sie sagt nichts)
6. Warum nimmt Herr Richter ein Taxi?
   (Der Bahnhof ist weit von hier/Der Flughafen ist weit von hier/Er hat viel Zeit)
7. Was bedeutet° 20 Uhr?   *means*
   (Acht Uhr am Morgen/Acht Uhr am Abend/Zwei Uhr)

● PERSÖNLICHE FRAGEN

1. Haben Sie ein Telefon? Ja, _____. Nein, _____.
2. Telefonieren Sie viel? Ja, _____. Nein, _____.
3. Was ist Ihre° Telefonnummer?   *your*
   (null/eins/zwei/drei/vier/fünf/sechs/sieben/acht/neun)
4. Haben Sie ein Auto? Was ist es? Es ist ein _____.
   (Ford/VW/Audi/BMW/Porsche/Le Car/Mercedes/?)
5. Ist das Auto oft kaputt? Ja, _____. Nein, _____.
6. Fliegen Sie gern? Ja, _____. Nein, _____.

---

[1]*Read the questions and give the correct answer.*

„Taxi, bitte!"

● AUSSPRACHE-ÜBUNG

Long **o** versus short **o**

LONG		SHORT	
rote Blumen	*red flowers*	die **Rotte**	*gang*
ich **wohne**	*I reside, live*	die **Wonne**	*delight*
die **Sohlen**	*soles*	**sollen**	*to have to*
dem **Sohne**	*to the son*	die **Sonne**	*sun*
der **Schoß**	*lap*	ich **schoß**	*I shot*
der **Ofen**	*oven*	**offen**	*open*
der **Schrot**	*buckshot*	der **Schrott**	*scrap metal*

GRAMMATIK Theorie und Anwendung

1. THE THREE WORD ORDERS: AN OVERVIEW

ALLE GUTEN DINGE SIND DREI.[1]

German has three basic word orders.

[1]*All good things come in threes.*

a) Subject-Verb (normal) word order

    S   V

Ich kaufe etwas.   *I buy something*

b) Verb-Subject (inverted) word order

          V   S

Heute kaufe ich etwas.   *Today I am buying something.*

c) Verb-Last (transposed or dependent) word order

Ich bekomme eine Quittung,   *I obtain a receipt when I buy some-*

      S   V

wenn ich etwas kaufe.   *thing.*

2. SUBJECT-VERB WORD ORDER

You are already familiar with S-V word order. The sentence begins with the subject, and the verb follows.

        S   V

Ein Schnellzug fährt schnell.   *An express train travels fast.*

 S   V

Ich reise durch Europa.   *I am traveling through Europe.*

   S   V

Man braucht D-Mark.   *One needs German marks.*

3. VERB-SUBJECT WORD ORDER

IN QUESTIONS

You learned in Chapter 1 that V-S word order is used in questions.

    V   S

Wo ist die Haltestelle?   *Where is the bus stop?*

   V   S

Scheint die Sonne?   *Is the sun shining?*

IN COMMANDS

V-S word order is also used for formal commands. A formal command (also known as the "imperative") is formed by placing the pronoun **Sie** or **wir** after the infinitive.

$$\overset{V}{\text{Schreiben}} \; \overset{S}{\text{Sie}} \text{ eine Postkarte!}$$

Write a postcard.

$$\overset{V}{\text{Rauchen}} \; \overset{S}{\text{Sie}} \text{ bitte nicht!}$$

Don't smoke, please.

$$\overset{V}{\text{Sprechen}} \; \overset{S}{\text{wir}} \text{ Deutsch!}$$

Let's speak German.

INTONATION

In a question, the voice rises toward the end (see Chapter 1). In a command, however, the voice is sharp and the intonation goes down. Commands in German are usually followed by an exclamation point.

● ANWENDUNG

A   *If the sentence is a question, restate it as a command, and vice versa.*

1.   Fahren Sie nach Köln!
2.   Studieren Sie hier?
3.   Nehmen wir ein Taxi?
4.   Lesen Sie den Fahrplan!

B   *Tell the person indicated to do whatever the cue says.*

1.   Herr Richter, (das Auskunftsbüro fragen)!
2.   Fräulein Schwarz, (eine Antwort geben)!
3.   Frau Levi, (nach links sehen)!
4.   Herr Professor, (nicht so schnell sprechen)!
5.   Fräulein Schulz, (die Straßenbahn nehmen)!

C   *Tell student A to do otherwise than he/she intends to do. Use the formal-command form of the verb.*

STUDENT A	STUDENT B
1. Ich sehe kein Schild rechts.	Nein, _____ nach links!
2. Ich nehme nicht gern den Bus. Ich habe es eilig.	_____ ein Taxi!
3. Ich fliege nicht gern am Wochenende. Es gibt zu viele Leute.	_____ am Montag oder Dienstag!
4. Ich trinke zu viel Kaffee! Ich schlafe° nicht gut.	So? _____ mehr Milch! *sleep*

AFTER A FRONT FIELD

V-S word order is used in a third situation: when the main verb is preceded by an element that is not the subject. This element is known as the "front field." It may consist of a single word, a phrase, or a dependent clause. In questions, it is the question word.

FRONT FIELD

	V S	
Heute	fahre ich nach Bern.	*Today I'm going to Bern.*
Wann	fährt er nach Bern?	*When is he going to Bern?*
Warum	fährst du nach Bern?	*Why are you going to Bern?*
Am Wochenende	fahre ich nach Bern.	*This weekend I'm going to Bern.*
Wenn ich Geld habe,	fahre ich nach Bern.	*If I have money, I'm going to Bern.*

● ANWENDUNG

D *Begin the sentence with the underlined words.*

1. Es gibt Supermärkte in Deutschland.
2. Man trifft deutsche Touristen in Tokio.
3. Kein Zug fährt heute.
4. Viele Touristen fragen das.
5. Der Fahrplan ist hier.
6. Es gibt Alkoholiker, wo es Alkohol gibt.
7. Ich kaufe den Fernseher°, wenn er billig ist.   *TV set*

E *Begin the sentence with the subject.*

1. Heute bin ich zu Fuß.
2. Von dort gibt es einen Bus.
3. Am Wochenende fährt Hans nach Haus.
4. Hoffentlich werden Sie nicht naß!
5. Leider ist das Wetter wieder schlecht.
6. Alle fünfzehn Minuten geht ein Bus.
7. In Amerika liebt man die Supermärkte.

4. VERB-LAST WORD ORDER

Verb-Last word order is one of the most striking features of German. Mark Twain, commenting on it, once quipped that he had read a German novel 257 pages long, yet had no idea what the action was until he came to the last page, where he found all the verbs.

	S V	
BEISPIELE	Weil **der Kuchen** so gut **schmeckt**, nimmt man zu.	*Because the cake tastes so good one gains weight.*

S   V

Wenn **der Tourist** etwas **einkauft**, macht das Geschäft ein „Geschäft".	*When the tourist goes shopping, the store does good business.*

S

Das Reisebüro ist wichtig, weil **Sie** dort Informationen **bekommen**.	*The travel office is important because you get information there.*

S

Er sagt, daß **der Hotelportier** Brief- marken **verkauft**.	*He says that the desk clerk sells stamps.*

IN DEPENDENT CLAUSES

V-L word order is used in dependent clauses. A dependent clause is one that does not make sense by itself, but depends on a main clause for its meaning.

MAIN   DEPENDENT
Ich weiß, daß die Züge eine große Rolle spielen.
I know that trains play a big role.

MAIN   DEPENDENT
Im Kaffeehaus trifft man Freunde, weil es dort gemütlich ist.
You meet friends in the coffeehouse because it is cozy there.

VERB GOES TO END

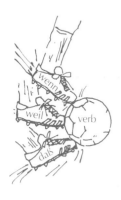

Dependent clauses frequently begin with **daß** *that*, **weil** *because*, or **wenn** *whenever, if*. These words are known as subordinating conjunctions, because they subordinate one clause to another. V-L word order is always used in the dependent clauses they introduce.

Glauben Sie, daß der Zug pünktlich **ist**?	*Do you believe that the train is on time?*

WATCH THAT COMMA!

A sentence consisting of two clauses may begin with either the main clause or the dependent clause. In German, these clauses are always separated by a comma, which indicates a shift in structure. If the main clause is the second clause, it begins with the verb and the subject follows. (This is another example of the principle mentioned above: When the verb in the main clause is preceded by an element that is not the subject, V-S word order is used. Here, the dependent clause is that element.)

Wenn Sie nach Deutschland fliegen,

landen Sie in Frankfurt.

When you fly to Germany you land

in Frankfurt.

Sie landen in Frankfurt, wenn

Sie nach Deutschland fliegen.

You land in Frankfurt when you fly

to Germany.

● ANWENDUNG

A *Begin each clause with* **Ich weiß, daß . . .** *and complete the sentence.*

1. Die Amerikaner spielen gern Football.
2. Die Deutschen spielen gern Fußball.
3. Die Österreicher tragen oft Lederhosen.
4. Die Schweizer haben viele Banken.
5. Die Züge in Deutschland sind immer pünktlich.
6. Man hat in Österreich immer Zeit.
7. Es gibt in Amerika alte Traditionen.

B *Complete the sentence as suggested by the cue, using the appropriate word order.*

1. (ich habe keine Zeit) Ich komme nicht, weil _____.
2. (er hat kein Auto) Er geht zu Fuß, weil _____.
3. (sie sind billig) Viele Leute tragen Jeans, weil _____.
4. (sie suchen die Sonne) Viele Deutsche fahren nach Spanien, weil

   _____.
5. (er ist praktisch und billig) Ich habe den Supermarkt gern, weil _____.
6. (die Deutschen trinken nicht so viele ,,harte Drinks'') Es gibt nicht so viele Alkoholiker, weil _____.
7. (der Einkauf ist oft ein kleiner Besuch) Das kleine Geschäft ist gemütlich, weil _____.

C *Complete with the cue expression, using V-L word order.*

1. (die Verkäuferin kennt die Kunden) Der Einkauf ist ein kleiner Besuch, wenn _____.
2. (man reist in Afrika, Asien oder Amerika) Überall trifft man heute deutsche Touristen, wenn _____.
3. (Sie haben es eilig) Nehmen Sie den Schnellzug, wenn _____.
4. (ich bekomme noch einen Platz) Ich fliege mit Lufthansa, wenn _____.
5. (es gibt noch einen Flug nach Köln) Wir kommen heute, wenn _____.
6. (das Wetter ist schön°) Ich wandere gern, wenn _____.   *beautiful*
7. (ich störe Sie nicht) Ich komme um fünf Uhr, wenn _____.

D   *Restate the sentence, reversing the order of the two clauses.*

1.   Wenn das Wetter schön ist, spielen wir Tennis.
2.   Wir nehmen ein Taxi, wenn wir es eilig haben.
3.   Heute fährt kein Schnellzug, weil es Sonntag ist.
4.   Weil es heute regnet, gehen wir nicht zu Fuß.
5.   Viele Leute fliegen jetzt, weil die Charter-Flüge billig sind.

 Vorsicht!   **Fehlergefahr!**

Do not confuse **wenn** and **wann**. **Wann** is used only for questions concerning time.

Wann kommst du?	*When are you coming?*

Wenn usually implies a condition.

Wenn ich Zeit habe, komme ich.	*If I have time, I'll come.*

Do not confuse **das** and **daß**. **Das** is the neuter definite article or a demonstrative pronoun.

Das Hotel ist billig.	*The hotel is not expensive.*
Das ist richtig.	*That is right.*

Daß is a subordinating conjunction.

Ich weiß, **daß** das Hotel billig ist.	*I know that the hotel is inexpensive.*

---

5.   SEPARABLE-PREFIX VERBS

Many German words are formed by a stem with a prefix.

BEISPIELE	**anrufen** *to call up*	
	Ich **rufe** jetzt die Lufthansa **an**.	*I'll call up Lufthansa now.*
	aufstehen *to get up*	
	Er **steht** immer um sieben Uhr **auf**.	*He always gets up a seven o'clock.*
	einkaufen *to shop*	
	Wir **kaufen** oft im Supermarkt **ein**.	*We often shop at the supermarket.*
	anfangen *to begin*	
	Viele Wörter **fangen** mit ,,Verkehr'' **an**.	*Many words begin with ''traffic.''*

WHEN IS THE PREFIX SEPARATED?

Many German verbs begin with a prefix. Seven prefixes *never* separate from the verb[1]; but many others do in certain conditions. Some common separable prefixes are **an**, **auf**, **aus**, **ein**, **mit**, and **zu**.

In the infinitive, the prefix is part of the verb: **ankommen** *to arrive*, **aufstehen** *to get up*.

I. The prefix is separated from the verb and comes at the *end* of the clause in:

a) A main clause in the present tense

Er **steht** immer sehr früh **auf**.	*He always gets up very early.*

b) A main clause in the past tense[2]

Er **stand** heute früh **auf**.	*He got up early today.*

c) A command

Stehen Sie morgen früh **auf**!	*Get up early tomorrow.*

II. The prefix is *not* separated in the following situations:

d) An infinitive

Ich muß immer früh **aufstehen**.	*I must always get up early.*

e) A dependent clause

Hören Sie den Wetterbericht, wenn Sie **aufstehen**?	*Do you listen to the weather report when you get up?*

MEANING CHANGES

Verbs with separable prefixes have different meanings than the root verb. For this reason, the stress falls on the prefix in spoken German.

fáhren	*to travel*	**ábfahren**	*to depart*
háben	*to have*	**aúfhaben**	*to have an assignment*
hőren	*to hear*	**aúfhören**	*to stop*
kómmen	*to come*	**ánkommen**	*to arrive*
		mítkommen	*to come along*
		wíederkommen	*to come back*
máchen	*to make*	**aúfmachen**	*to open*
		zúmachen	*to close*
séhen	*to see*	**wíedersehen**	*to see again*
stéhen	*to stand*	**aúfstehen**	*to get up*

[1] See Reference Grammar, p. 523.
[2] The past tense will be discussed in Chapter 8.

MAE WEST

This famous actress once gave a striking example how a prefix may change the meaning of a verb when she quipped: "I'd rather be looked over than over-looked."

In the vocabularies to this book, separable-prefix verbs are listed with a dot between the prefix and the verb: **an•fangen** *to begin.*

The separable-prefix verbs listed above are used in the five exercises below.

• ANWENDUNG

A   *Complete the statement with a separable prefix that makes sense.*

1.   Machen Sie bitte das Buch _____!
2.   Wann stehen Sie _____?
3.   Wann fährt der Zug _____?
4.   Das Konzert hört um zehn Uhr _____.
5.   Wo kommt der Bus _____?
6.   Wir sehen uns heute abend _____.
7.   Wann hört der Regen _____?

B   *Answer the question. Say that the event takes place ,,um sieben Uhr''.*

1.   Wann kommt der Zug an? Er _____.
2.   Wann stehst du auf? Ich _____.
3.   Wann fängt das Konzert an? Es _____.
4.   Wann rufen Sie uns an? Ich _____.
5.   Wann kommt er wieder? Er _____.
6.   Wann fährt Marianne ab? Sie _____.
7.   Wann hört das Konzert auf? Es _____.

C   *Tell the person to do the action suggested by the cue.*

1.   (die Arbeit heute anfangen)   _____ Sie die Arbeit heute _____!
2.   (das Fenster aufmachen)   _____ Sie das Fenster _____!
3.   (die Tür zumachen)   _____ Sie _____!
4.   (um acht Uhr aufstehen)   _____ Sie um acht Uhr _____!
5.   (schnell wiederkommen)   _____ Sie _____!
6.   (heute abend anrufen)   _____ Sie _____!
7.   (jetzt aufhören)   _____ Sie _____!

D   *Ask whether the person is doing the action suggested by the cue.*

1.   (heute abfahren)   Fahren Sie heute _____?
2.   (heute ankommen)   _____ Sie _____?
3.   (Willi heute anrufen)   _____ Sie Willi heute _____?
4.   (das Geschäft um neun Uhr aufmachen)   _____ Sie _____?

5. (wiederkommen) _____ du _____?
6. (immer früh aufstehen) _____ Sie _____? _____

E *Complete the sentence with the cue statement.*

1. (Sie steht früh auf.)   Sie sagt, daß sie früh _____.
2. (Er kommt nach Berlin mit.)   Ich weiß, daß er _____.
3. (Du rufst um sechs Uhr an).   Du störst mich nicht, wenn _____.
4. (Ich sehe ihn heute wieder.)   Ich bin glücklich°, weil ich _____.   *happy*
5. (Das Semester hört auf.)   Ich bin glücklich, weil _____.
6. (Sie haben viel auf.)   Sie kommen nicht mit, weil _____.

⚠ **Vorsicht!**   **Fehlergefahr!**

> Do not confuse **nach Hause** and **zu Hause. Nach Hause** signals *motion toward* home.
>
> Ich gehe **nach Hause.**   *I am going home.*
>
> **Zu Hause** signals *being at* home.
>
> Ich bin **zu Hause.**   *I am at home.*
>
> The short form **zu Haus/nach Haus** (without the **e**) is also acceptable.

zu Haus   nach Haus

LESESTÜCK

Mini ABC für Touristen

A *Die Apotheke*

Wir hoffen, daß Sie keine Apotheke brauchen, wenn Sie reisen. Aber wenn Sie zu viel essen und trinken—oder krank sind—dann bekommen Sie dort Medikamente.

B *Der Bahnhof*

Wissen Sie, daß in Deutschland oft auch kleine Städte einen Bahnhof haben? Und daß dort täglich viele Züge ankommen und abfahren? Viele junge Leute haben einen Eurailpaß und reisen durch ganz Europa.

C *Das Camping*

Das Camping, so heißt das auch auf deutsch. Viele Touristen campen, weil das nicht so teuer ist. Nehmen Sie ein Zelt mit, wenn Sie nicht gern in Hotels wohnen.

D *D-Mark (Deutsche Mark)*[1]

Wer in die BRD (Bundesrepublik Deutschland) fährt, braucht D-Mark. Das Geld in Österreich heißt ,,Schilling''. Für die Schweiz brauchen Sie ,,Franken'' und für die DDR (Deutsche Demokratische Republik) nur ,,Mark''.

E *Der Eilzug*

Ein Eilzug fährt schnell und hält nicht sehr oft. Wenn Sie sehr weit fahren, nehmen Sie einen Schnellzug, den Intercity-Zug oder den TEE (Trans-Europa Express). Züge spielen in Europa eine große Rolle; sie fahren schnell, sind meistens pünktlich und nicht zu teuer.

F *Der Flughafen*

Der Flughafen ist ein ,,Bahnhof'' für Flugzeuge. Wenn Sie nach Deutschland fliegen, landen Sie vielleicht in Frankfurt. Der Frankfurter Flughafen hat einen Bahnhof. Züge fahren von dort in 12 (zwölf) Minuten in das Zen-
center trum° von Frankfurt.

G *Das Geschäft*

In Deutschland und Österreich gibt es viele kleine Geschäfte. Kaufen Sie gern ein? Vergessen Sie nicht: Am Wochenende schließen fast alle Ge-

---

[1]Also called **Deutsch-Mark**.

On schäfte. Am° Samstag um 1 Uhr (13 Uhr) oder um 6 Uhr (18 Uhr). Am Sonntag ist kein Geschäft offen.

H *Die Haltestelle*

Wo ist die Haltestelle für den Bus oder die Straßenbahn? Ein ,,H-Schild'' zeigt, wo sie halten.

I *Die Information*

Wie gut, daß die deutsche Sprache auch solche Wörter hat! Ein großes ,,I'' zeigt, wo das Auskunftsbüro ist.

J *Die Jugendherberge*

Sie sind jung, Sie haben wenig Geld, aber Sie reisen gern: Dann ist die Jugendherberge sehr wichtig für Sie, weil man dort billig wohnt und viele junge Menschen trifft. In Deutschland und Österreich gibt es viele Jugendherbergen.

K *Die Konditorei*

Wer gern Kuchen oder Eis ißt, liebt die Konditorei. Dort trifft man Freunde, sitzt gemütlich, liest die Zeitung und trinkt Kaffee. Und weil der Kuchen so gut schmeckt, nimmt man zu . . .

L *Die Luftpost*

via/airmail stamps/ aerograms

state tobacco stores

Schreiben Sie oft nach Haus? Dann senden Sie die Briefe und die Postkarten per° Luftpost. Es gibt Luftpostmarken° und Luftpostbriefe°. Und wer verkauft Briefmarken? Die Post, Hotelportiers und in Österreich auch die Tabaktrafiken°.

value-added tax

M *Die Mehrwertsteuer°*

kind of

Weil der Staat auch in Deutschland immer Geld braucht, gibt es die Mehrwertsteuer. Sie ist eine Art° ,,value-added tax''.

N *Der Nichtraucher*

Ein Nichtraucher sucht immer ein Nichtraucherabteil, wenn er reist. Dort raucht man nicht, weil dort ,,Rauchen verboten'' ist.

O *Die Oper*

State Opera

Comic Opera

Viele Städte in Deutschland und Österreich haben eine Oper. Wenn Sie nach Wien kommen, besuchen Sie die Staatsoper°. Und wenn Sie in Ostberlin sind, gehen Sie in die Komische Oper°.

P *Die Post*

In Deutschland gibt es keine ,,Western Union'' oder ,,General Telephone Company''. Aber es gibt natürlich die Post. Die Post verkauft nicht nur Briefmarken; dort telefoniert und telegrafiert man auch.

Was bedeutet das H-Schild?

Der Campingplatz: zu viele Zelte, zu viele Autos, zu viele Wohnwagen, zu viele Leute.

„Hm, was nehme ich heute mit?"
Wie nennt man so ein Geschäft?

Die Staatsoper in Wien.

Die U-Bahn in München—
schnell und leise.

Was bekommt man hier?

Ein Kiosk in Berlin: Was
verkauft man hier?

Immer wieder Verkehrsstau.

Q   *Die Quittung*

Wenn Sie etwas kaufen, bekommen Sie eine Quittung.

R   *Das Reisebüro*

books Das Reisebüro ist wichtig, weil man dort Flüge bucht° und Plätze für den Zug reserviert.

S   *Der Stadtplan*

Der Stadtplan zeigt, wo die Straßen, die Autobahn, der Bahnhof, die Post, das Museum usw. (und so weiter) sind. Für eine Autoreise braucht man
road map eine Straßenkarte°.

T   *Das Trinkgeld*

Wieviel Trinkgeld gibt man? In Deutschland—und fast überall in Europa—
included ist das Trinkgeld inbegriffen°, wenn Sie eine Rechnung bezahlen. Man gibt
percent gewöhnlich 10 (zehn) Prozent° bis 15 (fünfzehn) Prozent.

U   *Die Untergrundbahn (U-Bahn)*

In Deutschland baut man jetzt viele Untergrundbahnen. Die moderne U-
friendly toward the Bahn fährt schnell, leise und ist „umweltfreundlich"°.
environment

V   *Der Verkehr*

Viele Wörter fangen mit „Verkehr" an: Die Verkehrsampel; sie ist wie in Amerika: grün = [1] fahren; gelb = Vorsicht; rot = Stop. Der Verkehrsstau: Wo es viel Verkehr gibt, gibt es oft Verkehrsstau.

W   *Der Wetterbericht*

Wie ist heute das Wetter? Ist es schön oder schlecht? Regnet es oder scheint die Sonne? Ist es morgen warm oder kalt? Lesen Sie oder hören Sie den Wetterbericht, wenn Sie aufstehen?

a liking for what is X   *Xenophil°*
foreign
the foreign, unknown Ein schweres Wort! Es bedeutet „Liebe für das Fremde°". Wenn Sie gern reisen, sind Sie vielleicht xenophil.

Y   *Der Yankee*

South America So heißt der Amerikaner in Südamerika°. Die Deutschen nennen den Amerikaner „Ami".

Z   *Die Zeitung*

Die Zeitung bringt nicht nur Nachrichten. Dort liest man auch: Besuchen Sie den Zoo, täglich offen von 9 (neun) bis 19 (neunzehn) Uhr—Die Oper fängt um 20 (zwanzig) Uhr an.

[1]The "equal sign" is expressed in German by "**gleich**."

WORTSCHATZ ZUM LESESTÜCK

ACTIVE VOCABULARY

nouns

der **Brief, -e**	letter	die **Nachricht, -en**	news
die **Briefmarke, -n**	stamp	die **Rechnung, -en**	bill
das **Eis**	ice cream; ice	die **Untergrundbahn,**	subway
das **Flugzeug, -e**	airplane	**-en (= U-Bahn)**	
der **Freund, -e**	friend	der **Verkehr**	traffic
der **Kuchen, -**	cake	der **Wetterbericht, -e**	weather report
die **Liebe**	love		
der **Mensch, -en**	person; pl. people	das **Wort, ̈-er**	word
		die **Zeitung, -en**	newspaper

verbs

an·fangen (**fängt an**)	to begin	**essen (ißt)**	to eat
an·kommen	to arrive	**hoffen**	to hope
auf·stehen	to get up	**hören**	to hear, listen (to)
bedeuten	to mean	**rauchen**	to smoke
besuchen	to visit	**schreiben**	to write
bezahlen	to pay (for)	**sitzen**	to sit
brauchen	to need	**vergessen** (**vergißt**)	to forget
bringen	to bring; to take	**verkaufen**	to sell
ein·kaufen	to shop	**wohnen**	to live, reside

other words

dann	then	**täglich**	daily
durch	through	**teuer**	expensive
etwas	something	**verboten**	prohibited
krank	ill, sick	**warm**	warm
morgen	tomorrow	**weil**	because, since (conjunction)
offen	open		
schön	beautiful, nice, pretty	**wenig**	little, not much
schwer	difficult		

special and idiomatic expressions

nach Haus(e)	to home	**usw. (und so weiter)**	and so forth
so heißt das	that's what it's called	**zu Haus(e)**	at home

VOCABULARY FOR RECOGNITION

nouns

die **Apotheke, -n**	pharmacy	der **Nichtraucher, -**	nonsmoker
die **Autobahn, -en**	interstate highway	das **Nichtraucher-**	nonsmoking
die **Autoreise, -n**	car trip	**abteil, -e**	compartment
die **D-Mark, -**	German Mark (currency of the Federal Republic of Germany)	die **Oper, -n**	opera (house or composition)
		die **Post**	post office; mail
		die **Postkarte, -n**	postcard
der **Eilzug, ̈e**	express train	die **Quittung, -en**	receipt
der **Franken, -**	Swiss franc	das **Reisebüro, -s**	travel agency
die **Haltestelle, -n**	bus or streetcar stop	die **Rolle, -n**	role
		der **Schilling, -e**	shilling (currency of Austria)
der **Hotelportier, -s**	hotel clerk		
die **Jugendher-**	youth hostel	der **Stadtplan, ̈e**	city map
berge, -n		das **Trinkgeld**	tip
der **Kaffee**	coffee	die **Verkehrs-**	traffic light
die **Konditorei, -en**	pastry shop	**ampel, -n**	
die **Luftpost**	airmail	der **Verkehrsstau, -e**	traffic jam
die **Mark, -**	Mark (currency of the DDR)	die **Vorsicht**	caution
		Wien	Vienna
das **Medikament, -e**	medicine, drug	das **Zelt, -e**	tent
das **Museum, -seen**	museum	der **Zoo, -s**	zoo

verbs

bauen	to build	**schließen**	to shut, to close
halten (hält)	to stop	**schmecken**	to taste
landen	to land	**senden**	to send
mit·nehmen	to take along	**telegrafieren**	to telegraph
(nimmt mit)		**zu·nehmen**	to gain weight; to
scheinen	to shine	**(nimmt zu)**	increase

other words

gelb	yellow	**rot**	red
gewöhnlich	usual(ly)	**solch-**	such
grün	green	**von**	of
leise	quiet(ly)	**wie**	like

● FRAGEN ZUM LESESTÜCK

Antworten Sie auf deutsch!

1. Wann braucht man eine Apotheke?
2. Was machen viele Touristen?

3. Wie heißt das Geld in Österreich?
4. Warum ist die Jugendherberge für junge Touristen wichtig?
5. Was bedeutet ein „H-Schild"?
6. Wer verkauft in Österreich Briefmarken?
7. Warum suchen Nichtraucher immer Nichtraucherabteile?
8. Wann bekommt man eine Quittung?
9. Wieviel Trinkgeld gibt man gewöhnlich in Europa?
10. Wie sind Verkehrsampeln in Deutschland und Österreich? (**grün**, usw.)
11. Wie ist das Wetter heute?

• SITUATIONEN

1. *You are working in the Auskunftsbüro. A traveler asks you:* „Wann fährt ein Schnellzug nach Zürich?" *You explain why there is no express train and advise the traveler what to do.*
2. *You and a German-speaking friend are discussing the advantages of railroad travel in Europe. Your friend says:* „Hier in Amerika spielen die Autos eine große Rolle im Verkehr." *You defend travel by train.*
3. *You are sitting in the TEE Hamburg-Basel* „Nichtraucherabteil." *A man comes in at the Bonn railroad station, sits down, and lights up a cigarette. You tell him what you think about this, in German.*

• SCHRIFTLICH WIEDERHOLT

A *Rewrite each sentence using the verb in parentheses.*

1. Bitte telefonieren Sie.   (anrufen)
2. Er reist nicht gern.   (aufstehen)
3. Ich rauche oft.   (zunehmen)
4. Was haben wir?   (aufhaben)
5. Fritz fragt ihn.   (wiedersehen)
6. Dort steht der Zug.   (abfahren)

B *Imagine you are a tourist. You have just arrived at the railroad station. You need to know if there is a train that goes to Berlin, or if there is a*

plane you could take. Write a dialog between yourself and the person in the information booth. Some useful words are listed below.

der Zug	bitte	stehen
der Flug	da	abfahren
das Gleis	wo	es gibt
der Fahrplan	heute	bekommen
der Platz	hier	finden
das Taxi	jetzt	fliegen
die Abfahrt	wann	kosten
der Flughafen	kein	lesen
um 20 Uhr	noch	anrufen
in 40 Minuten	vielleicht	warten
vielen Dank	wenn	nehmen
an Wochentagen	daß	machen
	viel	fahren
	nach	glauben
	wieviel	landen

C   *Write a command or a question as appropriate.*

1. Eurailpaß/Sie/kaufen/!
2. mitkommen/ins Konzert/Sie/heute/!
3. ankommen/der/Schnellzug/pünktlich/?
4. brauchen/das Medikament/Sie/jetzt/?
5. einkaufen/am Wochenende/Sie/!

D   *Complete each sentence as you wish.*

1. Er sucht ein Nichtraucherabteil, weil . . .
2. Ich weiß, daß . . .
3. Wenn ich zu oft in die Konditorei gehe, . . .
4. Wir brauchen einen Regenschirm, weil . . .
5. Sie fliegt nach Köln, weil . . .
6. Karl hört, daß . . .
7. Ich rufe dich an, wenn . . .

E   *Express in German.*

1. I don't know when they are coming.
2. Are you selling the book?
3. We are arriving in Berlin tomorrow.
4. When do you get up?
5. If you are going very far, take the express train.

Vorsicht! **Fehlergefahr!**

> Do not confuse **die Art** *way, type, kind* with English *art* (German: **die Kunst**).
>
> | | |
> |---|---|
> | Die Mehrwertsteuer ist eine **Art** ,,sales tax''. | *The value-added tax is a kind of sales tax.* |
> | Wo ist das **Kunst**museum? | *Where is the art museum?* |

SPRECHEN LEICHT GEMACHT!

to practice V-S word order in formal commands . . .

Alle Macht den Studenten![1]

A *Order your instructor to do any of the following things. Be sure to be polite and use ,,**bitte**''.*

Herr
Frau   (Doktor) _____,
Fräulein

uns ein A geben!
uns keine Prüfung° geben!   *exam*
nicht zu schnell sprechen!
nur Deutsch sprechen!
keine Zigaretten rauchen!
das Wort schreiben!
nach Haus gehen!
keinen Wein trinken!
pünktlich anfangen!
?

[1]*All power to the students!*

to practice V-S word order in questions . . .

Neugierig[1]   **B**   *Ask someone in your class anything from the suggestions below.*

Herr
Frau
Fräulein
——— ,

viel Geld haben?
viel Geld sparen?
Tennis spielen?
immer pünktlich sein?
rauchen?
viel arbeiten?
gern tanzen?
Bier/Wein/Kaffee/trinken?
Kinder haben?
einen Freund/eine Freundin haben?
wann aufstehen?
?

to practice V-S word order after a front field . . .

Bei uns ist
alles besser.[2]
C   *Everything is bigger and better at home. Or is it? Restate each claim as you
see it.*

Bei uns in

Deutschland
Österreich
Amerika
Japan
England
?

man denkt nur an Geld
alle Leute arbeiten Tag und Nacht
es ist immer gemütlich
wir haben es besser
man hat nie Zeit
es gibt zu viele Reklamen im Radio
es gibt Freiheit für alle
alle spielen gern Football
die Mädchen heiraten jung
man lebt billig
die Züge sind immer pünktlich
es regnet zuviel
die Leute trinken nur Milch
es ist anders
?

[1]*Nosy*
[2]*At home everything is better.*

to practice V-L word order after **daß** . . .

Meine Meinung[1]   **D**   *Make up a sentence by combining items from the columns below.*

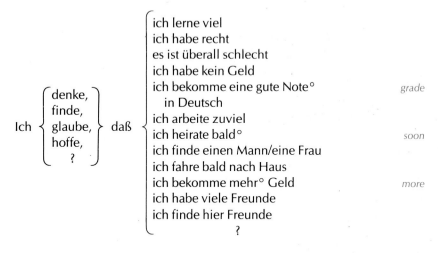

$$\text{Ich} \left\{ \begin{array}{l} \text{denke,} \\ \text{finde,} \\ \text{glaube,} \\ \text{hoffe,} \\ ? \end{array} \right\} \text{daß} \left\{ \begin{array}{l} \text{ich lerne viel} \\ \text{ich habe recht} \\ \text{es ist überall schlecht} \\ \text{ich habe kein Geld} \\ \text{ich bekomme eine gute Note}° \\ \quad \text{in Deutsch} \\ \text{ich arbeite zuviel} \\ \text{ich heirate bald}° \\ \text{ich finde einen Mann/eine Frau} \\ \text{ich fahre bald nach Haus} \\ \text{ich bekomme mehr}° \text{ Geld} \\ \text{ich habe viele Freunde} \\ \text{ich finde hier Freunde} \\ \qquad ? \end{array} \right.$$

grade

soon

more

to practice V-L word order after **wenn** . . .

Ja, wenn . . .   **E**   *Tell what you would do or be by combining items from the columns below.*

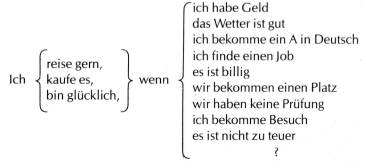

$$\text{Ich} \left\{ \begin{array}{l} \text{reise gern,} \\ \text{kaufe es,} \\ \text{bin glücklich,} \end{array} \right\} \text{wenn} \left\{ \begin{array}{l} \text{ich habe Geld} \\ \text{das Wetter ist gut} \\ \text{ich bekomme ein A in Deutsch} \\ \text{ich finde einen Job} \\ \text{es ist billig} \\ \text{wir bekommen einen Platz} \\ \text{wir haben keine Prüfung} \\ \text{ich bekomme Besuch} \\ \text{es ist nicht zu teuer} \\ \qquad ? \end{array} \right.$$

[1]*My opinion*

to practice V-S word order after a dependent clause as front field . . .

Ja, wenn . . .   **F**   *Say what you do when you have money.*

Wenn ich viel Geld habe,
{
ich mache nichts
ich kaufe viel Gold
ich esse gut
ich spiele Tag und Nacht
ich reise nach Deutschland
ich arbeite nicht
ıch denke nicht an Geld
ich heirate vielleicht
ich fahre nach Haus
?
}

to practice V-L word order after **weil** *. . .*

Warum nicht?   *Ask your classmates why they don't go to Germany. (A to B, B to C, etc.)*

Warum
{
fahren Sie
fährst du
}
nicht nach Deutschland?   Weil
{
ich spreche kein Deutsch
das Wetter ist immer schlecht
ich habe kein Geld
ich habe keine Zeit
der Flug ist nicht billig
ich fliege nach Israel/Japan/usw.
es kostet zuviel
ich fliege nicht gern
ich habe Angst
ich habe keine Ferien
?
}

to practice separable-prefix verbs in main clauses . . .[1]

Alles verkehrt![2]   **H**   *The separable prefixes on the right are all mixed up. Complete the sentence with the correct prefix.*

Ich rufe meine Kundin _____.	ab
Wann fährst du _____?	wieder
Machen Sie bitte die Tür _____!	an
Wann hört das Konzert _____?	auf
Was kauft ihr heute _____?	ein

[1]For a list of separable-prefix verbs, see p. 71.
[2]*What a mix-up!*

Warum fängt er nicht _____?	wieder
Ich komme um sechs Uhr _____.	auf
Hoffentlich sehen wir uns morgen _____.	zu
Warum stehen Sie immer so früh _____?	mit
Wann macht das Geschäft _____?	an
Bitte, nehmen Sie uns in die Oper _____!	auf
Was haben wir für morgen _____?	auf

Endlos![1] I *Expand the sentence, each time adding one cue expression. Make sure the separable prefix stays at the end.*

1. Ich fahre ab.
   heute
   um sechs Uhr
   mit Fritz
   nach München

2. Ich rufe an.
   immer
   um zwanzig Uhr
   am Wochenende
   aus Hamburg
   zu Haus

3. Kommt er an?
   wirklich°   *really*
   heute abend
   um zehn Uhr
   in Nürnberg

to practice separable-prefix verbs in dependent clauses . . .

Schwer zu verstehen[2] J *You are on the phone, but the connection is bad. You repeat so you can be understood. (A to B, B to C, etc.)*

Ich verstehe nicht.	Ich sage, daß	ich komme nicht mit
		ich rufe Sie morgen wieder an
		ich komme um acht Uhr an
		ich fahre am Sonntag ab
		ich mache um acht Uhr das Geschäft auf
		wir sehen uns morgen wieder
		ich nehme Fritz im Auto mit
		ich komme am Wochenende wieder
		?

[1]*No end in sight!*
[2]*Hard to understand*

Was paßt zusammen?[1]   K   *Read the completed statement out loud as soon as you have found a matching phrase.*

Man braucht eine Apotheke,	macht das Essen teuer.
Die Züge	daß man das Fremde° liebt. *what is foreign*
Wenn es regnet,	wenn man krank ist.
Der Flughafen ist	braucht man Luftpostmarken.
Ein „H-Schild'' zeigt,	braucht man eine Straßenkarte.
Für eine Autoreise	kommen im Bahnhof an.
Die Konditorei.	wo eine Haltestelle ist.
Für einen Luftpostbrief	braucht man ein Zelt.
Der Staat bekommt viel Geld	ist ein Amerikaner.
Der Stadtplan	braucht man einen Regenschirm.
Die Untergrundbahn	ist Rauchen verboten.
ist umweltfreundlich°,	ist eine Karte für die Stadt. *friendly toward the environment*
Das Trinkgeld	ein Bahnhof für Flugzeuge.
Xenophil bedeutet,	Dort ißt man Kuchen und trinkt Kaffee.
Ein „Ami''	weil sie Benzin° spart. *gas*
Im Nichtraucherabteil	durch die Mehrwertsteuer°. *value-added tax*

Was paßt nicht?[2]   L   *Which word is not related to the other three? Pronounce all words.*

1. das Trinkgeld/die Rechnung/das Restaurant/die Briefmarke
2. der Verkehr/die Zeitung/die Autobahn/die Ampel
3. das Gleis/der Bahnhof/die Autobahn/die Züge
4. der Schilling/die D-Mark/der Franken/das Zelt
5. der Verkehr/das Geschäft/der Preis/das Souvenir
6. die Nachrichten/der Ausweis/das Radio/der Wetterbericht

Hörübung[3]   M   *Hören Sie zu,*[4] *und sagen Sie „Richtig'' oder „Falsch''!*

1. Der Zoo zeigt den Film „King Kong''.
2. In Deutschland heißt der Amerikaner „Yankee''.
3. Die Oper spielt heute „Die Zauberflöte''°.   *The Magic Flute*
4. Das Wort „Xenophil'' ist schwer.
5. Gelb bedeutet „Stop''.
6. Das Wort „Information'' fängt mit „I'' an.
7. Man nimmt den Zug, wenn man kein Auto hat.
8. Ein Schnellzug fährt nicht sehr schnell.
9. In Deutschland ist die „Western Union'' die Post.

[1]*What goes together?*
[2]*Which word doesn't fit?*
[3]*Listening exercise*
[4]*Listen*

to practice travel vocabulary . . .

Reisen macht Spaß, aber es gibt oft Probleme![1]

N *Use your own experience to say what some of the problems of traveling are. Be sure to use V-L word order!*

Ein Problem für Touristen ist, daß

{
es gibt zu viele Touristen
das Reisebüro gibt falsche Auskunft
die Campingplätze sind oft voll° *full*
man bekommt keine Karten° *tickets*
 für die Oper
sie sprechen nur eine Sprache
man braucht immer mehr Geld
man ißt und trinkt zuviel
man hat es immer eilig
es gibt keine McDonalds
die Züge sind nie pünktlich
man findet nie eine Toilette
man ist manchmal° krank *sometimes*
es regnet immer
das Wetter ist immer schlecht
?
}

Kleine Sprachkrise[2]

O *Sie sind in Berlin. Sie fragen einen Passanten, wo etwas ist. Der Passant ist auch ein Tourist, und spricht kein Deutsch. Er/Sie sagt nur ,,Ich verstehe Sie nicht.'' (A to B, B to C, etc.)*

Wo ist _____, bitte?

die Jugendherberge
die Post
der Flughafen
eine Apotheke
eine Konditorei
die Haltestelle
ein Reisebüro
ein Plattengeschäft
das Nichtraucherabteil
die Toilette
die U-Bahn
der Bahnhof
das Museum
eine Kirche/Synagoge/Moschee
?

[1] *Traveling is fun but there are often problems!*
[2] *A small linguistic crisis*

Wieviel kostet ein Häppy Mäc? Und wieviel kostet ein Bier?

Was machen Sie,
wenn Sie
reisen?

P *Ask your classmates what they do when they travel, and say what you do. (A to B, B to C, and so on) Begin your answer with ,,**Wenn ich reise, . . .**'' Be sure to use V-L word order!*

| Was | machen Sie, wenn Sie reisen? | viel Wein/Bier trinken |
| | machst du, wenn du reist? | viele Souvenirs kaufen |

viel Wein/Bier trinken
viele Souvenirs kaufen
meistens im Kaffeehaus sitzen
immer früh° aufstehen   *early*
oft in die Oper gehen
viel Geld brauchen
immer billig essen
Schnellzüge nehmen
viele Fotos machen
?

just for fun . . .

Zungenbrecher[1]   **Q**   *Wer kann es schnell sagen?[2]*

Fischers Fritz fischt frische Fische,
Frische Fische fischt Fischers Fritz.

Rätsel[3]   **R**   *Mit was fängt der Tag an und hört die Nacht auf?*

Antwort

Mit „T".

[1] *Tongue twister*
[2] *Who can say it fast?*
[3] *Riddle*

KAPITEL 4

Wieviel sind zwei Meter in Fuß und Inches?

Metrische Maße, neue Märkte

Das metrische System: praktisch
und international

DIALOG

Metrische Maße, neue Märkte

Personen	*Frau Dipl.-Ing. (Diplomingenieur) Sabine Schwarzkopf, Direktorin bei der Firma Wotan-Windmaschinen, G.m.b.H.*[1]
	Jack Sparkuhl, Vertreter der Firma Square Ball Bearing Co. (Hauptfach im Studium: Welthandel; Nebenfach: Deutsch)

FRAU SCHWARZKOPF Kaffee, bitte, oder Apollinaris?

HERR SPARKUHL Apollinaris, bitte, mit Eis, wenn möglich.

FRAU SCHWARZKOPF Gern. Sie meinen Eiswürfel, nicht wahr?

HERR SPARKUHL Natürlich. —Also, wir bieten unsere Kugellager an. Beste Qualität, günstiger Preis.

FRAU SCHWARZKOPF Wir kennen Ihre Kugellager. Sie sind sehr gut. Aber Sie liefern alles in feet, inches und pounds. Wir verkaufen nach China; und dort mißt man in Meter und Zentimeter und man wiegt in Kilo und Gramm.

HERR SPARKUHL Das weiß ich, aber unsere Firma in Detroit gebraucht jetzt auch das metrische System.

FRAU SCHWARZKOPF So . . .? Das ist sehr gut. Dann ist ein Geschäft möglich.

HERR SPARKUHL Warum brauchen Sie unsere Kugellager?

FRAU SCHWARZKOPF Wir exportieren Windmaschinen nach China. Ihre Kugellager sind technisch prima, aber wir brauchen sie metrisch.

inches

centimeters

[1]G.m.b.H. = Gesellschaft mit beschränkter Haftung (*Company with limited liability*)

HERR SPARKUHL   O.K., wir liefern sie metrisch, aber nur für den Export.

FRAU SCHWARZKOPF   Das ist gut für uns—und für Sie.

HERR SPARKUHL   . . . und für Amerika.

FRAU SCHWARZKOPF   Sie haben recht. Auf gute Zusammenarbeit!

WORTSCHATZ ZUM DIALOG

ACTIVE VOCABULARY

nouns

der **Eiswürfel, -**	ice cube	der **Meter, -**	meter
der **Export, -e**	export	das **Nebenfach, ̈er**	minor (in college)
die **Firma,** die **Firmen**	firm, company	der **Preis, -e**	price
das **Gramm, -**	gram	die **Qualität, -en**	quality
das **Hauptfach, ̈er**	major (in college)	das **Studium,** die **Studien**	study, studies
das **Kilo(gramm), -**	kilogram	das **System, -e**	system
der **Markt, ̈e**	market	der **Zentimeter, -**	centimeter
das **Maß, -e**	measurement	die **Zusammenarbeit**	cooperation

verbs

an·bieten	to offer	**meinen**	to mean
exportieren	to export	**messen (mißt)**	to measure
gebrauchen	to use	**wiegen**	to weigh
liefern	to deliver, to furnish		

other words

alles	everything	**neu**	new
best-	best	**prima**	excellent, first-rate
günstig	favorable, good	**technisch**	technical(ly)
metrisch	metric		

VOCABULARY FOR RECOGNITION

nouns

Apollinaris	brand of mineral water	**Dip.-Ing. (Diplomingenieur)**	certified engineer (M.A. in engineering)
China	China		

Kampf der Umweltverschmutzung
bevor es zu spät ist

die **Direktorin, -nen**	president, director (female)	der **Vertreter, -**	representative
die **Gesellschaft, -en**	company	der **Welthandel**	international trade
das **Kugellager, -**	ball bearing	die **Windmaschine, -n**	wind machine

● FRAGEN ZUM DIALOG

Close your books and listen to what your instructor reads aloud. Then say whether the correct answer is ,,eins, zwei, drei''. More than one answer may be correct.

1. Was ist Sabine Schwarzkopf?
   1) Studentin.   2) Direktorin.   3) Hausfrau.
2. Was verkauft die Firma von Jack Sparkuhl?
   1) Windmaschinen.   2) Kugellager.   3) Eiswürfel.
3. Das Nebenfach von Jack Sparkuhl ist
   1) Deutsch.   2) Welthandel.   3) das metrische System.
4. Die Firma Wotan-Windmaschinen verkauft nach
   1) Deutschland.   2) U.S.A.   3) China.
5. Warum ist ein Geschäft möglich? Die Kugellager sind
   1) technisch prima.   2) gute Qualität.   3) metrisch.
6. Warum braucht Frau Schwarzkopf die Kugellager?
   1) Für das Studium.   2) Für die Windmaschinen.   3) Für die Eiswürfel.
7. Was trinkt Herr Sparkuhl?
   1) Kaffee.   2) Perrier.   3) Apollinaris.
8. Die Firma in Detroit gebraucht das metrische System
   1) für Amerika.   2) für den Export.   3) für den Welthandel.
9. Das metrische System ist gut
   1) für das Hauptfach.   2) für neue Märkte.   3) für internationale Zusammenarbeit.
10. Wer gebraucht heute das metrische System?
    1) China.   2) Die U.S.A.   3) Der Welthandel.

● PERSÖNLICHE FRAGEN

1. Ist das metrische System gut oder schlecht? Was denken Sie?
2. Gebrauchen Sie das metrische System? Wo? Wann?

● AUSSPRACHE-ÜBUNG

Long **i** versus short **i**

LONG		SHORT	
ich **biete**	*I offer*	**bitte**	*please*
bieten	*to offer*	**bitten**	*to request*
der **Schiefer**	*slate*	der **Schiffer**	*boatman*
du **liest**	*you read*	die **List**	*trick*
das **Lied**	*song*	er **litt**	*he suffered*
wir	*we*	das ist **wirr**	*that is confused*
der **Stil**	*style*	es ist **still**	*it is quiet*
die **Bienen**	*bees*	**binnen**	*within*
ihn	*him*	**in**	*in*

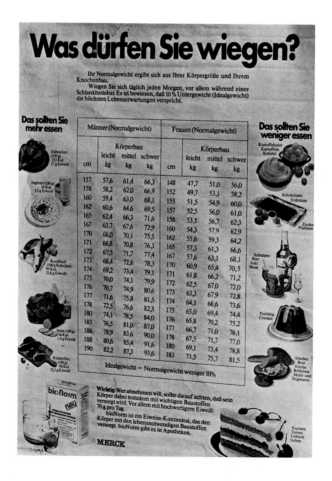

1. PREPOSITIONS REQUIRING THE ACCUSATIVE

FIVE TO MEMORIZE

A preposition is a word that shows the relationship of a noun or pronoun to other elements in the sentence. For example: "He goes *through* the door." In German a number of prepositions always require the use of the accusative case. Here are the main ones.

durch	*through*		**ohne**	*without*
für	*for*		**um**	*around, at*
gegen	*against*			

BEISPIELE

Wir gehen **durch den** Bahnhof.	We are going through the railroad station.
Für wen ist der Brief? — **Für mich**.	For whom is the letter? — For me.
Haben Sie etwas **gegen den** Arzt?	Do you have something against the doctor?
Ich reise **ohne meinen** Freund.	I am traveling without my friend.
Warum fährst du **um den** Flughafen?	Why are you driving around the airport?

● ANWENDUNG

A *Complete the sentence as suggested by the cue, using the accusative case.*

1. (der Campingplatz) Wir gehen durch _____.
2. (die Stadt) Wir fahren durch _____.
3. (ein Professor) Ich arbeite für _____.
4. (ein Amerikaner) Ich kaufe es für _____.
5. (die Grippe) Was gibt es gegen _____?
6. (der Verkehr) Um 4 Uhr fahren wir gegen _____.
7. (ein Regenschirm) Ich reise immer ohne _____.
8. (der Zoo) Fahren Sie bitte um _____!
9. (das Haus) Er geht um _____.
10. (das Rauchen) Haben Sie etwas gegen _____?

B *Complete the sentence, putting the cue pronoun into the accusative.*

1. (du) Ich fahre ohne _____.
2. (ich) Ich kaufe das Buch für _____!
3. (er) Wir sind gegen _____.
4. (sie) Er ist gegen _____.

5. (Sie) Wir spielen die Musik für ____!

6. (wir) Machen Sie es ohne ____!

7. (ihr) Sie sind alle gegen ____!

8. (er) Das Geld ist für ____.

9. (du) Hier, das ist für ____.

10. (Sie) Hier, das ist für ____.

C *Restate, substituting the cue expression for the underlined words.*

1. (der Professor) Der Brief ist für <u>das Geschäft</u>.
2. (die Sonne) Er fährt gegen <u>den Wind</u>.
3. (das Geschäft) Wir gehen durch <u>den Supermarkt</u>.
4. (die Stadt) Er arbeitet für <u>den Staat</u>.
5. (der Park) Er geht um <u>das Haus</u>.

CONTRACTIONS

Like English (*I am* = *I'm, I cannot* = *I can't*), German has contractions. In everyday speech, **durch, für,** and **um** are contracted with the definite article **das** when they occur together with a neuter noun: **durchs, fürs, ums.**

● ANWENDUNG

D *Restate the sentence, contracting the preposition and the definite article.*

1. Ich kaufe es für das Auto.
2. Wir gehen um das Haus.

3. Er geht durch das Geschäft.
4. Wir sind für das metrische System.

⚠ **Vorsicht!**   **Fehlergefahr!**

> In idiomatic expressions, prepositions often have a meaning different from their usual one. **Um** does not always mean *around*.
>
> | | |
> |---|---|
> | Hier geht es **um** Geld. | *Here it is a matter of money.* |
> | Er bittet **um** Geld. | *He is asking for money.* |
> | Er kommt **um** zwei Uhr. | *He is arriving at two o'clock.* |

2. SEPARABLE-PREFIX VERBS: REVIEW AND EXPANSION

Separable prefixes may be derived from various parts of speech, such as:

a) preposition: **durchfahren** *to travel through*

b) adverb (a word that modifies a verb, adjective, or another adverb): **zurückfahren** *to travel back*

Below are some more common separable-prefix verbs.

abfahren	*to leave, depart*	**einladen**	*to invite*
abholen	*to pick up*	**einsteigen**	*to get in, board*
anfangen	*to begin*	**vorlesen**	*to read aloud*
anschauen	*to look at*	**vorschlagen**	*to suggest, propose*
aufhören	*to stop, cease*	**vorstellen**	*to introduce*
aufpassen	*to pay attention*	**zuhören**	*to listen*
aussehen	*to look, appear*	**zurückfliegen**	*to fly back*
aussteigen	*to get out*	**zurückgehen**	*to go back, return*

● ANWENDUNG

A   *Restate, substituting the cue verb.*

1. (abfahren)   Wann fahren Sie nach England?
2. (anfangen)   Wann beginnt das Semester?
3. (anschauen)   Was sehen Sie?
4. (vorlesen)   Lesen Sie die Zeitung!
5. (zurückfliegen)   Wir fliegen morgen nach Kanada.

B   *Complete the sentence as suggested by the cue. Use V-L word order!*

1. (Du siehst sehr gut aus.)   Ich finde, daß _____.
2. (Ich komme an.)   Bist du zu Haus, wenn _____?
3. (Er paßt immer auf.)   Er lernt viel, weil _____.
4. (Sie laden mich ein.)   Das ist nett, daß _____.
5. (Sie steht früh auf.)   Sie ist immer pünktlich, weil _____.
6. (Er fährt morgen nach Haus zurück.)   Er ist glücklich, weil _____.

3.   NEGATION WITH nicht OR kein

nicht AND kein

In Chapter 2, you learned that German **kein** is equivalent to English *not, not a*, *not any*, or *no* followed by a noun.

Ich habe **keine** Zeit.	*I don't have (any) time.*
Er ist **kein** Freund.	*He is not a friend.*

kein BEFORE NOUNS, nicht FOR OTHERS!

More particularly, when the direct object is a noun with an indefinite article (**ein**, **eine**, **einen**), or a noun with no article at all, **kein** (not **nicht**) must be used for negation.

Er hat **ein** Auto. Ich habe **kein** Auto.	*He has a car. I have no car. (I don't have a car.)*
Ich kenne **eine** Apotheke hier.	*I know a pharmacy here.*
Er kennt **keine** Apotheke hier.	*He doesn't know a pharmacy here.*
Hast du Geld?	*Do you have money?*
Nein, ich habe **kein** Geld.	*No, I have no money.*

The word **nicht**, corresponding to English *not*, is used when the noun is preceded by a definite article and in many other situations.

Ich kenne die Zeitung **nicht**.	*I don't know the newspaper.*
Ich komme **nicht**.	*I am not coming.*

POSITION OF nicht

The position of **nicht** may vary. Here are some guidelines.

a) **Nicht** usually stands *at the end* of the sentence (or as near as word order rules permit) if it negates the verb or the entire sentence. When the sentence has a direct object, **nicht** usually follows the object.

Wir glauben **es nicht**.	*We don't believe it.*
Ich kenne **ihn nicht**.	*I don't know him.*
Verstehen Sie **mich nicht**?	*Don't you understand me?*
Er braucht **das Geld nicht**.	*He doesn't need the money.*
Er sagt, daß wir **ihn nicht verstehen**.	*He says that we don't understand him.*
Wir nehmen **dich nicht** mit.	*We aren't taking you along.*

b) **Nicht** *precedes* that element of a sentence which it specifically negates, provided that this does not run counter to word order rules. This element may be an adverb, an adjective, a pronoun, a verb, or a noun.

Fahren Sie bitte **nicht schnell**!	*Please don't drive fast.*
Das ist **nicht klar**.	*That is not clear.*
Wir fragen **nicht ihn**, sondern wir fragen sie.	*We don't ask him, (but rather) we ask her.*

c) **Nicht** usually *precedes* expressions of place and prepositions.

Ist das **nicht Frankfurt**?	*Isn't that Frankfurt?*
Sie fährt **nicht nach Österreich**.	*She isn't going to Austria.*

d) **Nicht** usually *follows* expressions of time.

Ich bin **heute nicht** zu Haus.	*I am not home today.*
Wir fahren **morgen nicht** ab.	*We don't leave tomorrow.*

 Vorsicht! **Fehlergefahr!**

Do not confuse **nicht** and **nichts**. **Nicht** means *not*, and **nichts** means *nothing* or *not anything*.

Ich weiß es **nicht**.	*I don't know it.*
Ich weiß **nichts**.	*I don't know anything. (I know nothing.)*

● ANWENDUNG

A *Restate the sentence with* **nicht** *in an appropriate position.* **Nicht** *may be shifted for emphasis. Where applicable, negate the dependent clause.*

1. Wir verkaufen das Auto.
2. Ich verkaufe das Auto gern.
3. Er ruft mich heute an.
4. Wir fahren heute ab.
5. Fährst du heute in die Stadt?
6. Er sagt, daß er heute ankommt.
7. Sie sagt, sie fährt heute ab.
8. Ich verstehe Sie.
9. Verstehen Sie mich?
10. Wir fahren nach Österreich.
11. Fahren Sie bitte schnell!
12. Ich weiß, daß Sie immer aufpassen.

B *Supply* **kein-**, **nicht**, *or* **nichts**, *whichever is appropriate.*

1. Wir kaufen es _____.
2. Heute kaufen wir _____.
3. Ich habe _____ Zeit.
4. Haben Sie _____ Geld?
5. Ich habe das Geld _____.
6. Warum sagst du _____?
7. Zahlen Sie die Rechnung _____?
8. Wir bekommen _____ Briefe aus Deutschland.
9. Bekommen Sie _____ für die schwere Arbeit?
10. Warum senden Sie die Briefe _____ per Luftpost?
11. Holst du sie _____ ab?
12. Gibt es heute _____ Zug?

4. THE FUNCTION OF ADVERBS

WHAT ARE ADVERBS?

An adverb modifies or communicates further information about a verb, an adjective, or even another adverb. This information usually pertains to *time* (**heute**, **morgen**, **jetzt**, etc.), *manner* (**gut**, **gern**, **leider**, etc.), or *place* (**hier**, **da**, **dort**, etc.).

BEISPIELE   TIME

Wir sind **heute abend** zu Haus.   *We are home this evening.*

MANNER

Ich verstehe **leider** kein Deutsch.   *Unfortunately, I don't understand German.*

PLACE

Da ist die Haltestelle.   *Here is the bus stop.*

● ANWENDUNG

A   *Complete the sentence with an appropriate adverb from the list below. Several choices may be possible.*

gut	hier	links	oft
heute	leider	pünktlich	überall

1. Was sagt der Wetterbericht _____? (*time*)
2. Ich wohne _____. (*place*)
3. Ich bin _____ nicht zu Haus. (*manner*)
4. Er spielt _____. (*manner*)
5. Er kommt immer _____. (*manner*)
6. _____ sieht man Touristen. (*place*)
7. Sehen Sie nach _____! (*place*)

GERMAN ADVERBS: NO ENDING— *GOTT SEI DANK!*

In English, adverbs are often formed by adding *-ly* to the corresponding adjective. In German, however, adverbs have no ending.

ADJECTIVE

Das Wetter ist **schlecht**.   *The weather is bad.*

ADVERB

Du spielst **schlecht**.   *You play badly.*

SEQUENCE OF ADVERBS: **wann—wie—wo** (NOTE ALPHABETICAL ORDER)

When a sentence contains several adverbs, they usually occur in the following word order: *time—manner—place*. In English, in contrast, *place* usually precedes *time*. Compare the examples below.

T   P
Ich bin morgen dort.

P   T
I'll be there tomorrow.

T   M
Wir fliegen morgen leider
P
nach Haus.

M   P
Unfortunately, we are flying home
T
tomorrow.

For emphasis or if there are many adverbs, an adverb may begin the sentence.

Morgen fliegen wir leider nach Hause. (*or* **Leider** fliegen wir morgen nach Hause.)

SUMMARY

While T—M—P is the usual sequence, it may vary for communicative emphasis.

 Vorsicht!   **Fehlergefahr!**

> In English, an adverb may be placed between the subject and the verb. In German, however, this does not normally happen.
>
> V   T   M   P
> Gisela kommt immer pünktlich nach Haus.
>
> T   V   P   M
> *Gisela always comes home punctually.*

● ANWENDUNG

B *Complete the sentence, arranging the adverbial modifiers in an appropriate order.*

1. (pünktlich/hier/immer)   Ist der Bus _____?
2. (schnell/morgen/nach Haus)   Er fährt _____.
3. (leider/links/heute noch)   In England fährt man _____.
4. (heute abend/sicher/ins Konzert)   Wir gehen _____.
5. (dort/oft/schlecht)   Das Wetter ist _____.

5.   hin **AND** her

HERE AND *THERE*

Hin and **her** are adverbs used to indicate direction. **Hin** shows direction *away from* the speaker. **Her** shows direction *toward* the speaker.

Er fährt heute **hin**.	*He is going there today.*
Kommen Sie bitte **her**!	*Please come here.*

Hin and **her** may also function as separable prefixes.

Sie sagt, daß sie bald **hin**fährt.	*She says she'll go there soon.*
Ich weiß nicht, wann er **her**kommt.	*I don't know when he is coming here.*

● ANWENDUNG

A   *Complete the sentence with* **hin** *or* **her***, whichever is appropriate.*

1.   Ich bin hier. Kommen Sie bitte _____!
2.   Dort ist das Auskunftsbüro. Gehen Sie bitte _____!
3.   Wo gehst du _____?
4.   Ich bin jetzt zu Haus. Kommen Sie bitte _____!
5.   Der Tennisball fliegt _____ und _____.
6.   Ich kenne ihn nicht. Ich weiß nicht, wo er _____kommt.

Wohin?   Woher?   Wo?   Wo?

wohin AND **woher**

In questions, **hin** and **her** may be combined with **wo**.

Wohin reist sie?   ⟶   *Where is she traveling to?*
Woher kommt ihr?   ⟵   *Where are you coming from?*

⚠ **Vorsicht!**   **Fehlergefahr!**

> German has several equivalents for the English word *where?*. **Wohin?** indicates movement toward a goal, but **wo?** does not. Literally, **wohin?** means *where to?*. **Woher** means *from where?*. Compare: *Whither?*, *Whence?*.
>
> MOVEMENT TOWARD A GOAL
> **Wohin** gehen Sie?   *Where are you going?*
>
> MOVEMENT FROM A PLACE
> **Woher** kommen sie?   *Where are you coming from?*
>
> NO MOVEMENT TOWARD A GOAL
> **Wo** tanzen Sie?   *Where do you dance?*
>
> NO MOVEMENT AT ALL
> **Wo** wohnen Sie?   *Where do you live?*

● ANWENDUNG

B   *Supply **wohin**, or **woher**, or **wo** to complete the question. Several choices may be possible.*

1. _____ sendest du das Telegramm?
2. _____ haben Sie all das Geld?
3. _____ wissen Sie das?
4. _____ fahren Sie in den Ferien?
5. _____ kommen Sie?
6. _____ gehen Sie?
7. _____ wohnst du?
8. _____ fährt der Zug?

6.   COMPOUND NOUNS

Many German nouns consist of two or more words joined together. They are usually written as one word. English has similar compound nouns, but the parts may be written as two separate words.

der **Campingplatz**   *campground*
die **Verkehrsampel**   *traffic light*
das **Auskunftsbüro**   *information office*

GENDER OF COMPOUND NOUNS

In German, compound nouns take their gender from that of the *final* component.

der Untergrund + die Bahn = die **Untergrundbahn**   *subway*

das Quadrat + der Kilometer = der **Quadratkilometer**   *square kilometer*

In some cases, a linking **-s-**, **-es-**, or **-n-** is inserted between the components.

die Straße + die Bahn = die Straße**n**bahn   *streetcar*

das Geschäft + die Zeit = die Geschäft**s**zeit   *business hours*

Mark Twain observed that "one of the most curious and notable features" of the German language is the length of its words. "Some German words are so long that they have a perspective." Among the examples he gave were these.

Stadtverordnetenversammlungen	*city council meetings*
Waffenstillstandsunterhandlungen	*cease-fire negotiations*
Altertumswissenschaften	*studies of antiquity*

● ANWENDUNG

A   *Say each component. Then form the compound noun. Give the English equivalent of each component and of the compound noun.*[1]

1. der Kaffee/das Haus
2. das Haus/die Frau
3. das Leder/die Hose
4. die Grippe/die Zeit
5. der Regen/der Mantel
6. die Woche/das Ende
7. die Straße/die Bahn (-n-)
8. das Auto/die Bahn
9. der Tee/der Löffel
10. das Motorrad/der Fahrer
11. der Tag/die Temperatur (-es-)
12. der Apfel/der Kuchen
13. das Auge/der Blick (-n-)
14. die Auskunft/das Büro (-s-)
15. die Woche/der Tag (-n-)
16. der Flug/der Hafen
17. die Bahn/der Hof
18. das Wetter/der Bericht
19. das Hotel/der Portier
20. die Stadt/der Plan
21. der Verkehr/der Stau (-s-)
22. der Verkehr/die Ampel (-s-)
23. das Auto/die Bahn/der Verkehr
24. der Staat/die Universität (-s-)

7. CARDINAL NUMBERS

Cardinal numbers (*one, two, three,* and so on) are used in *counting.* Ordinal numbers (*first, second, third,* and so on) show the *rank* of an item in a series.

[1]The English equivalents of all words are in the end vocabulary.

Sidebar:
"I would do away with those great compounded words, or require the speaker to deliver them in sections, with intermissions for refreshments."

—Mark Twain in *The Awful German Language*

(The latter are discussed in Chapter 11.)

0	null	14	vierzehn	70	siebzig
1	eins	15	fünfzehn	80	achtzig
2	zwei	16	sechzehn	90	neunzig
3	drei	17	siebzehn	100	hundert
4	vier	18	achtzehn	101	hunderteins
5	fünf	19	neunzehn	102	hundertzwei
6	sechs	20	zwanzig	103	hundertdrei
7	sieben	21	einundzwanzig	145	hundertfünfundvierzig
8	acht	22	zweiundzwanzig	200	zweihundert
9	neun	23	dreiundzwanzig	300	dreihundert
10	zehn	30	dreißig	600	sechshundert
11	elf	40	vierzig	700	siebenhundert
12	zwölf	50	fünfzig	1000	tausend
13	dreizehn	60	sechzig		

Measures, Weights and Temperature

American Measures and the Metrical System

Lengths

1 mm	=	0.039 in	1 in	=	2.54 cm
1 cm	=	0.394 ft	1 ft	=	30.48 cm
1 m	=	1.094 yds	1 yd	=	91.44 cm
1 km	=	0.621 mile	1 mile	=	1.609 km

Areas or Surfaces

1 sq mm	=	0.002 sq in	1 sq in	=	6.45 sq cm
1 sq cm	=	0.155 sq in	1 sq ft	=	929.03 sq cm
1 sq m	=	1.196 sq yds	1 sq yd	=	0.836 sq m
1 ha	=	2.471 acres	1 acre	=	4047 sq m
1 sq km	=	0.386 sq miles	1 sq mile	=	2.59 sq km
	=	247.11 acres		=	259 ha

Weights

1 mg	=	0.015 grain	1 grain	=	0.065 g
1 g	=	15.432 grains	1 oz	=	28.35 g
1 kg	=	2.205 lb	1 lb	=	453.59 g
1 t	=	2205 lb	1 net cwt	=	45.34 kg
	=	1.102 net t	1 net t	=	907.185 kg
				=	0.907 t

Capacities

1 l	=	2.114 liquid pt	1 liquid pt	=	0.473 l
	=	1.057 liquid qt	1 liquid qt	=	0.946 l
	=	0.264 liquid gal	1 liquid gal	=	3.785 l
1 hl	=	26.418 liquid gal	1 bu	=	35.238 l

mm = millimeter, cm = centimeter, m = meter, km = kilometer; sq mm = square millimeter, sq cm = square centimeter, sq m = square meter, sq km = square kilometer, ha = hectare; mg = milligram, g = gram, kg = kilogram, t = ton (metric); l = liter, hl = hectoliter.

Conversion formula for temperature

° Fahrenheit (F)   ° Celsius (C)

$$° F = \frac{18C}{10} + 32 \qquad ° C = \frac{10(F-32)}{18}$$

Vorsicht!   Fehlergefahr!

a) **Eins** has an **-s** when it stands alone as a cardinal number, but has no **-s** in compounds: **einundvierzig, es ist ein Uhr.**

b) **Dreißig** is spelled with an **ß**, not a **z.**

c) **Sechs** is pronounced **seks**, but in **sechzehn** and **sechzig**, the **ch** sound is the same as in **ich**. *Note:* The **-s** in **sechs** is dropped in **sechzehn** and **sechzig.**

d) The **-en** in **sieben** is dropped in **siebzehn** and **siebzig.**

e) When spoken or written out in full, units precede the tens. They are connected by **und**. After multiples of **hundert**, however, no connecting **und** occurs.

zweiundzwanzig	*twenty-two*
zweihundertzwanzig	*two hundred and twenty*
zweihundertzweiundzwanzig	*two hundred and twenty-two*

f) In decimal fractions German uses a comma where English uses a period.

3,40 (drei Komma vierzig) Zentimeter   *3.40 (three point forty) centimeters*

g) Conversely, where English uses a comma to separate groups of three figures, German uses a period (or a space).

20.000 (20 000)   *20,000*

● ANWENDUNG

A *Zählen Sie!*

1. Von null bis zwanzig vorwärts. (*From zero to twenty forwards.*)
2. Von zwanzig bis null rückwärts. (*From twenty to zero backwards.*)
3. Sagen Sie alle geraden Zahlen bis zwanzig! (*Say all even numbers up to twenty.*)
4. Sagen Sie alle ungeraden Zahlen bis zwanzig! (*Say all uneven numbers up to twenty.*)

B *Antworten Sie!*

1. Welche Zahl kommt vor 17, 28, 35, 41, 62, 77, 86, 93?
2. Welche Zahl kommt nach 19, 25, 37, 42, 51, 66, 79, 82, 93?

C *Rechnen Sie!*[1]

1. (4×4) Vier mal vier ist sechzehn.
    3×5 10×10 9×7 8×5 6×3

[1]*Calculate.*

2. (3 + 4) Drei plus vier ist sieben.
   4 + 10   9 + 18   27 + 3   14 + 5   8 + 20
3. (10 − 2) Zehn minus zwei ist acht.
   12 − 2   125 − 3   467 − 7   672 − 100   788 − 12
4. (12 : 4) Zwölf durch vier ist drei.
   10 : 2   80 : 4   1000 : 10   144 : 12   35 : 7

D   *Ergänzen Sie bis einhundert!*[1]

11, 21 . . .   11, 22, 33 . . .   16, 22, 26 . . .

DIE FARBEN	Colors[2]		
blau	blue	**rosa**	pink
braun	brown	**rot**	red
gelb	yellow	**schwarz**	black
grün	green	**weiß**	white

● ANWENDUNG

A   *Point to an object or garment in the classroom and say:* ,,Das ist _____!''
    (color)

HEUTE SCHON GELACHT?[3]

Zwei Kalauer zu diesem Kapitel

KARL   Weißt du, wie lange Fische leben?
HANS   Klar, genau wie kurze.

Wetterbericht am Radio: ,,In den Bergen ist die Temperatur siebzehn Grad, am Meer einundzwanzig Grad, und in Jugoslawien Belgrad.''

8.   THE POSSESSIVE ADJECTIVES: PREVIEW

,,ICH BIN DEIN, DU BIST MEIN''

Possessive adjectives communicate ownership. Their usage is more fully discussed in Chapter 8. For the present, because you may want to use them, note the following forms:

---

[1]*Complete the sets up to one hundred.*
[2]If you don't find your own favorite color in the list, ask your instructor.
[3]*Had a good laugh today?* Many German periodicals and newspapers print ''Kalauer'' jokes. They are jokes based on an intentionally stupid play on words.

mein	my	unser	our
dein	*your* (familiar singular)	**euer**	*your* (familiar plural)
sein	*his, its*	**Ihr**	*your* (polite form, singular and plural)
ihr	*her, its*	**ihr**	*their*

In their case endings the possessive adjectives behave just like **ein** or **kein** and in fact **mein**, **dein**, **sein** rhyme exactly with **ein** and **kein**.

BEISPIELE

Mein Bruder spielt Tennis.   *My brother plays tennis.*

Meine Schwester lernt Deutsch.   *My sister learns German.*

Unser Zug fährt um acht Uhr.   *Our train leaves at eight.*

Ist **Ihre** Tochter zu Hause?   *Is your daughter at home?*

Wo ist **dein** Auto?   *Where is your car?*

Sein Professor ist Österreicher.   *His professor is an Austrian.*

Unser Auto ist kaputt.   *Our car is kaput (has had it, is out of commission).*

⚠ **Vorsicht!**   **Fehlergefahr!**

Interference

Interference occurs when a speaker of English thinks that a similar-sounding or similar-looking word in German is the one needed. Here are a few "pitfalls" to be avoided.

Select the correct word from the choices in parentheses and say the sentence in German.

1. *He asks me for help.* (fragt/bittet) Er _____ mich um Hilfe.
2. *My friends are coming here.* (hier/her) Meine Freunde kommen _____.
3. *When does the mail arrive?* (Wenn/Wann) _____ kommt die Post?
4. *We live on Einstein Street.* (leben/wohnen) Wir _____ in der Einstein-Straße.
5. *I will call you before noon.* (bevor/vor) Ich rufe Sie _____ zwölf Uhr an.
6. *I don't know where she goes.* (wo/wohin) Ich weiß nicht, _____ sie geht.
7. *Take this letter to the post office.* (Bringen/Nehmen) _____ Sie diesen Brief zur Post!
8. *This book is by Goethe.* (von/bei) Dieses Buch ist _____ Goethe.
9. *What does this word mean in English?* (meint/bedeutet) Was _____ dieses Wort auf Englisch?
10. *I see what you are saying.* (verstehe/sehe) Ich _____, was Sie sagen.

LESESTÜCK

Das metrische System:
praktisch und international

Dezember 1975, Washington, D.C.: Die Vereinigten Staaten führen das metrische System ein. Amerika adoptiert offiziell Meter, Celsius, Liter usw.

to the Der Wechsel zum° metrischen System findet nicht von heute auf morgen
statt. Langsam, aber sicher verwenden jedes Jahr mehr Amerikaner das
metrische System.

Was bedeutet es für Sie, wenn Sie ein Schild sehen: ,,Tempolimit 110 km
(= Stundenkilometer)''? Wenn, zum Beispiel, eine Reklame sagt: ,,Der
Audi braucht nur 13 Liter pro 100 Kilometer''? Oder wenn Sie lesen: ,,Zug-
spitze 2 885 Meter''? Wenn der Arzt sagt: ,,Sie haben 39,7 Fieber''? oder
wenn Sie den Wetterbericht hören: ,,Tagestemperatur zwischen 12 und 16
Grad''?

Sie haben jetzt viele Informationen; sehr präzise, sehr klar. Aber was bedeuten sie für uns Amerikaner, für Sie und für mich? Haben wir wirklich
eine klare Idee, wieviel 13 Liter Benzin und wie hoch 2 885 Meter sind?

Wie kalt oder heiß sind 10 oder 25 Grad Celsius? Wie groß ist ein Quadratkilometer? Wie schwer ist ein Kilo Äpfel? Wie weit sind 270 Kilometer?
Wie kalt sind minus fünf Grad Celsius? Wieviel Limonade enthält eine 10

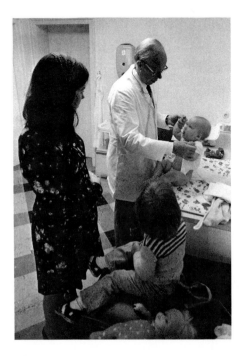

,,Na, du siehst gesund aus!''

111

beauty queen   Deziliterflasche? Und wie sieht eine Schönheitskönigin° aus, wenn die Zeitung schreibt: Sie ist 165 Zentimeter groß, wiegt 51 Kilo und hat die Maße 90-60-90?

Das metrische System ist praktisch und international. Schulkinder lernen es leicht und schnell. Und vergessen Sie nicht: Das Geld in Amerika ist schon dezimal, wie das metrische System. Amerikanische Wissenschaftler und die Armee verwenden schon lange das metrische System. Heute sind für uns Meter, Liter und Celsius noch ein wenig fremd; aber morgen ist das metrische System schon Gewohnheit. Bald gibt es auch für uns keinen ,,meter shock'' mehr.

WORTSCHATZ ZUM LESESTÜCK

ACTIVE VOCABULARY

nouns

der **Apfel, ⸚**	apple		die **Gewohnheit, -en**	habit
die **Armee, -n**	army		der **Grad, -e**	degree(s)
der **Arzt, ⸚e**	physician			(temperature)
das **Benzin**	gasoline		der **Liter, -**	liter
Celsius	Celsius (degree)		das **Schulkind, -er**	school child
das **Fieber**	fever		die **Temperatur, -en**	temperature
die **Flasche, -n**	bottle		der **Wissenschaftler, -**	scientist

verbs

adoptieren	to adopt		**aus·sehen (sieht aus)**	to look, appear
enthalten (enthält)	to contain			

other words

bald	soon		**leicht**	easy, simple; easily
dumm	stupid, dumb		**mehr**	more
fremd	strange, alien		**offiziell**	official(ly)
heiß	hot		**präzis**	precise
hoch	high		**pro**	per
klar	clear		**wirklich**	really
lang	long		**zwischen**	between

special and idiomatic expressions

schon lange	for a long time		**zum Beispiel (z.B.)**	for example
von heute auf morgen	overnight, all of a sudden			(i.e.)

VOCABULARY FOR RECOGNITION

nouns

die **Idee, -n** — idea
der **Kilometer, -** — kilometer
die **Limonade, -n** — lemonade, soft drink
die **Meile, -n** — mile
der **Quadrat-kilometer, -** — square kilometer
Stundenkilometer — kilometers per hour

die **Tagestempe-ratur, -en** — today's temperature
das **Tempolimit, -s** — speed limit
der **Wechsel, -** — change
die **Zugspitze** — the Zugspitze (highest mountain in Germany)

verbs

ein·führen — to introduce

statt·finden — to take place

● FRAGEN ZUM LESESTÜCK

Antworten Sie auf deutsch!

1. Wer verwendet schon lange das metrische System in den Vereinigten Staaten?
2. Was sagt die Audi-Reklame?
3. Bei° wieviel Grad Celsius hat man Fieber?   Bei 37,4 Grad Celsius.   *At, With*
4. Was kostet eine „Gallon" Benzin an Ihrer Tankstelle°? Oder zeigt Ihre Tankstelle schon Liter?   *gas station*
5. Wieviel Liter Kaffee, Cola, Wasser, usw. trinken Sie pro Woche?
6. Wie schnell fahren Sie auf der Autobahn? In Meilen? In Kilometer?
7. Wie weit ist es von Ihrem Haus bis zum Universitätsparkplatz? In Meilen? In Kilometer?
8. Finden Sie, daß die Maße für eine Schönheitskönigin dumm sind? Warum?
9. Sind Sie für oder gegen das metrische System? Warum?

● SITUATIONEN

1. *You are driving on the Autobahn from Heidelberg to München. You see a sign reading „110". You ask your German friend who is driving: „Was bedeutet ‚hundertzehn'?" Your friend explains.*
2. *You are in favor of the metric system, but your American friend is against it. You argue about its benefits and shortcomings. Your friend says: „Das metrische System ist nicht leicht. Das amerikanische System ist besser." How do you react?*
3. *You are a German scientist and read the headline in the Frankfurter Allgemeine Zeitung: „USA adoptieren das metrische System." You exclaim: _____!*

Wie hoch fliegt der Luftballon? Wie hoch sind die Berge?

4. *You are in Munich and plan to go to the Zugspitze. It is June. The weather report says: ,,Zugspitze Temperatur null bis drei Grad Celsius.'' You turn to your German friend and say* ____.

● SCHRIFTLICH WIEDERHOLT

A *Write a response using the cue words. Use* **nicht** *or* **kein** *as appropriate.*

1. Fritz besucht uns nicht oft.   (wir/ihn/kennen/gut)
2. Es ist heute zu heiß.   (er/arbeiten/heute)
3. Er heißt William Taylor.   (Deutscher/sein)
4. Sie fährt 30 Stundenkilometer.   (sie/fahren/schnell)
5. Hier ist Bier.   (Danke/wir/trinken/Bier)
6. Ursula wartet schon lange.   (aber/der Bus/kommen)
7. Was bedeutet das?   (wir/wissen/es)

B *Express in German.*

1. Where are you going?
2. Where are you from?
3. Where do you live?
4. When are you flying back?
5. I know that Ursula is leaving today.
6. What do you offer?

C   Each of the following compound nouns is missing its first part. Add it from the list below, then use the compound noun in a meaningful sentence.

1. die _____ampel   4. das _____haus   7. die _____herberge
2. der _____tag   5. die _____bahn   8. der _____hafen
3. der _____bericht   6. das _____ende   9. die _____zeit

das Wetter   die Jugend   der Verkehr   das Auto   der Regen
die Woche   der Flug   die Grippe   der Kaffee

D   Rewrite each sentence, substituting the separable-prefix verb.

1. (einladen)   Wir fragen ihn.
2. (mitnehmen)   Erika verwendet keinen Lippenstift.
3. (anschauen)   Sie vergißt das Foto.
4. (mitbringen)   Ich bezahle das Bier.
5. (vorlesen)   Schreibst du jetzt die Postkarte?

SPRECHEN LEICHT GEMACHT!

to practice prepositions governing the accusative . . .

Für oder gegen?   A   *There are no bugs (**Wanzen**) in the classroom. So feel free to say whether you are for or against!*

Ruf doch mal an!

Poster © Klaus Staeck.

Ich bin { für / gegen }

das metrische System
die Banken
der Humor
die Wahrheit
das Rauchen
der Alkohol
der Staat
die Polizei
das Fernsehen°   *television*
der Lippenstift
die Professoren
der Supermarkt
das Tempolimit
das Wahlrecht
das Trinkgeld
die Liebe
der Verkehrsstau
die Reklame
?

Wirklich?   **B**   *Can you live with or without the things below? Say what you really feel.*

Ich kann ohne { Kaugummi° / Auto / Elvis-Platten / Freunde / Frau/Mann / Liebe / Kaffee / Geld / Bier / Sonne / Fernsehen / Partner/Partnerin / ? } gut nicht } leben.

chewing gum

to practice separable-prefix verbs . . .

C   *Fragen Sie Ihre Klassenkameraden . . .*[1]

Wann (er/sie) aufsteht.
Wen° (er/sie) am Wochenende abholt.
Was (er/sie) gerne anschaut.
Warum (er/sie) nicht aufpaßt.
Wo (er/sie) aussteigt.
Wen (er/sie) am Wochenende einlädt.
Was (er/sie) einkauft.
Wie eine Schönheitskönigin aussieht.

Warum (er/sie) Sie nicht einlädt.
Wann (er/sie) wieder-   *whom*
    kommt.
Wann (er/sie) Sie anruft.
Was (er/sie) in Deutsch aufhat.
Warum (er/sie) nicht nach Öster-
    reich mitkommt.
Wo das Konzert stattfindet.
                                    ?

to practice nicht, kein, nichts . . .

Wir spielen   **D**   *Student A to student B, but Student B vehemently denies the question*
Polizei[2]   **(Nein, ich...).** *Then B to C, and so on.*

Lernen Sie Deutsch?
Ist das die Wahrheit?
Arbeiten Sie für den CIA?
Trinken Sie nur Bier?
Haben Sie viel Geld?
Haben Sie Geld?
Haben Sie Elvis-Platten?

Verkaufen Sie Rauschgift°?   *drugs*
Spielen° Sie in Las Vegas   *here: gamble*
    oder Monte Carlo?
Tanzen Sie Tag und Nacht?
Kaufen Sie ohne Geld ein?
Verstehen Sie das metrische System?
Laden Sie Terroristen nach Hause ein?

[1]*Ask your classmates . . .*
[2]*We play "Third Degree"—police interrogation*

Kaufen Sie *Mad* oder den
Harvard Lampoon?
Trinken Sie Alkohol?
Rauchen Sie Zigaretten?

Trinken Sie Kaffee?
Schreiben Sie anonyme Briefe?
Rufen Sie die FBI an?
?

to practice the use of adverbs . . .

E *Expand each statement with an adverb from the list below that fits your personal situation.*

früh	**immer**	**nie**	**oft**	**?**
gern	**leider**	**nur**	**zu Hause**	

Ich lerne Deutsch.
Ich passe auf.
Ich stehe um sechs Uhr auf.
Ich wohne hier.

Ich habe kein Geld.
Ich gehe ins Kino°.   *to the cinema*
Ich sage die Wahrheit.
Ich stehe für eine Frau auf.
?

to practice cardinal numbers . . .

Ich bin keine Nummer.

F *Turn to a classmate and say the numbers that govern your life. Then add:* **„Und was ist Ihre/deine _____?"**

Meine Autonummer ist _____.
Meine Sozialversicherungsnummer° ist _____.   *Social Security number*

Meine Bank-Kontonummer ist _____.
Meine Immatrikulationsnummer° ist _____.   *(university) student (ID) number*

Meine Hausnummer ist _____.
Meine Telefonnummer ist _____.

Wer weiß es?

G *Ein Intelligenz-Quiz für Besserwisser[1]*
Antworten Sie auf deutsch!

Wieviele Staaten gibt es in den Vereinigten Staaten?   (13/48/50)
Was ist die Zahl für Pi?   (5,177/3,1416/3,1417)
Wieviele Spieler hat eine Fußballmannschaft°?   (11/21/16)   *soccer team*
Was ist die Unglückszahl°?   (7/13/9)   *unlucky number*
Wie alt sind die Vereinigten Staaten?   (75/500/über 200) Jahre.
Wie hoch ist Mount Everest?   (2 222/8 848/29 028) Meter.
Wann arbeitet man nicht mehr? Mit (19/30/65).
Wann hat man in den U.S.A. das Wahlrecht? Mit (5/18/21).
Wieviele Frauen hatte° Heinrich der Achte?   (11/6/ keine)   *had*
Die Firma Heinz verkauft (10/57/2) Produkte.
Es gibt (7/9/15) Sinfonien von Beethoven.

[1]*An IQ test for smart alecks*

Das amerikanische Sternenbanner° hat (13/48/50) Sterne.   *Stars and Stripes*

Von New York bis Paris sind es ungefähr° (300/6 000/14 000) Kilometer.   *approximately*

Wieviele Leben hat eine Katze?   (9/3/13)

Wer hat Angst vor dem metrischen System?[1]

H *Say the cue number in German to complete the sentence.*

(37)   Die normale Körpertemperatur° ist etwa° _____ Grad Celsius.   *body temperature/about*

(0)   Wasser gefriert bei° _____ Grad Celsius.   *freezes at*

(100)   Wasser kocht° bei _____ Grad Celsius.   *boils*

(1,6)   Eine Meile ist _____ Kilometer.

(3)   Ein Meter ist etwa _____ Fuß.

(2,2)   Ein Kilo ist etwa _____ Pfund°.   *pounds*

(1)   Ein Liter ist ungefähr _____ „quart''.

(37,4)   Mit _____ Grad Celsius hat man Fieber.

(20)   Die normale Zimmertemperatur° ist ungefähr _____ Grad Celsius.   *room temperature*

(?)   Ich bin _____ Meter _____ Zentimeter groß.

(?)   Ich wiege _____ Kilogramm.

(?)   Meine Maße sind _____, _____, _____ Zentimeter.

to practice the parts of the body . . .

Die Körperteile[2]   **I** *Wie heißen sie?*

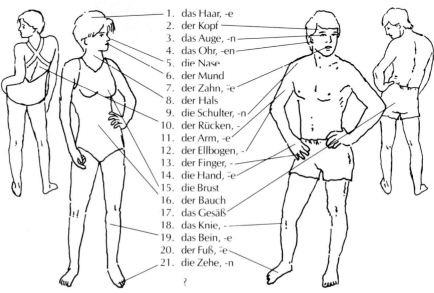

1. das Haar, -e
2. der Kopf
3. das Auge, -n
4. das Ohr, -en
5. die Nase
6. der Mund
7. der Zahn, ꞉e
8. der Hals
9. die Schulter, -n
10. der Rücken, -
11. der Arm, -e
12. der Ellbogen, -
13. der Finger, -
14. die Hand, ꞉e
15. die Brust
16. der Bauch
17. das Gesäß
18. das Knie, -
19. das Bein, -e
20. der Fuß, ꞉e
21. die Zehe, -n

[1]*Who's afraid of the metric system?*   [2]*The parts of the body*

Was sagt er? Und was antwortet sie?

Sind Heiratswünsche seriös?

Wie finde ich einen Partner?

DIALOG

Sind Heiratswünsche seriös?

Petra Fischer, eine junge deutsche Studentin, und John Taylor, ein junger Amerikaner, sitzen an einem Tisch in einer Konditorei.

JOHN   Das ist unglaublich! Petra, machen die Leute Spaß? (*Er zeigt ihr eine Zeitung und schüttelt den Kopf.*)

PETRA   Von was sprichst du? Von wem sprichst du?

JOHN   Von den Heiratswünschen in der Zeitung. Bei uns in Amerika gibt es das nicht.

PETRA   Meinst du, daß es bei euch gar keine Heiratswünsche gibt? In keiner Zeitung?

JOHN   Ach ja, es gibt sie schon. Aber Heiratswünsche in der Zeitung scheinen uns nicht sehr seriös.

PETRA   Nicht seriös? Hängt das nicht von der Zeitung ab—und von der Annonce? Bei uns findet man Heiratswünsche in der ,,Welt'', im ,,Tagesspiegel'' und in den ,,Salzburger Nachrichten''. Das sind doch seriöse Zeitungen, nicht wahr?

JOHN   Sicher, aber ich verstehe nicht, warum die Leute durch die Zeitung Partner suchen.

PETRA   Warum nicht?

JOHN   Was ist los mit ihnen? Haben sie Komplexe?

PETRA   Du tust den Leuten unrecht.

JOHN   Nein, nein, so meine ich es auch nicht. Aber Heiratswünsche in den Zeitungen . . . Sie gehören nicht in eine Zeitung!

PETRA   Andere Länder, andere Sitten!

JOHN   Ich finde es auch nicht schön, wenn Frauen so annoncieren.

PETRA   Aha, typisch! Männer-Chauvinismus: das Mädchen wartet geduldig auf den Prinzen.

JOHN   Es tut mir leid, wenn du das so verstehst. Aber glaubst du wirklich, daß Heiratswünsche den Frauen helfen?

PETRA   Nicht nur den Frauen, auch den Männern! Wer allein ist, sucht Kontakt.

JOHN   Ja, ich weiß . . .

WORTSCHATZ ZUM DIALOG

ACTIVE VOCABULARY

nouns

der **Kopf, ⸚e**	head	der **Spaß, ⸚e**	fun, prank
das **Land, ⸚er**	land, country	der **Tisch, -e**	table
die **Sitte, -n**	custom	der **Wunsch, ⸚e**	wish, request

verbs

gehören	to belong to	**tun (tut)**	to do
helfen (hilft)	to help	**warten (auf)** + acc.	to wait (for)
scheinen	to seem		

other words

allein	alone	**mir**	(to) me
ihnen (dat.)	(to) them	**seriös**	decent, proper
ihr	(to) her		

special and idiomatic expressions

bei euch	in your country; at your home
bei uns	in our country; at our home
Die Salzburger Nachrichten	The Salzburg News (Austrian newspaper)
Der Tagesspiegel	The Daily Mirror (Berlin newspaper)
Die Welt	The World (German newspaper)
(ach ja) es gibt sie schon	it's true, we have them, too
Spaß machen	to kid
unrecht tun	to do an injustice
von wem	about, of whom
Was ist los?	What's the matter?, What's going on?

VOCABULARY FOR RECOGNITION

nouns

die **Annonce, -n**	ad	der **Männer-Chauvinismus**	male chauvinism
der **Heiratswunsch, ⸚e**	matrimonial ad		
der **Komplex, -e**	complex	der **Partner, -**	partner
der **Kontakt, -e**	contact	der **Prinz, -en**	prince

verbs

ab·hängen (von)	to depend on	**schütteln**	to shake
annoncieren	to advertise		

other words

doch	*after all*	**typisch**	*typical*
gar keine	*no, none at all*	**unglaublich**	*unbelievable*
geduldig	*patient(ly)*	**unrecht**	*unjust, unfair*

● FRAGEN ZUM DIALOG

Lesen Sie die Fragen und geben Sie die richtige Antwort!

1. Wo sitzen Petra und John?
   1) In einem Restaurant.   2) In einem Kaffeehaus.   3) In einer Konditorei.
2. Was liest John in der Zeitung?
   1) Den Wetterbericht.   2) Die Heiratswünsche.   3) Die Nachrichten.
3. Wo findet man Heiratswünsche in Deutschland?
   1) In Sex-Magazinen.   2) In seriösen Zeitungen.   3) In keiner Zeitung.
4. Warum glaubt John, daß die Leute Komplexe haben?
   1) Er versteht andere Sitten nicht.   2) Er findet die Annoncen nicht schön.   3) Es gibt keine Heiratswünsche in amerikanischen Zeitungen.
5. Was tut John leid? Es tut ihm leid, daß Petra glaubt, daß . . .
   1) er ein Männer-Chauvinist ist.   2) die Annoncen den Frauen helfen.   3) es andere Sitten gibt.
6. Warum sagt John am Ende: ,,Ja, ich weiß . . .''?
   1) Er hat Komplexe.   2) Er ist allein.   3) Er sucht keinen Kontakt.

Was liest er? Den Wetterbericht oder die Heiratsannoncen?

● PERSÖNLICHE FRAGEN

1. Was denken Sie von Heiratswünschen in Zeitungen?
2. Wo findet man Heiratswünsche in den Vereinigten Staaten?
3. Glauben Sie, daß man durch eine Annonce den richtigen Partner findet?
4. Lesen Sie Heiratswünsche?
5. Sind Sie oft allein? Wie finden Sie Kontakt?

● AUSSPRACHE-ÜBUNG

Long **u** versus short **u**

LONG		SHORT	
er **sucht**	he searches	die **Sucht**	addiction
das **Mus**	jam	ich **muß**	I must
er **flucht**	he curses	die **Flucht**	flight
rußig	sooty	**russisch**	Russian
der **Ruhm**	fame	der **Rum**	rum
er **bucht** es	he books it	die **Bucht**	bay
auf dem **Stuhle**	on the chair	die **Stulle**	sandwich

GRAMMATIK Theorie und Anwendung

1. THE DATIVE OF THE DEFINITE AND INDEFINITE ARTICLES

DATIVE: CASE OF THE INDIRECT OBJECT

You have already learned the nominative and accusative cases. The dative case is used mainly to identify the indirect object, the person or thing for whom or on whose behalf an action is carried out. You can usually identify the indirect object by asking "To whom?" or "For whom?" (See also Overview of Four Cases in the Reference Grammar, p. 520.)

BEISPIELE

Wem gehört die Zeitung?

To whom does the paper belong?

Sie gehört **der Frau** dort.

It belongs to the woman there.

Nein, sie gehört **dem Mann** hier.

No, it belongs to the man here.

Wem geben wir die Karte? Wir geben **dem Touristen** die Karte.

To whom are we giving the map? We are giving the tourist the map.

CONTRAST WITH ENGLISH

English usually signals the indirect object in one of two ways: by a preposition, or by word order.

PREPOSITION

*He gives the letter **to** the man.*

WORD ORDER

*He gives **the man** the letter.*

Er gibt **dem Mann** den Brief.

German, however, usually signals the indirect object by *inflection*—that is, by changing the *form* of the article, pronoun, or noun. In the above examples, **der Brief** becomes **den Brief** (the direct object) and **der Mann** becomes **dem Mann** (the indirect object) to show that the letter is given to the man.

FORMS

	MASCULINE	FEMININE	NEUTER	PLURAL
Nominative	der ein	die eine	das ein	die keine
Dative	**dem** **einem**	**der** **einer**	**dem** **einem**	**den** **keinen**

Note: The consonant **m** is the characteristic ending for both the masculine and neuter dative forms, and for the question word **wem**. Also, the dative feminine form **der** looks and sounds like the nominative masculine form.

● ANWENDUNG

A   *Restate the sentence with the cue nouns in the dative.*

Ich gebe dem Mann das Geld.
(die Frau, das Mädchen, das Kind, der Verkäufer, ein Freund, der Schweizer, der Sohn, der Hotelportier, ein Fräulein, der Staat, der Arzt, eine Freundin, der Partner, der Professor, die Verkäuferin)

NOUN ENDING **-(e)n** IN DATIVE PLURAL

In the dative plural most German nouns end in **-n** (or **-en** with a linking **-e-** to facilitate pronunciation). Exceptions are the nouns that form their plural by adding **-s**.

NOMINATIVE SINGULAR	NOMINATIVE PLURAL	DATIVE PLURAL
der **Mann**	die **Männer**	Geben Sie **den Männern** das Geld! *Give the money to the men!*
die **Frau**	die **Frauen**	Ich sage es **den Frauen**. *I am saying it to the women.*
das **Kind**	die **Kinder**	Wir zeigen es **den Kindern**. *We are showing it to the children.*
But:		
das **Foto**	die **Fotos**	Ich spreche von **den Fotos** in der Zeitung. *I am talking about the photos in the paper.*

● ANWENDUNG

B   *Restate the sentence with the cue nouns in the dative plural.*

Ich kaufe den Männern etwas.
(das Kind, die Frau, das Mädchen, der Amerikaner, die Amerikanerin, der Freund)

Studenten-TYPE NOUNS

Most German nouns do not change their form in the dative *singular*. There are, however, a few important exceptions which add **-(e)n** in *all* cases after the nominative. Among these irregular masculine nouns are **der Student**, **der Tourist**, **der Mensch**, **der Kunde**, **der Herr**, **der Junge**.

NOMINATIVE SINGULAR	NOMINATIVE PLURAL	DATIVE SINGULAR
der **Student**	die **Studenten**	Ich schreibe **dem Studenten**. *I am writing to the student.*
der **Herr**	die **Herren**	Sagen Sie es **dem Herrn** dort! *Tell it to the gentleman there!*

● ANWENDUNG

C   *Restate the command with the cue nouns in the dative singular.*

Geben Sie dem Touristen die Rechnung!
(der Student, der Kunde, der Junge, der Herr)

SUMMARY

How do nouns end in the dative?

SINGULAR

In the *singular* **der-**, **die-**, **das-** nouns do not change.
The exceptions are **Studenten**-type nouns—that is, most masculine nouns that form their plural in **-en**. In the dative singular they also have an **-en** ending.

PLURAL

In the dative plural almost all nouns end in **-(e)n**.
The exception are nouns that form their plural in **-s**. They simply end in **-s**.

● SYNOPSIS EXERCISE

Restate, making the indirect object singular if plural, or vice versa. The exercise combines **der-**, **die-**, **das**-*nouns, nouns that form their plural in* **-s**, *and* **Studenten**-*type nouns.*

1. Ich zeige dem Schweizer die Stadt. Ich zeige _____.
2. Er gibt den Touristen Auskunft. Er gibt _____.
3. Ich kaufe dem Kind eine Limonade. Ich kaufe _____.
4. Der Staat gibt der Frau das Wahlrecht. Der Staat _____.
5. Er verkauft den Kunden ein Auto. Er verkauft _____.
6. Geben Sie dem Studenten kein ,,F''! Geben Sie _____!
7. Sagen Sie es dem Amerikaner dort! Sagen Sie es _____!
8. Schreibst du der Kundin? Schreibst _____?

2. THE DATIVE OF PERSONAL PRONOUNS

BEISPIELE

Petra schreibt **mir**.	*Petra writes to me.*
Was schreibe ich **ihr**?	*What do I write to her?*
Ich schreibe **ihm** gern.	*I gladly write him.*
Schreiben Sie **ihnen**?	*Do you write to them?*
Wir schreiben **Ihnen** gern, Frau Stern.	*We gladly write to you, Mrs. Stern.*

FORMS

Here are the nominative and dative forms of the personal pronouns.

	SINGULAR					PLURAL			
Nominative	ich	du	er	sie	es	wir	ihr	sie	Sie
Dative	mir	dir	**ihm**	ihr	**ihm**	**uns**	**euch**	ihnen	Ihnen

Note that the **er-** and **es-**forms are identical in the dative and have the characteristic dative ending **-m**. The **wir-** and **ihr-**forms are identical in the accusative and the dative. (See overview of forms in the Reference Grammar, p. 521.)

• ANWENDUNG

A *Restate, substituting the dative pronoun cued in English.*

1. Schreibst du uns? *(me, her, him, them, us)*
2. Ich sage es euch. *(you* [formal], *her, you* [fam. sing.], *them, you* [fam. pl.])

B *Complete the request with the dative form of the appropriate personal pronoun.*

BEISPIEL Ich fahre nach Zürich. Geben Sie **mir** einen Fahrplan, bitte!

1. Wir haben keinen Tisch. Geben Sie _____ einen Tisch, bitte!
2. Herr Klein hat keinen Platz. Zeigen Sie _____ einen Platz, bitte!
3. Fritz hat keine Briefmarke. Geben Sie _____ eine Briefmarke, bitte!
4. Ich habe kein Geld. Geben Sie _____ Geld, bitte!
5. Wir suchen ein Taxi. Finden Sie _____ ein Taxi, bitte!
6. Elke braucht ein Dirndl. Kaufen Sie _____ ein Dirndl, bitte!

3. PREPOSITIONS REQUIRING THE DATIVE

EIGHT TO MEMORIZE

The following prepositions always require the use of the dative case.

aus	*out of, from*	**nach**	*after, toward, according to*
außer	*except for, outside of*	**seit**	*since, for* (referring to time)
bei	*near, at*	**von**	*from*
mit	*with*	**zu**	*to, at*

Schulz © 1979 United Features Syndicate, Inc.

BEISPIELE	Aber das Problem hat er nicht **mit mir**.		*But that problem he doesn't have with me.*
	Wie nett **von ihm**.		*How nice of him.*
	Wie sieht er aus? **Aus dem** Brief weiß man das nicht.		*What does he look like? From the letter one can't tell.*
	Was ist los **mit ihnen**?		*What's the matter with them?*

CONTRACTIONS

When the prepositions **bei**, **von**, and **zu** are followed by **dem**, the two words usually contract to form **beim**, **vom**, and **zum**. **Zu** may also contract with **der** to form **zur**.

● ANWENDUNG

A   *Restate, contracting the preposition with the definite article.*

1. Er kommt von dem Flughafen. Er kommt _____.
2. Wir gehen zu dem Supermarkt. Wir gehen _____.
3. Ich wohne bei dem Bahnhof. Ich wohne _____.
4. Kommst du mit zu der Diskothek? Kommst du mit _____?

B   *Complete the sentence as suggested, using the dative. If the definite article and the preposition can be contracted, complete the sentence in both ways.*

1. (der Bahnhof)   Wir kommen jetzt von _____.
2. (das Wochenende)   Ich kenne sie seit _____.
3. (die Bank)   Wir fahren jetzt zu _____.
4. (eine Antwort)   Ich suche nach _____.
5. (der Bus)   Er fährt mit _____.
6. (der Amerikaner)   Außer _____ sind sie alle hier.
7. (die Freunde)   Er wohnt immer noch bei _____.
8. (das Haus)   Wenn es regnet, gehe ich nicht aus _____.
9. (eine Party)   Wir kommen von _____.
10. (eine Freundin)   Sie wohnt bei _____.
11. (ein Freund)   Sie tanzt mit _____.
12. (die Leute)   Ich spreche mit _____.

C   *Restate, substituting the cue expression for the dative object.*

1. (ein Tag)   Stella kommt nach einer Woche wieder.
2. (ein Mann)   Erika spielt mit einem Mädchen Tennis.
3. (der Student)   Wer kommt außer der Studentin?
4. (der Flughafen)   Ich fahre jetzt zur Bank.
5. (die Apotheke)   Er kommt jetzt aus dem Haus.

6. (die Autobahn)   Wir wohnen bei dem Campingplatz.
7. (meine Grippe)   Seit den Ferien rauche ich nicht mehr.
8. (das Konzert)   Nach dem Film gehen wir in die Stadt.

D   *Complete with the dative of the personal pronoun cue.*

1. (er)   Sprechen Sie mit _____!
2. (sie *she*)   Wohnst du bei _____?
3. (ich)   Kommen Sie heute abend zu _____?
4. (Sie)   Ich tanze gern mit _____.
5. (sie *they*)   Wir sprechen von _____.
6. (du)   Alle Leute tanzen außer _____.
7. (ihr)   Ich gehe mit _____ einkaufen.
8. (wir)   Bei _____ gibt es heute viel Spaß.

Er + Sie
Heirats- und
Bekanntschaftswünsche

4.   VERBS GOVERNING THE DATIVE

BEISPIELE

Hoffentlich **gefällt** er **Ihnen**.	*I hope you will like him.*
Das **paßt mir**!	*That suits me!*
Es **tut ihr** leid.	*She is sorry.*
Es **geht uns** gut.	*We are fine.*
Es **scheint mir** . . .	*It seems to me . . .*
Gehört dir das Buch?	*Does the book belong to you?*

The dative must be used after certain verbs. In the end vocabulary, verbs that govern the dative are so indicated: **helfen** *dat.* Here are some common verbs that govern the dative.

antworten	*to answer*	**glauben**	*to believe*
danken	*to thank*	**helfen (hilft)**	*to help*
gefallen (gefällt)	*to like, please*	**leid tun (tut)**	*to be sorry*
gehören	*to belong*	**scheinen**	*to seem*

● ANWENDUNG

A   *Give the German equivalent.*

1. *I am answering him.*   Ich _____.
2. *We believe her.*   Wir _____.
3. *Help me, please!*   _____ Sie _____, bitte!
4. *I like that.*   Das _____.
5. *This belongs to me.*   Das _____.

No motion: dative

Motion toward a goal: accusative

6. *I thank you, Miss Wallenstein.*   Ich _____, Fräulein Wallenstein.
7. *We are sorry.*   Es _____ leid.
8. *It seems to me I know you.*   Es _____, ich kenne Sie.

5.   TWO-WAY PREPOSITIONS

<table>
<tr><td>*BEISPIELE*</td><td>Wo sitzt Sabine? **An dem** Tisch.</td><td>*Where is Sabine sitting? At the table.*</td></tr>
<tr><td></td><td>Wohin geht sie? **An den** Tisch.</td><td>*Where is she going? To the table.*</td></tr>
<tr><td></td><td>Wo wartet Petra auf uns? **In einer** Konditorei.</td><td>*Where is Petra waiting for us? In a pastry shop.*</td></tr>
<tr><td></td><td>Wohin geht sie? **In eine** Konditorei.</td><td>*Where is she going? Into a pastry shop.*</td></tr>
<tr><td></td><td>Wo bist du jetzt? **Im** Büro.</td><td>*Where are you now? At the office.*</td></tr>
<tr><td></td><td>Wohin fährst du jetzt? **Ins** Büro.</td><td>*Where are you going now? To the office.*</td></tr>
</table>

ACCUSATIVE OR DATIVE?

In addition to the two groups of prepositions that *always* require the accusative (p. 97) or the dative (p. 127), nine prepositions take *either* the accusative *or* the dative. These prepositions, listed below, are easy to remember because they all indicate locations.

NINE TO MEMORIZE

an	*at the side of, at, on, to*
auf	*on top of, on, to*
hinter	*in back of, behind*
in	*inside of, in, into*
neben	*next to, beside*
über	*over, above, about*
unter	*under, among*
vor	*in front of, before*
zwischen	*between*

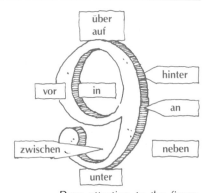

Draw attention to the figure "9" showing the location of the nine prepositions.

MOTION TOWARD OR INTO: ACCUSATIVE

These nine prepositions take the accusative when they indicate *motion from one place to another* and when they answer the question **Wohin?** *Where to?*.

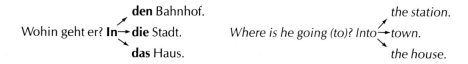

Wohin geht er? **In** → **den** Bahnhof. / **die** Stadt. / **das** Haus.

Where is he going (to)? Into → the station. / town. / the house.

POSITION IN: DATIVE

The same nine prepositions take the dative when they express *position in a place* and when they answer the question **Wo?** *Where?*.

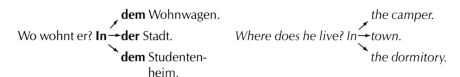

Wo wohnt er? **In** → **dem** Wohnwagen. / **der** Stadt. / **dem** Studentenheim.

Where does he live? In → the camper. / town. / the dormitory.

MOTION WITHIN: DATIVE

When the verb indicates *action or motion within a place* and thus answers the question **Wo?** *Where?*, these prepositions also take the dative.

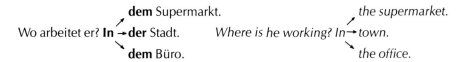

Wo arbeitet er? **In** → **dem** Supermarkt. / **der** Stadt. / **dem** Büro.

Where is he working? In → the supermarket. / town. / the office.

CONTRACTIONS

In everyday speech, **an**, **hinter**, **in**, **über**, **unter**, and **vor** are contracted with the definite article **dem** when they occur in the dative with a masculine or neuter singular noun.

an + dem = am über + dem = überm

hinter + dem = hinterm unter + dem = unterm

in + dem = im vor + dem = vorm

The same prepositions are often contracted with the definite article **das** when they occur in the accusative with a neuter singular noun: **ans**, **hinters**, **ins**, **übers**, **unters**, **vors**.

● ANWENDUNG

A *Restate, contracting the preposition and the definite article.*

1. Ich arbeite in dem Supermarkt.
2. Ich gehe jetzt in das Geschäft.
3. Bist du jetzt in dem Geschäft?
4. Wir fahren an dem Wochen-ende an das Meer.
5. Wir wohnen an dem Meer.
6. Der Schlüssel° liegt unter *key* dem Fenster.
7. Schreiben Sie Ihren Namen un-ter das Foto!

wo? AND **wohin?**

As discussed in Chapter 4 (p. 105), German has two equivalents for English *where?*: **wo?** and **wohin?**. **Wo?** *Where?* indicates *position*, and **wohin?** *where to?* indicates *motion toward a goal*. These questions tell whether to use the accusative or the dative after a two-way preposition.

● ANWENDUNG

B *Form questions using* **wo?** *or* **wohin?** *to elicit the cue as an answer.*

1. (Ich wohne in den Vereinigten Staaten.) _____ wohnst du?
2. (Ich fliege in die Vereinigten Staaten.) _____ fliegst du?
3. (Fritz steht an der Tür.) _____ steht Fritz?
4. (Karl geht an die Tür.) _____ geht Karl?
5. (Ich bringe den Brief auf die Post.) _____ bringen Sie den Brief?
6. (Der Brief liegt[1] auf der Post.) _____ liegt der Brief?

C *Complete, using the cue in the accusative or the dative as appropriate. Contract the preposition and the definite article when appropriate.*

1. (das Haus) Die Garage ist hinter _____.
   Fahren Sie hinter _____!
2. (das Meer) Das Haus steht direkt an _____.
   Kommen Sie mit, wir fahren morgen an _____!

[1]The verb **legen, lag, gelegen** means *to lie* as in *The book lies on the table*, whereas **legen, legte, gelegt** means *to lay* as in *Lay the book on the table*. Note the English forms: *to lie, lay, lain, lying; to lay, laid, laid, laying.*

3. (die Tafel) Was schreibt der Student an _____?
    Was steht an _____?
4. (der Flughafen) Das Flugzeug fliegt über _____.
    Das Flugzeug ist jetzt über _____.
5. (das Hotel) Kommen Sie in _____!
    Wir warten hier in _____.
6. (die Zugspitze) Auf _____ gibt es ein Restaurant.
    Am Sonntag fahren wir auf _____.
7. (der Berg) Wir wohnen auf _____.
    Wir wandern am Wochenende auf _____.
8. (das Geschäft) Fahren Sie vor _____!
    Wir warten hier vor _____.
9. (der Fernseher) Das Programm liegt[1] neben _____.
    Legen[1] Sie das Programm neben _____, bitte!
10. (das Fenster) Legst du den Schlüssel wieder unter _____?
    Ja, er liegt schon unter _____.

D *Restate, substituting the correct form of the cue verb and making any other necessary changes.*

1. (wohnen) Wir fahren in die Stadt.
2. (gehen) Die Jungen spielen hinter dem Haus.
3. (laufen) Die Kinder stehen auf der Straße.
4. (fahren) Hält ein Bus in der Stadt?
5. (fahren) Das Auto wartet vor dem Bahnhof.
6. (kommen) Bleiben° Sie unter dem Regenschirm! *Stay*
7. (bringen) Schreiben Sie den Brief auf der Post!
8. (sehen) Warten Sie auf der Straße!
9. (reisen) Sie lebt in der Schweiz.

Note: Certain verbs plus a preposition do not follow the two-way preposition rule. They are considered set phrases in which the preposition is used in an abstract sense rather than indicating location. For example, in **antworten auf den Brief** (accusative), **auf** does not mean *upon* but *to*, or in **sprechen über den Fehler** (accusative), **über** does not mean *above* but *about*. For other examples, see Reference Grammar, p. 523.

6. FAMILIAR COMMANDS

BEISPIELE Hans, **komm** bitte! *Hans, please come.*

Hans und Brigitte, **kommt** bitte! *Hans and Brigitte, please come.*

[1]See footnote page 132.

NO PRONOUN IN **du**-COMMANDS

In Chapter 3, you learned that the formal command form consists of the infinitive + **Sie**: **Frau Schmidt, kommen Sie, bitte!** In familiar commands, however, the pronouns (**du**, **ihr**) are both dropped.

Karl, **fang** jetzt an!	*Carl, begin now!*
Karl und Fritz, **fangt** jetzt an!	*Carl and Fritz, begin now!*

As the above examples show, the **du**-command for most verbs consists of the stem of the verb without ending. However, if the verb stem ends in **-t** or **-d** (that is, is a verb that inserts a linking **-e-**), the **du**-command adds the ending **-e**.

antworten (du antwort**e**st)   Hans, **antworte** auf deutsch!

Verbs with a stem-vowel change from **e** to **i** or **ie** (**sprechen, lesen, geben, essen, nehmen**) have that same change in the **du**-command.

sprechen (du, er, sie spr**i**cht)   Fritz, **sprich** Deutsch!

The **ihr**-command is the same as the **ihr**-form of the present tense, with the pronoun omitted. *Note:* No vowel change!

Ihr **sprecht** so laut.	**Sprecht** nicht so laut, bitte!

● ANWENDUNG

A   *Complete the sentence with the appropriate command form of the cue verb.*

1. (gehen)   Herr Baumann, _____ bitte nicht nach Haus!
2. (fragen)   Fritz, _____ den Lehrer°!   *teacher*
3. (antworten)   Lilo, _____ heute auf den Brief!
4. (geben)   Vater, _____ mir mehr Geld!
5. (spielen)   Willi und Gerd, _____ nicht unfair!
6. (sprechen)   Herr Professor, _____ nicht so schnell!
7. (essen)   Paul, _____ nicht so viel Kuchen!
8. (essen)   Gabi und Paul, _____ nicht so viel Apfelstrudel!
9. (nehmen)   Ulrike, _____ nicht so viel!

COMMAND FORMS OF **sein**

The verb **sein** has special forms in the imperative.

Fritz, **sei** anständig!	*Fritz, be decent!*
Jungs, **seid** nett!	*Boys, be nice!*
Fräulein Fischer, **seien Sie** geduldig!	*Miss Fischer, be patient!*

● SYNOPSIS EXERCISE

Complete with the appropriate command form.

1. *Paul and Petra, get up!* Paul und Petra, _____ auf!
2. *Mother, wait for me!* Mutti[1], _____ auf mich!
3. *Excuse me, Mr. Mayer.* _____, Herr Mayer!
4. *Kids, be on time.* Kinder, _____ pünktlich!
5. *Dear friends, please believe me.* Liebe Freunde, bitte _____ mir!
6. *Waitress, bring me a beer.* Fräulein, _____ mir ein Bier!
7. *Driver, don't drive so fast!* Fahrer, _____ nicht so schnell!
8. *Hänschen, walk!* Hänschen, _____ zu Fuß!
9. *Marlene, call me up tomorrow.* Marlene, _____ mich morgen _____!
10. *Lassie, come here!* Lassie, _____ her!

7. WORD ORDER OF DIRECT AND INDIRECT OBJECTS

BEISPIELE

Ich schicke **dem Mann** ein Foto von mir.	*I am sending a picture of myself to the man.*
Ich schicke **es** dem Mann.	*I am sending it to the man.*
Ich schicke **ihm** ein Foto von mir.	*I am sending him a picture of myself.*
Ich schicke **es** ihm.	*I am sending it to him.*

In German, the indirect object usually precedes the direct object. When the direct object is a pronoun, however, this word order is reversed. As a basic principle, remember: All pronouns precede all nouns; accusative pronoun precedes dative pronoun.

● ANWENDUNG

A *Restate, replacing the underlined units with the appropriate direct- or indirect-object pronoun.*

1. Du gibst der Studentin die Platten. Du gibst _____.
2. Ich kaufe dem Jungen ein Radio. Ich kaufe _____.
3. Der Verkäufer bringt den Kunden die Hosen. Der Verkäufer bringt _____.
4. Der Arzt gibt dem Alkoholiker das Medikament. Der Arzt _____.
5. Zahlst du dem Verkäufer die Rechnung? Zahlst du _____?
6. Gib dem Hotelportier das Trinkgeld! Gib _____!
7. Das Fräulein gibt dem Touristen die Auskunft. Das Fräulein gibt _____.
8. Der Polizist° zeigt dem Passanten die Post. Der Polizist zeigt _____.   *policeman*

---

[1]diminutive of **Mutter** *mother*

Coca-Cola alt oder
neu?

⚠️ **Vorsicht!** **Fehlergefahr!**

Do not confuse **bekommen** *to receive, get* with English *to become, get* **werden.**

Ich **bekomme** viele Briefe.	*I get a lot of letters.*
Ich **werde** fast nie krank.	*I almost never get sick.*
Erika **wird** Direktorin.	*Erika is going to be (is becoming) a director.*
Bekommst du viele Briefe?	*Do you get many letters?*

GETRÄNKE   *Beverages*[1]

das **Bier**	*beer*	das **Mineralwasser**	*mineral water (bottled)*
der **Fruchtsaft, ⸚e**	*fruit juice*		
der **Kaffee**	*coffee*	der **Schnaps, ⸚e**	*hard liquor, brandy*
die **Limonade, -n**	*soft drink, lemonade*	der **Tee**	*tea*
		das **Wasser**	*water*
die **Milch**	*milk*	der **Wein, -e**	*wine*

[1]If you don't find your own favorite beverage in the list, ask your instructor.

136

LESESTÜCK

Wie finde ich einen Partner?

I. Heirat

expectant mother/
Request

Arzt, 38, ledig, möchte heiraten, auch Mutti oder werdende°. Erbitte° Foto, Ch. B 6632[1]

So, Arzt ist er. Und gar nicht sehr alt; 38 Jahre. Ärzte verdienen gut. Das paßt mir. Wenn ich ihn heirate, bin ich nicht mehr so allein. Ist er vielleicht geschieden? Warum ist er noch ledig . . .?

even

pregnant

Es scheint mir, daß er auch tolerant ist. Er heiratet sogar° eine ,,werdende Mutti''. Wie nett von ihm. Aber das Problem hat er mit mir nicht. Ich bin weder geschieden noch schwanger°. (Und ich bin auch nicht verheiratet!) Es ist Zeit, daß ich ihn kennenlerne!

Wie sieht er aus? Aus dem Brief weiß man das nicht. Er möchte ein Foto von mir. Den Wunsch erfülle ich ihm gern. Ich schicke ihm ein Foto von mir. Und wenn er nicht gut aussieht? Wenn er mir unsympathisch ist? Was dann? . . .

Na, hoffentlich gefällt er mir. So, was schreibe ich ihm? Wie fange ich an . . .?

II. Heirat

ev. = evangelisch/
open-minded/
educated/affection

Freundliche, attraktive Lehrerin, 25, ev.°, möchte netten, aufgeschlossenen°, gebildeten° jungen Mann kennenlernen. Bei Zuneigung° spätere Heirat. Ch. B 6637

I like that.

Vielleicht schreibe ich ihr. Es scheint mir, sie ist nicht aggressiv. Das gefällt mir.° Hoffentlich ist sie wirklich so freundlich, wie sie schreibt. Unfreundliche Menschen gehen mir auf die Nerven. Mit ihnen habe ich im Büro genug zu tun. Schade, sie ist evangelisch, und ich bin katholisch. Aber sie ist aufgeschlossen, und ich bin es ja auch.

Attraktiv und gebildet ist sie auch. Ich glaube, sie paßt zu mir. Ja, ich möchte sie kennenlernen. Ich schreibe ihr jetzt. Ach, ich schreibe ihr morgen. Morgen, wenn ich Zeit habe . . .

III. Freundschaft

letter including
photo

München—junger Mann, 29, 1,68, schlank, ledig; mit solidem Beruf, sucht nette, aufgeschlossene Freundin, für Freizeit und Ferien. Bildzuschrift° an Ch. B 6631

Geht es ihm wie mir? Wer möchte allein auf Ferien gehen?

Die Annonce ist interessant: 29 Jahre, 1,68 m groß, schlank. Na, sehr groß ist er nicht, aber schlank. Das gefällt mir.

[1]**Ch = Chiffre**, a code ''box number'' to which anyone who answers the ad refers.

137

Aber was meint er mit ,,aufgeschlossene Freundin''? Hoffentlich ist er nicht wie der Freund von Brigitte, der Walter.[1] Den Typ kenne ich! Er *guy* möchte von ihr nur Sex—und manchmal auch Geld. So einen Kerl° brauche ich nicht. Nein, danke.—So, was steht in den anderen Annoncen . . .?

Heirat

German girl (22), blond, schlank, geschieden, Tochter (5), Sohn (1), sucht deutsch sprechenden, zärtlichen Amerikaner bis 40 zwecks Heirat. Ch. B 6629

Arzt, 38, ledig, möchte heiraten, auch Mutti oder werdende. Erbitte Foto. Ch. B 6632

Schiffsoffizier (Kapitänspatent), 32, dunkel, Bartträger, gutaussehend, schlank, unkonventionell, z. Z. auf weltweiter Fahrt, sucht nette Partnerin, die auch mitfährt. Bildzuschrift wird garantiert beantwortet. Ch. B 6633

Freundliche, attraktive Lehrerin, 25, ev., möchte netten, aufgeschlossenen, gebildeten jungen Mann kennenlernen. Bei Zuneigung spätere Heirat. Ch. B 6637

Zahnarzthelferin aus Westf., 26 Jahre, möchte netten, seriösen Herrn kennenlernen. Bildzuschrift an Ch. B 6638

Stenotypistin, 26/170, schlank, sportlich, sucht intelligenten, gutaussehenden Partner. Bildzuschrift erbeten an Ch. B 6641

Architekt, 38/180, schlank, dunkelblond (gut erhalten), m. 9jähriger Tochter, sucht fröhliche, intelligente Lebenspartnerin. Gerne Bildzuschrift u. Telefon-Nr. Ch. B 6643

WORTSCHATZ ZUM LESESTÜCK

ACTIVE VOCABULARY

nouns

der **Beruf, -e**	*profession, job*	die **Freundschaft, -en**	*friendship*
das **Foto, -s**	*photo, picture*	die **Lehrerin, -nen**	*teacher (female)*
die **Freizeit**	*leisure time*		
die **Freundin, -nen**	*girlfriend*	die **Mutter, ⁻**	*mother*

verbs

bleiben	*to remain, to stay*	**möcht-**	*would like to*
gefallen (gefällt) + dat.	*to please, like*	**schicken**	*to send*
		verdienen	*to earn*
kennen·lernen	*to become acquainted with*		

[1]In colloquial language, proper names are often used with the article, even if there is no modifying adjective.

other words

evangelisch	*Protestant*	**schade . . .**	*too bad . . .*
freundlich	*friendly*	**spät**	*late*
genug	*enough*	**später**	*later (on)*
katholisch	*Catholic*	**verheiratet**	*married*
manchmal	*sometimes*	**weder . . . noch**	*neither . . . nor*

special and idiomatic expressions

auf die Nerven gehen (with dative of person)	*to get on one's nerves*
das paßt mir	*that suits me*
Geht es ihm wie mir?	*Does he feel the same as I do?*
was steht in . . .?	*what's written in . . .?*

VOCABULARY FOR RECOGNITION

nouns

das **Büro, -s**	*office*	**München**	*Munich*
die **Heirat, -en**	*marriage*	der **Nerv, -en**	*nerve*

verbs

erfüllen	*to fulfill, grant*	**passen zu**	*to be compatible with*
passen (paßt)	*to suit*		

other words

attraktiv	*attractive*	**solid**	*steady, respectable*
geschieden	*divorced*	**sympathisch**	*likable*
ledig	*single*	**unfreundlich**	*unfriendly*
schlank	*slender*	**unsympathisch**	*unappealing*

● SITUATIONEN

1. *You are an American student sitting in a pastry shop in Vienna and browsing through the newspapers. You come across the* Heiratswünsche *and exclaim to your Austrian friend: _____.*

2. *You and your friend are arguing the pros and cons of* Heiratswünsche. *Your friend asks:* ,,Glaubst du wirklich, daß Heiratswünsche helfen?'' *What do you say?*

3. *You and your friend are discussing how nice your friend's sister/brother is. You don't know her/him, but would like to meet her/him. You say: _____.*

4. *Your friend is disappointed that you have not called or written. He/She says on the phone:* ,,Wann kommst du wieder?'' *You reply: _____.*

● SCHRIFTLICH WIEDERHOLT

A *Write three sentences in each group, using the proper sequence of the direct or indirect objects and pronouns.*

1. Ich schicke _____.

es	einen Brief
ein Foto	ein Telegramm
euch	dem Freund

3. Wir verkaufen _____.

das Haus	der Studentin
einen Regen-schirm	den Volkswagen
ihr	dem Mann
	euch

2. Er zeigt _____.

dir	dem Mädchen
den Leuten	das Haus
eine Heirats-annonce	die Stadt
	ihnen

4. Hans bringt _____.

mir	der Frau
die Zeitung	dem Polizisten
den Wein	das Foto
uns	

B *Express in German.*

1. Ursula is standing next to the car.
2. We are living in the United States.
3. Hans is driving into the city.
4. She goes to the blackboard.
5. I work in a supermarket.
6. We like the book.
7. It seems to me we know her.
8. Gisela is sending him the photo.
9. Brigitte, please come to us.
10. Does the car belong to him?

C *Write a response to the question, using the personal pronoun of the cue noun.*

BEISPIEL   Wem glaubst du?   (die Frau)
            Ich glaube ihr.

1. Wem erfüllt er den Wunsch? (der Student)
    Er _____.
2. Wem zeigt sie es? (die Ärztin)
    Sie _____.
3. Wem gefällt es? (das Mädchen)
    Es _____.
4. Wem tut es leid? (die Leute)
    Es _____.
5. Wem gehört das Haus? (die Direktorin)
    Es _____.

Frankfurter Allgemeine
ZEITUNG FÜR DEUTSCHLAND

DIE ❂ WELT

DIE ZEIT

STUTTGARTER ZEITUNG

DER TAGESSPIEGEL

D Write a short Heiratswunsch *for yourself or for someone you know. The cues below may be helpful, but use other words and expressions too, if you like.*

sein	der Partner	allein
warten auf	die Freizeit	seriös
bleiben	die Freundschaft	schlank
verdienen	(das) Tennis	geschieden
passen (zu)	die Freundin	ledig
erfüllen	der Freund	katholisch
suchen	der Spaß	evangelisch
finden	am Wochenende	freundlich
lieben	an Wochentagen	gern
tanzen	der Brief	ziemlich
spielen	das Museum	das macht nichts
lesen	der Beruf	ganz
möcht-	die Oper	auch
kennenlernen	das Fernsehen	nett
wiegen	der Alkohol	weder . . . noch
rauchen	der Kontakt	verheiratet
besuchen	der Berg	oft
trinken	die Natur	nie
wandern	die Musik	immer

SPRECHEN LEICHT GEMACHT!

to practice the dative of definite and indefinite articles . . .

Fundbüro[1]   A *You are a clerk at a crazy Lost and Found Office. Dozens of people are claiming lost articles. You feel generous and are giving everything away. Ask*

[1] *Lost and Found Office*

a question from the list in column one, and match it out loud with an appropriate answer from column two.

Wem gehört {

die Kassette hier?
der Taschenrechner° hier?   *pocket calculator*
das Geld hier?
der Regenschirm hier?
der Tennisschläger hier?
die Lederhose hier?
die Flasche hier?
der Revolver hier?
der Lippenstift hier?
der Wein hier?
das Dirndl hier?
der Stadtplan hier?
das Buch?
die Hose?
die Platte?
?

| Dem
| Der
| Den
| Einem
| Einer
| Keinen

Mädchen da!
Frau da!
Jungen da!
Männern da!
Arzt da!
Leuten da!
Fräulein da!
Studenten da!
Studentin da!
Amerikaner da!
Amerikanerin da!
Touristen da!
Professor da!
Polizisten da!
?

to practice the dative of personal pronouns . . .

B *Answer the question with the appropriate pronoun from the list below.*

| **mir** | **ihm** | **uns** | **ihnen** |
| **dir** | **ihr** | **euch** | **Ihnen** |

Wem gehört die Zeitung? Monika?   Ja, sie gehört _____.

Wem glauben wir nicht? Den Politikern?   Nein, wir glauben _____ nicht.

Wem helfen wir gern? Dem Professor?   Ja, wir helfen _____ gern.

Wem gefällt die Rolling Stones-Platte? Fritz?   Ja, sie gefällt _____.

Wem schmeckt das Vanille-Eis? Den Kindern?   Ja, es schmeckt _____.

Wem gibt der Professor immer gute Noten°? Den Studenten und Studentinnen?   Ja, er gibt _____ immer gute Noten.   *grades*

Wem gehört das Motorrad° da? Dir?   Nein, es gehört nicht _____.   *motorcycle*

Wem geben wir das Wienerschnitzel? Dem Hund hier?   Nein, wir geben es _____ nicht.

Wem dankst du für die Einladung? Der Amerikanerin?   Ja, ich danke _____.

Wem verkaufen wir die Brooklyn-Brücke°? Einem Dummkopf?   Ja, wir verkaufen sie _____.   *bridge*

to practice the dative with prepositions . . .

Umweltschutz oder Umweltschmutz?[1]

C *Concerned about the environment? Say what you are doing to help protect it.[2]*

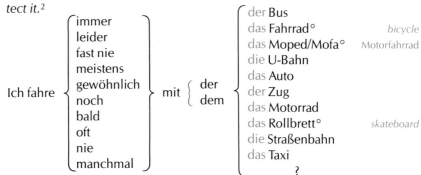

Ich fahre
- immer
- leider
- fast nie
- meistens
- gewöhnlich
- noch
- bald
- oft
- nie
- manchmal

mit { der / dem }

- der Bus
- das Fahrrad° *bicycle*
- das Moped/Mofa° *Motorfahrrad*
- die U-Bahn
- das Auto
- der Zug
- das Motorrad
- das Rollbrett° *skateboard*
- die Straßenbahn
- das Taxi
- ?

*to practice the dative articles after **zu** . . .*

Arbeitsplatz[3]

D *Say where the people below are most likely to go.*

- der Pilot
- die Kellnerin° *waitress*
- der Arzt
- die Ärztin
- der Lehrer
- die Lehrerin
- der Bankdirektor
- die Bankdirektorin
- der Sportlehrer
- die Sportlehrerin
- der Student
- die Studentin
- der Opernsänger
- die Opernsängerin
- der Schweizer
- die Schweizerin
- der Journalist
- die Journalistin
- der Wissenschaftler
- die Wissenschaftlerin
- der Busfahrer
- die Busfahrerin
- der Informatiker
- die Informatikerin
- die Auskunftsperson

{ geht / fährt } { zum / zur }

- die Tankstelle
- die Universität
- die Apotheke
- das Hotel
- der Flughafen
- die Konditorei
- das Geschäft
- die Bank
- das Laboratorium
- der Sportplatz
- der Bahnhof
- das Krankenhaus° *hospital*
- das Auskunftsbüro
- die Oper
- das Computerzentrum
- das Büro
- das Flugzeug
- das Kaffeehaus
- ?

[1]*Environmental protection or pollution?*
[2]The shaded articles in this and subsequent exercises may require a grammatical change.
[3]*Workplace*

In der Straßenbahn: alt und jung.

to practice the dative of definite articles after von and zu . . .

Es tut mir leid   E   *You are the hotel clerk at the Hotel zum Löwen in Munich. An American tourist asks you how to get from one place to another. You are too busy, and besides, he is a bad tipper. So you say,* **„Es tut mir leid. Ich weiß nicht, wie man von . . . zu . . . kommt."**

Wie komme ich von
- das Museum
- die Post
- der Flughafen
- die Autobahn
- die Oper
- der Zoo
- die Bismarck-Straße
- ?

zu
- der Bahnhof
- das Hofbräuhaus
- die Jugendherberge
- der Geschwister Scholl-Platz
- der Campingplatz
- die Straßenbahn
- die U-Bahn
- die Stadt
- die Frauenkirche
- ?

to practice the dative after **seit** . . .

Seit wann?[1] **F** *Pretend that you aren't doing the things below anymore. (Student A to student B, B to C, and so on)*

Seit wann
{
rauchst
studierst
verdienst
tanzt
trinkst
läufst
?
}
du nicht mehr?
|
Seit
{
eine Woche (zwei . . .)
ein Tag (vielen . . .)
ein Monat°   *month*
  (drei . . .)
ein Jahr (fünf . . .)
das Wochenende
die Ferien
?
}

[1]*Since when?*

Ein Zwiebelturm im Berchtesgadener Land.

to practice two-way prepositions . . .

Wohin?   **G**   *Ask a classmate where he or she likes to go.*

$$
\text{Wohin} \left\{ \begin{array}{l} \text{gehst du} \\ \text{gehen Sie} \end{array} \right\} \text{gern?} \left| \begin{array}{l} \text{In . . . die Oper?} \\ \text{Auf . . . eine Party?} \\ \text{In . . . der Zoo?} \\ \text{An . . . das Meer?} \\ \text{Auf . . . die Universität?} \\ \text{Auf . . . der Fußballplatz?} \\ \text{Auf . . . das Land?} \\ \text{In . . . die Konditorei?} \\ \text{In . . . das Kaffeehaus?} \\ \text{In . . . eine Diskothek?} \\ \text{In . . . die Stadt?} \\ \text{In . . . der Supermarkt?} \\ \text{In . . . das Kino}°? \\ \qquad ? \end{array} \right.
$$

movie theater

Wo?   **H**   *Ask a classmate where he or she likes to live.*

$$
\text{Wo} \left\{ \begin{array}{l} \text{wohnst du} \\ \text{wohnen Sie} \end{array} \right\} \text{gern?} \left\{ \begin{array}{l} \text{In . . . Stadt} \\ \text{Auf . . . Land} \\ \text{An . . . Meer} \\ \text{Über . . . Diskothek} \\ \text{In . . . Haus} \\ \text{In . . . Schweiz} \\ \text{Neben . . . Kaffeehaus} \\ \text{Hinter . . . Sportplatz} \\ \text{Auf . . . Berg} \\ \text{In . . . Vereinigten Staaten} \\ \text{In . . . Wohnung}° \\ \text{In . . . Wohnwagen}° \end{array} \right.
$$

apartment

camper

Motion? Or not?   **I**   *Complete the sentences with the appropriate verb or verbs from the list below.*

essen	gehen	leben	sitzen	wohnen
fahren	hängen°	liegen°	stehen	
fliegen	laufen	senden	steigen°	

to hang/to lie

to climb

Der Hund _____ unter dem Tisch.   Er _____ auf den Berg.

Das Foto _____ an der Wand°.   Wir _____ in die Alpen.   *wall*

Die Annonce _____ in der Zeitung.   Er _____ neben der Apotheke.

Ich _____ den Brief an die Zeitung.
Das Auto _____ auf der Autobahn.
Wir _____ in der Konditorei.
Wir _____ in die Oper.
Das Medikament _____ hinter der Tür.
Ich _____ das Foto an die Wand.

Der Tennisplatz _____ zwischen den Häusern.
Wir _____ in den Vereinigten Staaten.
_____ Sie in die Schweiz?
Er _____ im Restaurant.
Ich _____ über einem Restaurant.

to practice familiar commands . . .

Sie kommandieren.[1]

J *Make up all the* **ihr***-commands you want by combining items from the two columns. Act like a big shot (***ein hohes Tier***)!*

studieren
antworten
fragen
rauchen
vergessen
heiraten
spielen
arbeiten
sein
?

viel!
pünktlich!
schnell!
nie!
nicht!
alles!
richtig!
nicht zu viel!
auf deutsch!
nichts!
?

K *Now give a command to a classmate with whom you are on* **du** *terms. Make sure it makes sense!*

besuchen
bringen
sprechen
stören
sein
fahren
glauben
warten
schreiben
telefonieren
lesen
zahlen
?

die Rechnung!
mich zur Party!
Deutsch!
mich heute abend!
mich nicht immer!
mir, bitte!
uns die Annoncen!
mir einen Brief, bitte!
nach Hause!
bis ich komme!
nicht so schnell!
nett zu mir!
?

[1]*You give the orders.*

Was ist das Gegenteil?[1] L *Match the word in the first column with its antonym in the second.*

ledig	früher
freundlich	untreu
geschieden	schlecht
treu	intolerant
gut	unfreundlich
aufgeschlossen	dick
später	verheiratet
schlank	immer noch verheiratet

Der ideale Partner M *How would you like your "ideal partner" to be?*

1. Beruf: Er/Sie ist (Apotheker, -in/Lehrer, -in/Pilot, -in/Arzt, -in/ Kellner°, -in/Journalist, -in/Verkäufer, -in/?).   *waiter*
2. Er/Sie ist (schlank/gebildet°/jung/alt/nett/treu/sympatisch/   *educated* aggressiv/katholisch/evangelisch/jüdisch°/aufgeschlossen/   *Jewish* attraktiv/nicht verheiratet/sexy/?).

Spielen macht Spaß! N **Absurder Dialog[2]**
Copy the following on a separate sheet of paper and write a short sentence to fill in the first blank. Then fold it over, so that your neighbors cannot see what you have written, and pass it on. Continue until all three blanks are filled. Then read the results aloud.

Er sagt: _____
(Hier falten!°)   *Fold here!*

Sie sagt: _____
(Hier falten!)

Er sagt: _____

---

[1]*What is the antonym?*   [2]*Dialog of the Absurd*

KAPITEL 6

Industrie im Ruhrgebiet: Was können wir gegen diese „Giftküche" tun?

Umweltschutz oder Umweltschmutz?
Was müssen wir tun?

Müssen unsere Wälder sterben?

DIALOG

Umweltschutz oder Umweltschmutz?
Was müssen wir tun?

Personen   *Alan Snyder, ein amerikanischer Student.*
            Claude Cartier, ein junger Franzose, Ingenieur.
            Judy Snell, eine Engländerin, Musikerin.
            Ute Wegener, Lehrerin am Goethe-Institut.
            Jan Sievertson, ein Schwede, Computerprogrammierer.
            Jim Miller, Kanadier, Automechaniker.
            Gina Delbello, Italienerin, Managerin eines Hotels.

Jedes Jahr lernen viele Ausländer an den Goethe-Instituten der Bundesrepublik Deutsch. Die deutsche Regierung hilft diesen Instituten finanziell. In diesem Dialog diskutieren Studenten des Goethe-Instituts in Staufen über Probleme des Umweltschutzes. (Staufen liegt am Fuße des Schwarzwaldes im Bundesland Baden-Württemberg.) Alle müssen—und wollen—Deutsch sprechen. Hören wir zu:

ALAN   Was wollt ihr morgen machen?

CLAUDE   Wir möchten auf den Feldberg gehen.

Der Schwarzwald: Was müssen wir für ihn tun?

JUDY   Was gibt's dort zu sehen?

CLAUDE   Na, wir wollen den Schwarzwald kennenlernen.

UTE   Schwarzwald? Wenn's so weitergeht, heißt er bald ,,Gelbwald''.

JAN   Fräulein Wegener hat recht. Der Schwarzwald stirbt. Alles wegen der Luftverschmutzung.

JIM   Nicht nur der Schwarzwald. Wir haben das Problem auch in Kanada.

GINA   Wirklich? Habt ihr auch ,,sauren Regen''?

JIM   Leider sehr viel. Die Abgase der amerikanischen Industrie töten unseren Wald.

ALAN   Aber Jim, du mußt zugeben. Nicht nur unsere Industrie. Eure macht auch Schmutz.

JIM   Ja, das ist schon richtig.

CLAUDE   Aber was kann man gegen die Luftverschmutzung tun?

JIM   Die Frage ist nicht: Was können wir tun? sondern: Was müssen wir tun?

ALAN   Jim, du hast recht, denn so darf es nicht weitergehen.

CLAUDE   Ja, wir reden viel vom Umweltschutz—und jedes Jahr gibt es mehr Umweltschmutz. Leider auch bei uns in Frankreich.

JUDY   Aber was können wir tun?

JAN   Die Luft muß wieder sauber werden.

CLAUDE	Und wie?
JUDY	Wenn wir langsamer fahren, gibt's weniger Abgase.
UTE	Wir brauchen auch mehr Filter für die Schornsteine der Fabriken.
GINA	Und wir müssen unsere Flüsse wieder sauber machen!
JUDY	Und wir sollen mehr Bäume pflanzen.
JIM	Und wir dürfen nicht soviel wegwerfen.
UTE	Vergeßt nicht etwas sehr Wichtiges!
ALAN	Was?
UTE	Wir müssen für den Umweltschutz auch zahlen! Wir alle!

1970—ein Wald im Harz . . .

. . . und im Jahre 1985 nach dem ,,sauren Regen''.

WORTSCHATZ ZUM DIALOG

ACTIVE VOCABULARY

nouns

die **Abgase**	exhaust fumes, emissions	die **Regierung, -en**	government
		der „**saure Regen**"	acid rain
der **Ausländer, -**	foreigner	der **Schmutz**	dirt; pollution
der **Baum, ¨e**	tree	der **Schornstein, -e**	smokestack
die **Fabrik, -en**	factory	der **Schwarzwald**	Black Forest
der **Filter, -**	filter	der **Umweltschmutz**	environmental pollution
der **Fluß, ¨sse**	river		
das **Hotel, -s**	hotel	der **Umweltschutz**	environmental protection
die **Luft**	air		
die **Luftverschmutzung**	air pollution	der **Wald, ¨er**	forest, woods
		die **Zigarette, -n**	cigarette

verbs

diskutieren	to discuss	**sterben (stirbt)**	to die
dürfen (darf)	to be allowed, may	**töten**	to kill
können (kann)	can, to be able to	**weg·werfen** (wirft weg)	to throw away
liegen	to lie, to be located		
mögen	to like to	**weiter·gehen**	to go on, to continue
müssen (muß)	must, to have to		
pflanzen	to plant, grow	**wollen (will)**	to want to, wish
reden	to talk	**zahlen**	to pay
sollen (soll)	should, ought, to be supposed to	**zu·geben (gibt zu)**	to admit
		zu·hören	to listen

other words

denn	for, because	**sondern**	but on the contrary
dies-	this	**soviel**	so much
finanziell	financial(ly)	**wegen**	because of
jeder (jede, jedes)	every, each	**weniger**	fewer
sauber	clean		

special and idiomatic expressions

am Fuß(e)	at the bottom, at the foot
etwas sehr Wichtiges	something very important

VOCABULARY FOR RECOGNITION

nouns

der **Automechaniker, -**	*auto mechanic*	die **Industrie, -n**	*industry*
das **Bundesland, ̈er**	*Federal state*	der **Ingenieur, -e**	*engineer*
der **Computerpro-**	*computer*	die **Italienerin, -nen**	*Italian (female)*
grammierer, -	*programmer*	**Kanada**	*Canada*
die **Engländerin, -nen**	*Englishwoman*	der **Kanadier, -**	*Canadian (male)*
der **Feldberg**	*mountain in the*	die **Managerin, -nen**	*manager*
	Black Forest		*(female)*
Frankreich	*France*	die **Musikerin, -nen**	*musician*
der **Franzose, -n**	*Frenchman*		*(female)*
der **,,Gelbwald''**	*forest turned*	die **Pilotin, -nen**	*pilot (female)*
	yellow, dying	die **Polizistin, -nen**	*policewoman*
	forest	**Staufen**	town in the FRG
das **Goethe-Institut, -e**	German cultural	der **Schwede, -n**	*Swede (male)*
	center in the		
	FRG		

● FRAGEN ZUM DIALOG

Lesen Sie die Fragen laut vor und geben Sie eine Antwort. Mehr als e i n e Antwort kann richtig sein.

1. Was machen viele Ausländer jedes Jahr in der Bundesrepublik?
   (Sie wollen Deutsch lernen./Sie wollen einen BMW billig kaufen./Sie wollen gutes Bier trinken.)
2. Wo liegt Staufen?
   (Am Fuß der Alpen./Am Rhein./Am Fuße des Schwarzwaldes.)
3. Was müssen alle Studenten an den Goethe-Instituten tun?
   (Sie müssen Bäume pflanzen./Sie müssen immer Deutsch sprechen./Sie müssen keine Hausaufgaben machen.)
4. Warum wollen sie auf den Feldberg gehen?
   (Sie wollen den Rhein sehen./Sie wollen der deutschen Regierung helfen./Sie wollen den Schwarzwald kennenlernen.)
5. Warum wird der Schwarzwald gelb?
   (Weil er noch jung ist./Weil er langsam stirbt./Weil es viele Abgase gibt.)
6. Was ist Ute Wegener von Beruf?
   (Sie ist Lehrerin./Sie ist Pilotin./Sie ist Polizistin.)
7. Welches Problem gibt es auch in Kanada?
   (Man hat nicht genug Autos./Es gibt auch ,,sauren Regen''./Man pflanzt zu viele Bäume.)
8. Was können wir gegen die Luftverschmutzung tun?
   (Wir können mehr Zigaretten rauchen./Wir sollen langsamer fahren./Wir müssen für den Umweltschutz zahlen.)

9. Was braucht mehr Filter?
   (Der Schwarzwald./Die Flüsse./Die Schornsteine der Fabriken.)
10. Was muß wieder sauber werden?
   (Die Luft./Die Flüsse./Unsere Städte.)

● AUSPRACHE-ÜBUNG

German **a** versus German **ä**

sagen	*to say*	**sägen**	*to saw*
er **naht**	*he is approaching*	er **näht**	*he sews*
sie **hatten**	*they had*	sie **hätten**	*they would have*
ein **alter** Mann	*an old man*	er ist **älter**	*he is older*
wir **waren**	*we were*	wir **wären**	*we would be*
mahnen	*to warn*	die **Mähnen**	*manes*
die **Sage**	*legend*	die **Säge**	*saw*

GRAMMATIK Theorie und Anwendung

1. MODAL AUXILIARIES

FUNCTION OF MODALS

German, like English, has a small group of verbs that express the subject's feeling, attitude, or desire about an action, or that state a condition affecting the performance of an action. These verbs are known as modal auxiliaries, or simply modals. They usually are used together with the infinitive of another verb.

BEISPIELE	Ich **darf** jetzt nicht heiraten.	*I am not allowed to get married now.*
	kann	*can't*
	mag	*don't care to*
	muß	*don't have to*
	soll	*am not supposed to*
	will	*don't want to*

SIX MODALS

Many English modals lack an infinitive form—for example, *may, can, must, ought*. To express them in an infinitive, English resorts to circumlocutions, such as *to be able to, to have to*.

INFINITIVE	BASIC ATTITUDE	POSSIBLE ENGLISH EQUIVALENTS
dürfen	permission	*may, to be allowed (to)*
können	ability	*can, to be able (to)*
mögen	liking	*to like (to), to prefer*
müssen	duty	*to have (to), must*
sollen	imposed obligation	*to be supposed (to), ought (to)*
wollen	intention	*to want (to)*

FORMS

	dürfen	können	müssen	sollen	wollen	mögen[1]
ich	**darf**	**kann**	**muß**	**soll**	**will**	**mag**
du	**darfst**	**kannst**	**mußt**	**sollst**	**willst**	**magst**
er, sie, es	**darf**	**kann**	**muß**	**soll**	**will**	**mag**
wir	**dürfen**	**können**	**müssen**	**sollen**	**wollen**	**mögen**
ihr	**dürft**	**könnt**	**müßt**	**sollt**	**wollt**	**mögt**
sie, Sie	**dürfen**	**können**	**müssen**	**sollen**	**wollen**	**mögen**

Note: 1) Except for **sollen**, each modal has a stem vowel change in all singular forms; 2) The vowel of the plural forms is the same as that of the infinitive; 3) The first and third persons singular are identical and take no ending.

● ANWENDUNG

A *Restate the cue sentence with the new subject.*

Wir **wollen** jetzt zahlen.
1. Ich _____ jetzt zahlen.
2. Susi _____ jetzt zahlen.
3. Wann _____ du zahlen?

Wir **können** nie sparen.
4. Er _____ nie sparen.
5. _____ ihr nie sparen?
6. Was, du _____ nie sparen?

Was **sollen** wir machen?
7. Was _____ ich machen?
8. Du, Fritz, _____ es machen!
9. Sie _____ es machen!

Wir **müssen** jetzt gehen.
10. _____ du jetzt gehen?
11. Ich _____ jetzt gehen.
12. _____ ihr jetzt gehen?

Wir **dürfen** hier nicht rauchen.
13. Man _____ hier nicht rauchen.
14. _____ Sie hier rauchen?
15. Ich _____ hier rauchen.

[1]See the next section of this chapter.

Kick the infinitive to the end!

MODAL + INFINITIVE

The six modals normally are combined with an infinitive. The modal is conjugated in accord with the subject. In a main clause with a modal and an infinitive, the infinitive stands at the end of the clause.

^M Wer **möchte** in dieser ,,Giftküche'' ^I **leben**?	*Who would like to live in this ''poisoned kitchen''?*
^M Man **will** das Tempolimit auf allen ^I Straßen **reduzieren**.	*They want to reduce the speed limit on all roads.*

INFINITIVE TO END!

If the infinitive does not occur, it is usually implied or understood.

Ich **kann** Deutsch [**sprechen**].	*I can speak German.*
Wir **müssen** nach Haus [**gehen**].	*We must go home.*

● ANWENDUNG

B *Restate, adding the cue modal.*

1. (wollen)   Ich studiere heute nicht.
2. (müssen)   Wir arbeiten am Wochenende.
3. (sollen)   Wann fange ich mit der Arbeit an?
4. (dürfen)   Man raucht hier nicht.
5. (können)   Wo kauft man hier Lederhosen?
6. (wollen)   Wohin fahren wir heute?
7. (können)   Ich stehe nicht um sechs Uhr auf.
8. (sollen)   Rauchen Sie nicht so viel!

MODAL TO THE END!

In a dependent clause with a modal and an infinitive, the modal stands at the end of the clause since it is now the conjugated verb. The infinitive immediately precedes it.

Die Deutschen haben wirklich keine Wahl, wenn der Wald nicht **sterben** soll.	*The Germans really have no choice if the forest is not to die.*
Der Förster sagt, daß kein Politiker diese Umweltkatastrophe **ignorieren** kann.	*The forester says that no politician can ignore this environmental catastrophe.*

 Vorsicht!   **Fehlergefahr!**

> Remember: In a *main* clause with a modal, the <u>infinitive</u> stands at the end. In a *dependent* clause with a modal, the <u>modal</u> stands at the end, immediately after the infinitive.

● ANWENDUNG

C   *Student B responds, incorporating what student A says in a dependent clause, rearranging word order as appropriate.*

STUDENT A	STUDENT B
1. Wollt ihr morgen auf den Feldberg gehen?	Ja, alle sagen, daß wir _____.
2. Die Luft soll wieder sauber werden.	Wir müssen alle helfen, wenn _____.
3. Kann es in den Alpen auch „sauren Regen'' geben?	Ja, ich glaube, daß es auch _____.
4. Ich will jetzt immer langsam fahren.	Du mußt deinen Porsche verkaufen, wenn du immer nur _____!
5. Wir dürfen nicht so viel wegwerfen.	Du hast recht. Ich glaube auch, daß _____.
6. Wir können viel für den Umweltschutz tun.	Glaubst du wirklich, daß _____?

⚠ Vorsicht! Fehlergefahr!

> German **will** is a booby trap for English-speaking students of German. It is never the equivalent of the English future *will*, but always corresponds to *want*.
>
> | | |
> |---|---|
> | Ich **will** es tun. | *I want to do it.* |
> | Was **willst** du? | *What do you want?* |
> | Was **will** er? | *What does he want?* |

2. möchte: ALWAYS MEANS *would like (to)*

gern haben VS. mögen

The modal **mögen** *to like to* is rarely used in the present tense. Rather than **Ich mag das nicht** *I don't like that*, Germans would usually say **Ich habe das nicht gern**.

On the other hand, the subjunctive form of **mögen** (**möchte**, etc.) is used frequently.[1] For practical purposes, you need only remember that any form of **möchte** corresponds to English *would like (to)*.

BEISPIELE

Ich **möchte** nicht für den Umweltschutz zahlen!	*I would not like to pay for environmental protection!*
Warum **möchtest** du das nicht?	*Why wouldn't you like that?*
Weil ich nicht so viel Geld ausgeben **möchte**.	*Because I would not like to spend that much money.*
Wir **möchten** alle kein Geld ausgeben, aber wir müssen alle zahlen.	*We all would like not to spend money, but we must all pay.*

FORMS

ich **möchte** du **möchtest** er, sie, es **möchte**	wir **möchten** ihr **möchtet** sie, Sie **möchten**

Note the ending **-e** in the **ich-** and **er**-forms and the linking **-e-** in the **du**- and **ihr**-forms.

[1]The subjunctive is explained in Chapters 15 and 16.

● ANWENDUNG

A   *Say that the subject would like to do whatever the cue says. Use the correct conjugated form of* **möchte**.

1. (nach Deutschland reisen)   Ich _____.
2. (gut Deutsch sprechen)   Er _____.
3. (neue Freunde finden)   David und Ruth _____.
4. (Fritz kennenlernen)   _____ du _____?
5. (mitkommen)   _____ ihr _____?
6. (jetzt nach Hause gehen)   Wir _____.
7. (essen)   Wo _____ Sie _____?
8. (ein Bier, bitte!)   Ich _____!

⚠ Vorsicht!   Fehlergefahr!

> In English, the preposition *to* can be used to connect an infinitive to some modals. In German, in contrast, **zu** is never used for this purpose.
>
> | | |
> |---|---|
> | Jan **will** nicht auf den Feldberg **gehen**. | *Jan does not want **to** go up to the Feldberg.* |
> | Wir **möchten** viele Bäume **pflanzen**. | *We would like **to** plant many trees.* |

● ANWENDUNG

B   *Give the German equivalent.*

1. *You want to work.*   Ihr _____.
2. *I am not able to help you.*   Ich _____.
3. *He is supposed to come.*   Er _____.
4. *They would like to become acquainted with us.*   Sie _____´.
5. *We have to go now.*   Wir _____.
6. *You are not allowed to do that.*   Du _____.

3.   MORE ON SUBORDINATING CONJUNCTIONS

In Chapter 3 you learned that the subordinating conjunctions **daß**, **weil**, and **wenn** require V-L word order.

BEISPIELE   Viele Deutsche wissen, **daß** der Wald **stirbt**.   *Many Germans know that the forest is dying.*

Die Blätter werden gelb, **weil** der Regen „sauer" **ist**.

The leaves turn yellow because the rain is acid.

Die Autos produzieren mehr Abgase, **wenn** man zu schnell **fährt**.

Cars produce more exhaust fumes if people drive too fast.

Ich kann gut verstehen, **daß** das Wandern zum deutschen Lebensstil **gehört**.

I can well understand that hiking belongs to the German way of life.

Aber jetzt stehen die Deutschen vor einem Dilemma, **weil** der Wald vor ihren Augen **stirbt**.

But now the Germans are faced with a dilemma because the forest is dying before their eyes.

Here are the most common subordinating conjunctions.

als	*when, as*	**obwohl**	*although, even though*
bevor	*before*	**seit, seitdem**	*since (temporal)*
bis	*until*	**sobald**	*as soon as*
da	*since (causal), because*	**solange**	*as long as*
damit	*so that*	**während**	*while, whereas*
daß	*that*	**weil**	*because*
ob	*whether*	**wenn**	*if, whenever*

● ANWENDUNG

A   *Complete as suggested by the cue, using V-L word order.*

1. (wir wollen den Schwarzwald kennenlernen) Wir gehen auf den Feldberg, weil _____.
2. (viele Bäume sind gelb) Er heißt noch Schwarzwald, obwohl _____.
3. (es gibt auch in den Alpen „sauren Regen") Er weiß nicht, daß _____.
4. (die Luft wird wieder sauber) Wir müssen langsamer fahren, damit _____.
5. (wir zahlen alle für den Umweltschutz) Wir haben keinen Umweltschmutz, wenn _____.
6. (alle Schornsteine der Fabriken haben Filter) Es gibt weniger Abgase, sobald _____.

B   *Combine the clauses with the German equivalent of the cue conjunction.*

1. (*although*) Es gibt noch zu viel Abgase. Die Leute fahren langsamer.
2. (*so that*) Wir müssen alle helfen. Der Schwarzwald stirbt nicht.
3. (*because*) Wir gebrauchen zu viel Energie. Wir werfen so viel weg.
4. (*if*) Der Schwarzwald heißt bald „Gelbwald". Es geht so weiter.

5. (*that*)   Wissenschaftler sagen: Die Abgase der Industrie töten unseren Wald.
6. (*until*)   Wir können nicht warten. Alle zahlen für den Umweltschutz.

C   *Combine the clauses with either* **daß**, **weil**, *or* **da**.

1. Wir essen zu Haus. Die Restaurants sind zu teuer.
2. Wer sagt, die Schweizer haben zu viele Banken?
3. Ich fahre nicht oft mit dem Auto. Das Benzin ist zu teuer.
4. Man sagt, in Österreich ist es immer gemütlich.
5. Der Journalist schreibt. Die Deutschen haben keinen Humor.
6. Viele Leute glauben, die Amerikaner sind alle Millionäre.

D   *Express in German.*

1. The forest is dying because there is too much pollution.
2. We know that we must pay for environmental protection.
3. Although Stefan lives in the Alps, he doesn't like to hike.
4. I would like to see the Black Forest when I go to Germany.
5. We don't know whether Gabi is coming today or tomorrow.
6. As soon as Rolf gets a job, he wants to save for a car.

⚠ **Vorsicht!**   **Fehlergefahr!**

Do not confuse the adverb **da** *here, there, then* with the subordinating conjunction **da** *since, because*. The latter always "kicks" the verb to the end!	
Hier ist unsere Straße. Wir wohnen **da**.	*Here is our street. We live here.*
Die Adresse ist falsch. **Da** wohnen wir nicht mehr.	*The address is wrong. We no longer live here.*
Sie haben eine falsche Adresse, **da** Müllers nicht mehr dort wohnen.	*You have a wrong address, since the Müllers no longer live there.*

● ANWENDUNG

A   *Translate into German, using* **da**.

1. It is here.
2. I can't come because I don't have any time.
3. There Ingrid comes!
4. Since/Because Petra would like to go to Germany, she is saving money.

4. QUESTION WORDS AS SUBORDINATING CONJUNCTIONS

Kick it!

Question words (also known as interrogatives) may also function as subordinating conjunctions. They introduce indirect questions and require V-L word order.

DIRECT QUESTION

Wann heiraten sie?

When are they getting married?

INDIRECT QUESTION

Ich weiß nicht, **wann** sie heiraten.

I don't know when they are getting married.

Here are the most common question words.

wann?	*when?*	**wessen?**	*whose?* (genitive)
warum?	*why?*	**wie?**	*how?*
was?	*what?*	**wieviel?**	*how much? how many?*
wer?	*who?* (nominative)	**wo?**	*where?*
wen?	*who? whom?* (accusative)	**woher?**	*from where?*
wem?	*to whom?* (dative)	**wohin?**	*where (to)?*

● ANWENDUNG

A *Turn the direct question into an indirect question.*

1. Wo gibt es hier einen Campingplatz? Ich kann Ihnen leider nicht sagen, _____.
2. Wieviel kostet ein Taxi zum Bahnhof? Ich weiß nicht, _____.
3. Wem gehört der Eurailpaß? Warum fragen Sie mich, _____?
4. Wie ist das Wetter morgen? Kein Mensch weiß, _____.
5. Wohin fährt der Zug? Steht auf dem Schild, _____?
6. Wann kommt der Bus an? Warum fragst du mich, _____?
7. Warum muß man so viel Trinkgeld geben? Frag' mich nicht, _____!
8. Was ist hier los? Wer weiß, _____?

5. COORDINATING CONJUNCTIONS

COORDINATING VS. SUBORDINATING CONJUNCTIONS

Coordinating conjunctions can connect two clauses to each other. Subordinating conjunctions can connect <u>dependent</u> clauses to <u>main</u> clauses. Whereas subordinating conjunctions cause V-L word order, coordinating conjunctions do not affect word order. When a coordinating conjunction begins a clause, it does not cause V-S word order.

Here are the most common coordinating conjunctions.

aber	*but*	**sondern**	*but instead, but on the contrary,*
denn	*because, for*		*but rather*
oder	*or*	**und**	*and*

BEISPIELE

Sie sind alle gegen den ,,sauren Regen'', **aber** sie möchten kein Tempolimit.

They are all against acid rain but they want no speed limit.

Wir müssen langsamer fahren, **oder** die Abgase töten unseren Wald.

We must drive more slowly or the exhaust fumes will kill our forest.

Aber es ist nicht nur ein Gesundheitsschaden, **sondern** es ist auch ein Schaden für die ,,deutsche Seele''.

But it is not only an injury to our health, but it is also an injury to the "German soul."

> *Note:* **Aber** does not cause V-S word order!

Compare:

Die Abgase sind der größte Feind des Waldes, **denn** sie produzieren den ,,sauren Regen''.

Die Abgase sind der größte Feind des Waldes, **weil** sie den ,,sauren Regen'' produzieren.

Exhaust fumes are the greatest enemy of the forest, because they produce acid rain.

Sondern rather than **aber** is used to connect a negated word or clause to a correction following it. It means *but rather, but on the contrary.*

Nicht die Insekten, **sondern** der Mensch ist der größte Feind des Waldes.

Not the insects, but rather man is the greatest enemy of the forest.

Poster © Klaus Staeck.

Poster © Klaus Staeck.

● ANWENDUNG

A *Join the two sentences with the coordinating conjunction that corresponds to the English cue.*

1. (*and*)   Ich bin Amerikaner(-in). Jean (Jeanne) ist Franzose (Französin).
2. (*but*)   Das Trinkgeld ist inbegriffen°. Man soll vielleicht etwas *included* mehr geben.
3. (*but instead*)   Sie will nicht Hausfrau sein. Sie möchte Ärztin werden.
4. (*because*)   Wir nehmen den Zug. Er ist billig.
5. (*or*)   Schreiben Sie uns? Rufen Sie uns an?
6. (*for*)   Kommen Sie schnell! Ich habe nicht viel Zeit.
7. (*but*)   Ich komme zur Party. Peter muß heute abend arbeiten.
8. (*but on the contrary*)   Hans wohnt nicht in Heidelberg. Er wohnt in Mannheim.
9. (*or*)   Kommst du mit? Bleibst du zu Haus?

 Vorsicht!   **Fehlergefahr!**

Denn and **weil** both correspond to English *because*. **Weil** causes V-L word order, but **denn** does not affect word order.

Ich komme nicht, {**weil** ich keine Zeit habe.
{**denn** ich habe keine Zeit.
I'm not coming because I haven't got time.

Do not confuse **denn** *for, because* with **dann** *then.*

Ich bleibe zu Haus, **denn** es regnet.   *I am staying home because it is raining.*

Wenn es regnet, **dann** bleibe ich zu Haus.   *When it rains, (then) I stay home.*

entweder . . . oder

Entweder . . . oder *either . . . or* is a two-part conjunction.

Entweder wir stoppen das Waldsterben, **oder** der Schwarzwald wird bald ein „Gelbwald".

Either we stop the death of the forest or the Black Forest will soon be a "yellow forest."

● ANWENDUNG

B *Complete with* **aber, denn, oder, weil, dann, sondern,** *or* **entweder . . . oder,** *whichever is appropriate.*

1. Möchten Sie Kaffee _____ Tee?
2. Ich kann nicht bleiben, _____ ich muß noch studieren.
3. Ich kann nicht kommen, _____ ich studieren muß.
4. Bezahlst du, _____ bezahle ich die Rechnung?
5. Das Geld in der Schweiz ist nicht der Schilling, _____ der Schweizer Franken.
6. Wir heiraten im Juni, und _____ fliegen wir nach Mexiko.
7. Er verdient viel Geld, _____ er spart keinen Pfennig.
8. Ich kann kein Geld sparen, _____ ich zu viel kaufe.
9. Er kann viel Geld sparen, _____ er verdient gut.
10. _____ Sie wissen es, _____ Sie wissen es nicht.

C *Restate the sentence with the cue coordinating or subordinating conjunction.*

1. (denn) Bettina und Dieter lernen Englisch, weil sie nach Amerika reisen.
2. (bevor) Bitte, schreiben Sie uns und besuchen Sie uns zu Hause!
3. (weil) Lisa fährt in die Schweiz, denn sie hat dort einen Job.
4. (und) Norbert hat viel Geld, weil er viel spart.

D *If the sentence uses* **weil,** *change it to* **denn,** *and vice versa.*

1. Man lernt das metrische System leicht, denn das Geld in Amerika ist schon dezimal.
2. Wir müssen das metrische System kennen, weil man es international verwendet.

6. THE GENITIVE CASE

The fourth—and last—German case is the genitive. The genitive usually expresses possession or a relationship in which something is part of something else (i.e., it means "of").

Des Schweizers liebstes Biscuit!

BEISPIELE

Seit 1984 ist in der Bundesrepublik schon 34% (Prozent) **des Waldes** krank.

Since 1984 already 34% of the forest in the Federal Republic has been sick.

15% **der Eichen** und 26% **der Buchen** sind schon krank.

15% of the oak trees and 26% of the beech trees are already sick.

Die Abgase **der Autos** verursachen das Sterben **der Wälder**.

The exhaust fumes of the cars cause the death of the forests.

Das Problem **der Luftverschmutzung** ist international.

The problem of air pollution is international.

Was sagen Fräulein **Wegeners** Studenten über die Luftverschmutzung?

What do Ms. Wegener's students say about the air pollution?

FORMS

The characteristic genitive endings for the definite and indefinite articles are **-es** for the masculine and neuter singular, and **-er** for the feminine singular and the plural.

	MASCULINE	FEMININE	NEUTER	PLURAL
Nominative	der ein	die eine	das ein	die keine
Genitive	**des** **eines**	**der** **einer**	**des** **eines**	**der** **keiner**

COMMON NOUNS: WHAT IS THE ENDING?

a) **der**- and **das**-nouns add the ending **-s** in the singular genitive if they are polysyllabic, **-es** if they are monosyllabic.
b) **die**-nouns add no ending.
c) plural nouns add no ending to their plural form.

BEISPIELE   der Freund **des Vaters**... **der Mutter**... **des Mädchens**

der Freund **des Mannes**... **der Frau**... **des Kindes**

der Freund **der Männer**... **der Frauen**... **der Kinder**

Note: **die**-nouns use **der** to signal the genitive case for feminine nouns and for all plural ones.

● ANWENDUNG

A   *Restate, using the genitive form of the cue nouns.*

BEISPIEL   Der Beruf   (der Mann)
Der Beruf des Mannes.

1. Der Beruf   (der Vater, die Mutter, das Mädchen, die Eltern°)   *parents*
2. Der Name   (die Stadt, das Land, der Arzt, die Leute)
3. Die Adresse   (ein Reisebüro, eine Universität, ein Wissenschaftler, meine Eltern)

THERE IS ALWAYS AN EXCEPTION: Studenten-TYPE NOUNS

As you learned in Chapter 5, many masculine nouns that form the plural in **-en** add **-(e)n** in the dative singular. We can now expand this rule and state: These nouns add **-(e)n** in *all* cases, singular and plural, except for the nominative singular.[1]

	SINGULAR	PLURAL
Nominative	der Student	die Studenten
Accusative	den Studenten	die Studenten
Dative	dem Studenten	den Studenten
Genitive	des Studenten	der Studenten

● ANWENDUNG

B   *Restate, using the genitive form of these **Studenten**-type nouns in both the singular and the plural.*

Die Adresse (der Student, der Junge, der Herr, der Tourist, der Polizist)

● SYNOPSIS EXERCISE

*Restate the sentence or question, replacing the noun in the genitive with the cue noun. Watch for **Studenten**-type nouns!*

---

[1]A few exceptions occur which add **-s** to the **-en** ending in the genitive singular: **des Namens**, **des Herzens**.

1. (das Mädchen)   Was ist die Adresse der Frau?
2. (die Studentin)   Ich bin ein Freund des Studenten.
3. (die Eltern)   Wo ist die Wohnung des Mädchens?
4. (eine Konditorei)   Hier ist die Adresse eines Reisebüros.
5. (die Ärztin)   Wissen Sie den Namen des Arztes?
6. (der Junge)   Wer sind die Eltern des Mädchens?
7. (die Wohnung)   Was ist der Preis des Hauses?
8. (der Student)   Wie heißt der Professor des Mädchens?
9. (der Tourist)   Was ist der Beruf der Frau?
10. (ein Haus)   Was ist der Preis eines Volkswagens?
11. (ein Dummkopf)   Das ist die Antwort eines Idioten!
12. (ein Schweizer)   Das ist das Auto eines Amerikaners.
13. (die Studenten)   Hier sind die Tests der Mädchen.
14. (der Junge)   Wie ist der Name des Professors?

PROPER NAMES

Proper names generally add **-s** in the genitive. If the noun already ends in an **s**-sound, an apostrophe is added.

Ingrids Mann   *Ingrid's husband*

Strauß' Walzer   *Strauss' waltz*

Because of the pronunciation, the genitive with the apostrophe is avoided in speaking. Germans would say instead **der Walzer von Strauß.**

 Vorsicht!   Fehlergefahr!

> Native speakers of English often make two errors in using the German genitive. Note these contrasts.
>
> a) English always uses an apostrophe to indicate possession, but German uses none—unless the noun ends in an **s**-sound.
>
> Roberts Freund   *Robert's friend*
>
> Hans' Idee   *Hans' idea*
>
> b) In English, the "possessor" almost always precedes the common noun possessed, but in German the possessor generally follows (unless it is a proper name).
>
> die Schlagzeile **der Zeitung**   *the paper's headline*
>
> der Lebensstil **der Deutschen**   *the Germans' lifestyle*
>
> der Titel **des Buches**   *the book's title*

● ANWENDUNG

C   Complete with the genitive form of the cue word.

1. (Erika)   Ist das _____ Foto?
2. (Frau Müller)   Wie alt ist _____ Mann?
3. (Sokrates)   Man sagt, _____ Philosophie ist unmoralisch.
4. (Karl)   Wer ist _____ Freundin?

D   Complete with the German equivalent of the cue.

1. (the girl's car)   _____ ist grün.
2. (the student's friends)   _____ sind sympathisch.
3. (the woman's profession)   Was ist _____?
4. (the professor's address)   Was ist _____?

E   Express in German.

1. This is Walter's opinion.
2. Where is Karin's car?
3. Who is Karl's doctor?
4. Is this Ingrid's mother?

7.   TELLING TIME

WIEVIEL UHR IST ES? *WHAT TIME IS IT?*

In telling time, Germans increasingly use the 24-hour system (discussed below). This is a system students of German should learn and use. Nevertheless, the following special aspects should be noted.

a) The preposition **um** meaning *at* is used in expressions of time.

Ich komme **um** drei Uhr.   *I am coming at three o'clock.*

b) Half hours are expressed in terms of the *following* hour.

Es ist **halb sechs.**   *It is half past five* (i.e., ''halfway to six'').

c) The prepositions **vor** and **nach** are also used.

Es ist **Viertel nach zwei.**   *It is (a) quarter after two.*

Es ist **Viertel vor neun.**   *It is (a) quarter to nine.*

BEISPIELE	Es ist 9.35 (**neun Uhr fünfunddreißig**).		*It is 9:35.*
	1.20 Uhr	Es ist **ein Uhr** zwanzig.	*It is 1:20.*
	12.40 Uhr	Es ist zwanzig vor **eins.**	*It is 12:40.*
	1.15 Uhr	Es ist Viertel nach **eins** (*or* Es ist **ein Uhr** fünfzehn).	*It is 1:15.*

● ANWENDUNG

A *Read the sentences below, and complete the second of each pair according to the pattern.*

1.   Es ist fünf Uhr.

    Es ist _____.

2.   Es ist fünf Uhr zehn (*oder . . . zehn nach fünf*).

    Es ist _____ (*oder* _____).

3.   Es ist Viertel nach sieben (*oder . . . sieben Uhr fünfzehn*).

    Es ist _____ (*oder* _____).

4.   Es ist sechs Uhr dreißig (*oder . . . halb sieben*).

    Es ist _____ (*oder* _____).

5.   Es ist zehn vor elf.

    Es ist _____.

6.   Es ist zwölf Uhr fünfundvierzig (*oder . . . Viertel vor eins*).

    Es ist _____ (*oder* _____).

⚠ **Vorsicht!**   **Fehlergefahr!**

When telling time do not use **Zeit** for English *time*. The correct equivalent is **Uhr**.

Wieviel Uhr ist es?   *What time is it?*

When **ein** is used alone, without **Uhr**, it adds an **-s.**

Es ist **ein Uhr.**   *It is one o'clock.*

Es ist zehn vor **eins.**   *It is ten to one.*

THE 24-HOUR CLOCK

In Germany, "official" time (the 24-hour system) is used in official announcements, train schedules, on the radio, and even in conversation. This method eliminates any need for "AM" and "PM" in telling time.[1]

---

[1]The equivalent of AM and PM is still used, however, in conversation: **9 Uhr vormittags** *9:00 AM*; **4 Uhr nachmittags** *4:00 PM*; **9 Uhr abends** *9:00 PM.*

MAN LIEST	MAN SAGT	
2.13	**zwei Uhr dreizehn**	*2:13 AM*
9.30	**neun Uhr dreißig**	*9:30 AM*
12.00	**zwölf Uhr**	*noon*
13.40	**dreizehn Uhr vierzig**	*1:40 PM*
17.15	**siebzehn Uhr fünfzehn**	*5:15 PM*
23.55	**dreiundzwanzig Uhr fünfundfünfzig**	*11:55 PM*
0.10	**null Uhr zehn**	*10 past midnight*

● ANWENDUNG

B *Complete the sentence, expressing the cue in official time.*

1. (8.07) Der Bus aus Unterüberlingen kommt um _____ an.
2. (4.30) Lufthansa Flug 14 aus Kairo landet um _____.
3. (0.13) Der Zug nach Hohenlimburg kommt um _____ an.
4. (14.30) Der Orientexpreß Paris-Bukarest fährt um _____ ab.
5. (13.50) Der Schnellzug aus Baden-Baden hält hier um _____.
6. (17.45) Der Film fängt um _____ an.

C *Express in German.*

1. What time is it now?
2. I am coming at eight o'clock.
3. At what time?
4. At eleven o'clock.
5. It is a quarter to five.
6. Is it already half past eleven?

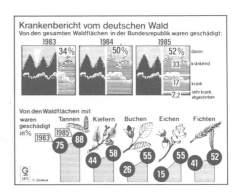

 Vorsicht!   **Fehlergefahr!**

German **vor** usually corresponds to English *before, of,* or *in front of.* But when it is used with an expression of time, it may mean *ago.* Do not be confused by the fact that it sounds similar to English *for.*

Ich warte **vor** dem Haus.   *I am waiting in front of the house.*

But:
Vor einem Jahr . . .   *A year ago . . .*

LESESTÜCK

Müssen unsere Wälder sterben?

Ist das nur die Schlagzeile einer deutschen Zeitung oder Realität? Wer es nicht glauben möchte, soll die offiziellen Statistiken lesen: Seit 1984 ist in der Bundesrepublik Deutschland schon 34% (Prozent) des Waldes krank. Der Prozentsatz kranker Bäume in der Deutschen Demokratischen Republik (DDR) soll noch größer sein. Die Blätter und Nadeln werden gelb oder braun und fallen ab. 15% der Eichen°, 26% der Buchen° und 76% der Nadelbäume° sind schon krank.

oak trees/beech trees
coniferous trees

„Wer möchte in dieser ‚Giftküche' leben?'' schreibt eine Zeitung in der BRD. „Was können wir gegen das Waldsterben tun? Was müssen wir tun?'' fragen nicht nur viele Deutsche, sondern auch Menschen in anderen Ländern.

Warum sterben die Wälder? Der „saure Regen'' soll viel mit diesem Problem zu tun haben. Und woher kommt der „saure Regen''?

burns

to that

Die Abgase der Industrie und besonders die Abgase der Autos verursachen das Sterben der Wälder. Westdeutschland verbrennt° 3,5 Millionen Tonnen Kohle im Jahr. Das bedeutet, daß viel—zu viel—Schwefel aus den Schornsteinen der Fabriken „raucht''. Und dazu° kommen die Abgase der Autos. Abgase und Schwefel—nicht Insekten—sind der größte Feind des Waldes. Sie produzieren den „sauren Regen''. Der „saure Regen'' nimmt der Erde wichtige Nährstoffe.

Der Schaden ist groß und nimmt von Jahr zu Jahr zu. Aber es ist nicht nur ein Material- und Gesundheitsschaden, sondern auch ein Schaden für die „deutsche Seele''. Seit tausend Jahren haben die deutschsprachigen Menschen eine Liebesaffäre mit ihrem Wald. Musiker und Poeten singen in Liedern und Gedichten von dem „schönen deutschen Wald''. Und das Wandern im Wald gehört zum deutschen Lebensstil wie Hotdogs und Baseball zum amerikanischen „way of life''. Aber jetzt stirbt der Wald vor ihren Augen.

Seit den siebziger Jahren° ist das Waldsterben das Umweltproblem Nummer eins. Kein Politiker kann diese Umweltkatastrophe ignorieren. Nicht nur die „Grünen'', die Partei der Umweltschützer, müssen dieses Problem konfrontieren. Es ist jedermanns Problem. Und was tut man gegen das Waldsterben?

Bald sollen alle neuen Autos Katalysatoren haben; und alle Schornsteine Filter. Auch das Tempolimit will man auf allen Straßen reduzieren, sogar auf den Autobahnen. „Wer mehr Gas gibt, produziert mehr Abgase'', heißt ein Motto der Umweltschützer. „Ich fahre freiwillig 100, dem Wald

„... und wenn sie nicht gestorben sind, dann reden sie noch heute über Waldsterben, Katalysator und Tempolimit!"

© Rheinischer Merkur/Christ und die Welt. With kind permission of cartoonist Herr Hanel.

zuliebe'', plädiert die Organisation „Greenpeace'' in Österreich und in anderen Ländern.

Die Deutschen, Österreicher und Schweizer stehen vor einem Dilemma (und auch die Amerikaner, Kanadier und die Menschen in allen Industrieländern). Sie lieben den Wald, aber auch das Auto und das schnelle Fahren. Ja, sie sind alle für den Umweltschutz—aber er soll nicht viel kosten. Sie sind alle gegen den „sauren Regen'', aber sie möchten kein Tempolimit. Und jetzt müssen sie wählen . . .

Aber sie haben wirklich keine Wahl, wenn der Wald nicht sterben soll. „Wenn es uns nicht gelingt, das Waldsterben zu stoppen, dann wird aus unserem Schwarzwald bald ein ‚Gelbwald' '', sagt ein deutscher Förster°. *forester* Und was gelb wird, stirbt . . .

WORTSCHATZ ZUM LESESTÜCK

ACTIVE VOCABULARY

nouns

das **Auge, -n**	eye	die **Realität, -en**	reality
das **Blatt, ̈er**	leaf	der **Schaden, ̈**	damage,
die **Erde**	earth		injury
der **Feind, -e**	enemy	die **Schlagzeile, -n**	headline
das **Gedicht, -e**	poem	die **Seele, -n**	soul
die **Kohle, -n**	coal	das **Umweltproblem, -e**	environmental
der **Lebensstil, -e**	lifestyle		problem
der **Musiker, -**	musician (male)	die **Wahl, -en**	choice
die **Nadel, -n**	needle	das **Waldsterben**	the dying
die **Nummer, -n**	number		of the
die **Partei, -en**	(political) party		forest

verbs

ab·fallen (fällt ab)	*to fall off, to drop*	**reduzieren**	*to reduce*
gelingen +dat.	*to succeed*	**verbrennen**	*to burn*
ignorieren	*to ignore*	**verursachen**	*to cause*
konfrontieren	*to confront*	**wählen**	*to choose*
plädieren	*to plead*		

other words

braun	*brown*	**größte**	*greatest, biggest, largest*
deutschsprachig	*German-speaking*		
freiwillig	*voluntary; voluntarily*	**jedermann**	*everybody, everyone, anyone*
größer	*greater, higher, larger, bigger*	**seit**	*since, for*
		zuliebe	*for the sake of*

VOCABULARY FOR RECOGNITION

nouns

der **Förster, -**	*forester*	das **Motto, -s**	*motto, slogan*
der **Gesundheits-schaden, ⸚**	*health hazard*	der **Nährstoff, -e**	*nutrient*
die „**Giftküche**", **-n**	*place containing poison (kitchen cooking poison)*	die **Organisation, -en**	*organization*
		der **Poet, -en**	*poet*
		der **Politiker, -**	*politician*
die „**Grünen**"	*members of the environmental party in the FRG*	das **Prozent, -e**	*percent, percentage*
das **Industrieland, ⸚er**	*industrialized nation*	der **Prozentsatz, ⸚e**	*percentage*
		der **Schwefel**	*sulfur*
das **Insekt, -en**	*insect*	die **Statistik, -en**	*statistics*
der **Katalysator, -en**	*catalytic converter*	die **Tonne, -n**	*ton*
die **Liebesaffäre, -n**	*love affair*	die **Umweltkata-strophe**	*environmental catastrophe*
der **Material-schaden, ⸚**	*material damage*	der **Umweltschützer, -**	*environmentalist*

● FRAGEN ZUM LESESTÜCK

Lesen Sie die Fragen laut vor and geben Sie eine Antwort! Auch hier kann mehr als e i n e Antwort richtig sein.

1. Was sagt die offizielle Statistik über den Wald?
   (Alle Bäume sind noch grün./Viele Bäume sind krank./Viele Blätter werden gelb oder braun.)

2. Warum stirbt der Wald?
   (Man pflanzt zu viele Bäume./Es gibt zu viele Autos./Es gibt zu wenig Abgase.)
3. Woher kommt der „saure Regen"?
   (Von den Schornsteinen der Autos./Von den Abgasen der Industrie./Von der Kohle.)
4. Wer ist der größte Feind des Waldes?
   (Die Insekten./Der Mensch./Die Abgase.)
5. Warum haben die Deutschen eine Liebesaffäre mit ihrem Wald?
   (Sie wandern gern./Der Wald ist schön./Es gibt keinen Wald.)
6. Was ist das Umweltproblem Nummer eins?
   (Die Insekten./Das Tempolimit./Das Waldsterben.)
7. Wie heißt die Partei der Umweltschützer?
   (Die Roten./Die Grünen./Die Musiker und Poeten.)
8. Wo gibt es das Problem des Waldsterbens?
   (Nur in der Bundesrepublik./In allen Industrieländern./In der Deutschen Demokratischen Republik.)
9. Was lieben die Menschen in allen Industrieländern?
   (Die Abgase./Das Tempolimit./Das Auto.)
10. Was müssen wir tun, wenn der Wald nicht sterben soll?
    (Wir müssen Filter für die Schornsteine haben./Wir müssen Katalysatoren in den Autos haben./Wir müssen schnell fahren.)

● PERSÖNLICHE FRAGEN

Was meinen Sie?

1. Was ist Ihre Meinung über das Tempolimit? Sind sie dafür° oder dagegen°? Warum? *for it* *against it*
2. Was ist in Ihrer Meinung das Umweltproblem Nummer eins?
3. Was tun Sie für den Umweltschutz?
4. Haben Sie auch eine „Liebesaffäre"? Mit dem Wald, dem Meer, den Bergen, den Autos, dem Fernsehen, dem Radio, dem Film, ???? Sagen Sie, warum es Ihre „Liebesaffäre" ist!

● EINVERSTANDEN—ODER NICHT EINVERSTANDEN?

One student reads the statement aloud and then you change it to reflect your own views. Or restate it, if you agree.

1. Ich möchte in einem Land wohnen, wo es keinen Wald gibt.
2. In Nordamerika ist das Waldsterben kein Problem.
3. Die Insekten sind die größten Feinde des Waldes.
4. Ich kann die „Grünen" nicht verstehen. Sie sind unrealistisch.
5. Es ist schade, daß wir Katalysatoren haben müssen. Sie kosten zu viel.
6. Mein Motto ist: „Mehr Gas geben, macht Spaß."

7. Ich habe keine Liebesaffäre mit dem Wald. Ich gehe ins Kino.
8. Mein Lebensstil ist Fernsehen, Partys und schnell fahren.
9. Das Umweltproblem Nummer eins ist nicht das Waldsterben, sondern der Atomkrieg.
10. Wenn wir mehr nukleare Energie produzieren, dann gibt es kein Waldsterben.

● SITUATIONEN

1. *You are Förster Fritz Überroth in the Schwarzwald and you come upon a group of Goethe Institute students hiking to the Feldberg. One of the American students is eager to try out his/her German on a native and says: ,,Guten Tag, Herr Förster. Warum ist Ihr Schwarzwald so gelb?'' You respond.*

2. *You are a German ''Grüner'' or ''Grüne.'' You and your delegation are confronting the ''Herr Direktor'' of a* Plastiktütenfabrik *(plastic shopping bag factory). The Herr Direktor says: ,,Aber, meine lieben Damen und Herren Grünen, Filter in den Schornsteinen kosten viel Geld!'' You respond.*

3. *You are a* Tannenbaum *from the Schwarzwald—ja, Bäume können reden—when you hear students at the Goethe Institute practicing for a* Weihnachtsfeier *(Christmas celebration). They sing: ,,O Tannenbaum, o Tannenbaum, wie grün sind deine Blätter!'' You tell them the way it is.*

O TANNENBAUM

O Tannenbaum, o Tannenbaum, wie treu sind deine Blätter!
Du grünst nicht nur zur Sommerzeit, nein auch im Winter wenn es
    schneit
O Tannenbaum, o Tannenbaum, wie treu sind deine Blätter.

O Tannenbaum, o Tannenbaum, du kannst mir sehr gefallen.
Wie oft hat nicht zur Weihnachtszeit, ein Baum von dir mich hoch
    erfreut!
O Tannenbaum, o Tannenbaum, du kannst mir sehr gefallen.

O Tannenbaum, o Tannenbaum, dein Kleid will mich was lehren:
Die Hoffnung und Beständigkeit, gibt Trost und Kraft zu jeder Zeit.
O Tannenbaum, o Tannenbaum, dein Kleid will mich was lehren.

● SCHRIFTLICH WIEDERHOLT

A *You are an ''Umweltschützer/Umweltschützerin'' (i.e., ein Grüner or eine Grüne) and you are telling someone what he/she or we should or ought to do when dealing with our environment. Use an appropriate modal auxiliary.*

BEISPIEL   nicht so viel wegwerfen
            Wir dürfen (sollen) nicht so viel wegwerfen.

1. nicht so schnell fahren
2. den ,,sauren Regen'' verhindern
3. nicht so viel Kohle verbrennen
4. mehr Filter kaufen
5. für den Umweltschutz zahlen
6. eine Liebesaffäre mit dem Wald haben
7. unsere ,,Giftküche'' sauber machen
8. das Waldsterben nicht ignorieren
9. Katalysatoren in unseren Autos haben
10. nicht gegen das Tempolimit protestieren

B *Express in German.*

1. Alan Snyder is in Germany because he wants to learn German.
2. The ''Greens'' are the party of environmental protection in Germany.
3. Many trees in the Black Forest are not green, but yellow.
4. Is it ''five minutes before noon'' for the forest?
5. Are you a friend or an enemy of the forest?
6. You must not throw everything away.
7. ''Acid rain'' is the enemy of the forest.
8. Can you come today or would you like to come tomorrow?
9. In America one is not allowed to drive very fast.

C *Complete each sentence with an appropriate combination of ''modal + verb.'' More than one choice may be possible. Use the appropriate word order!*

BEISPIEL   Wir _____ morgen in die Stadt _____.

Wir $\left\{ \begin{array}{l} \textbf{möchten} \\ \textbf{wollen} \\ \textbf{können} \end{array} \right\}$ morgen in die Stadt $\left\{ \begin{array}{l} \textbf{fahren.} \\ \textbf{gehen.} \end{array} \right.$

1. Wegen des ,,sauren Regens'' _____ der Wald _____.
2. Ich _____ den Schwarzwald _____.
3. Wir _____ nicht so viel _____.
4. _____ du um 7 Uhr _____?
5. Sie _____ nicht so schnell _____.
6. Wir _____ für den Umweltschutz _____.
7. _____ Sie in dieser ,,Giftküche'' _____?
8. Unser Lehrer sagt, daß wir immer Deutsch _____ _____.

Kunstausstellung. Was denkt der Mann über moderne Kunst? Was denken Sie?

Bierzelt für das Oktoberfest in München.

Schloß Linderhof: König Ludwig II. baute es... heute bringt es viel Geld ein.

Ein neues Haus in einem alten Häusermeer. Sehen Sie es?

Burgruine, Weinberg, Dorf, Kirche am Rhe

Festspiele in Salzburg: *Jedermann* Aufführung auf dem Domplatz in Salzburg.

Rudern am Rhein. Ein gesunder Sport.

Alle warten auf das Glockenspiel auf dem Marienplatz in München.

Sind das kleine weiße Hirsche?

Andere Länder, andere Sitten. Was muß die Braut machen?

Strand, Sonne, Sand, Meer. Aber auch Wind. Da hilft ein Strandkorb an dem Nordsee.

Ein See bei Stuttgart. Möchten Sie hier gerne schwimmen?

In Europa liebt man das Straßenkafé. Sehen Sie den amerikanischen Einfluß?

Die Paulskirche in Frankfurt inmitten von alt und neu. Warum ist die Kirche berühmt?

Pferdekutsche: gibt es das noch? Ja, für Touristen in Salzburg.

SPRECHEN LEICHT GEMACHT!

to practice modals

Was möchten Sie gern?

A *Tell about your secret hopes and dreams as the "Umweltschutz Generation."*

Ich möchte gern
- der Sekretär/die Sekretärin des Interior Departments der Vereinigten Staaten sein.
- , daß alle Bäume in der ganzen Welt immer grün bleiben.
- Sprecher/Sprecherin der Grünen Partei werden.
- immer so schnell fahren, wie ich will.
- wissen, warum wir in einer „Giftküche" leben müssen.
- immer nur gute Luft atmen°.   *breathe*
- , daß man ein abgasfreies Auto erfindet°.   *invents*
- , daß es ein Tempolimit von 100 Kilometern gibt.
- , daß man ein Gesetz gegen das Wegwerfen von Flaschen, Dosen° und Plastiktüten° macht.   *cans/plastic bags*
- , daß unsere Flüsse wieder sauber werden.
- , daß alle für den Umweltschutz zahlen.
- so gut Deutsch sprechen wie der Förster im Schwarzwald.

?

Was darf ich (nicht) tun?

B *Use the modals below to create sentences that reflect your feeling or situation.*

Ich { dürfen / wollen / können } (nicht)
- schnell fahren.
- immer Deutsch sprechen.
- nur tote Bäume fällen°.   *to fell, cut down*
- viel für den Umweltschutz tun.
- gegen den Umweltschmutz kämpfen.
- keine alten Zeitungen wegwerfen.
- kein Schmutzfink° sein.   *litterbug*
- für gute Luft plädieren.
- die Grünen kritisieren.

?

179

Du sollst (nicht) . . .   C   *Say what you ought or ought not to do.*

Ich soll (nicht)
- für den Umweltschutz zahlen.
- den Grünen helfen.
- nur bleifreies° Benzin kaufen.   *lead-free*
- soviel wegwerfen.
- einen Katalysator in meinem Auto haben.
- leere Glasflaschen° und   *glass bottles*
  Aluminiumdosen° wegwerfen.   *aluminum cans*
- an einem Goethe-Institut Deutsch lernen.
- keinen Weihnachtsbaum vom Schwarzwald kaufen.
- langsamer fahren.
- für den Umweltschutz demonstrieren.
- ?

Was darf man und was darf man nicht?   D   *Join the items below according to your opinion.*

Im Goethe-Institut
Auf dem Campingplatz
Auf der Autobahn
Im Wald
Zu Haus
Im Auto
Im Bett
In einer Demokratie
?

darf man

nicht zu schnell fahren.
kein Englisch sprechen.
nichts wegwerfen.
nicht rauchen.
sagen, was man will.
nichts schmutzig machen.
keinen Wein und kein
  Bier trinken.
zu Fuß gehen.
?

Psychologisches Profil   E   *One of your classmates plays Dr. Sigmund Freud. Answer his/her questions by free association from your subconscious mind (**aus dem Unterbewußtsein**).*

Was möchten Sie gern tun, aber dürfen es nicht?
Was wollen Sie nicht tun, aber müssen es tun?
Was möchten Sie gern tun, aber können es nicht?
Was sollen andere Menschen tun, obwohl Sie es nicht tun?
Was dürfen Sie nicht tun, tun es aber?
Was müssen Sie tun, tun es aber nicht gern?
?

to practice modals in V-L word order . . .

Selbstsicher   F   *Are you self-assured? Say what you know and are sure of.*

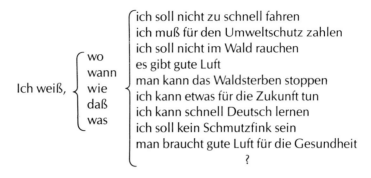

Ich weiß,
wo
wann
wie
daß
was

ich soll nicht zu schnell fahren
ich muß für den Umweltschutz zahlen
ich soll nicht im Wald rauchen
es gibt gute Luft
man kann das Waldsterben stoppen
ich kann etwas für die Zukunft tun
ich kann schnell Deutsch lernen
ich soll kein Schmutzfink sein
man braucht gute Luft für die Gesundheit
?

to practice V-L word order after **daß** . . .

Klischees! **G** *Whoever can combine the best clichés wins First Prize for Prejudice!*

Wir wissen, daß alle

Amerikaner
Grünen
Deutschen
Professoren
Frauen
Männer
Kanadier
Mexikaner
Kapitalisten
Studenten
Franzosen
Italiener
Schweizer
?

haben viel Geld auf der Bank
tun nichts gegen den ,,sauren Regen''
arbeiten nie
fahren zu schnell
denken nur an Sex
sind Schmutzfinken
sind Sozialisten
sind gegen den Umweltschutz
gehören zur Mafia
fahren Cadillacs
haben lange Haare
wollen heiraten
rauchen Marihuana
?

to practice V-L word order after **weil** . . .

Ja, warum? **H** *Explain why you are going to college. (A to B, B to C, etc.)*

Warum studierst du? | Weil

ich will Förster/Försterin werden
meine Eltern wollen es
ich will ein Doktorat in Umweltschutz be-
        kommen
mein Freund/meine Freundin studiert hier
ich will einen Freund/eine Freundin finden
ich habe nichts Besseres zu tun
ich will gebildet° sein   *educated*
?

to practice word order after conjunctions . . .

Ganz persönlich   **I**   *Complete the sentences as you wish.*

Ich bin heute glücklich, weil . . .
Ich bin für den Umweltschutz, aber . . .
Ich bin stolz°, daß . . .   *proud*
Ich weiß nicht, warum . . .
Ich bin ein Umweltschützer/eine Umweltschützerin, denn . . .
Es tut mir leid, wenn . . .
Ich will nicht im Smog leben, sondern . . .
Entweder wir zahlen für den Umweltschutz, oder . . .
Es gefällt mir nicht, weil . . .
Werfen Sie die Bierdose nicht auf die Straße, sondern . . .

to practice telling time . . .

Leben Sie nach   **J**   *Do you live by the clock? Tell us your timetable.*
der Uhr?

Ich stehe um _____ auf.
Um _____ gehe ich unter die Dusche°.   *shower*
Ich esse um _____ Frühstück°.   *breakfast*
Ich gehe um _____ in die Universität/in das College.
Die erste Vorlesung° beginnt um _____.   *lecture*
Um _____ esse ich zu Mittag°.   *eat lunch*
Um _____ gehe ich nach Haus/ins Studentenheim.
Am Abend esse ich um _____.
Um _____ gehe ich ins Bett°.   *bed*
                                                ?

Rätsel   **K**   Wie weit kann man in einen Wald hineingehen?

Antwort
Bis zur Mitte, denn dann geht man wieder hinaus.

zur Unterhaltung . . . [1]

Pantomime   **L**   *Stehen Sie auf und zeigen Sie, was Sie machen! Sagen Sie:* ,,Was mache
ich?'' *und die anderen Studenten raten (guess)! Hier sind einige Ideen.*

telefonieren	Benzin tanken
schlafen	einen Baum fällen
Auto fahren	schreiben
rauchen	einen Baum pflanzen
fernsehen	Bier trinken
einen Hamburger essen	schifahren
surfen	?

[1]**Die Unterhaltung** means both *conversation* and *entertainment*. Both are intended here.

"Du willst doch später Kinder haben. Oder nicht?"

KAPITEL 7

Wir haben es nicht so eilig

1. Present Perfect: Conversational Past
2. Position of the Past Participle
3. **haben** or **sein** as Auxiliary in the Present Perfect
4. Formation of the Past Participle
5. Mixed Verbs
6. Principal Parts of Verbs
7. Separable- and Inseparable-Prefix Verbs in the Present Perfect
8. **der**-Words
9. Prepositions Requiring the Genitive

Bevölkerungsexplosion kontra Nullwachstum
(vom ,,Babyboom'' zum ,,Pillenknick'')

DIALOG

Wir haben es nicht so eilig

Personen   *Frau Elisabeth Keller (Liselottes Mutter)*
              Frau Liselotte Stein (Frau Kellers verheiratete Tochter)

MUTTER   Liselotte, wie lange seid ihr jetzt schon verheiratet?

TOCHTER   Im Herbst sind es drei Jahre.

MUTTER   Was, so lange schon? Wie die Zeit vergeht! Hast du diesen Artikel gelesen? (*zeigt auf die Zeitung*)

TOCHTER   Welchen?

MUTTER   Da, über das ,,Nullwachstum''.

TOCHTER   Nullwachstum?

MUTTER   Ja, letztes Jahr hat die Bevölkerung in Deutschland wieder abgenommen.

TOCHTER   Aha, jetzt verstehe ich! Da hast du wohl an Klaus und mich gedacht.

MUTTER   Nicht direkt, aber ich habe nach drei Jahren schon zwei Kinder gehabt.

TOCHTER   Das bedeutet aber nicht, daß jedes Ehepaar nach drei Jahren schon Kinder haben muß.

MUTTER   Das habe ich auch nicht gesagt, aber ihr wollt doch eine Familie haben. Oder nicht?

TOCHTER   Glaub' mir, Mutti, Klaus und ich haben über dieses Thema schon oft gesprochen.

MUTTER   Und . . .?

TOCHTER   Wir haben es nicht so eilig. Bis jetzt haben wir andere Pläne gehabt. Ich habe mitverdient, wir haben für ein neues Auto gespart, wir sind viel gereist und . . .

MUTTER   . . . und ich habe noch keine Enkel bekommen!

TOCHTER   (*mit dem Arm um die Mutter*) Mutti, du kennst doch das Sprichwort: ,,Was nicht ist, kann noch werden . . .''

WORTSCHATZ ZUM DIALOG

ACTIVE VOCABULARY

nouns

der **Arm, -e**	arm		das **Kind, -er**	child
die **Bevölkerung**	population		das **Nullwachstum**	zero
der **Enkel, -**	grandchild (male)			population
die **Familie, -n**	family			growth
der **Herbst, -e**	autumn		der **Plan, ⸚e**	plan
			die **Tochter, ⸚**	daughter

verbs

ab·nehmen (nimmt   to decrease
  ab), pp. abgenommen
mit·verdienen,   to earn
  pp. **mitverdient**   (addi-
      tional family
      income)

vergehen,   to pass (by)
  pp. **ist vergangen**

other words

direkt   direct(ly)
letzt-   last

wohl   probably, apparently

special and idiomatic expressions

Das habe ich auch nicht gesagt.   I didn't say that, did I?
Was nicht ist, kann noch werden.   What hasn't happened yet can still
      happen. (All things come to those
      who wait.)
Wir haben es nicht so eilig.   We are in no hurry.

VOCABULARY FOR RECOGNITION

nouns

der **Artikel, -**	article		das **Thema**, die **Themen**	subject, topic,
das **Ehepaar, -e**	married couple			theme
das **Sprichwort, ⸚er**	proverb, saying			

Mehr und mehr Frauen können und wollen heute Geld verdienen.

● FRAGEN ZUM DIALOG

Close your books and listen to what your instructor reads aloud. Then say whether the correct answer is A, B, or C.

1. Seit wann ist Liselotte verheiratet?
   A. Seit fünf Jahren.
   B. Seit zwei Jahren.
   C. Seit drei Jahren.

2. In der Zeitung steht ein Artikel über
   A. die Untergrundbahn.
   B. die Autobahn.
   C. die Bevölkerung.

3. Die Bevölkerung
   A. nimmt ab.
   B. nimmt mit.
   C. nimmt zu.

4. Liselotte und Klaus wollen
   A. nie Kinder haben.
   B. nur ein Kind haben.
   C. vielleicht später Kinder haben.

5. Frau Keller ist Mutter von
   A. vier Kindern.
   B. zwei Kindern.
   C. drei Kindern.

6. Liselotte
   A. bleibt immer zu Haus.
   B. verdient Geld.
   C. hat ein Haus.

7. Die Mutter möchte
   A. Kinder bekommen.
   B. Enkel bekommen.
   C. Besuch bekommen.

● PERSÖNLICHE FRAGEN

1. Wieviele Kinder sind in Ihrer° Familie?   *your*
2. Möchten Sie Kinder haben? Wenn ja, warum? Wenn nein, warum nicht?
3. Glauben Sie, daß es zu viele Menschen auf der Welt gibt? Wo, zum Beispiel?
4. Sparen Sie Geld? Was wollen Sie mit dem Geld machen? Was möchten
   Sie mit dem Geld kaufen?
5. Sind Sie schon viel gereist? Wohin, zum Beispiel?

● AUSPRACHE-ÜBUNG

German **o** versus German **ö**

schon	*already*	**schön**	*beautiful*
die **Tochter**	*daughter*	die **Töchter**	*daughters*
er **konnte**	*he was able*	er **könnte**	*he could*
der **Ofen**	*oven*	die **Öfen**	*ovens*
der **Gote**	*the Goth*	**Goethe**	*(German poet)*
die **Toten**	*the deceased*	**töten**	*to kill*
ich **stoße**	*I push*	die **Stöße**	*blows*

GRAMMATIK   Theorie und Anwendung

1. PRESENT PERFECT: CONVERSATIONAL PAST

IMPORTANCE OF PRESENT PERFECT

To describe an event in the past, German usually uses the present perfect, unlike English, which generally uses the past tense. As a result, the German present perfect is known as the "conversational" past. It is, therefore, a key tense in learning German, one you will be using more frequently than the past tense.

BEISPIELE   **Haben** Sie diese Reklame **gesehen**?   *Have you seen this ad?*

Die Bevölkerungsexplosion **ist** ein Problem **geworden**.   *The population explosion has become a problem.*

Die Lösung des Problems **hat** man bis jetzt nicht **gefunden**.	*The solution to the problem has not yet been found.*
In der BRD **ist** die Bevölkerung nicht mehr **gestiegen**.	*In the FRG the population has no longer increased.*

WHAT ARE THE TENSES?

German, like English, has five major tenses—present, past, present perfect, past perfect, and future. So far, we have been dealing with the present tense. The table gives an overview of the tenses.

a) *Present* (Chapter 1) Die Reklame **spielt** eine große Rolle.	*Advertising* plays *a major role.*
b) *Past* (Chapter 8) Die Reklame **spielte** eine große Rolle.	*Advertising* played *a major role.*
c) *Present Perfect* (Chapter 7) Die Reklame **hat** eine große Rolle **gespielt**.	*Advertising* has played *a major role* (played *a major role*).
d) *Past Perfect* (Chapter 14) Die Reklame **hatte** eine große Rolle **gespielt**.	*Advertising* had played *a major role.*
e) *Future* (Chapter 10) Die Reklame **wird** eine große Rolle **spielen**.	*Advertising* will play *a major role.*

COMPOUND TENSE

The present perfect in German, as in English, is a "compound" tense formed with an auxiliary plus a past participle. Most German verbs form their present perfect with the auxiliary **haben**. Some, however, require **sein** as the auxiliary.

AUXILIARY   PAST PARTICIPLE

Die Debatte **hat**   erst **begonnen**.
The debate has just begun.

Viele Gäste **sind**   **gekommen**.
Many guests have come.

2.   POSITION OF THE PAST PARTICIPLE

In a *main* clause, the past participle is placed at the end of the clause.

Im Jahre 1877 **haben** auf dem Gebiet der BRD 20,4 Millionen Menschen **gelebt**.	*In the year 1877 20.4 million people [have] lived in the area of the FRG.*

In a *dependent* clause, the past participle comes immediately before the conjugated verb. The conjugated verb comes at the very end of the clause. (See Chapter 3 for a discussion of word order in dependent clauses.)

Die Statistik zeigt, daß im Jahre 1877 auf dem Gebiet der BRD 20,4 Millionen Menschen **gelebt haben**.	*Statistics show that 20.4 million people [have] lived in the area of the FRG in the year 1877.*

● ANWENDUNG

A   *Form a sentence by rearranging all the units below in their correct word order.*

1.   du/hast/?/diesen Artikel/gelesen/
2.   gedacht/Sie/an Klaus/haben/
3.   haben/wir/gesprochen/schon oft/über dieses Thema/
4.   bekommen/haben/nach drei Jahren/sie/ein Kind/

B   *Complete the sentence or question, making any necessary changes in the word order of the cue statement.*

1.   Wir haben für ein Haus gespart.
     Du weißt, daß _____.
2.   Sie hat nach drei Jahren schon zwei Kinder gehabt.
     Sie ist glücklich, daß _____.

3. Wir haben geheiratet.
    Warum wollen Sie wissen, wann _____?
4. Er hat geheiratet.
    Warum glaubst du, daß _____?

3.   haben OR sein AS AUXILIARY IN THE PRESENT PERFECT

WHICH AUXILIARY—haben OR sein?

The King James Version of the Bible sometimes uses the verb *to be* as the auxiliary in the present perfect (Christ *is* come,'' ''Christ *is* risen''). In modern English, however, the present-perfect tense is always formed with the auxiliary *to have*. Although most German verbs also use the auxiliary **haben** *to have*, some require the use of the auxiliary **sein** *to be*. The verbs that require **sein** are easy to remember because, like the antiquated English in the examples above, almost all of them denote either a *change of place* or a *change in condition*.

haben

Letztes Jahr **hat** unsere Firma viel Kunstdünger **verkauft**.	*Last year our firm [has] sold much fertilizer [artificial manure].*

sein

1,5 Millionen Deutsche **sind ausgewandert**.(*Change of place*)	*1.5 million Germans [have] emigrated.*
Die Bevölkerungszahl **ist** größer **geworden**. (*Change in condition*)	*The population [has] increased.*

sein VERB MUST BE INTRANSITIVE

An additional factor also determines whether a German verb is conjugated with **haben** or **sein**. To be conjugated with **sein**, a verb must be intransitive—that is, it must never take a direct object.

NO DIRECT OBJECT

Ich **bin** mit dem Auto **gefahren**. (It answers ''With what did I drive?'')	*I went by car.*

WITH DIRECT OBJECT

Ich **habe** den BMW **gefahren**. (It answers ''What did I drive?'')	*I drove the BMW.*

● ANWENDUNG

A *Supply the correct form of* **haben** *or* **sein**.

1. Wann _____ Fräulein Schwarz gekommen?
2. Ich _____ den Film noch nicht gesehen.
3. Er _____ am Wochenende gearbeitet.
4. Viele Deutsche _____ nach Amerika ausgewandert.
5. Leider _____ die Preise wieder gestiegen.
6. Sie _____ heute Mutter geworden.
7. Wo _____ du heute Tennis gespielt?
8. Wir _____ 1984 zwei Monate in Hamburg gewohnt.
9. _____ ihr den Kindern geholfen?

WE, TOO! **bleiben, geschehen, passieren, gelingen, sein**

Five verbs that do not meet all conditions for requiring **sein** as the auxiliary, but are also conjugated with **sein**, are the following.

bleiben *to remain*	
Nicht alle diese Flüchtlinge **sind** in der BRD **geblieben.**	*Not all these refugees have remained in the FRG.*
geschehen, passieren *to happen*	
Was **ist geschehen (passiert)**?	*What has happened?*
gelingen *to succeed*	
Nur wenigen Menschen ist die Flucht **gelungen.**	*Only a few people have succeeded in the escape (in escaping).*
sein *to be*	
Diese Frage **ist** schon immer von Interesse **gewesen.**	*This question has always been of interest.*

4. FORMATION OF THE PAST PARTICIPLE

Like English verbs, German verbs fall into two basic groups: weak verbs and strong verbs. The difference lies in how these verbs form their past tense and past participle.[1]

---

[1] See Reference Grammar p. 524 for a list of all common strong verbs. In the *Wörterverzeichnis* an asterisk (*) indicates that the verb is conjugated with **sein**.

Frankfurt am Main: die alte und die neue Stadt.

GROUP 1: **ge-** + STEM + **-(e)t**

a) *Weak verbs.* The past participle of most German weak verbs is formed by adding to the stem the prefix **ge-** and the suffix **-t** (**-et** for verbs with stems ending in **t** or **d**).

hören	*to listen*	**ge**hör**t**		**landen**	*to land*	**ge**land**et**
zeigen	*to show*	**ge**zeig**t**		**antworten**	*to answer*	**ge**antwort**et**

Weak verbs do not change their stem vowel in the past participle.

lernen	*to learn*	Ich habe es ge**le**rnt.	*I [have] learned it.*
sparen	*to save*	Wir haben Geld gesp**a**rt.	*We [have] saved money.*
re**i**sen	*to travel*	Bist du viel ger**ei**st?	*Have you traveled a lot?*
ka**u**fen	*to buy*	Haben Sie das Auto gek**au**ft?	*Did you buy the car?*

● ANWENDUNG

A *Restate in the present perfect.*

1. Ich habe keine Zeit.
2. Er tanzt gern.
3. Spielst du Tennis?
4. Ihr antwortet richtig.
5. Wann arbeiten Sie?
6. Ich frage ihn.
7. Wir landen in Frankfurt.
8. Es regnet hier oft.

B   *Respond in the conversational past. Use the cue verbs.*

STUDENT A	STUDENT B

1. Warum bist du gestern° nicht gekommen?
2. Warum sind Sie so müde°?

3. (*am Telefon*) Wie ist das Wetter dort?
4. Du! Walter und Erika heiraten bald!
5. Der Flug war ziemlich ungemütlich°.
6. Meine Mutter sagt, sie möchte bald Enkel haben.

(haben) Ich _____ keine Zeit _____. *yesterday*

(arbeiten) Ich _____ den ganzen Tag _____. *tired*

(regnen) Jetzt ganz gut. Aber es _____ drei Tage _____.

(hören) So! Das _____ wir schon oft _____.

(landen) Jetzt ist alles gut. Wir _____ gut _____. *unpleasant*

(antworten) Und was _____ du _____?

GROUP 2: ge- + STEM VOWEL CHANGE + -(e)n

b) *Strong verbs.* The past participle of strong verbs is formed by adding the prefix **ge-** and the suffix **-(e)n** to the stem.

kommen   *to come*   **ge**komm**en**
geben   *to give*   **ge**geb**en**

A vowel change occurs in the past participle of most strong verbs.[1] This vowel change cannot easily be predicted.

f**i**nden *to find* Ich habe es gef**u**nden.	*I have found it. (I found it.)*
spr**e**chen *to speak* Ich habe über dieses Thema gespr**o**chen.	*I have spoken (I spoke) about this topic.*
schr**ei**ben *to write* Ich habe einen Brief geschr**ie**ben.	*I have written (I wrote) a letter.*

● ANWENDUNG

C   *Restate in the present perfect. Try to form the past participle without referring to the list below. Some verbs require* **sein.**

1. Wir vergleichen die Annoncen.
2. Ich bin in der BRD.
3. Aspirin hilft mir immer.
4. Ich nehme nie Aspirin.
5. Er spricht mit dem Piloten.
6. Du läufst zu schnell!

[1]But *all* strong verbs undergo a vowel change in the past tense. (See Chapter 8, p. 224.)

7. Er trinkt nie Bier.
8. Liest du das Lesestück?
9. Was gibt es hier?
10. Ich finde die Zeitung.
11. Sie schreibt mir oft.
12. Wie heißt der Film?

finden, gefunden	laufen, gelaufen	sein, gewesen
geben, gegeben	lesen, gelesen	sprechen, gesprochen
heißen, geheißen	nehmen, genommen	trinken, getrunken
helfen, geholfen	schreiben, geschrieben	vergleichen, verglichen

● SYNOPSIS EXERCISE

Respond in the present perfect. The exercise includes both weak and strong verbs.

1. Kaufen Sie jetzt ein Auto?
    Ich _____ schon ein Auto _____.
2. Wie lange warten Sie schon auf eine Antwort?
    Ich _____ schon zu lange _____!
3. Tun Ihnen die Kinder in Afrika leid?
    Und wie! Sie _____ mir schon immer leid _____.
4. Sprechen Sie mit Herrn Richter Deutsch?
    Natürlich, ich _____ immer mit ihm Deutsch _____.
5. Sitzen Sie immer hier?
    Nein, gestern _____ ich dort _____.
6. Warum essen Sie heute nichts?
    Ich _____ gestern zuviel _____.
7. Und was sagen Sie jetzt?
    Nichts! Ich _____ schon zuviel _____.
8. Wann beginnt die Klasse?
    Beginnt? Sie _____ schon _____.
9. Sparst du viel Geld?
    Manchmal. Diesen Monat _____ ich leider nichts _____.
10. Max kommt wieder zu spät.
    Ja, ja, er _____ auch gestern zu spät _____.
11. Bleiben Sie noch ein paar Minuten!
    Es ist spät und ich _____ schon zu lange _____.
12. Fahrt ihr am Wochenende nach Hause?
    Nein, wir _____ letztes Wochenende nach Hause _____.

beginnen, begonnen	kommen, gekommen
bleiben, geblieben	sitzen, gesessen
essen, gegessen	sprechen, gesprochen
fahren, gefahren	tun, getan

5. MIXED VERBS

In the English sentences *I bring it today, I brought it yesterday,* or *I catch it today, I caught it yesterday,* you will notice that the verbs *bring* and *catch* combine in their past forms both the characteristic "strong" vowel change and the characteristic "weak" ending in a dental sound (-*t* or -*d*). In German, verbs that "mix" these two characteristics are known as "mixed verbs."

ONLY A FEW—*GOTT SEI DANK!*

German has seven major mixed verbs.[1]

INFINITIVE		PRESENT PERFECT	
brennen	*to burn*	Das Haus hat **gebrannt**.	*The house burned.*
kennen	*to know*	Ich habe sie **gekannt**.	*I have known her.*
nennen	*to name, call*	Er hat mich einen Dummkopf **genannt**.	*He has called me stupid.*
rennen	*to run*	Wir sind zwei Kilometer **gerannt**.	*We have run two kilometers.*
bringen	*to bring*	Ich habe es **gebracht**.	*I brought it.*
denken	*to think*	An das habe ich nie **gedacht**.	*I never thought of that.*
wissen	*to know*	Das habe ich nicht **gewußt**.	*I didn't know that.*

● ANWENDUNG

A *Restate in the present perfect.*

1. Ich kenne Karin gut.
2. Er nennt mich einen Dummkopf.
3. Er rennt in zwei Minuten um den Campingplatz.
4. Ich bringe Renate nach Haus.
5. Ich denke immer an dich.
6. Das weißt du nicht?

---

[1]The past participle of the modals, except for **wollen** and **sollen**, is "mixed": **dürfen—gedurft**; **können—gekonnt**; **mögen—gemocht**; **müssen—gemußt**. The past participle of modals is rarely used.

„Bravo! Bravo!" Konzert in der Berliner Philharmonie.

B *Respond in the conversational past.*

STUDENT A	STUDENT B
1. So, Peter und Lisa haben ein Baby! Wie nennen sie es?	Es ist ein Mädchen. Sie _____ es Gisela _____.
2. Wann bringen Sie mir mein Geld?	Aber, bitte! Ich _____ es Ihnen doch gestern _____!
3. Du weißt doch immer alles! Und du weißt nicht, daß ich heute Geburtstag° habe?	Tut mir leid! Das _____ ich wirklich nicht _____!
	birthday
4. Du rennst nicht genug. Du bist zu dick°!	Was! Ich _____ heute schon fünf Kilometer _____ !
	fat
5. Kennen Sie Herrn Weber?	Es tut mir leid. Aber ich _____ ihn nie _____.
6. An wen denkst du jetzt?	Ich _____ an meine Eltern _____.
7. Brennt der Wald oft in Kalifornien?	Leider zu oft. Letztes Jahr _____ es sehr, sehr oft _____.

6.   PRINCIPAL PARTS OF VERBS

The principal parts of a German verb are the infinitive, the past tense, and the past participle. Dictionaries usually indicate the principal parts by listing only the infinitive and (in the case of strong verbs) the vowel changes that occur in the past and in the past participle.

INFINITIVE	PAST	PAST PARTICIPLE
kommen, a, o	**kam**	**gekommen**

A vowel change in the **du**- and **er/sie/es**-forms of the present tense (see Chapter 2) is usually indicated in parentheses right after the infinitive.

INFINITIVE	PRESENT	PAST	PAST PARTICIPLE
sprechen (i), a, o	er **spricht**	er **sprach**	**gesprochen**

● ANWENDUNG

A   *Restate in the present perfect. Use the vowel cue in forming the past participle.*

1.   (finden, a, u)   Ich finde das Buch gut.
2.   (geben (i), a, e)   Er gibt ihr das Geld.
3.   (fliegen, o, o)   Wir fliegen oft nach Europa.
4.   (bleiben, ie, ie)   Wir bleiben nicht lange.
5.   (tun, a, a)   Ich tue es gern.
6.   (sprechen (i), a, o)   Ich spreche immer Deutsch.

OTHER CHANGES

A few verbs change more than the stem vowel. Some (like **stehen**, **nehmen**) change the entire stem. Others (like **essen**) add an extra letter.

stehen, stand, gest**and**en

nehmen (nimmt), nahm, gen**omm**en

gehen, ging, ge**gang**en

essen (ißt), aß, ge**g**essen

When in doubt, it is best to look up the principal parts of a new verb in the list in the Reference Grammar p. 524, where the complete forms are given.

● ANWENDUNG

B *Respond in the present perfect. Use the cue verb when one is indicated.*

STUDENT A	STUDENT B
1. Du bist so schlank. Ißt du so wenig?	Ach, was! Ich _____ jeden Tag dreimal° am Tag _____!　*three times*
2. Was denken Sie von dem neuen Ehepaar?	(sprechen) Ich weiß nicht. Ich _____ noch nicht mit ihnen _____.
3. Sie haben immer Leute im Haus.	(gehen, kommen) Ja, Sie haben recht. Familie Grass _____ vor zehn Minuten _____, und mein Bruder _____ jetzt _____.
4. Fritz! Wo ist die Zeitung?	(nehmen) Was! Ich weiß nicht. Ich _____ sie nicht _____!
5. (*am Telefon*) Hans! Wann gibst du Putzi zu fressen?[1]	Mach' dir keine Sorge!°　*Don't worry!* Ich _____ Putzi jeden Tag dreimal zu fressen _____.
6. Bitte, bitte! Helfen Sie mir meinen Autoschlüssel° finden!	Keine Sorge! Ich _____ ihn schon _____. Im Auto!　*car key*

7. SEPARABLE- AND INSEPARABLE-PREFIX VERBS IN THE PRESENT PERFECT

SEPARABLE-PREFIX VERBS: PREFIX + **ge** + STEM

The past participle of verbs with separable prefixes (see Chapter 3) is formed by placing **-ge-** between the prefix and the stem of the past participle.

zunehmen
Die Bevölkerung hat zu**ge**nommen.　　*The population has increased.*

auswandern
Viele sind aus**ge**wandert.　　*Many (have) emigrated.*

---

[1]Tiere (*animals*) fressen, Menschen essen. Putzi is a cat's name.

● ANWENDUNG

A *Complete with the past participle of the cue verb and give the English equivalent.*

1. (nehmen (i), a, o) Ich habe den Zug _____.
2. (zunehmen (i), a, o) Die Bevölkerung hat wieder _____.
3. (kommen, a, o) Wann ist die Post _____?
4. (ankommen, a, o) Der Zug ist pünktlich _____.
5. (rufen, ie, u) Karl, man hat dich _____!
6. (anrufen, ie, u) Wer hat dich _____?

INSEPARABLE-PREFIX VERBS: NO **ge-**!

Other German verbs are formed with inseparable prefixes. The most common inseparable prefixes are **be-**, **emp-**, **ent-**, **er-**, **ge-**, **ver-**, and **zer-**. Verbs with inseparable prefixes do not use **ge-** in forming their past participle. Compare the following examples.

gehen *to go* Er ist ins Kino **gegangen**.	*He went to the movies.*
fortgehen *to leave* (separable prefix) Er ist eben **fortgegangen**.	*He just went away.*
vergehen *to pass* (inseparable prefix) Die Zeit ist schnell **vergangen**.	*Time passed quickly.*

BEISPIELE

Die Debatte hat **be**gonnen.	*The debate has begun.*
Wir haben den kritischen Punkt **er**reicht.	*We have reached the critical point.*
Die Flucht nach dem Westen ist **ge**lungen.	*The flight to the West (has) succeeded.*
Mit dieser Reklame hat die Firma viel Kunstdünger **ver**kauft.	*Through this ad the firm has sold a lot of fertilizer.*

● ANWENDUNG

B *Restate in the present perfect.*

1. Ich komme gern.
2. Ich bekomme einen Brief.
3. Der Artikel steht in der Zeitung.
4. Sie versteht den Artikel.
5. Ich suche dich.
6. Ich besuche dich.
7. Wo kaufen Sie diese Platte?
8. Wo verkauft man die Platte?

Wohin gehen sie?

C   *Supply the past participle of the cue infinitive.*

1.   (gehören)   Dieses Auto hat mir früher _____.
2.   (verdienen)   Ich habe viel Geld _____.
3.   (enthalten (ä), ie, a)   Wieviel Deziliter hat die Flasche _____?
4.   (bedeuten)   Es hat nichts _____.
5.   (bekommen, a, o)   Das habe ich nie _____.
6.   (vergessen (i), a, e)   Ich habe das Wort _____!
7.   (erreichen)   Haben Sie Karl am Telefon _____?
8.   (vergleichen, i, i)   Hast du die Preise _____?
9.   (zerstören°)   Ein Atomkrieg hat alles _____.   *destroy*

VERBS ENDING IN **-ieren**: NO **ge-**!

Verbs whose infinitive ends in **-ieren** do not use the prefix **ge-** in forming the past participle. This is a small group of verbs; they are generally of Latin or French origin.

BEISPIELE   Man **hat** viel über die Bevölkerungs-   *The population explosion has been*
explosion **diskutiert**.   *discussed a lot.*

Viele Leute **haben** für das Nullwachstum gut **argumentiert**.	*Many people have argued well for zero population growth.*

● ANWENDUNG

D *Restate, using the present-perfect tense.*

1. Ich studiere in Heidelberg.
2. Wieviele Uhren produziert die Schweiz dieses Jahr?
3. Man identifiziert das Problem.
4. Ich annonciere für eine Partnerin/einen Partner in der Zeitung.
5. Wir diskutieren oft über dieses Thema.

SUMMARY OF PAST PARTICIPLE FORMATION

Both weak and strong verbs use the prefix **ge-**. Weak verbs add the ending **-(e)t**. Strong verbs add the ending **-(e)n**, and often change the stem vowel.

WEAK VERBS	**ge-** + no vowel change + **-(e)t**
STRONG VERBS	**ge-** + possible vowel change + **-(e)n**

Verbs with an inseparable prefix, and verbs ending in **-ieren**, do not use **ge-**. Verbs with a separable prefix insert **-ge-** between the prefix and the stem.

● SYNOPSIS EXERCISES

A *Supply the past participle. This exercise contains strong, weak, and mixed verbs, verbs that do not use the **ge-** prefix, and verbs with separable and inseparable prefixes.*

1. (lesen) Hast du diesen Artikel _____?
2. (denken) Ich habe nur an dich _____.
3. (verstehen) Endlich° habe ich es _____!   *Finally*
4. (haben) Haben Sie wieder Besuch _____?
5. (sein) Sie ist Pilotin _____.
6. (reisen) Er ist nach Japan _____.
7. (studieren) Wo hast du _____?
8. (bekommen) Wann habt ihr ein Kind _____?
9. (ankommen) Ist der Brief _____?
10. (diskutieren) Wann habt ihr die Frage _____?
11. (mitnehmen) Er hat die Zeitung _____.
12. (bringen) Hast du ihr das Buch _____?

B *Now show your expertise in word order and in the use of* **sein** *or* **haben**. *Restate each sentence or question in the present perfect.*

1. Wann steht Karl auf?
2. Er spielt oft Tennis.
3. Hoffentlich falle ich bei der Prüfung nicht durch°!   *durchfallen (ä), ie, a to fail (an exam)*
4. Das weiß ich nicht.
5. Kennst du ihn auch?
6. Brenda ist am Wochenende in München.
7. Sie kommen nicht mit.
8. Was annoncieren Sie in der Zeitung?

C *Ask a question as shown in the model.*

Ich diskutiere oft mit ihm. (du)
Hast du oft mit ihm diskutiert?

1. Du kennst ihn. (er)
2. Wir bringen das Bier zum Tisch. (Hans)
3. Der Preis steigt° wieder. (die Temperatur)   *is rising*
4. Er nimmt fünf Kilo ab. (du)
5. Wir denken oft an sie. (ihr)
6. Wir verdienen auch mit. (Sonja)
7. Ihr sprecht nie über ihn. (der Arzt)
8. Ich bekomme die Auskunft von ihm. (Sie)

D *Now answer as shown in the model using* **schon**.

Spielen Sie heute Tennis? (ich)
Nein, ich habe schon Tennis gespielt.

1. Habt ihr heute die Prüfung? (wir)
2. Kaufen Sie das Haus? (meine Eltern)
3. Liest du das Buch? (ich)
4. Öffnest du° den Brief? (Ingrid)   *Are you opening*
5. Bekommen sie das Geld? (sie)
6. Sprechen Sie über das Nullwachstum? (wir)
7. Antwortet Erika auf die Frage? (ihr)
8. Fährst du heute in die Stadt? (ich)
9. Bezahlst du die Rechnung? (Günter)

E *Say that the action has already taken place.*

STUDENT A	STUDENT B
1. Kommt die Post bald?	Sie _____ schon _____.
2. Kommt der Zug bald an?	Er _____ vor ein paar Minuten _____.
3. Wann ruft dich Karl an?	Er _____ mich gestern _____.
4. Man kann dich nicht hören. Du mußt lauter rufen!	Ich _____ schon so laut _____, wie ich kann.
5. Gehen Sie oft ins Kino?	Ja, diesen Sommer _____ wir fast jede Woche ins Kino _____.
6. Wann geht Irene nach Hause?	Sie _____ gestern _____.
7. Wie die Zeit schnell vergeht!	Ja, ja, der Sommer _____ auch schon _____!
8. Wann kommst du uns besuchen?	Wie letztes Jahr. Ich glaube, ich _____ euch im August _____.
9. Diskutiert ihr oft über Politik?	Ja, und wir _____ besonders oft über Apartheit _____.

8. der-WORDS

BEISPIELE	Haben Sie **diese** Reklame gesehen?	*Have you seen this ad?*
	Es gibt viele Meinungen zu **dieser** Frage.	*There are many opinions regarding this question.*
	Die Firma will mit **solchen** Reklamen mehr verkaufen.	*The firm wants to sell more with such ads.*
	Die Bevölkerungsexplosion ist für **jedes** Land ein Problem.	*The population explosion is a problem for every country.*
	Die BRD gehört zu **diesen** Ländern.	*The FRG belongs to these countries.*
	Welchen Artikel hast du gelesen?	*Which article did you read?*

FORMS

German has a group of determiners known as **der**-words or **dieser**-words which change their endings exactly like **der**, **die**, **das**.[1] **Dieser** is a prime example. The ending to use with **dieser** depends on the gender, number, and case of the noun it

---

[1] "Determiner" is a linguistic term. It is a word that usually precedes a noun and helps to "determine" it, that is, to show gender, number, and case. See p. 519 for a declension of the definite article.

modifies. The stem of **dieser** is **dies-**; to it add the **der**-word endings, illustrated in the following table.

	MASCULINE	FEMININE	NEUTER	PLURAL
Nominative	dieser	diese	dieses	diese
Accusative	diesen	diese	dieses	diese
Dative	diesem	dieser	diesem	diesen
Genitive	dieses	dieser	dieses	dieser

do. a what? who? (Accusative)
I.O. to, for whom (Dative)
what (Genitive)

der Mann—dies**er** Mann   das Kind—dies**es** Kind

die Frau—dies**e** Frau   die Kinder—dies**e** Kinder

To find the stem of any **der**-word, drop **-er**. Here are the stems of all common **der**-words.

SIX **der**-WORDS!

dies-	*this, that, these; the latter*
jed-	*each, every (used only in singular)*
jen-	*that, those; the former (occurs rarely)*
manch-	*many a, several, some*
solch-	*such, such a*
welch-	*which*

● ANWENDUNG

A   *Replace the underlined definite article by the appropriate form of the cue* **der**-*word.*

1. (dies-)   Hast du den Artikel gelesen?
2. (dies-)   Haben Sie über das Thema gesprochen?
3. (jed-)   Das Ehepaar darf nur e i n Kind haben.
4. (jed-)   Wir haben mit dem Ehepaar gesprochen.
5. (solch-)   Was machen wir bei dem Wetter?
6. (manch-)   In den Fragen hat sie recht.
7. (welch-)   Das Sprichwort kennst du nicht?

8. (welch-)   Den Plan habt ihr?
9. (dies-)   Was ist die Adresse des Herrn?
10. (dies-)   Was ist der Name der Frau?

9.   PREPOSITIONS REQUIRING THE GENITIVE

ONLY FOUR!

Four major prepositions require the use of the genitive: **anstatt** (often shortened to **statt**) *instead of*, **trotz** *in spite of*, **während** *during*, and **wegen** *because of.*

BEISPIELE

Während der siebziger Jahre hat die Bevölkerung abgenommen.

During the seventies the population decreased.

Trotz der Berliner Mauer sind viele Deutsche in den Westen geflohen.

Despite the Berlin Wall many Germans have fled to the West.

Wegen der Bevölkerungsexplosion ist die Lebensqualität in Gefahr.

Because of the population explosion the quality of life is in danger.

Anstatt eines Kindes haben sie einen Hund.

Instead of a child they have a dog.

Note: Germans have a growing tendency to use the dative with **wegen** and **statt**. It is quite common to hear **Wegen dem Regen . . .** instead of **Wegen des Regens . . .** *Because of the rain . . . .*

● ANWENDUNG

A   *Complete the sentences with an appropriate preposition.*

1. Wir sind _____ des Verkehrs pünktlich.
2. _____ des Semesters arbeite ich nicht.
3. Wir können _____ der Inflation nicht viel kaufen.
4. Ich will Benzin sparen. So habe ich ein Motorrad _____ eines Autos.
5. Ich kann _____ des schlechten Wetters nicht kommen.

B   *Answer the question by giving the genitive of the cue expression. Follow the format Student A to Student B, B to C, and so on.*

1. (der Sommer)   Wann verdienst du Geld? Während _____.
2. (der Zucker°)   Warum hast du Kaugummi nicht gern? Wegen _____.   *sugar*
3. (das Wetter)   Du fliegst heute? Ja, ich muß. Trotz _____.
4. (die Butter)   Wie kommt es, daß du so schlank bist? Statt _____ esse ich Margarine.

Vorsicht!   Fehlergefahr!

> Do not confuse the preposition **während** *during* with the subordinating conjunction **während** *while, whereas.* **Während** *during* is followed immediately by a noun in the genitive. **Während** *while* is followed by a subject and verb, and causes V-L word order.
>
> **Während des Tages** arbeite ich.   *During the day I work.*
>
> **Während** sie Tag und Nacht arbeitet, tut er nichts.   *While she works day and night, he does nothing.*

● ANWENDUNG

C   *Complete the sentences, rearranging the cue words in the correct order.*

1.   Fritz ist sehr sympathisch, _____.
                                   (Karl/unsympathisch/während/ist)
2.   Fritz _____.
            (die Nacht/während/angekommen/ist)
3.   Du findest die Preise teuer, _____.
                                   (während/sie/billig/ich/finde)
4.   Ich _____.
         (das Semester/während/arbeite)

SUBSTITUTE FOR GENITIVE

The genitive indicating possession is frequently replaced by **von** + dative.

Das ist **Ingrids** Freund.
Das ist der Freund **von Ingrid**.

● ANWENDUNG

D   *Replace the genitive with a* **von**-*construction.*

1.   Wissen Sie die Adresse der Kinder?
2.   Das ist das Auto meines Freundes.
3.   Das Dirndl dieser Frau gefällt mir.

LESESTÜCK

Bevölkerungsexplosion kontra Nullwachstum (vom „Babyboom" zum „Pillenknick"°)

Haben Sie diese Reklame im Fernsehen gesehen? Auf einem großen Feld steht ein langer Tisch. Die Reklame sagt: „. . . und 219.000 neue Gäste kommen heute zum Essen." Eine Firma will mit solchen Reklamen mehr *fertilizer* Kunstdünger° verkaufen.

Aber es geht hier um mehr, um sehr viel mehr! Die „Bevölkerungsexplosion" ist ein großes Problem geworden. Für Wissenschaftler, aber auch für Philosophen und Theologen, ist die Frage „wieviele Menschen sind zuviele Menschen" schon seit vielen Jahren von Interesse. Jetzt fragen auch die Politiker: „Wann erreichen wir den kritischen Punkt dieser Bevölkerungsexplosion?"

Ist das Nullwachstum eine Lösung des Problems? Nullwachstum bedeutet, daß die Bevölkerung eines Landes konstant bleibt. Während die Bevölkerung der Erde in den letzten Jahren täglich um etwa 200.000 Menschen zugenommen hat, gibt es einige Länder, wo das Nullwachstum

Türken? Italiener? Jugoslawen? Es gibt über vier Millionen Gastarbeiter in der Bundesrepublik.

Wirklichkeit geworden ist. Die Bundesrepublik Deutschland ist eines dieser Länder.

Was hat zum Nullwachstum geführt? Die Pille hat hier eine große Rolle gespielt. Seit den sechziger Jahren haben Millionen deutscher Frauen die Pille genommen. Die Lebenskurve° der Deutschen in der Bundesrepublik (*siehe Bild*) zeigt das Ende des „Babybooms" und den Anfang des „Pillenknicks".

Aber es gibt auch andere Gründe für diese Entwicklung°. Bis 1960 sind Millionen von Flüchtlingen aus den früheren Gebieten Deutschlands und aus der Deutschen Demokratischen Republik in die Bundesrepublik gekommen. In den sechziger Jahren ist dann die Bevölkerung durch Gastarbeiter aus dem Ausland noch größer geworden.

All das hat jetzt ein Ende gefunden. Seit dem Bau° der Berliner Mauer im Jahre 1961 ist nur noch wenigen Menschen die Flucht nach dem Westen gelungen. Die Zahl von Gastarbeitern in der Bundesrepublik hat seit 1974 nicht mehr zugenommen. Und seit 1974 hat es auch Geburtendefizite gegeben.

Die Mauer in Berlin: Nur wenigen Menschen gelingt die Flucht nach dem Westen.

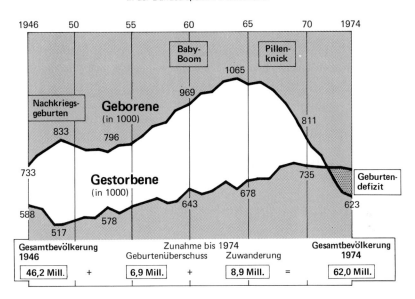

LEBENSKURVEN DER DEUTSCHEN
in der Bundesrepublik Deutschland

Vergleichen wir:

	1960	1970	1983
GEBORENE	969.000	811.000	594.000
GESTORBENE	643.000	735.000	718.000

Viele junge Ehepaare stehen vor der Entscheidung: Soll die Frau zu Hause bleiben, oder soll sie mitverdienen? ,,Kleine (oder keine) Familie =° hoher° Lebensstandard''—nach dieser Formel° leben heute viele deutsche Ehepaare. Über 40% aller Frauen in der BRD arbeiten außer Haus; mehr und mehr[1] Frauen können und wollen heute Geld verdienen.

Für manche Deutsche ist das Bevölkerungsproblem ein ethisches Problem geworden. Sie stellen die Frage: Warum wollen wir Kinder haben, wenn es in dieser Welt Energiekrisen, so viel Umweltschmutz und vielleicht Atomkrieg gibt?

Wie argumentiert man für das Nullwachstum? Im Jahre 1877 haben auf dem Gebiet der Bundesrepublik 20,4 Millionen Menschen gelebt; heute sind es 61 Millionen. Die Bevölkerung ist von 82 Menschen pro Quadratkilometer auf 246 Menschen gestiegen. Deutschland ist ein übervölkertes°

---

[1]*more and more.* Although **immer mehr** is the more proper formulation, **mehr und mehr** is widely used and accepted.

raw materials Land. Die Lebensqualität ist in Gefahr. Es gibt nicht mehr genug Energie und Rohstoffe° für so viele Menschen. Wohin soll das führen?

dying
retired person
Und wie argumentiert man gegen das Nullwachstum? Wollen wir ein „sterbendes° Deutschland"? In den achtziger Jahren hat es schon für sechs arbeitende Deutsche einen Rentner° gegeben. Wollen wir ein Land von Rentnern werden? Wer arbeitet für uns, wenn wir alt sind?

debate
Bevölkerungsexplosion oder Nullwachstum—die Debatte° hat erst begonnen . . .

WORTSCHATZ ZUM LESESTÜCK

ACTIVE VOCABULARY

nouns

der **Anfang, ⸚e**	*beginning*	der **Gastarbeiter, -**	*foreign worker (in the FRG)*
das **Ausland**	*abroad, foreign countries*	das **Gebiet, -e**	*area, region*
das **Bild, -er**	*picture*	die **Gefahr, -en**	*danger*
das **Ende**	*end*	der **Grund, ⸚e**	*reason*
die **Energiekrise, -n**	*energy crisis*	das **Interesse, -n**	*interest*
die **Entscheidung, -en**	*decision*	die **Lösung, -en**	*solution, answer*
das **Fernsehen**	*television*	die **Mauer, -n**	*wall*
der **Gast, ⸚e**	*guest*	die **Pille, -n**	*pill, "the Pill"*
		die **Zahl, -en**	*number, figure*

verbs

beginnen, pp **begonnen**	*to begin*	**steigen,** pp **ist gestiegen**	*to rise, climb*
erreichen, pp **erreicht**	*to reach*		
führen, pp **geführt**	*to lead*	**stellen,** pp **gestellt**	*to put; to place*

> The following strong verbs have been used in previous chapters. However, they appear for the first time as past participles in this chapter.

finden, pp **gefunden**	*to find*	**sein,** pp **ist gewesen**	*to be*
geben, pp **gegeben**	*to give*	**werden,** pp **ist geworden**	*to become*
gelingen + dat., pp **ist gelungen**	*to succeed*	**zunehmen,** pp **zugenommen**	*to increase*
nehmen, pp **genommen**	*to take*		

Aus *Kritisches Lesen*, ein Lesebuch für das 7. Schuljahr.

other words

einige	*some, several*	**während**	*while, whereas*
gegen	*against*	**zuviel(e)**	*too much; too many*

special and idiomatic expressions

die sechziger Jahre	*the sixties*	**im Fernsehen**	*on television*
eine Frage stellen	*to ask a question*	**immer mehr**	*more and more*
es geht um	*it's a matter of,*	**vor einer Entschei-**	*to face a decision*
	it concerns	**dung stehen**	
für sechs arbeitende	*for six working*	**zum Essen**	*to eat, for dinner*
Deutsche	*Germans*		

VOCABULARY FOR RECOGNITION

nouns

das **Feld, -er**	*field*	der **Punkt, -e**	*point*
die **Flucht**	*escape, flight*	die **Wirklichkeit**	*reality*
der **Flüchtling, -e**	*refugee*		

verbs

argumentieren, pp **argumentiert**   *to argue (not "quarrel")*

other words

außer (dat.)	*outside of, out of*	**früher**	*former(ly)*
erst	*only now, just*	**konstant**	*constant, stable*
ethisch	*ethical*	**kritisch**	*critical*
etwa	*approximately, about*	**manch-**	*many a, some*

● FRAGEN ZUM LESESTÜCK

Antworten Sie auf deutsch!

1. Was sagt die Reklame im Fernsehen?
2. Für wen ist die „Bevölkerungsexplosion" von Interesse?
3. Was fragen jetzt die Politiker?
4. Was bedeutet „Nullwachstum"?
5. Was wissen wir über die Bevölkerungszahl in der Bundesrepublik seit 1974?
6. Wer ist bis 1960 in die Bundesrepublik gekommen?
7. Warum gibt es jetzt ein Nullwachstum in der Bundesrepublik?
8. Vor welcher Entscheidung stehen viele junge Ehepaare?
9. Welche Frage stellen manche Deutsche zum Bevölkerungsproblem?
10. Was sind Argumente für das Nullwachstum?
11. Was sind Argumente gegen das Nullwachstum?

● SITUATIONEN

1. *You have been married to a German for two years. It is your wedding anniversary and your mother-in-law proposes a toast over dinner:* „Ich hoffe, bald Enkel zu bekommen!" *You reply with a toast of your own.*
2. *You are discussing the population explosion with a group of students. One says:* „Wir haben nicht genug Energie und Rohstoffe für so viele Menschen auf der Welt." *You give your opinion.*
3. *You are explaining population problems in Germany to a German. He asks:* „Was hat zum Nullwachstum geführt?" *You cite several reasons.*

● SCHRIFTLICH WIEDERHOLT

A *Was haben Sie über die Bevölkerungsexplosion gelesen oder gehört? Complete each sentence, using a verb in the present-perfect tense.*

1. Die Bevölkerung . . .
2. Das Nullwachstum . . .
3. Die Gefahr eines Atomkrieges . . .
4. Die Pille . . .
5. Die Zahl der Gastarbeiter . . .
6. Die Debatte über dieses Problem . . .

B *Write a sentence or question using the present-perfect tense.*

BEISPIEL   Erika/schon/haben/andere Pläne
Erika hat schon andere Pläne gehabt.

1. es/gelingen/uns/nicht
2. die Preise/immer/steigen/letztes Jahr
3. viele Österreicher/auswandern/nach dem Krieg
4. während/zunehmen/einer Reise°/ich/immer   *trip*
5. wir/zu Haus/bleiben/am Wochenende
6. in Amerika/finden/er/viele Freunde
7. in der Konditorei/Kuchen/wir/essen
8. diese Frage/stellen/du/warum/immer wieder/?

C *Express in German.*

1. Where did you (*formal singular*) read this article?
2. Not every refugee remained in the Federal Republic.
3. We haven't had such problems.
4. She has answered every question.
5. This saleswoman helped every customer.
6. How long did you stay in Rothenburg?

D *Complete each sentence with the German equivalent of the English cue phrase.*

1. (*instead of a telegram*)   Ich sende einen Brief _____.
2. (*because of the rain*)   Sie kommen nicht _____.
3. (*during vacation*)   Er reist immer _____.
4. (*in spite of the exam*)   Du gehst zur Party _____?
5. (*because of the traffic jam*)   _____ bin ich zu spät gekommen.

SPRECHEN LEICHT GEMACHT!

to practice the present perfect . . .

Gesagt, getan![1] **A** *You are annoyed. Somebody—you know best who it is—is harassing you about doing certain things. He or she is in the living room, and you are in the kitchen making a peanut butter sandwich.* (**Erdnußbuttersandwich**). *So he or she is yelling at you, and you yell back. Student A and Student B take alternate roles, in a chain drill.*

> **BEISPIEL**   Wann schreibst du den Brief an Großmutter°?   *grandmother*
> **Ich hab' ihn schon geschrieben!**

Wann studierst du Deutsch?	Ich hab' es schon _____!
Wann rufst du Mutter an?	Ich hab' sie schon _____!
Wann liest du ein Buch?	Ich hab' schon zwei Bücher _____!
Wann bezahlst du das Ferngespräch°?	Ich hab' es schon _____! *long-distance*
Wann ißt du den Käse?	Ich hab' ihn schon _____! *call*
Wann hörst du mit dem Rauchen auf?	Ich hab' schon _____!
Wann verdienst du Geld?	Ich hab' schon zehn Dollar _____!
?	?

Was haben Sie getan?   **B** *Say what you did. Be sure to match words that make at least* some *sense.*

Gestern { habe / bin } ich

- mit der Katze
- im Garten
- nichts
- Rock und Roll
- kein Geld
- einen Film
- es eilig
- keine Zigaretten
- zu viel
- ein gutes Geschäft
- zum Arzt
- zu schnell
- einen Strafzettel[3]
- die Schule
- aggressiv
- mit einem Hund
- ?

- gegessen.
- gespielt.
- getanzt.
- getan.
- gegangen.
- geschwänzt.[2]
- bekommen.
- gelacht°.   *laughed*
- gearbeitet.
- gedacht.
- geraucht.
- gefahren.
- gespart.
- gemacht.
- verdient.
- gehabt.
- gesehen.
- gewesen.
- ?

[1]*Said and done!*
[2]**die Schule schwänzen** *to skip school*
[3]*traffic ticket* (**die Strafe** *penalty;* **der Zettel** *piece of paper*)

to practice the genitive with prepositions . . .

Was mache ich? **C** *Say what you do by combining the items that reveal your secret life.*

Ich {
tanze
wandere
arbeite
spiele
träume°
tue nichts
reise
?
} während {
die Deutschklasse.
die Nacht.
das Semester.
die Woche.
die Arbeit.
die Ferien.
der Tag.
?
}

dream

Vorliebe[1] **D** *What do you prefer? Somebody gives you a choice. You respond.*

Statt {
ein Auto
eine Uhr
das Geld
ein Apfelstrudel
ein Wienerschnitzel
?
} möchte ich {
einen Sauerbraten.
einen Käsekuchen.
einen Hund.
einen Fernseher.
ein Moped/Mofa.
mehr Freizeit.
?
}

wegen **E** *Say what it is that makes you act or feel the way you do.*

Wegen {
der Regen
die Prüfung
die Touristen
die Eltern
das Konzert
der Zucker°
?
} {
trinke ich keine Limonade.
muß ich pünktlich sein.
bin ich so unglücklich.
reise ich nicht gern.
studiere ich die ganze Nacht.
bleibe ich heute zu Haus.
?
}

sugar

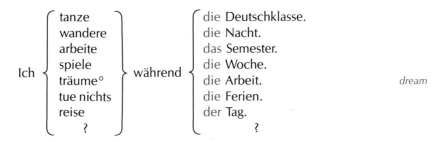

*Ich, Terzia, hatte am 22. Juni 1981
eine gute Landung!*

Meine Eltern
ELKE und KLAUS-DIETER ▬▬▬
und meine Geschwister
ANJA und SVEN
sind sehr glücklich.

Wuppertal, den 24. Juni 1981
z. Z. Landesfrauenklinik, Privatstation

[1]*Preference*

Trotzkopf   F   *Pretend you are a pigheaded character (**Trotzkopf***) who does things in spite of it all.*

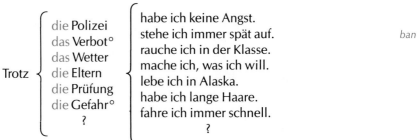

Trotz

die Polizei
das Verbot°
das Wetter
die Eltern
die Prüfung
die Gefahr°
?

habe ich keine Angst.
stehe ich immer spät auf.
rauche ich in der Klasse.
mache ich, was ich will.
lebe ich in Alaska.
habe ich lange Haare.
fahre ich immer schnell.
?

ban

to practice vocabulary . . .

G   *Answer the questions with complete sentences. Select a word from the list, or choose some other appropriate word.*

1.   Was suchen Sie in einem Mädchen/einer Frau?
     A.   Intelligenz
     B.   Scharm
     C.   Liebe
     D.   ?

2.   Was suchen Sie in einem Mann?
     A.   gutes Aussehen°   *good looks*
     B.   Geld
     C.   Zärtlichkeit°   *tenderness*
     D.   alle drei und noch mehr
     E.   ?

3.   Was suchen Sie in der Ehe°?   *marriage*
     A.   Kinder
     B.   Gemütlichkeit°,   *coziness*
     C.   Treue°   *faithfulness*
     D.   ?

4.   Was suchen Sie im Leben?
     A.   Sicherheit°   *security*
     B.   Freiheit
     C.   Geld
     D.   Liebe
     E.   ?

[1]*In love, engaged, married, divorced*

5. Was wollen Sie nicht?
   A. eine Scheidung°   *divorce*
   B. Kinder
   C. heiraten
   D. allein sein im Leben
   E. ?

Richtig oder Falsch?   H *Wie gut haben Sie das Lesestück gelesen? Sagen Sie ,,Richtig'' oder ,,Falsch''!*

Deutschland ist ein übervölkertes Land.
Ein Rentner arbeitet nicht mehr.
Die Welt hat genug Rohstoffe.
Viele Flüchtlinge aus der DDR sind in der BRD geblieben.
Alle Gastarbeiter sind aus dem Ausland gekommen.
60% der deutschen Frauen sind Hausfrauen.
Die Berliner Mauer hat den Flüchtlingen geholfen.
In der BRD gibt es jetzt ein Nullwachstum.

Heute schon gelacht?   I Vater/Mutter: ,,Was macht dein Englisch-Unterricht° in   *English study*
der Schule?''

Sohn/Tochter: ,,Gut. Ich kann jetzt schon auf Englisch ,Bitte' und ,Danke' sagen.''

Vater/Mutter: ,,Wirklich? Du kannst auf Englisch ja schon mehr als auf Deutsch!''

Das Haus zum Falken in Würzburg. Was entdeckte ein Professor an der Universität Würzburg?

Kennen Sie diese berühmten Leute? Ein kleiner Quiz

Heinrich Schliemann: Er fand Troja

DIALOG

Kennen Sie diese berühmten Leute? Ein kleiner Quiz[1]

A. Diese Österreicherin schrieb 1889 ein berühmtes Buch. Der Titel war: ,,Die Waffen nieder''.

B. War dieses Buch ein Protest gegen den Krieg?

A. Richtig. Und ich gebe Ihnen noch einen Tip: Die Autorin kannte auch Alfred Nobel, den Erfinder des Dynamits.

C. Nobel? Gab er nicht später das Geld für den Nobelpreis?

A. Sie haben recht. Diese Frau gab Alfred Nobel die Idee für den Friedensnobelpreis.

D. Bekam sie nicht den Friedensnobelpreis? Ich glaube, das war im Jahr 1905.

A. Stimmt!

D. Jetzt weiß ich ihren Namen: Diese Frau hieß . . . _____

A. Prima! Aber es gab noch viele andere Frauen. Zum Beispiel, eine Amerikanerin. Sie bekam den Nobelpreis für Medizin. Das war im Jahre 1983.[2]

C. Ach, ja. Ich glaube, sie ist Genetikerin und entdeckte etwas über Mais-Chromosomen. Heißt sie nicht . . . ? _____

A. Dieser Deutsche war Professor der Physik an der Universität Würzburg. Dort entdeckte er unbekannte Strahlen.

B. Wann lehrte er dort?

A. Von 1888 bis 1899. Seine Entdeckung machte er im November 1895.

C. War es eine wichtige Entdeckung?

A. Ja, besonders für die Medizin.

---

[1]Antworten: Siehe Bilder auf Seite 221.

[2]Siehe Barbara Shiels, *Winners: Women and the Nobel Prize* (Dillon Press, Minneapolis, MN, 1985). Mehr als 18 Frauen haben den Nobelpreis erhalten in Physik, Psychologie, Literatur, Chemie, Medizin, und als Friedenspreis. Unter ihnen (*Among them*) waren sieben Amerikanerinnen: Jane Addams, Pearl S. Buck, Emily Balch, Gerty T. Cori, Maria Goeppert Mayer, Rosalyn Sussman Yalow und Barbara McClintock.

D.   Aha, wollte er diese Strahlen finden oder war seine Entdeckung ein Zufall?

A.   Ich glaube, es war ein Zufall. Und er hatte auch Glück!

E.   Gab man später diesen Strahlen den Namen des Professors?

A.   Ja, das stimmt. Der Professor wurde berühmt.

E.   Na, dann ist alles klar. Wir sprechen von Professor . . .

WORTSCHATZ ZUM DIALOG

ACTIVE VOCABULARY

nouns

das **Buch, ̈-er**	book	der **Protest, -e**	protest
die **Entdeckung, -en**	discovery	der **Titel, -**	title
der **Frieden**	peace	die **Universität, -en**	university
die **Genetikerin, -nen**	geneticist (female)	die **Waffe, -n**	weapon, arm(s)
der **Name, -n**	name	der **Zufall, ̈-e**	coincidence, chance
der **November**	November		

verbs

entdecken	to discover	**lehren**	to teach
erhalten (erhält), erhielt, erhalten	to receive		

other words

als	as	**nieder**	down
berühmt	famous	**unbekannt**	unknown

special and idiomatic expressions

er hatte auch Glück	he was lucky, too	**stimmt (= das stimmt)**	(that's) right
mehr als	more than	**unter ihnen**	among them

VOCABULARY FOR RECOGNITION

nouns

die **Autorin, -nen**	author (female)	das **Chromosom, -en**	chromosome
die **Chemie**	chemistry	das **Dynamit**	dynamite

der **Erfinder, -**	inventor
der **Friedensnobel-** **preis, -e**	Nobel Peace Prize
die **Literatur, -en**	literature
der **Mais**	corn, maize
der **Nobelpreis, -e**	Nobel Prize
die **Physik**	physics

der **Preis, -e**	prize
die **Psychologie**	psychology
der **Quiz, -ze**	quiz
der **Strahl, -en**	ray
der **Tip, -s**	hint
Würzburg	Würzburg (city in Germany)

Barbara McClintock. Was entdeckte sie?
Und was hat sie bekommen?

Bertha von Suttner. Welchen Nobelpreis
bekam sie?

Wilhelm Röntgen. Er gab „rem" den Namen: (r)oentgen (e)quivalent in (m)an.

● AUSSPRACHE-ÜBUNG

German **u** versus German **ü**

die **Mutter**	*mother*	die **Mütter**	*mothers*
ich **mußte**	*I had to*	ich **müßte**	*I should/would have to*
tuten	*to honk*	die **Tüten**	*paper bags*
er **fuhr**	*he traveled*	**für**	*for*
er **wurde**	*he became*	er **würde**	*he would*
die **Gute**	*the good one* (female)	die **Güte**	*goodness*
im **Zuge**	*in the train*	die **Züge**	*trains*

GRAMMATIK Theorie und Anwendung

1. THE PAST TENSE: WEAK, STRONG, MIXED VERBS

So far you have learned the preferred way of expressing past-time situations—the conversational past (or present perfect). Another way of expressing past time in German is the past tense (also known as the narrative past), which is used mostly in writing.

BEISPIELE

Sein Vater **erzählte** ihm die Geschichte Trojas.	*His father told him the story of Troy.*
Heinrich **fuhr** nach Amerika.	*Heinrich traveled to America.*
Heinrich **mußte** die Schule verlassen.	*Heinrich had to leave school.*
Er **arbeitete** fünf Jahre lang.	*He worked for five years.*
Der Handel **brachte** der Firma viel Geld.	*(This) Trade brought the firm much money.*

USAGE

The past tense is used primarily in telling a story or reporting on past events. One almost seems to be watching the events as they unfolded in the past. Hence it is also called the "narrative past."

WEAK VERBS

Like English weak verbs, German weak verbs form their past tense with the help of a dental sound: In English -*d*-, in German **-t-**.

Er **lernte** Englisch.	*He learned English.*
Er **wanderte** von Hügel zu Hügel.	*He wandered from hill to hill.*

-t- + PERSONAL ENDING

In the past tense, weak verbs add **-t-** to the stem and the personal endings shown below. Compare the present- and past-tense forms of the verb **sagen** *to say*.

PRESENT TENSE	PAST TENSE	
ich sag **e**	ich sag t **e**	*I said*
du sag **st**	du sag t **est**	*you said*
er/sie sag **t**	er/sie sag t **e**	*he/she said*
wir sag **en**	wir sag t **en**	*we said*
ihr sag **t**	ihr sag t **et**	*you said*
sie, Sie sag **en**	sie, Sie sag t **en**	*they said, you said*

The important thing is that in the past tense of weak verbs, there is no vowel change in the stem. The dental sound **-t-** signals the past tense.

YOU MUST HEAR THE -t-!

When the stem of a weak verb ends in the dental sounds **-d** or **-t**, a linking **-e-** is inserted between the stem and the ending so the past-tense signal **-t-** will be clearly audible.[1]

arbeiten	*to work*	ich arbeit**e**te	*I worked*
verwenden	*to use*	er verwend**e**te	*he used*

● ANWENDUNG

A *Restate, changing the present tense to the past tense.*

1. Ich höre es gern.
2. Du fragst zu viel.
3. Er wandert gern.
4. Wir studieren nicht.
5. Es regnet oft.
6. Wann arbeiten Sie?
7. Er erzählt die Geschichte.
8. Röntgen entdeckt die Strahlen.

[1]A linking **-e-** is also inserted with **atmen** *to breathe* and **öffnen** *to open*:
wir atmeten   sie öffneten

Mutter Teresa. Wem hilft sie?

STRONG VERBS

Like many of their English counterparts, German strong verbs form their past tense by changing the stem vowel. The personal endings are the same as for weak verbs, except that there is 1) *no* ending in the **ich**- and **er**-forms, and 2) *no* **-e-** in the ending for the **du**- and **ihr**-forms.

WEAK	STRONG	
lachen *to laugh*	**beginnen** *to begin*	
ich lachte	ich begann	*I began*
du lachtest	du begann **st**	*you began*
er/sie/es lachte	er/sie/es begann	*he/she began*
wir lachten	wir begann **en**	*we began*
ihr lachtet	ihr begann **t**	*you began*
sie, Sie lachten	sie, Sie begann **en**	*they began, you began*

A few strong verbs change not only the stem vowel, but also the stem. Compare English: *go—went.*

gehen	*to go*	er **ging**	*he went*
stehen	*to stand*	er **stand**	*he stood*
tun	*to do*	er **tat**	*he did*

LINKING -e-

When the stem ends in **-d** or **-t**, a linking **-e-** is inserted between the stem and the ending in the **du-** and **ihr-**forms.

finden   *to find*   du fand**e**st   *you found*

VOWEL CHANGE NOT PREDICTABLE: TRUST ENGLISH! MEMORIZE THE REST.

You learned in Chapter 7 that the vowel change for the past participle cannot easily be predicted. The same holds true for the vowel change in the past tense of strong verbs. However, many German cognate verbs follow the same vowel-change pattern as their English counterparts.

kommen, kam, gekommen   *come, came, come*

sehen, sah, gesehen   *see, saw, seen*

trinken, trank, getrunken   *drink, drank, drunk*

VOWEL CHANGE IN PAST PARTICIPLE

Note that the vowel change in the past tense is not necessarily maintained in the past participle.[1]

INFINITIVE		PAST	PAST PARTICIPLE
fahren	*to travel*	**fuhr**	**gefahren**
kommen	*to come*	**kam**	**gekommen**
nehmen	*to take*	**nahm**	**genommen**
rufen	*to call*	**rief**	**gerufen**
schreiben	*to write*	**schrieb**	**geschrieben**
stehen	*to stand*	**stand**	**gestanden**

● ANWENDUNG

B   Weak verbs. *Restate the sentence, putting the verb into the past tense.*

1. Er entdeckt neue Strahlen.
2. Die Strahlen spielen eine große Rolle.
3. Er arbeitet im Laboratorium.
4. Die Ärzte verwenden die Strahlen.
5. Ich studiere in Würzburg.
6. Wir antworten auf die Fragen.

[1]See Principal Parts of Strong and Irregular Verbs, p. 524.

C   **Strong verbs.** *Restate in the past tense. (The vowel changes in the past tense and in the past participle are indicated in parentheses.)*

1. (a, o)   Wir sprechen über große Entdeckungen.
2. (a, e)   Wir lesen ,,Die Waffen nieder''.
3. (ie, ei)   Sie heißt Bertha von Suttner.
4. (ie, ie)   Sie schreibt ein Buch.
5. (a, o)   Sie bekommt den Nobelpreis.
6. (a, e)   Ich gebe Ihnen einen Tip.

D   **Weak and strong verbs.** *Restate in the past tense, substituting the cue verb.*

1. (lesen)   Er schrieb viele Bücher.
2. (kommen)   Wir gingen nach Haus.
3. (entdecken)   Er fand die Strahlen.
4. (bekommen)   Beide° erhielten den Nobelpreis.   *Both*
5. (arbeiten)   Wir spielten zusammen.
6. (lehren)   Barbara McClintock studierte in Amerika.

E   **Weak and strong verbs.** *Restate the sentence. If the verb is in the present tense, change it to the past tense, or vice versa.*

1. Ich verstehe es nicht.
2. Wir besuchten sie.
3. Ich vergesse es nicht.
4. Er antwortete uns.
5. Sie flog nach Deutschland.
6. Er tat es gern.
7. Sie gibt uns das Geld.
8. Er spricht immer Deutsch.

MIXED VERBS: WEAK AND STRONG AT THE SAME TIME!

In Chapter 7 (p. 195), we discussed mixed verbs. In the past tense, these ''hybrid'' verbs undergo a change in the stem vowel, like strong verbs; but they take the dental signal **-t-** and the endings of weak verbs. Note the same pattern in some of the corresponding English verbs.

INFINITIVE	PAST	PAST PARTICIPLE	
brennen	es **brannte**	**gebrannt**	*to burn, burned*
bringen	ich **brachte**	**gebracht**	*to bring, brought*
denken	ich **dachte**	**gedacht**	*to think, thought*
kennen	ich **kannte**	**gekannt**	*to know, knew*
nennen	ich **nannte**	**genannt**	*to name, named*
rennen	ich **rannte**	**gerannt**	*to run, ran*
wissen	ich **wußte**	**gewußt**	*to know, knew*

● ANWENDUNG

F   *Restate in the past tense.*

1. Alfred Nobel kennt Frau von Suttner.
2. Man nennt die Strahlen auf englisch „X-rays".
3. Ich weiß die Antwort.
4. Ich denke, die Antwort ist richtig.
5. Wissen Sie den Namen?
6. Wer bringt das Buch?

PAST TENSE OF **haben, sein, werden** MEMORIZE!

The past tense of the auxiliaries **haben**, **sein**, and **werden** must be memorized.

	haben	**sein**	**werden**
ich	**hatte**	**war**	**wurde**
du	**hattest**	**warst**	**wurdest**
er/sie	**hatte**	**war**	**wurde**
wir	**hatten**	**waren**	**wurden**
ihr	**hattet**	**wart**	**wurdet**
sie, Sie	**hatten**	**waren**	**wurden**

● ANWENDUNG

G   *Restate in the past tense.*

1. Ich habe Zeit.
2. Ich bin zu Haus.
3. Ich werde krank.
4. Es wird gemütlich.
5. Er ist sympathisch.
6. Du hast nie Zeit für mich.
7. Wir sind verheiratet.
8. Sind Sie pünktlich?
9. Sind sie zu Haus?
10. Sie wird Ärztin.

 Vorsicht!   Fehlergefahr!

> In the past tense, the **er**-form of *weak* verbs never ends in **-t**.
>
> | PRESENT | PAST |
> |---|---|
> | er **hört** | er **hörte** |
>
> The **ich**- and **er**-forms of *strong* verbs have no ending in the past tense.
>
> | PRESENT | PAST |
> |---|---|
> | ich **sehe** | ich **sah** |
> | er **sieht** | er **sah** |

● SYNOPSIS EXERCISE

Ein kleiner Quiz. *Complete the blanks with the cue verb in the past tense.*

	STUDENT A	STUDENT B	
1.	(schreiben) Was _____ Bertha von Suttner?	Sie _____.	
2.	(protestieren) Wogegen° _____ ihr Buch?	Es _____ gegen _____.	*Against what*
3.	(geben) Wem _____ sie die Idee für den Nobelpreis?	Sie _____ sie _____.	
4.	(bekommen) Wer _____ den Nobelpreis für Medizin im Jahre 1983?	_____ ihn.	
5.	(entdecken) Was _____ Röntgen?	Er _____.	
6.	(lehren) Wo _____ er Physik?	Er _____ an der Universität _____.	
7.	(machen) Wann _____ er seine Entdeckung?	Er _____ sie im Jahre 189__.	
8.	(sein) _____ seine Entdeckung ein Zufall oder seine Idee?	Es _____ ein Zufall.	
9.	(haben) Was _____ Alfred	Er _____ viel Geld!	
10.	(nennen) Wie _____ man die Röntgenstrahlen in Amerika?	Man _____ sie _____.	
11.	(werden) Warum _____ Röntgen schnell berühmt?	(sein) Seine Entdeckung _____ wichtig für die Medizin.	

2.   THE PAST TENSE OF MODALS

ALWAYS ADD "T" BUT HAVE NO UMLAUT

The modals have the regular personal endings of weak verbs in the past tense; none has an umlaut.[1]

dürfen   *to be allowed to*   **können**   *to be able to*

ich, er/sie/es **durfte**	ich, er/sie/es **konnte**
du **durftest**	du **konntest**
wir, sie, Sie **durften**	wir, sie, Sie **konnten**
ihr **durftet**	ihr **konntet**

[1]**Mögen** *to like to* is rarely used in the past tense. The **g** of the stem changes to **ch**: ich, er/sie/es **mochte**; du **mochtest**; wir, sie, Sie **mochten**, ihr **mochtet**.

müssen *to have to*

ich, er/sie/es **mußte**

du **mußtest**

wir, sie, Sie **mußten**

ihr **mußtet**

sollen *to ought to*

ich, er/sie/es **sollte**

du **solltest**

wir, sie, Sie **sollten**

ihr **solltet**

wollen *to want to*

ich, er/sie/es **wollte**

du **wolltest**

wir, sie, Sie **wollten**

ihr **wolltet**

● ANWENDUNG

A *Restate in the past tense.*

1. Wir dürfen es nicht sagen.
2. Ich darf es nicht sagen.
3. Sie können nicht kommen.
4. Sie kann nicht kommen.
5. Du mußt es nicht kaufen.
6. Wir müssen es nicht kaufen.
7. Wir wollen das Geld haben.
8. Er will das Auto haben.
9. Sie soll es nicht bezahlen.
10. Sie sollen es studieren.
11. Er muß die Wahrheit sagen.
12. Sie will nach Haus gehen.

⚠ **Vorsicht!** **Fehlergefahr!**

All German modals have a past-tense form, but most of their English counterparts do not. In English, circumlocutions must be used.	
Ich **muß** gehen.	*I must go.*
Ich **mußte** gehen.	*I had to go.* (*I musted go* does not exist.)
Ich **darf** es tun.	*I may do it.*
Ich **durfte** es tun.	*I was allowed to do it.* (*I mayed do it* does not exist.)

B Noch ein kleiner Quiz. *Complete the blank with the past tense of the cue modal.*

STUDENT A

1. (wollen) Was _____ Kolumbus entdecken? Indien oder Amerika?

STUDENT B

Er _____.

STUDENT A	STUDENT B	
2. (dürfen) Was _____ die Frau von Lot nicht tun, als sie aus dem brennenden Sodom und Gomorrha wegging?	Sie _____ nicht zurückschauen°.	*look back*
3. (müssen) Was _____ Ödipus tun, um die Königin° zu heiraten?	Er _____ ein Rätsel lösen°.	*solve a riddle* *queen*
4. (können) Was _____ Hamlet nicht tun?	Er _____ nicht seinen Onkel° töten.	*uncle*

SEPARABLE-PREFIX VERBS IN PAST TENSE

In Chapter 3 (p. 70), you learned that the separable prefix stands at the end of a main clause in the present tense. It is also separated from the verb in the past tense.

Schliemann **kam** als amerikanischer Staatsbürger **zurück**.	*Schliemann came back as an American citizen.*
Er **grub** die Stadt Troja **aus**.	*He dug up the city of Troy.*

● ANWENDUNG

    C   *Restate in the past tense.*

1. Wen rufst du an?
2. Der Zug fährt um sechs Uhr ab.
3. Wir kommen um fünf Uhr an.
4. Der Regen hört nicht auf.
5. Ich bringe das Geld mit.
6. Er macht das Buch zu.

IN DEPENDENT CLAUSES

In a dependent clause in the past tense, as in the present tense, the verb and the separable prefix are not separated, but stand together at the end of the clause.

Seine Frau half ihm, als er Troja **ausgrub**.	*His wife helped him, when he excavated Troy.*

● ANWENDUNG

    D   *Complete the sentence, turning the cue statement into a dependent clause.*

1. Sie stand immer um sieben Uhr auf.
   Sie sagte, daß _____.
2. Der Bus kam um acht Uhr an.
   Ich glaube, daß _____.

3. Er rief an.
Ich weiß nicht, wann _____.

4. Er nahm es mit.
Sie hat das Buch nicht, weil _____.

5. Du fielst bei der Prüfung durch.
Ich verstehe nicht, warum _____.

6. Er brachte das Geld mit.
Ich war immer glücklich, wenn _____.

INSEPARABLE-PREFIX VERBS IN PAST TENSE

The inseparable-prefix verbs function the same in the past tense as in the present tense: the prefix is never separated. (See p. 199 for a discussion of inseparable prefixes.)

Sein Vater **erzählte** die Geschichte von Troja.

His father told the story of Troy.

Heinrich war fasziniert, als sein Vater ihm die Geschichte **erzählte**.

Henry was fascinated when his father told him the story.

● ANWENDUNG

E *Complete as suggested by the cue, changing the cue verb to the past tense.*

1. Er versteht die Frage gut.
Ich glaube, daß _____.

2. Wir verdienen nicht viel Geld.
Ich weiß, daß _____.

3. Röntgen entdeckt die Strahlen.
Wir wissen, daß _____.

4. Mutter Teresa bekommt einen Nobelpreis.
Ich hörte, daß _____.

3. USES OF THE INFINITIVE

BEISPIELE   Ich **will** Troja **ausgraben**.

I want to excavate Troy.

Er **mußte** die Schule **verlassen**.

He had to leave school.

Sie **können** in unserem Geschäft mehr **verdienen**.

You can earn more in our business.

Schliemann **wollte** seine Theorie **beweisen**.

Schliemann wanted to prove his theory.

WITH MODALS

In Chapter 6, you learned that modals are normally combined with the infinitive of another verb and that the infinitive stands at the end of a main clause. In a dependent clause, however, the modal stands at the very end, after the infinitive.

Schliemann wollte die Stadt Troja **ausgraben**.	*Schliemann wanted to excavate the city of Troy.*
Schliemann sagt, daß er Troja **ausgraben wollte**.	*Schliemann says that he wanted to excavate Troy.*

helfen, hören, lassen, lernen, sehen TOO

In addition to the modals, the infinitive is also used with the following verbs: **helfen** *to help*, **hören** *to hear*, **lassen** *to let*, **lernen** *to learn*, and **sehen** *to see*.

Der Chef **läßt** Schliemann die Briefe **schreiben**.	*The boss lets (has) Schliemann write the letters.*
Frau Schliemann **hilft** Troja **ausgraben**.	*Mrs. Schliemann helps (to) excavate Troy.*

● ANWENDUNG

A   *Complete, turning the cue statement into a dependent clause.*

1. Bertha von Suttner wollte gegen den Krieg protestieren.
   Ich weiß, daß _____.
2. Ich will Arzt werden und muß Röntgenstrahlen studieren.
   Ich muß Röntgenstrahlen studieren, wenn _____.
3. Er mußte auch lehren.
   Professor Röntgen hatte oft keine Zeit, weil _____.
4. Wir dürfen ihn im Krankenhaus° besuchen.   *hospital*
   Ich weiß nicht, ob _____.

4.   POSSESSIVE ADJECTIVES AS ein-WORDS: REVIEW AND EXPANSION

BEISPIELE	Schliemann und **seine** Frau gruben immer tiefer.	*Schliemann and his wife dug deeper and deeper.*

Sein Vater erzählte ihm die Geschichte Trojas.	*His father told him the story of Troy.*
Sie können in **unserem** Geschäft mehr verdienen.	*You can earn more in our business.*
Er übernahm das Geschäft **seines** Bruders.	*He took over his brother's business.*
Seine griechische Frau half ihm.	*His Greek wife helped him.*
Was machen Sie mit **Ihrem** Schatz?	*What are you doing with your treasure?*

WHY **ein**-WORDS?

Below are the possessive adjectives.[1] Possessive adjectives are called **ein**-words because they take the same endings as the indefinite article **ein**, and **kein**.[2]

mein	*my*	**unser**	*our*
dein	*your* (familiar singular)	**euer**	*your* (familiar plural)
sein	*his, its*	**ihr**	*their*
ihr	*her, its*	**Ihr**	*your* (formal)

HOW TO DETERMINE THE ENDING

The declension of the possessive adjectives is simple and consistent: Just take the stem and add the **ein/kein** endings. The ending to use depends on the gender, number, and case of the noun that the **ein**-word modifies.

mein

Ich sehe **einen** Mann.	*I see a man.*
Ich sehe **meinen** Mann.	*I see my husband.*
Ich sehe **eine** Frau.	*I see a woman.*
Ich sehe **meine** Frau.	*I see my wife.*
Ich gebe es **einem** Kind.	*I give it to a child.*
Ich gebe es **meinem** Kind.	*I give it to my child.*

unser

Es gehört **einem** Freund.	*It belongs to a friend.*
Es gehört **unserem** Freund.	*It belongs to our friend.*

Ihr

Sehen Sie **keine** Kinder?	*Don't you see any children?*
Sehen Sie **Ihre** Kinder?	*Do you see your children?*

CHOICE DETERMINED BY POSSESSOR

The *ending* of the possessive adjective, like that of **ein** and **kein**, is determined by the gender and case of the noun that immediately follows it. But the *choice* of the possessive adjective itself (**sein** or **ihr**, for example) is determined by the possessor, not by the noun possessed.

der **Mann** und **sein** Sohn	*the man and his son*
die **Frau** und **ihr** Sohn	*the woman and her son*

[1]A preview of possessive adjectives was introduced in Chapter 4.
[2]The indefinite article was discussed in Chapter 2.

der **Mann** und **seine** Tochter	the man and his daughter
die **Frau** und **ihre** Tochter	the woman and her daughter
die **Jugendherberge** mit **ihren** Zimmern	the youth hostel with its rooms
das **Haus** mit **seinen** Zimmern	the house with its rooms

DECLENSION OF POSSESSIVE ADJECTIVE

	SINGULAR			PLURAL
	Masculine	*Neuter*	*Feminine*	*All genders*
Nominative	ein mein unser	ein mein unser	eine meine uns(e)re	keine meine uns(e)re
Accusative	einen meinen unser(e)n[1]	ein mein unser	eine meine uns(e)re	keine meine uns(e)re
Dative	einem meinem unser(e)m	einem meinem unser(e)m	einer meiner uns(e)rer	keinen meinen unser(e)n
Genitive	eines meines uns(e)res	eines meines uns(e)res	einer meiner uns(e)rer	keiner meiner uns(e)rer

The declension of the possessive adjective follows *the same pattern* as the indefinite article.

The masculine and neuter forms are alike in all cases, except for the masculine accusative.

The feminine and plural forms are alike in all cases, except for the dative plural.

Mein and **unser** are used as examples in the table above. Although **unser**, **euer**, and **ihr** do not sound like **ein**, they are nevertheless declined like it.

● ANWENDUNG

A Supply the correct form of the possessive adjective to complete the sentence.

1. (*her*) Ruth wollte mit _____ Professor sprechen.
2. (*his*) Paul möchte mit _____ Freund in die Berge fahren.
3. (*his, her*) _____ Eltern leben in Kalifornien, _____ Eltern in Utah.

[1]The **e** is frequently omitted.

4. (*their*) Die Studenten schreiben _____ Prüfung am Mittwoch.
5. (*his, his*) Herr Weiß schickt _____ Tochter und _____ Sohn einen Scheck°.   *check*
6. (*his, his*) Erich ruft _____ Vater und _____ Mutter an.
7. (*his, her*) Ilses Vater ist glücklich über die guten Noten°   *grades*
_____ Tochter und Ottos Mutter ist glücklich über die guten Noten _____ Sohnes.

B *Complete the sentence with each of the cue nouns and the correspond- ing form of the possessive adjective.*

1. (Eltern/Vater/Mutter) Ich wohne bei mein_____.
2. (Tochter/Freund/Kind) Ich besuche sein_____.
3. (Verkäuferin/Lehrer/Freunde) Das ist die Tochter unser_____.
4. (Kind/Freundin/Gast) Dort kommt Ihr_____.

● SYNPOSIS EXERCISES

A *Wer machte was? Answer each question in the past tense using the sug- gestions in parentheses.*

STUDENT A	STUDENT B
1. Was machte Barbara McClin-tock?	(sie entdeckt die Mais-Chromoso-men)
2. Was machte Frau von Suttner?	(sie gibt Nobel die Idee für den Friedenspreis)
3. Was machte der Vater von Heinrich Schliemann?	(er erzählt ihm die Geschichte von Troja)
4. Was machte Heinrich fünf Jahre lang?	(er arbeitet bei einer Firma und lernt Englisch)
5. Was machte Schliemann im Jahr 1850?	(er fährt nach Amerika)

B *Was machten Sie gestern? Tell the class what you did yesterday. Use the past tense since this is a re-telling of a series of events. Use the verbs be- low or any others you wish.*

arbeiten	besuchen	lernen	entdecken	kaufen	machen
spielen	verkaufen	studieren	rennen	lesen	schreiben
dürfen	müssen	sollen	wollen	können	

C   *Respond as indicated by the model, using an appropriate possessive adjective.*

	STUDENT A	STUDENT B
BEISPIEL	Wer hat meinen Regenschirm?	Ich habe **deinen (Ihren)** Regenschirm.
1.	Wer hat mein Buch?	Fritz _____.
2.	Wer hat meine Fotos?	Wir _____.
3.	Wer hat meine Uhr?	Ich weiß nicht, wer _____.
4.	Wer hat unsere Plätze?	Wir _____.
5.	Kurt hat ein neues Auto.	So? Wie findest du _____ neues Auto?
6.	Was sagt dein Freund?	Mein Freund? Mit _____ Freund habe ich noch nicht gesprochen.
7.	Was denkt deine Freundin?	Meine Freundin? Mit _____ Freundin habe ich noch nicht telefoniert.
8.	Was glauben deine Eltern?	Meine Eltern? Mit _____ Eltern spreche ich nicht über dieses Problem.
9.	Von wem hast du das gehört?	Nicht von meinem Freund, sondern von _____ Freundin.
10.	Hast du das von deiner Lehrerin gehört?	Nein, von _____ Mutter.
11.	Haben Sie das von Ihren Eltern gelernt?	Nein, von _____ Kindern.

⚠ **Vorsicht!**   **Fehlergefahr!**

Do not confuse **kennen**, **können**, and **wissen**.

Wir **kennen** ihn.	*We know him. (we are acquainted with, familiar with)*
Ich **kenne** Berlin gut.	*I know Berlin well.*
Wir **können** es tun.	*We can do it.*
Ich **kann** es nicht verstehen.	*I can't understand it.*
Wir **wissen** es.	*We know it. (information)*
Ich **weiß**, daß ich nichts **weiß**.	*I know that I know nothing.*
Ich **kann** Deutsch.	*I know German.*
Wir **können** Deutsch.	*We know German.*

5.   MONTHS OF THE YEAR, SEASONS

Below are the months (**Monate**) of the year and the seasons (**Jahreszeiten**) in German. Both the months and the seasons have a masculine gender.

Januar	**Mai**	**September**	der **Frühling**	*spring*
Februar	**Juni**	**Oktober**	der **Sommer**	*summer*
März	**Juli**	**November**	der **Herbst**	*fall*
April	**August**	**Dezember**	der **Winter**	*winter*

● ANWENDUNG

A   *Complete the sentences.*

1.   Februar kommt nach dem Monat _____.
2.   September kommt vor dem Monat _____.
3.   April liegt zwischen dem Monat _____ und dem Monat _____.
4.   Der letzte Monat heißt _____.
5.   Die Sommermonate sind _____, _____, _____.
6.   Die Wintermonate sind _____, _____, _____.
7.   Die Herbstmonate heißen _____, _____, _____.
8.   Die Frühlingsmonate sind _____, _____, _____.
9.   Ich bin im _____ geboren.
10.   Das Semester fängt im _____ an.

OH DU SCHÖNE, OH DU SCHÖNE,

OH DU SCHÖNE SCHNITZELBANK

KURZ & LANG	HIN & HER	KREUZ & QUER	SCHIESSGEWEHR
WAGENRAD	KRUMM & GRAD	GROSSES GLASS	OCHSENBLAS
HAUFEN MIST	SCHNICKELFRITZ	ALTE FRAU	DICKE SAU
LANGER MANN	TANNENBAUM	HOCHZEITSRING	GEFÄHRLICHES DING

LESESTÜCK

Heinrich Schliemann:
Er fand Troja

,,Wenn ich groß bin, will ich Troja ausgraben'', sagte der achtjährige Heinrich, als ihm sein Vater Homers Geschichte von der Stadt Troja erzählte. Vater Schliemann lächelte° und sagte: ,,Heinrich, ich glaube, das ist nicht möglich. Niemand kann Troja finden, denn Homer hat diese Geschichte nur erfunden°.''

smiled

made up

Die Geschichte der alten Griechen faszinierte Heinrich schon in der Schule. Aber weil seine Familie arm war, mußte er die Schule bald verlassen. Fünf Jahre lang arbeitete er täglich 12 bis 15 Stunden bei einer Firma in Amsterdam. Als sein Chef sah, daß der junge Schliemann eine sehr gute Handschrift hatte, machte er ihn zum Schreiber°. ,,Und wenn Sie gut Englisch lernen'', sagte eines Tages der Chef, ,,dann können Sie in unserem Geschäft noch mehr Geld verdienen.''

clerk

Heinrich lernte nun Englisch. Er erkannte sehr bald, daß er durch Fremdsprachen mehr Geld verdienen konnte. Englisch war für ihn nur ein Anfang. Drei Monate später begann er mit Französisch; und dann folgten Spanisch, Portugiesisch° und Russisch.

Portuguese

,,Ihr Russisch ist jetzt gut genug'', sagte eines Tages sein Chef. ,,Wir schicken Sie jetzt nach St. Petersburg[1], wo unsere Firma ein Büro hat.'' Das war im Jahre 1846. Der Handel mit Indigo brachte der Firma viel Geld; und Schliemann hatte in Rußland großen Erfolg. 1847 gründete° er seine eigene Firma. Als sein Bruder Ludwig 1850 in Kalifornien starb°, fuhr Heinrich nach Amerika und übernahm das Geschäft seines Bruders. Schon nach einem Jahr kam er mit 50.000 Dollar und als amerikanischer Staatsbürger nach Europa zurück. Bald wurde er Millionär.

founded

died

Geld allein machte ihn nicht glücklich. Aber jetzt konnte er endlich tun, was er immer wollte: Troja suchen—und finden. Seine junge griechische Frau half ihm beim Studium der griechischen Sprache und Geschichte. Aus dem Millionär Schliemann wurde nun der Archäologe°.

archaeologist

Im Jahre 1864 reiste Heinrich Schliemann zum ersten Mal nach Kleinasien°. Schliemann dachte an Homers ,,Ilias'': Dort erzählte der Dichter von einem Hügel zwischen zwei Flüssen nicht weit vom Meer. Schliemann wanderte von Hügel zu Hügel. Und als er 1871 auf dem Hügel Hissarlik stand, sagte er: ,,Hier hat Troja gestanden. Unter diesem Hügel liegt Troja.''

Asia Minor

[1]Heute Leningrad. **St.** = **Sankt** *saint.*

238

Heinrich Schliemann. Was fand er?

excavation
jugs and vases

Er begann mit der Ausgrabung°. Zuerst fand man die Ruinen einer griechischen Stadt. Dann fand man Krüge und Vasen°. Und schließlich Mauern, genau wie sie Homer in der „Ilias'' beschrieb. Man konnte noch

traces of a fire/
Escaped

die Spuren eines Brandes° sehen. Flohen° die Trojaner nicht aus einer brennenden Stadt . . .?

Elf Monate lang gruben Schliemann und seine Frau mit über hundert Arbeitern immer tiefer in den Hügel Hissarlik.

pot

Eines Morgens fand Schliemann einen großen Topf°. Der Topf war aus Gold! Und was er jetzt fand, bewies noch einmal seine Theorie: Das antike Troja lag vor ihnen! Wem gehörten diese wunderbaren Schätze? War es der legendäre Schatz des Königs Priamus?

Über die Theorien Schliemanns haben Wissenschaftler in den letzten hundert Jahren viel diskutiert. Doch über die Tatsache, daß Homers Sage geschichtliche Realität war, gibt es keinen Zweifel mehr. Schliemann hat es der Welt bewiesen.

WORTSCHATZ ZUM LESESTÜCK

ACTIVE VOCABULARY

nouns

der **Arbeiter, -**	*worker*	**Rußland**	*Russia*
der **Bruder, ⸚**	*brother*	der **Schatz, ⸚e**	*treasure*
der **Chef, -s**	*boss*	die **Schule, -n**	*school*
der **Dichter, -**	*poet, writer*	die **Stunde, -n**	*hour*
der **Erfolg, -e**	*success*	der **Vater, ⸚**	*father*
die **Geschichte, -n**	*story; history*	die **Welt**	*world*
der **Handel**	*trade*	der **Zweifel, -**	*doubt*
der **Monat, -e**	*month*		

verbs

beweisen, bewies, bewiesen	*to prove*
beschreiben, beschrieb, beschrieben	*to describe*
erkennen, erkannte, erkannt	*to recognize*
erzählen	*to tell, narrate*
folgen	*to follow*
graben (gräbt), grub, gegraben	*to dig*
verlassen (verläßt), verließ, verlassen	*to leave*
zurück·kommen, kam zurück, ist zurückgekommen	*to come back*

other words

als	*when*	**niemand**	*no one*
arm	*poor*	**nun**	*now*
einmal	*once, one day*	**schließlich**	*finally*
endlich	*finally*	**tief**	*deep*
griechisch	*Greek*	**wunderbar**	*wonderful*
hundert	*hundred*		

special and idiomatic expressions

eines Morgens	*one morning*	**immer tiefer**	*deeper and deeper*
eines Tages	*one day, someday*	**noch einmal**	*once more*
fünf Jahre lang	*for five years*	**noch mehr**	*even more*
genau wie	*exactly like, just as*	**zum ersten Mal**	*for the first time*

VOCABULARY FOR RECOGNITION

nouns

Englisch	*English*	der **König, -e**	*king*
(das) **Europa**	*Europe*	**Priamus**	*Priam (king of Troy)*
Französisch	*French*	die **Ruine, -n**	*ruin*
die **Fremdsprache, -n**	*foreign language*	**Russisch**	*Russian*
der **Grieche, -n**	*Greek*	die **Sage, -n**	*saga*
die **Handschrift, -en**	*handwriting*	**Spanisch**	*Spanish*
Homer	*Homer (Greek poet, around 850 B.C.)*	der **Staatsbürger, -**	*citizen*
		die **Theorie, -n**	*theory*
		Troja	*Troy*
der **Hügel, -**	*hill*	der **Trojaner, -**	*Trojan*

verbs

aus·graben (gräbt aus), grub aus, ausgegraben	*to dig out, excavate*
faszinieren	*to fascinate*
übernehmen (übernimmt), übernahm, übernommen	*to take over*

other words

achtjährig	*eight-year-old*	**eigen**	*own*
antik	*ancient*	**geschichtlich**	*historical*
brennend	*burning*	**zuerst**	*first, at first*

● FRAGEN ZUM LESESTÜCK

Antworten Sie auf deutsch!

1. Was sagte der achtjährige Heinrich, als ihm sein Vater Homers Geschichte über Troja erzählte?
2. Warum mußte Heinrich bald die Schule verlassen?
3. Was machte er als junger Mann in Amsterdam?
4. Warum machte ihn sein Chef zum Schreiber der Firma?
5. Welche Sprachen lernte er? Warum?
6. Wohin schickte ihn sein Chef im Jahre 1846?
7. Was machte Heinrich Schliemann in Amerika?
8. Blieb er in Amerika?
9. Wer half Schliemann beim Studium der griechischen Geschichte?
10. Was erzählte Homer in der „Ilias'' über Troja?
11. Was fand Schliemann?
12. Wem gehörten vielleicht die wunderbaren Schätze?
13. Über welche Tatsache gibt es keinen Zweifel mehr?

● SITUATIONEN

1. *You are discussing the role of women. Someone claims:* „Eine Frau hat noch nie den Nobelpreis bekommen.'' *You set the person straight.*
2. *You are sitting at Father Schliemann's feet as he tells you about Troy. He says:* „Homer hat die Geschichte von Troja nur erfunden.'' *You think aloud to yourself:* _____.
3. *You and a classmate are discussing foreign languages. Your friend says:* „Andere Sprachen sind leicht. Zum Beispiel, Schliemann hat fünf Sprachen gelernt.'' *You react, saying:* _____.
4. *You are Frau Schliemann and are with your husband digging, when suddenly you see a big* „Topf aus Gold''. *You turn to him and say:* _____.

SCHRIFTLICH WIEDERHOLT

A   *Imagine you are Heinrich Schliemann or his wife, looking back at your life and achievements. Write a short curriculum vitae, using the cues below. Use the past tense.*

Familie arm	nach Europa zurückkommen
Fremdsprachen lernen	Griechin heiraten
nach St. Petersburg schicken	Troja suchen
eigene Firma gründen	meinem Mann helfen
nach Amerika fahren	einen Schatz finden
Geschäft des Bruders übernehmen	Homers Sage beweisen

B   *Express in German.*

1. Schliemann was allowed to dig up Troy.
2. They wanted to excavate Troy.
3. He had to leave school.
4. She was able to help her husband.
5. You can earn more money.
6. Schliemann had to go to Russia.

C   *Rewrite each sentence, changing the verb from the present tense to the past tense, or vice versa.*

1. Will er uns mitnehmen?
2. Sie gruben immer tiefer in den Hügel.
3. Wie heißt dieser Erfinder?
4. Ute wird Ärztin.
5. Diese Autorin bekommt den Nobelpreis.
6. Sie erkennen diese Handschrift.
7. Wir sprachen von Professor Röntgen.

D   *Express in German. Use the past tense.*

1.   Did Ursula become his wife?
2.   He spoke with my boss.
3.   She received your (*formal singular*) letter.
4.   We had to work a lot.
5.   She paid our bill.
6.   It was your (*familiar singular*) handwriting.
7.   They didn't get their money.

SPRECHEN LEICHT GEMACHT!

to practice the past tense of weak verbs . . .

Geständnis[1]   A   *Student A asks student B the question. Student B answers with a verb in the past tense, in the pattern shown by the sentence on the right.*

Arbeitest du viel?   Jetzt nicht, aber früher _____ ich _____.
Spielen Sie gern?
Studierst du immer?
Leben Sie gut?
Sparst du viel?
Tanzen Sie oft?
Wandern Sie oft?
Rauchen Sie viel?
                 ?

[1]*Confession*

Elisabeth Noelle-Neumann: Der Streit um die faulen Deutschen (Seite 12)

RHEINISCHER MERKUR

Christ und Welt

to practice the past tense of strong verbs . . .

Immer noch? Nicht mehr!	**B**	*Follow the same format as in Exercise A. Try not to look at the past-tense vowel change given on the left. Cover it up and look only if you are in doubt. Do not repeat* **immer noch** *in your response.*	
a		Kommst du immer noch spät nach Hause?	Nein, jetzt nicht mehr, aber früher kam ich spät nach Hause.
a		Finden Sie Deutsch immer noch schwer?	
a		Trinken Sie immer noch so viel Kaffee?	
a		Nimmst du immer noch täglich Vitamin C?	
ie		Schreiben Sie immer noch viele Briefe?	
a		Sprechen Sie immer noch gut Deutsch?	
u		Fährst du immer noch so oft nach Deutschland?	
a		Liest du immer noch Krimis°?	*detective novels*
a		Essen Sie immer noch zuviel? ?	

to practice the past tense of **haben**, **sein**, and **werden** . . .

C   *Ask one of your classmates the questions below.*

Was hatten Sie heute zum Frühstück°?	Ich _____ Kaffee und Kuchen, usw. *breakfast*
Was hattest du zum Mittagessen°?	Ich _____ ein Sandwich. *lunch*
War dein Mittagessen gut?	Ja, es _____ sehr gut.
Was hatten Sie zu trinken?	Wir _____ eine Flasche Wein.
Wo waren Sie heute?	Ich _____ zu Haus, usw.
Was wurde aus Karin?	Sie _____ Ärztin, usw.
Was hatten wir als Hausaufgabe?	Wir _____ das Lesestück, usw.
?	

to practice the past tense of modals . . .

D *Answer the questions below by using the past tense of one of the modals* (**dürfen, können, müssen, sollen,** *or* **wollen**).

Warum	kamen Sie nicht?	Ich _____ nicht kommen.
	blieben Sie zu Haus?	Ich _____ zu Haus bleiben.
	schrieben Sie ihm/ihr nicht?	Ich _____ ihm/ihr nicht schreiben.
	sagten Sie es mir nicht?	Ich _____ es Ihnen nicht sagen.
	?	?

to practice the past tense of separable-prefix verbs in a main clause . . .

E *Answer the question by putting the verb into the past tense.*

Wann	ist Fritz zurückgekommen?	Er	
	ist Erika abgefahren?	Sie	_____ schon gestern _____.
	haben Sie angerufen?	Ich	
	hast du angefangen?		
	hat er eingekauft?		

to practice the past tense of separable-prefix verbs in V-L word order . . .

F *Student A asks the question. Student B answers.*

Wie lange lebten sie in Genf?		wie lange _____.
Wann kam er in Amerika an?		wann _____.
Wie oft hörte er mit dem Rauchen auf?		wie oft _____.
Von wo rief Karl an?		von wo _____.
Warum fiel er in der Prüfung durch?	Ich weiß nicht,	warum _____.
Wieviel nahm er/sie in drei Tagen ab?		wieviel _____.
Wie sah er/sie aus?		wie _____.
Wann grub Schliemann Troja aus?		wann _____.
?		

to practice the infinitive with modals . . .

G   *Student A says the first sentence. Student B adds another phrase, and so on.*

Schliemann will Troja ausgraben.	dieses Jahr mit seiner Frau in Kleinasien
Schliemann mußte die Schule verlassen.	mit vierzehn Jahren schon leider
Schliemann sollte das Geschäft übernehmen.	seines Bruders in Kalifornien im Jahr 1850

to practice possessive adjectives . . .

Beruf   **H**   *Ask a classmate what his or her relatives do for a living. Pick an answer from the professions on the right.*

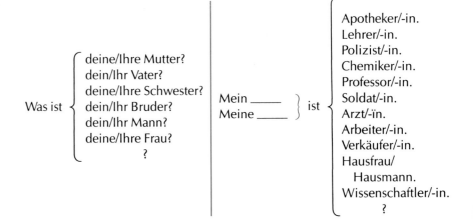

Was ist ⎰ deine/Ihre Mutter?
        ⎰ dein/Ihr Vater?
        ⎰ deine/Ihre Schwester?
        ⎰ dein/Ihr Bruder?
        ⎰ dein/Ihr Mann?
        ⎰ deine/Ihre Frau?
                ?

Mein ____
Meine ____ ⎰ ist

Apotheker/-in.
Lehrer/-in.
Polizist/-in.
Chemiker/-in.
Professor/-in.
Soldat/-in.
Arzt/-in.
Arbeiter/-in.
Verkäufer/-in.
Hausfrau/
    Hausmann.
Wissenschaftler/-in.
        ?

Vereinigung zur Förderung zeitgenössischer Musik Neuwied

Festival für zeitgenössische Musik Neuwied '80

Samstag, 14. Juni 1980 — 15.00 Uhr
Türöffnung: 14.00 Uhr

N⁰ 1418	Keine Haftung für Körper- und
Vorverkauf DM 15,00 + Gebühr	Sachschäden. Das Mitnehmen von Glasflaschen und Aufzeichnungs- geräten in den Veranstaltungsraum ist verboten. Bei Zuwiderhandlung
Tageskasse DM 17,00	Verweis ohne Anspruch auf Rück- erstattung. -Die Veranstalter-

Verwandte[1] **I** *Pretend you are all relatives. Turn to a classmate and say "You are my aunt, father, etc." (A to B, B to C, and so on)*

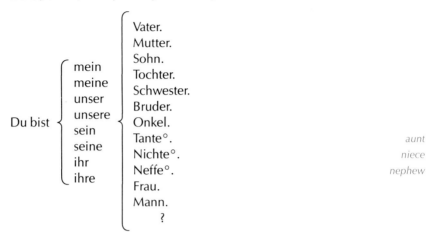

Du bist { mein / meine / unser / unsere / sein / seine / ihr / ihre } { Vater. / Mutter. / Sohn. / Tochter. / Schwester. / Bruder. / Onkel. / Tante°. / Nichte°. / Neffe°. / Frau. / Mann. / ? }

aunt
niece
nephew

Wer hat es gesehen? **J** *You are looking for a lost object and ask who saw it.*

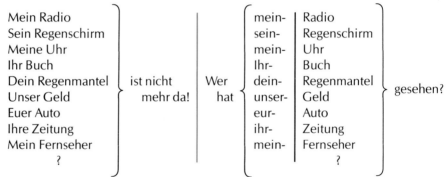

| Mein Radio / Sein Regenschirm / Meine Uhr / Ihr Buch / Dein Regenmantel / Unser Geld / Euer Auto / Ihre Zeitung / Mein Fernseher / ? | ist nicht mehr da! | Wer hat | mein- / sein- / mein- / Ihr- / dein- / unser- / eur- / ihr- / mein- | Radio / Regenschirm / Uhr / Buch / Regenmantel / Geld / Auto / Zeitung / Fernseher / ? | gesehen? |

Zeigefinger[2] **K** *Your instructor asks you if an item belongs to you. You answer no, and point to a classmate and say it is his or her item.*

Ist das { dein/Ihr / deine/Ihre } { Buch? / Bleistift? / Platte? / Hausaufgabe? / Lippenstift? / Kaugummi? / Flasche? / ? } Nein, das ist _____.

[1]*Relatives*
[2]*Index finger*

to practice the names of the months . . .

In welchem Monat? L *Ask a classmate in which month he or she was born (**geboren**) (A to B to C, and so on). Vary the exercise by substituting **Jahr** and different family members.*

In welchem Monat bist du/sind Sie geboren? | Ich bin im _____ geboren.
In welchem Jahr ist dein/Ihr Vater geboren? |

Was paßt zusammen? M *Welche Wörter passen zusammen?[1]*

der Anfang	die Nacht
die Fremdsprache	das Ende
der Berg	das Wasser
der Fluß	das Ausland
die Entdeckung	das Gold
der Schatz	das Tal
der Traum	der Wissenschaftler

just for fun . . .

Wer weiß es? N *Can you fill in the correct word?*

1. Der deutsche Titel von *Treasure Island* von Robert Louis Stevenson ist ,,Die _____ insel''.
2. Viele Deutsche sagten zu ihrer Freundin oder ihrem Freund: ,,Ich liebe dich, mein _____!''

[1]*Which words go together?*

Ist Laufen wirklich langweilig?

KAPITEL 9

Tennis oder ,,trimm-dich''?

1. **da**-Compounds
2. **wo**-Compounds
3. Reflexive Pronouns
4. Reflexive Verbs
5. Definite and Indefinite Time
6. **seit**: Past Time Continued Into the Present

Die DDR (Deutsche Demokratische Republik): Großmacht im Sport

DIALOG

Tennis oder „trimm-dich"?

Personen	Uwe Baumann, ein Student aus Deutschland (BRD). Er ist seit zwei Wochen in Amerika.
	Craig Norton, ein amerikanischer Student
Ort	Im Studentenheim

UWE   Guten Morgen, Craig! Gut geschlafen?

CRAIG   Danke, ziemlich gut.

UWE   Und wie geht's dir heute? Ich habe gehört, du warst krank.

CRAIG   Ja, ich hatte eine Erkältung. Aber ich spiele schon wieder Tennis.

UWE   Tennis? Wie lange spielst du schon?

CRAIG   Oh, seit einem halben Jahr. Macht Spaß! Spielst du auch?

UWE   Nein, dafür habe ich nicht genug Geld. Tennis kann ich mir nicht leisten. Das ist doch ein teurer Sport!

CRAIG   Ich glaube, da irrst du dich. Vielleicht bei euch in Deutschland, aber nicht hier in Amerika. Du brauchst nur einen Schläger, ein paar Tennisbälle, und dann kannst du spielen.

UWE   Muß man nicht zu einem Klub gehören? Und das kostet ziemlich viel, nicht wahr?

CRAIG   Nein, nein, auf den öffentlichen Plätzen und an der Uni kostet es nichts, oder nicht viel.

UWE   Aber muß man da nicht lange warten, bis ein Platz frei wird? Ach, ich laufe lieber; und ich schwimme auch gern.

CRAIG   Du läufst? Bist du ein „jogger"?

UWE   Ja, damit habe ich schon vor ein paar Jahren in Deutschland angefangen. Dort gibt's jetzt überall „Trimm-dich-Pfade".

CRAIG   Ja, davon habe ich schon gehört. Man läuft durch einen Wald oder einen Park. Und man turnt auch dabei, nicht wahr?

UWE   Ja, man macht dabei ein paar Kniebeugen und ein paar Liegestütze usw. (und so weiter).

CRAIG   Läufst du jeden Tag?

UWE   Nein, aber dreimal in der Woche. Und früh morgens, bevor ich mich dusche und mich rasiere.

CRAIG	Und wie weit?
USE	Na, so drei bis vier Kilometer.
CRAIG	Das ist doch langweilig! Ich glaube, ich bleibe bei meinem Tennis.
UWE	Und ich beim Laufen!

WORTSCHATZ ZUM DIALOG

ACTIVE VOCABULARY

nouns

die **Erkältung, -en**	cold	das **Studentenheim, -e**	dormitory
der **Klub, -s**	club	der **Tennisball, ¨e**	tennis ball
der **Park, -s**	park	die **Uni = Universität**	university
der **Sport, -e**	sport, sports	die **Woche, -n**	week

verbs

sich duschen	to take a shower	**schlafen (schläft), schlief, geschlafen**	to sleep
sich irren	to be mistaken, to err	**schwimmen, schwamm, ist geschwommen**	to swim
laufen (läuft), lief, ist gelaufen	to run, jog		
sich leisten	to afford	**sich trimmen**	to keep fit
sich rasieren	to shave	**turnen**	to do gymnastics; to exercise

other words

dreimal	three times	**lieber**	rather
frei	free	**morgens**	in the morning
früh	early	**öffentlich**	public

special and idiomatic expressions

Guten Morgen!	Good morning!
ich kann es mir nicht leisten	I can't afford it
ich laufe lieber	I'd rather jog, I prefer jogging
jeden Tag	every day
Macht Spaß!	It's great fun!
seit einem halben Jahr	for half a year
vor ein paar Jahren	a few years ago

VOCABULARY FOR RECOGNITION

nouns

die **Kniebeuge, -n**	*knee-bend*	der **Platz, ̈e**	*(tennis) court*
das **Laufen**	*running, jogging*	der **Trimm-dich-Pfad, -e**	*fitness trail*
der **Liegestütz, -e**	*push-up*	der **Schläger, -**	*racket*

other words

bevor	*before*	**damit**	*with it/that; so that*
dabei	*at the same time, along the way*	**davon**	*of it/that; about it/that*
dafür	*for that*	**langweilig**	*boring*

● FRAGEN ZUM DIALOG

1. Seit wann ist Uwe in Amerika?
2. Warum konnte Craig nicht Tennis spielen?
3. Wie lange spielt Craig schon Tennis?
4. Warum kann Uwe nicht Tennis spielen?
5. Warum ist das Tennisspielen in Amerika nicht teuer?
6. Wann hat Uwe mit dem Laufen angefangen?
7. Was macht man auf einem ,,Trimm-dich-Pfad''?
8. Wieviele Kilometer läuft Uwe?
9. Wie oft läuft er?
10. Wann duscht und rasiert er sich?

● PERSÖNLICHE FRAGEN

1. Welchen Sport finden Sie langweilig?
2. Was machen Sie auf dem ,,Trimm-dich-Pfad''?
3. Gehören Sie zu einem Sportklub?
4. Gibt es auf Ihrem Campus Tennisplätze? Wieviele?
5. Gibt es auf Ihrem Campus einen Deutschen Klub? Wo und wann sind die Meetings?

● AUSSPRACHE-ÜBUNG

German **z** versus German **s**

die **Zeit**	*time*	**seit**	*since*
der **Zoo**	*zoo*	**so**	*so*
der **Zoll**	*customs*	er **soll**	*he should*
das **Zinn**	*tin*	der **Sinn**	*sense*
die **Zahl**	*number*	der **Saal**	*hall*
reizen	*to excite*	**reisen**	*travel*
der **Weizen**	*wheat*	**weisen**	*to direct*

Judo
der Judokampf
der Judoka (J.-Kämpfer)
er kämpft (im Judo),
kämpfte,
hat gekämpft

Handball
das Handballspiel
der Handballspieler
(der Handballer)
er spielt Handball
spielte, hat... gespielt
er wirft ein Tor
warf, hat... geworfen

GRAMMATIK   Theorie und Anwendung

1.   da-COMPOUNDS

BEISPIELE   Zur Planwirtschaft der DDR gehört nicht nur die Industrie, **dazu** gehört auch der Sport.

Not only industry belongs to the planned economy of the DDR. Sports belongs to it, too.

Warum interessiert sich der DDR-Staat so sehr für den Sport? Er sieht **darin** ein Mittel zur Volksgesundheit.

Why is the DDR so interested in sports? It sees in it a means of (promoting) public health.

FORMS

Da-compounds consist of **da** + a preposition.

da + für = dafür	**da + von = davon**
da + mit = damit	**da + zu = dazu**

If the preposition begins with a vowel, a linking **-r-** is inserted between the two vowels.

da + an = daran	**da + in = darin**
da + auf = darauf	**da + über = darüber**

COMPARE ENGLISH

Da corresponds to English *there*. English also has equivalents of the **da**-compounds, but they occur for the most part only in legal language. To get a feeling for the structure of German **da**-compounds, substitute the literal translations for the English equivalents of the examples above: *Sports also belongs* **thereto**; *It sees* **therein** *a means of (promoting) public health.* The German **da-**compound, however, does not sound at all formal or archaic.

NEVER WITH PERSONS!

Da-compounds are used to replace personal pronouns when they are the object of a preposition and refer to an inanimate thing or a concept. They are never used to refer to human beings. For human beings, the preposition is used with the personal pronoun.

Uwe spielt gut Tennis. Ich spiele gern **mit ihm**.	*Uwe plays tennis well. I like to play with him.*
Dieser Tennisschläger ist gut. Ich spiele gern **damit**.	*This tennis racket is good. I like to play with it.*

Here are some of the most common **da**-compounds.

dabei	*with, at it*	**damit**	*with it*	**darunter**	*under it*
dadurch	*through it*	**daran**	*in that, on that*	**davon**	*about it, from it*
dafür	*for it*	**darauf**	*upon it*	**dazu**	*for it, to that*
dagegen	*against it*	**daraus**	*out of it*		
dahinter	*behind it*	**darüber**	*over it*		

● ANWENDUNG

A *Answer the questions, using a* **da**-*compound or a preposition plus a personal pronoun, whichever is appropriate.*

1. Fahren Sie mit Ihrem Freund? Ja, ich fahre mit _____.
2. Fahren Sie mit dem Zug? Ja, ich fahre _____.
3. Kaufen Sie die Tennisbälle für Uwe? Ja, ich kaufe die Tennisbälle _____.

Laufen
der Lauf
der Läufer
er läuft, lief,
ist gelaufen

Schwimmen
der Schwimmwettkampf
der Schwimmer
er schwimmt (50 m)
schwamm, ist
geschwommen

4. Wieviel haben Sie für den Schläger bezahlt? Ich habe 280 Mark _____ bezahlt.
5. Liegt Troja unter diesem Hügel? Ja, Troja liegt _____.
6. Arbeitet Schliemann mit seiner Frau? Ja, er arbeitet _____.
7. Half ihm seine Frau beim Studium der griechischen Sprache? Ja, sie half ihm _____.

B   *Replace the underlined phrase with a **da**-compound or, if a **da**-compound cannot be used, with a preposition plus a personal pronoun in the proper case.*

1. Ein langer Tisch steht auf einem großen Feld.
2. Eine Firma will mit dieser Reklame Bier verkaufen.
3. Diese Frage ist für Wissenschaftler sehr wichtig.
4. Viele Leute haben nichts gegen die Bevölkerungsexplosion.
5. Man hat bis jetzt keine Antwort auf diese Frage gefunden.
6. Was hat zum Nullwachstum geführt?
7. Die Bevölkerungsexplosion ist durch die Gastarbeiter noch größer geworden.
8. Man hat in den letzten Jahren viel über dieses Thema diskutiert.

C   *Tennis für alle? Respond to Student A, using a **da**-compound or a preposition plus a personal pronoun, as appropriate.*

STUDENT A	STUDENT B
1. Ich habe jetzt genug Geld für Tennis.	Gut! Ich habe auch genug Geld _____.
2. Ich habe letzte Woche mit Tennis angefangen.	Ich kann erst nächste Woche _____ anfangen.
3. Hast du schon von Boris Becker, dem deutschen Tennismeister, gehört?	Aber natürlich habe ich _____ gehört!
4. Ich denke oft an sein Match in Wimbledon.	Ja, das war prima. Ich denke oft _____.
5. Ja, über den Sieg° kann man viel sagen.	Hast du gesehen? Alle Zeitungen schreiben _____. *victory*
6. Und was schreiben sie über seinen Gegner°?	Sie schreiben nur Gutes _____. *opponent*
7. Das ist gut. Ich freue mich auf° unser erstes Spiel nächste Woche.	Prima! Ich freue mich auch _____. *look forward to*

Vorsicht!   Fehlergefahr!

Do not confuse the **da**-compound **damit** *with that, therewith* with the sub-ordinating conjunction **damit** *so that* (discussed on p. 161). As a **da**-compound, **damit** is usually stressed on the first syllable when it begins a sentence. When **damit** is a subordinating conjunction, however, the stress is always on the last syllable.

da-COMPOUND

Dámit habe ich nichts zu tun.	*I have nothing to do with that.*
Fährst du oft mit dem Bus? Ja, ich fahre oft **damít**.	*Do you often ride the bus? Yes, I often ride it (with it).*

SUBORDINATING CONJUNCTION

Ich fahre mit dem Bus, **damít** ich Benzin spare.	*I ride the bus so that I save gas.*

Never pronounce the subordinating conjunction **damit** like English *damn it,* the way one American student did, and who, Mark Twain wrote, "used to fly to a certain German word for relief when he could bear up under his ag-gravations no longer,—the only word in the whole language whose sound was sweet and precious to his ear and healing to his lacerated spirit. This was the word *Damit.* It was only the *sound* that helped him, not the mean-ing; and so, at last, when he learned that the emphasis was not on the first syllable, his only stay and support was gone, and he faded away and died."[1] Twain's student, unfortunately, was not aware of **da**-compounds.

2.   wo-COMPOUNDS

BEISPIELE

Womit finanziert der Staat den Sport?	*With what does the state finance sports?*
Wodurch unterscheidet sich der Staatsamateur vom wirklichen Ama-teur?	*How does the state-paid amateur dif-fer from the true amateur?*

USED IN QUESTIONS

The construction **wo** + preposition is used in questions and when referring to things or ideas. If the preposition begins with a vowel, a linking **-r-** is inserted between the two vowels.[2]

[1] From *The Awful German Language.*
[2] The use of **wo** as a relative pronoun is discussed in Chapter 13.

wo + an = woran

wo + auf = worauf

NOT USED WITH PERSONS

Like **da**-compounds, **wo**-compounds are never used to refer to human beings. For human beings, German uses a preposition plus the declined form of the question word **wer** (**wen**, **wem**, or **wessen**).

An wen denken Sie?	*Whom are you thinking of?*
Auf wen wartest du?	*Whom are you waiting for?*
In wessen Auto fährst du?	*In whose car are you going?*

For things, **wo**-compounds are generally preferred to the use of a preposition followed by the question word **was**.

An was denken Sie? **Woran** denken Sie?	*What are you thinking about?*
Auf was wartest du? **Worauf** wartest du?	*What are you waiting for?*

Here are some of the most common **wo**-compounds.

wodurch?	*through what? how?*	**woran?**	*of, at what?*
wofür?	*what for? why?*	**worauf?**	*for what?*
wogegen?	*against what?*	**woraus?**	*from what?*
womit?	*with what? how?*	**worüber?**	*about what?*
wonach?	*about what? whereafter*	**wovon?**	*of, from what?*

● ANWENDUNG

A *Ask a question that refers to the underlined information. Use a **wo**-compound or a preposition plus the personal question word, whichever is appropriate.*

BEISPIEL   Sie sprechen <u>von dem Sport</u>.
Wovon sprechen sie?

Sie sprechen <u>mit Karl</u>.
Mit wem sprechen sie?

1. Sie warten <u>auf den Zug</u>.
2. Er fährt <u>mit dem Bus</u> nach Hamburg.
3. Sie geht <u>mit ihrem Freund</u> ins Konzert.
4. Er hat nichts <u>gegen die Gastarbeiter</u>.

5. Wir haben nichts <u>gegen Heiratswünsche</u>.
6. Er fragte <u>nach meiner Meinung</u>.
7. Ich verstehe nichts <u>von Physik</u>.
8. Sie denkt oft <u>an ihren Freund</u>.

B *Student A completes the question with a* **wo***-compound; Student B responds with a* **da***-compound, whenever appropriate.*

STUDENT A	STUDENT B	
1. Ich denke oft an die Zukunft°. Und ____ denkst du?	Ich denke auch oft ____.	*future*
2. Ich denke oft an Fritz. Und ____ denkst du?	Ich denke auch oft ____.	
3. Ich warte auf den Bus. ____ wartest du?	Ich warte auch ____.	
4. Ich protestiere gegen den Krieg. ____ protestierst du?	Ich protestiere auch ____.	
5. Ich fahre zum Trimm-dich-Pfad mit der Straßenbahn. ____ fährst du?	Ich fahre auch ____. Fahren wir zusammen!	
6. Wir diskutieren viel über Politik. ____ diskutiert ihr?	Ja, wir diskutieren auch ____ und auch über Sport.	

ANTICIPATORY AND RETROSPECTIVE **da**-COMPOUNDS

The **da**-compounds are also used to refer to a whole idea that has been previously expressed or will be expressed in a following clause.

Wenige Leute zweifeln **daran**, daß der Sport in der DDR populär ist.

Few people have any doubt (about the fact) that sports are popular in the DDR.

Woran sollen wir denken? Wir sollen **daran** denken, daß der Sport zur Planwirtschaft gehört.

What should we think about? We should think about the idea that sports belong to the planned economy.

● ANWENDUNG

C *Translate.*

1. Ich denke oft daran, wie ich Geld verdienen kann.
2. Ich kann nichts dafür, daß ich zu spät komme.
3. Sie hat nie daran gedacht, so jung zu heiraten.
4. Dagegen kann man nichts tun. Das Wetter ist leider schlecht.

3. REFLEXIVE PRONOUNS

BEISPIELE

Tennis kann ich **mir** nicht leisten!	*I can't afford to play tennis!*
Ich glaube, da irrst du **dich**.	*I believe that you are mistaken there.*
Wann duschst du **dich**?	*When do you take a shower?*
Bis heute hat **sich** nicht viel daran geändert.	*Up to now, nothing much has changed in this situation.*
Warum interessiert **sich** die DDR so sehr für Sport?	*Why is the DDR so interested in sports?*

SUBJECT AND OBJECT THE SAME

Reflexive pronouns are used when the subject and the object are the same. In the example below, Karl is both the doer and the object of the action, and **sich** is the reflexive pronoun.

Karl rasiert **sich**.	*Karl shaves (himself).*

SAME AS THE PERSONAL PRONOUNS—EXCEPT FOR sich

A reflexive pronoun is used when either the accusative or the dative object is the same as the subject. The following table compares the reflexive-pronoun forms with those of the personal pronoun.

PERSONAL PRONOUN			REFLEXIVE PRONOUN	
NOMINATIVE	ACCUSATIVE	DATIVE	ACCUSATIVE	DATIVE
ich	mich	mir	mich	mir
du	dich	dir	dich	dir
er sie es	ihn sie es	ihm ihr ihm	sich	
wir	uns		uns	
ihr	euch		euch	
sie	sie	ihnen	sich	
Sie	Sie	Ihnen		

Notice that the forms of the reflexive pronoun are the same as those for the accusative and dative of the personal pronoun (see Chapters 2 and 5)—except in the third-person singular and plural, where the reflexive pronoun is **sich**.

Only the **ich-** and **du-**forms of the reflexive pronoun have different forms for the accusative and the dative; all other forms are identical in both cases.

● ANWENDUNG

A   *Complete the sentence with the accusative form of the reflexive pronoun.*

1. (*himself*)   Peter irrt _____.
2. (*ourselves*)   Wir irren _____.
3. (*yourselves*)   Ihr irrt _____.
4. (*themselves*)   Die Jungen irren _____.

5. (*myself*)   Ich irre _____.
6. (*yourself*)   Sie irren _____.
7. (*yourself*)   Du irrst _____.
8. (*herself*)   Erika irrt _____.

DATIVE OR ACCUSATIVE?

Although only the **ich-** and **du-**forms of the reflexive pronoun are different in the accusative and the dative, you still should know when to use the accusative and when to use the dative.

a) If there is just one object and it is a reflexive pronoun referring back to the subject, use the accusative.

(sich) anziehen   *to dress*
Ich ziehe **mich** an.   *I dress myself.*

(sich) kämmen   *to comb*
Du kämmst **dich**.   *You are combing [yourself] your hair.*

b) If there is a direct object plus a reflexive pronoun, use the dative form of the pronoun.

Ich ziehe **mir einen Regenmantel** an.   *I am putting on a raincoat.*

Du kämmst **dir die Haare**.   *You are combing your hair.*

Ich putze **mir die Zähne**.   *I am brushing my teeth.*

Wascht **euch das Gesicht!**   *Wash your face!*

c) If the verb is one that always requires the dative, use the dative form of the reflexive pronoun.

Ich **helfe mir**.   *I am helping myself.*

Kannst du **dir** ein Auto **leisten?**   *Can you afford a car?*

- ANWENDUNG

B *Restate the sentence, substituting the cue pronoun as the subject.*

1. (ich) Er zieht sich Jeans an.
2. (wir) Sie zieht sich an.
3. (du) Sie rasieren sich.
4. (du) Sie kann sich das nicht leisten.

5. (sie) Du irrst dich.
6. (ich) Wir kaufen uns ein Auto.

- ANWENDUNG

C *Express in German. (Use either the Sie- or the du-form for "you.")*

1. Put on your raincoat!
2. Hannelore is putting on the dirndl.
3. Don't always comb your hair, Peter!
4. Please help me!
5. Karlheinz always washes his hands before he eats.
6. We are not mistaken.

4. REFLEXIVE VERBS

A reflexive verb is one whose subject and object refer to the same person or thing.

Er rasiert sich jeden Tag.	*He shaves (himself) every day.*
Wir freuen uns auf die Party.	*We are looking forward to the party.*
Ich interessiere mich für Politik.	*I am interested in politics.*
Wann **hast du dich erkältet**?	*When did you catch a cold?*

REFLEXIVE AND NONREFLEXIVE USAGE

Many German verbs can be used either reflexively or nonreflexively. Reflexive usage is more common in German than in English. The English equivalent of German reflexive verbs is often nonreflexive: **sich duschen** *to shower, to take a shower;* **sich freuen** *to be happy;* **sich interessieren für** *to be interested in;* **sich irren** *to make a mistake, to err.*

(sich) ändern

Wir haben das Programm **geändert**.	*We changed the program.*
Das Wetter hat **sich geändert**.	*The weather has changed.*

(sich) fühlen

Ich **fühle** keine Schmerzen.	*I don't feel any pain.*
Er **fühlt sich** nicht wohl.	*He doesn't feel well.*

(sich) interessieren

Der Sport **interessiert** ihn.	*Sports interest him.*
Ich **interessiere mich** für Sport.	*I am interested in sports.*

(sich) kaufen

Er **kauft** ein Auto.	*He buys a car.*
Er **kauft sich** ein Auto.	*He buys himself a car.*

● ANWENDUNG

A *Give the German equivalent. (Use either the* **Sie**- *or the* **du**-*form for "you.")*

1. *What are you interested in?* Wofür _____?
2. *This problem does not interest her.* Dieses Problem _____.
3. *Why don't you change your opinion?* Warum _____?
4. *The weather changed very quickly.* Das Wetter _____.
5. *Feel how cold the water is._____.
6. *How do you feel today?* _____?
7. *Ute is buying the tennis balls for her father.* Ute _____.
8. *What would you like to buy for yourself?* Was _____?

Internationales Friedens-Radfahrrennen Warschau-Berlin-Prag.

SOME VERBS ARE ALWAYS REFLEXIVE

Although some verbs can be used either reflexively or nonreflexively, others are always reflexive. They are listed in the vocabulary with **sich**. Here are some verbs that are always reflexive.

sich ausruhen	*to relax, rest*	**sich freuen auf**	*to look forward to*
sich beeilen	*to hurry*	**sich freuen (über)**	*to be happy (about)*
sich duschen	*to take a shower*	**sich irren**	*to be mistaken*
sich erkälten	*to catch a cold*		

SOME CHANGE THEIR MEANING

Many verbs have a different meaning when they are used reflexively.

anziehen	*to attract*	**sich anziehen**	*to get dressed*
erinnern (an)	*to remind*	**sich erinnern**	*to remember*
treffen	*to hit; to meet*	**sich treffen**	*to meet each other*
umziehen	*to move, relocate*	**sich umziehen**	*to change clothes*

● ANWENDUNG

B *Say the sentence in German and then give the English equivalent.*

1. Wo trifft man sich in Berlin?
2. Im Film trifft John Wayne immer ins Schwarze°. *bull's-eye*
3. Unsere Wohnung° ist zu teuer. Wir müssen bald umziehen. *apartment*
4. Die Party ist sehr gemütlich. Du mußt dich nicht umziehen.
5. Erinnerst du dich an den schönen Tag auf der Zugspitze?
6. Mutter hat morgen Geburtstag°. Bitte, erinnere Karl daran. *birthday*

● SYNOPSIS EXERCISES

A *Supply the appropriate reflexive pronoun to complete the sentence.*

1. (sich kaufen)   Er kauft _____ ein Auto.
2. (sich fragen)   Wir fragen _____, warum es so ist.
3. (sich irren)   Ich glaube, Sie irren _____.
4. (sich interessieren)   Wofür interessiert ihr _____?
5. (sich anziehen)   Zieh _____ schnell an!
6. (sich treffen)   Wo treffen wir _____?
7. (sich erkälten)   Erkälten Sie _____ nicht!
8. (sich freuen auf)   Freut ihr _____ auf die Party?

B *Restate, substituting the cue subject.*

1. (du) Wie oft rasieren Sie sich?
2. (wir) Sie müssen sich beeilen.
3. (du) Fühlen Sie sich nicht wohl?
4. (du) Wascht euch die Hände!
5. (ich) Sie waschen sich die Hände.
6. (Sie) Sie zieht sich an.

C *Restate with a reflexive pronoun. Then give the English equivalent of both versions.*

1. Er kauft einen Tennisschläger.
2. Ich erinnere sie an ihn.
3. Ziehst du jetzt um?

D *Express in German. (Use either the **Sie**- or the **du**-form for "you.")*

1. I caught a cold.
2. I have to hurry.
3. She is interested in music.
4. He doesn't feel well.
5. Wash your hands!
6. I am happy (that) you are coming.
7. We are looking forward to your visit.
8. You are mistaken.
9. Let's meet tomorrow.
10. I am moving to Berlin.
11. He can't remember the name.

E *React to student A by using the cue reflexive verb in parentheses. (Use either the **Sie**- or the **du**-form for "you.")*

STUDENT A	STUDENT B
BEISPIEL Mein Auto ist kaputt!	(sich kaufen) **Sie müssen sich wieder ein Auto kaufen.**
1. Mir ist sehr kalt!	(sich einen Pullover anziehen)
2. Jetzt ist wieder Grippezeit.	(sich nicht erkälten)
3. Das Wetter ist wieder gut.	(sich schnell ändern)
4. Albert kann nicht mit uns in die Berge gehen.	(sich nicht gut fühlen)
5. Ich habe wieder einen Fehler gemacht.	(sich oft irren)
6. Sport finde ich langweilig.	(sich für nichts interessieren)
7. Dein Haar ist ungekämmt!	(sich öfter° kämmen) *more often*
8. Ihr Bart° ist zu lang!	(sich wieder rasieren) *beard*

9. Meine Hände sind ganz schmutzig°.

(sich die Hände waschen)

dirty

10. Morgen gehen wir auf eine Party!

(sich auf etwas freuen)

F *Antworten Sie! (Instructor to student or student to student)*

1. Wie fühlen Sie sich heute? Krank? So-so?
2. Wofür interessieren Sie sich? Für Musik? Für Kunst? Für _____?
3. Mit wem treffen Sie sich heute? Wo? Wann? Warum?
4. Was kaufen Sie sich gern?
5. Wie trimmen Sie sich?
6. Irren Sie sich manchmal? Worüber? Oft?

5. DEFINITE AND INDEFINITE TIME

ACCUSATIVE: DEFINITE

German distinguishes between definite and indefinite time. The accusative is used to express definite time.

Ich laufe fast **jeden Tag**.	*I run almost every day.*
Wir waren **einen Tag** in Dresden.	*We were in Dresden for one day.*
Spielst du **nächstes Jahr** Tennis?	*Are you playing tennis next year?*

GENITIVE: INDEFINITE

The genitive is used to express indefinite time.

Eines Tages wird sie Olympia-siegerin.	*One day she'll become an Olympic champion.*
Ich laufe gewöhnlich **morgens**.	*I usually jog in the morning.*
Eines Nachmittags brachte er sie zum Klub.	*One afternoon he brought her to the club.*

DATIVE WITH TIME

When the two-way prepositions **an**, **in**, and **vor** are used with expressions of time, answering the question **Wann?** *When?*, the dative is required.

Wann fährst du ab? **Am** Sonntag.	*When are you leaving? On Sunday.*
Wann kommst du? **In einer** Woche.	*When are you coming? In a week.*

Wann ist er abgefahren? **Vor** zwei Tagen.	*When did he leave? Two days ago.*
Wann war er hier? **Vor einer** Stunde.	*When was he here? An hour ago.*
Wann fährt er nach Haus? Er fährt **vor dem** Wochenende nach Haus.	*When is he going home? He is going home before the weekend.*

● ANWENDUNG

A   *Complete with the appropriate form of the cue article. Contract the preposition and the article when possible.*

1. (der)   Ich komme an _____ Sonntag.
2. (ein)   Vor _____ Jahr.
3. (die)   Ich nehme viel Vitamin C vor _____ Grippezeit.
4. (das)   Er kommt immer vor _____ Wochenende.
5. (der)   Sie arbeitet an _____ Montag.

B   *Answer with the German equivalent of the English cue. Give only the time expression, not a complete sentence.*

BEISPIEL   (*every day*)   Wie oft spielen Sie Tennis?
                              Jeden Tag.

1. (*someday*)   Wann möchten Sie heiraten?
2. (*every day*)   Wie oft arbeitest du?
3. (*every morning*)   Wann ruft dich Fritz an?
4. (*some morning*)   Wann hat sie ihn verlassen?
5. (*this year*)   Wann fahren Sie nach Europa?
6. (*one year*)   Wie lang waren Sie in der Schweiz?
7. (*one year ago*)   Wann waren Sie in der DDR?

 Vorsicht!   **Fehlergefahr!**

Do not confuse the noun **der Morgen** *morning* and the adverb **morgens** *in the morning* with the adverb **morgen** *tomorrow*.

Guten **Morgen!**	*Good morning.*
Er arbeitet **morgens**.	*He works in the morning.*
Ich fahre **morgen** nach Haus.	*I am going home tomorrow.*
Morgen ist Sonntag.	*Tomorrow is Sunday.*
Wir kommen **morgen** früh.	*We are coming tomorrow morning.*

Turnen
die Turnübung
der Turner
er turnt, turnte
hat geturnt

Skilaufen
der Skilauf
der Skiläufer
er läuft Ski,
lief . . .,
ist gelaufen

6. seit: PAST TIME CONTINUED INTO THE PRESENT

seit + TIME + PRESENT TENSE

To express an action that began in the past but is still going on in the present, German uses **seit** *since, for* + an element of time + the present tense. In English, the present-perfect tense is used. (Remember that **seit** is a preposition that requires the use of the dative.)

Seit den sechziger Jahren **ist** die DDR eine Großmacht im Sport.	*The DDR has been a major power in sports since the sixties.*
In dem Museum **kann** man **seit** vielen Jahren ein Plakat sehen.	*For many years one has been able to see a poster in the museum.*
Ich **laufe seit** drei Wochen jeden Tag.	*I have been running every day now for three weeks.*

schon INSTEAD OF seit

The adverb **schon** *already* may often be used instead of **seit** in expressing time. **Schon**, however, is followed by a time expression in the accusative.

Ich wohne **seit** einem Jahr hier.	*I have been living here for a year.*
Sie wohnt **schon** ein Jahr hier.	*She has been living here for a year.*

● ANWENDUNG

A *Answer the question by incorporating the cue.*

1. (zwei Monate) Wie lange lernst du schon Deutsch?
2. (drei Tage) Seit wann kennst du Irene?
3. (ein Jahr) Wie lange wohnen Sie schon hier?
4. (eine Woche) Seit wann arbeitet sie dort?
5. (ein Jahr) Seit wann gehört dir der Volkswagen?

Praktische Ausdrücke auf dem Campus	Useful campus expressions[1]
der **Abteilungsleiter, - (-in)**	department head
die **Bibliothek, -en**	library
der **Buchladen, ̈**	bookstore
das **Büro, -s**	office
der **Dekan, -e**	dean
das **Erdgeschoß, -sse**	ground floor
der **Feiertag, -e**	holiday
die **Ferien** pl	vacation
das **Gebäude, -**	building
die **Mensa, die Mensen**	student dining hall
der **Parkplatz, ̈e**	parking lot
das **Schwimmbad, ̈er**	swimming pool
der **Sportplatz, ̈e**	sports field
die **Sprechstunde, -n**	office hour
der **Stock, die Stockwerke**	floor, story
das **Studentenheim, -e**	dormitory
die **Turnhalle, -n**	gym
die **Vorlesung, -en**	lecture

● ANWENDUNG

B *Form questions with the above campus expressions using question words like* **wer**, **wann**, **was**, **wo**, **wie oft**, **warum**, *usw.*

BEISPIEL **Wie oft gehen Sie ins Schwimmbad?**

frisch, fromm,

fröhlich, frei

[1]You may want to add your own expressions.

LESESTÜCK

Die DDR (Deutsche Demokratische Republik): Großmacht im Sport

coach
Es war Elkes erster Besuch bei einem großen staatlichen Sportklub in Leipzig. Eine Freundin brachte sie nachmittags zum Trainer° des Klubs. ,,Na, wofür interessierst du dich?'', fragte der Trainer. ,,Ich möchte Schwimmerin werden'', antwortete das achtjährige Mädchen. Der Trainer schaute sie von oben bis unten an und sagte: ,,Dafür sind deine Hände und Füße zu klein. Aber vielleicht wird aus dir eine gute Turnerin°. Geh' zur Gruppe vier im Turnsaal° ,B'.''

gymnast (female)
gymnasium

planned economy
Ob Elke einmal eine Olympiasiegerin wird, das weiß niemand. Aber der Staat plant schon für sie—genau wie für die anderen drei Millionen Sportler in der Deutschen Demokratischen Republik. Zur Planwirtschaft° dieses Staates gehört nicht nur die Industrie, dazu gehört auch der Sport.

health of the people
Warum interessiert sich der DDR-Staat so sehr für Sport? Er sieht darin nicht nur ein privates Hobby des Volkes, sondern ein Mittel zur Volksgesundheit°. Und noch mehr: Internationaler Erfolg im Sport bedeutet auch nationales Prestige. In allen Schulen und in den 800 staatlichen Klubs fördert die Regierung den Sport. Seit den sechziger Jahren ist dieser Staat eine Großmacht im internationalen Sport. Bei den Olympischen Spielen der letzten Jahrzehnte ,,regnete'' es Medaillen für die DDR.

Diese Erfolge sind kein Zufall. Dahinter steht die Planwirtschaft des DDR-Sports. Experten trainieren Schüler und Schülerinnen schon im Alter von sechs bis neun Jahren; die besten dieser jungen Sportler kommen dann in spezielle Sportschulen. An den Spartakiaden° nehmen bis zu vier Millionen Jungen und Mädchen teil. (Die DDR hat eine Bevölkerung von 17 Millionen Menschen!) Sportärzte und Sportlehrer helfen den Anfängern und auch den Spitzensportlern°. Womit finanziert der Staat diese Programme? Mit der volkseigenen° Industrie, das heißt der verstaatlichten° Industrie.

Spartacus Games (sports competitions in the DDR)

top athletes
publicly owned/ nationalized

pride
Daß sich Erfolg im Sport mit nationalem Stolz° verbindet, ist nichts Neues. Schon bei den Olympischen Spielen der Antike° feierte man die Sieger als nationale Helden. Daran hat sich bis heute nicht viel geändert. Daß die Olympiade ein Wettkampf° zwischen Athleten und nicht zwischen Nationen sein soll, ignorierte man damals genau wie heute.

Antiquity

sports competition

Das nationalsozialistische Regime in Deutschland (1933–1945) hat den ,,Staatsamateur'' der modernen Zeit erfunden. Was versteht man darunter und wodurch unterscheidet sich der ,,Staatsamateur'' vom wirklichen Amateur? Der Amateur muß während des Trainings alles selbst bezahlen; für

ICH TRAINIERE FÜR DEN SIEG

Junge Sportler in der Sportschule in Leipzig.

Marita Koch, eine Spitzensportlerin der DDR in den achtziger Jahren.

professional athlete

den Staatsamateur bezahlt der Staat alles. Staatsamateure sind offiziell keine Berufssportler° und dürfen also auch an internationalen Wettkämpfen teilnehmen.

poster

Sport, Erziehung und Politik gehen in der DDR Hand in Hand. Im Moskauer Revolutions-Museum kann man seit vielen Jahren ein großes Plakat° sehen: ,,Arbeitersportler sind Soldaten der Revolution.'' Sport ist auch für die DDR ,,ein Mittel zur Integration nach innen und Identifikation nach außen'', wie ein Soziologe einmal gesagt hat.[1]

thoroughness

Daß sich im DDR-Sport eine erfolgreiche Mischung von marxistisch-leninistischer Philosophie, starkem Nationalismus und deutscher Gründlichkeit° zeigt, daran zweifeln wenige Leute. Als ein tschechischer Diplomat von den großen Erfolgen der DDR-Athleten hörte, sagte er resigniert: ,,Bei euch Deutschen funktioniert alles; die Monarchie, der Faschismus, die Demokratie, der Sozialismus—und sogar der Sport . . .''

[1]Christian Graf von Krochow, *Sport—eine Soziologie und Philosophie des Leistungsprinzips* [achievement principle], Hamburg, 1974.

WORTSCHATZ ZUM LESESTÜCK

ACTIVE VOCABULARY

nouns

der **Anfänger,** -	beginner	die **Schwimmerin,** **-nen**	swimmer (female)
die **Erziehung**	education	der **Sieger,** -	victor, champion, winner
die **Gesundheit**	health		
die **Gruppe, -n**	group	das **Spiel, -e**	game; match
die **Hand, ̈e**	hand	der **Sportlehrer,** -	physical education instructor
die **Olympiade, -n**	Olympic Games		
die **Politik**	politics	der **Sportler,** -	sports person, athlete (male)
das **Programm, -e**	program		
der **Schüler,** -	pupil (male)		
die **Schülerin, -nen**	pupil (female)	die **Sportlerin, -nen**	athlete (female)

(handwritten: until you grad! from H.S.)

verbs

(sich) ändern	to change, alter	**trainieren**	to train, practice
an·schauen	to look at		
erfinden, erfand, erfunden	to invent	**sich unterscheiden von** (+dat.), **unterschied, unterschieden**	to distinguish, differ from
feiern	to celebrate		
sich freuen auf (+acc.)	to look forward to	**(sich) verbinden, verband, verbunden**	to combine
sich interessieren für	to be interested in		
planen	to plan	**zweifeln an** (+dat.)	to doubt something
teil·nehmen an (+dat.) **(nimmt teil), nahm teil, teilgenommen**	to participate, take part in		

other words

erfolgreich	successful	**staatlich**	governmental, state-owned
nachmittags	in the afternoon		
ob	whether, if	**stark**	strong
oben	top; above	**unten**	at the bottom; below
selbst (selber)	self; himself, herself	**während**	during

(handwritten: never changes. for emphasis. I, myself. Ich selbst.)

special and idiomatic expressions

das heißt (d.h.)	*that is (i.e.)*	**nach innen**	*inward*
es zeigt sich	*it appears, it shows*	**von oben bis unten**	*from top to bottom*
nach außen	*outward*		

VOCABULARY FOR RECOGNITION

nouns

das **Alter**	*age*	die **Mischung**	*mixture*
der **Arbeitersportler, -**	*working-class athlete*	das **Mittel, -**	*means, way*
		die **Olympischen Spiele**	*Olympic Games*
der **Athlet, -en**	*athlete*		
die **Großmacht, ⁻e**	*major power*	die **Olympiasiegerin, -nen**	*Olympic champion (female)*
der **Held, -en**	*hero*		
die **Identifikation**	*identification*		
die **Integration**	*integration*	der **Staatsamateur, -e**	*amateur supported by the state*
das **Jahrzehnt, -e**	*decade*		
Leipzig	*Leipzig* (city in the DDR)		
		der **Wettkampf, ⁻e**	*competition*
die **Medaille, -n**	*medal*		

verbs

finanzieren	*to finance*	**funktionieren**	*to function, work*
fördern	*to encourage, promote*	**ignorieren**	*to ignore*

other words

dahinter	*behind it, behind them*	**sogar**	*even*
daran	*in it, about it/that*	**tschechisch**	*Czech*
darin	*in it*	**wirklich**	*true, genuine*
darunter	*by that*	**wodurch**	*whereby; how*
dazu	*to that, to it*	**womit**	*with what*
resigniert	*resigned(ly), with resignation*		

● FRAGEN ZUM LESESTÜCK

Antworten Sie auf deutsch!

1. Warum besuchte Elke den staatlichen Sportklub in Leipzig?
2. Warum soll sie nicht Schwimmerin werden?
3. Was weiß man noch nicht von Elke?
4. Was tut der Staat schon für das achtjährige Mädchen?
5. Warum spielt der Sport in der DDR eine wichtige Rolle?

6. Wo fördert die Regierung der DDR den Sport?
7. Was gab es bei den Olympischen Spielen der letzten Jahrzehnte für die DDR?
8. Warum sind die Erfolge der DDR im Sport kein Zufall?
9. Womit finanziert die DDR-Regierung den Sport?
10. Was hat sich bei den Olympischen Spielen bis heute nicht geändert?
11. Was ignoriert man oft bei den Olympiaden?
12. Wer hat den ,,Staatsamateur'' erfunden?
13. Was tut der Staat für den Staatsamateur?
14. Was zeigt sich im DDR-Sport?
15. Was sagte einmal ein tschechischer Diplomat über den Erfolg der DDR-Athleten?

● SITUATIONEN

1. *You are being asked by a friend to play tennis today:* ,,Wann spielen wir heute Tennis?'' *You don't feel too well, so you say:* _____.
2. *You and a friend are discussing ways of keeping fit. He/She argues in favor of jogging or* ,,Trimm-dich-Pfade''. *You say:* _____.
3. *You have just returned from an international sports competition in East Berlin, where the DDR won all the gold medals. A friend says:* ,,Ja, die DDR-Sportler sind viel besser.'' *You say:* _____.
4. *You are a trainer in a sports club in Leipzig. A teenager says to you:* ,,Ich möchte Sportler/Sportlerin werden.'' *You look him/her over and say:* _____.

● SCHRIFTLICH WIEDERHOLT

A *Write a question about the underlined word(s). Use a preposition plus the interrogative, or a* **wo**-*compound, whichever is appropriate.*

BEISPIEL   Er wartet auf den Zug.   **Worauf wartet er?**
                    Er wartet auf sie.   **Auf wen wartet er?**

1. Elke spricht mit dem Trainer.
2. Die DDR hat für den Sport großes Interesse.
3. Von deiner Erkältung hat er nichts gewußt.
4. Wir diskutieren über unseren Sportlehrer.
5. Der Staat verbindet mit dem Sport nationales Prestige.
6. Er wurde durch den Sport sehr populär.
7. Sie haben mit seinen Eltern gesprochen.
8. Sie argumentierten gegen das Nullwachstum.
9. Ursula hat von ihrem Mann einen Brief bekommen.

30 Jahre Sport in der DDR: Sport und Politik gehen Hand in Hand.

B   *Rewrite, replacing the underlined words with expressions from the list below, or with others of your own choosing.*

helfen	zusammengehören	6 Monate
bezahlen	sich ändern	Interesse haben für

1. Ich spiele seit einem halben Jahr Tennis.
2. Wofür interessierst du dich?
3. Die Regierung fördert den Sport.
4. Womit finanziert die Regierung den Sport?
5. Das Wetter wechselt° oft.   *changes*
6. Sport und Politik gehen in der DDR Hand in Hand.

C   *Complete, using the appropriate subject pronouns and reflexive pronouns shown below.*

ich	**wir**	**dich**	**uns**
du	**ihr**	**sich**	**euch**
er	**Sie**		

1. Das konnten _____ _____ nicht leisten.
2. _____ duscht _____ früh morgens.
3. Da irrst _____ _____ sicher!
4. Wie oft rasieren _____ _____?
5. Trimmt _____ _____ am Trimm-dich-Pfad?

SPRECHEN LEICHT GEMACHT!

to practice when and when not to use **da**-compounds . . .

Ich auch!¹   **A** *Say that you, too, are doing the same thing. (Student A to student B, B to C, and so on)*

	freue mich auf das Wochenende.	Ich freue mich auch
	bin für die Demokratie.	darauf.
	spreche über Nietzsche.	
	schreibe über Freud.	
	arbeite an meinem B.A.	
Ich	arbeite für Professor Schwarz.	
	habe nichts gegen eine schwere Prüfung.	
	bin für die Frauenrechtlerinnen°.	*women's liberationists*
	fliege mit der Concorde.	
	laufe mit den Studenten.	
	?	

Ja, so ist es.   **B** *Follow the same format as in Exercise A.*

Spricht Fritz oft über seine Probleme?
Spricht Fritz oft über seine Freundin?
Erzählt Susi viel von ihren Ferien?
Fährt Oskar immer mit seinem Vater?
Hilft Uwe dir bei deinen Hausaufgaben?
Fährt Willi immer mit dem Bus?
Erzählt Stella viel von ihrem Freund?
Wartet Bruno wirklich auf einen Brief von Sabine?
Kauft Peter ein Hi-Fi für sein Auto?
Kauft dein Vater ein Auto für deinen Bruder?

Ja, er spricht oft _____.

Radfahren
die Radtour
das Radrennen
der Radfahrer
er fährt Rad, fuhr . . .
ist Rad gefahren

Fußball
das Fußballspiel
der Fußballspieler
(der Fußballer)
er spielt Fußball,
spielte, hat gespielt
er schießt ein Tor,
schoß, hat . . . .
geschossen

¹Me, too!

275

an, on, to, by
at, on, to, by

Boxen
der Boxkampf
der Boxer
er boxt
boxte, hat geboxt
(gegeneinander boxen)

Rudern
die Ruderfahrt
der Ruderer
er rudert, ruderte
ist gerudert

to practice **da**-compounds or the appropriate personal pronoun in the present perfect . . .[1]

Nein, das stimmt
nicht!

C *Answer in the negative, using a **da**-compound wherever possible. (A to B, B to C, and so on)*

Hast du schon von deiner Reise erzählt?	Nein, ich habe noch nicht _____.
Hast du schon für die Einladung zur Party gedankt?	
Hast du schon von dem neuen Studentenheim gehört?	
Hast du schon mit deinen Eltern gesprochen?	
Bist du schon mit dem Porsche gefahren?	
Hast du schon mit Georg Tennis gespielt?	
?	

to practice **wo**-compounds or preposition + a question . . .

Schlechte
Verbindung[2]

D *You are talking on the phone, but you did not understand part of what was said.*

Fritz schreibt über seine Reise.	_____ schreibt er?	
Anna dankt für das Geschenk°.		*gift*
Karl wartet auf seine Freundin.		
Professor Grau spricht über Franz Kafka.		
Ich fahre mit dem Zug.		
Karin wartet auf die Post.		
Ich schreibe heute an den Präsidenten.		
Franz arbeitet an einem Aufsatz°.		*composition, essay*
Frau Strauß ist gegen die Staatsamateure.		
Ich bin für den Berufssport.		
Ich fahre mit unserem Sportlehrer.		

[1]The following exercises include items where the personal pronoun must be used.
[2]*Bad connection*

to practive reflexive verbs . . .

Was machen Sie? **E** *Ask your classmates what they do in these situations. If they wish, they may answer using the following suggestions.*

sich ausruhen	*to rest*	**sich schämen**	*to be ashamed*
sich ausweisen	*to identify oneself*	**sich setzen**	*to sit down*
sich freuen	*to be happy*	**sich umziehen**	*to change clothes*
sich kämmen	*to comb one's hair*	**sich waschen**	*to wash oneself*
sich kaufen	*to buy for oneself*	**sich wohl fühlen**	*to feel well*

Was machen Sie, wenn . . .

⌐ ein Polizist Sie fragt, wie Sie heißen?

⌐ Sie schmutzige° Hände haben? *dirty*

⌐ Ihr Vater Ihre ungekämmten Haare nicht gern hat?

Sie Deutsch studiert haben und müde° sind? *tired*

Sie Tomatensauce auf Ihre neuen Jeans schütten°? *pour*

Sie einen freien Platz neben° einem Mädchen/Jungen *next to* in der Klasse sehen?

man Ihren VW 1978 nicht mehr reparieren kann?

?

Machst du das auch? **F** *Turn to your neighbor and say what you are doing. Ask whether he or she is doing the same. (A to B, B to C, and so on)*

Ich {
kaufe mir ein Moped/Mofa.
ziehe mich an.
interessiere mich dafür.
freue mich auf die Ferien.
kämme mich zehnmal am Tag.
erinnere mich an die Party.
wasche mir jede Woche die Haare.
?
}

Kaufst du _____ auch _____?

Schießen
der Schuß
der Schütze
er schießt, schoß
hat geschossen
(ich ziele und treffe,
er trifft, traf, hat
getroffen)

Reiten
der Ritt
der Reiter
er reitet, ritt
ist geritten

Nein, das machen wir nicht!

G   *Deny what a classmate asks you.*

Freust du dich auf die Prüfung?	Nein, ich freue _____.
Kauft ihr euch ein Auto?	wir freuen _____.
Können Sie sich ausweisen?	
Treffen sie sich jeden Tag?	
Irrst du dich nicht?	
Erkälten Sie sich oft?	
Ziehst du dich für die Party um?	
Interessiert ihr euch für Politik?	
?	

to practice definite and indefinite time . . .

Morgen, morgen, nur nicht heute, sagen alle faulen Leute.[1]

H   *Do you have a definite or an indefinite time for doing the things below? Combine items from the two columns to reflect your timetable.*

Ich {

studiere	jeden Tag.	
schlafe	immer morgens.	
turne	eines Tages.	
träume°	abends.	*dream*
arbeite	nachts.	
rauche	nicht dieses Jahr.	
heirate	jedes Jahr.	
wasche mich	jeden Nachmittag.	
?	nie sonntags.	
	diesen Sonntag.	
	?	

to practice listening comprehension . . .

Haben Sie verstanden?

I   *Listen to what your instructor says but keep your books closed. Then say **Ich bin dafür** or **Ich bin dagegen**.*

Trimm-dich-Pfade in jeder Stadt.
Eine Pille gegen Dummheit°.   *stupidity*
Das fünfundfünfzig Meilen Tempolimit.
Zwei Autos in jeder Garage.
Das Nullwachstum in der ganzen Welt.
Weniger Reklamen im Fernsehen.
Das Finanzieren des Sports durch den Staat.
Weniger Hausaufgaben in Deutsch.
?

[1] *Tomorrow, tomorrow, but not today, so say all lazy people. (i.e., Do not put off till tomorrow what you can do today.)*

Fechten
der Fechtkampf
der Fechter
er ficht, focht,
hat gefochten

Ringen
der Ringkampf
der Ringer
er ringt,
rang,
hat gerungen
(miteinander ringen)

to practice vocabulary . . .

Was ist das Gegenteil?

J *Find the antonym of the word in the first column, and say:* **Das Gegenteil von _____ ist _____.**

oben	recht haben
krank	viele
teuer	privat
sich irren	abends
ein paar	unten
richtig	falsch
stehen	interessant
anfangen	aufhören
öffentlich	billig
morgens	gesund
langweilig	sitzen

Meine Meinung

K *Match items from the two colums to express your view of the sports below.*

Golf	möchte ich versuchen	
Schwimmen	habe ich oft gemacht	
Windsurfen	ist für reiche° Leute	*rich*
Wandern	das machen nur die Deutschen	
Drachenfliegen°	dazu braucht man Schnee°	*hang-gliding/snow*
Schilaufen°	ja, aber wo?	*skiing*
Boxen	ist zu gefährlich°	*dangerous*
Trimm-dich-Pfade	dazu muß man stark sein	
Tauchen°	ich habe Angst vor Haifischen°	*diving/sharks*
Radfahren°	ist gesund	*bicycling*
Turnen°	interessiert mich gar nicht°	*doing gymnastics/not at all*
Rollschuhfahren	?	
?		

Nationalsport **L** *Wo hat man welchen Sport besonders gern?*

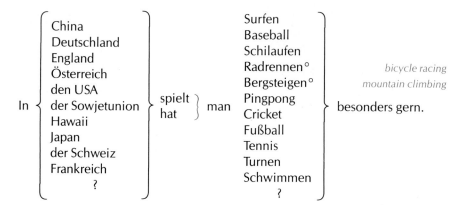

In { China / Deutschland / England / Österreich / den USA / der Sowjetunion / Hawaii / Japan / der Schweiz / Frankreich / ? } { spielt / hat } man { Surfen / Baseball / Schilaufen / Radrennen° / Bergsteigen° / Pingpong / Cricket / Fußball / Tennis / Turnen / Schwimmen / ? } besonders gern.

bicycle racing
mountain climbing

Mythologische
Olympiade **M** *Wer sind die größten Sportler und Sportlerinnen der Geschichte? Sagen Sie den Namen mit dem richtigen Sport!*

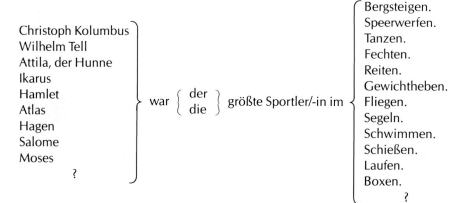

{ Christoph Kolumbus / Wilhelm Tell / Attila, der Hunne / Ikarus / Hamlet / Atlas / Hagen / Salome / Moses / ? } war { der / die } größte Sportler/-in im { Bergsteigen. / Speerwerfen. / Tanzen. / Fechten. / Reiten. / Gewichtheben. / Fliegen. / Segeln. / Schwimmen. / Schießen. / Laufen. / Boxen. / ? }

Hier ist es gemütlich. Wie schön, wenn man viel Freizeit hat!

Was wird das 21. Jahrhundert bringen?

Deutsche Redensarten

DIALOG

Was wird das 21. (einundzwanzigste) Jahrhundert bringen?

Eine deutsche Zeitung stellte diese Frage an Studenten und Professoren auf dem Campus der Universität Bremen. Hier sind ihre Antworten:

REPORTER	Was glauben Sie, was wird uns das 21. Jahrhundert bringen?
CHRISTA LENZ	Wir werden viel mehr Freizeit als jetzt haben.
REPORTER	Und was wird man mit der Freizeit tun?
CHRISTA LENZ	Ich glaube, die Menschen werden mehr Zeit für ihre Familien und ihre Hobbys haben. Man wird mehr reisen, aber auch mehr fernsehen—und hoffentlich mehr lesen.
REPORTER	Was ist Ihre Prognose fürs nächste Jahrhundert?
HEINZ LOEB	Ich glaube vor allem, daß man im 21. (einundzwanzigsten) Jahrhundert neue Planeten erforschen wird. Und Roboter werden die Arbeit in den Fabriken tun.
REPORTER	Und wie denken Sie darüber?
HEINZ LOEB	Das ist gut! Ich glaube wirklich, daß die Menschen ein besseres Leben haben werden. Die Qualität des Lebens wird besser werden.
REPORTER	Und was ist Ihre Meinung über unsere Zukunft im nächsten Jahrhundert?
PROFESSOR SCHUMANN	Als ich Ihre Frage hörte, dachte ich zuerst: Wenn's ein 21. Jahrhundert geben wird, müssen wir Glück haben.
REPORTER	Wie soll ich das verstehen?
PROFESSOR	Ich bin nicht sicher, ob wir das 21. Jahrhundert noch erleben werden.
REPORTER	Und warum nicht?
PROFESSOR	Haben Sie noch nie vom Wettrüsten und vom Atomkrieg gehört . . .?

| REPORTER | Ach so, ich dachte nicht, daß Sie so pessimistisch über die Zukunft denken würden. |

WORTSCHATZ ZUM DIALOG

ACTIVE VOCABULARY

nouns

Bremen	*Bremen* (city in the FRG)	die **Prognose, -n**	*prognosis, forecast*
das **Glück**	*good luck, fortune*	der **Reporter, -**	*reporter*
		der **Roboter, -**	*robot*
das **Jahrhundert, -e**	*century*	das **Wettrüsten**	*arms race*
das **Leben**	*life*	die **Zukunft**	*future*
der **Planet, -en**	*planet*		

verbs

Ich sehe fern

erforschen	*to explore*	**fern·sehen (sieht fern),**	*to watch*
erleben	*to live to see; to experience*	**sah fern, ferngesehen**	*television*

other words

besser	*better*	**optimistisch**	*optimistic*
einundzwanzigst-	*twenty-first*	**pessimistisch**	*pessimistic*
nächst-	*next*		

special and idiomatic expressions

Glück haben	*to be lucky, to be fortunate*	**vor allem**	*above all*
noch nie	*never (before)*		

● FRAGEN ZUM DIALOG

1. Wo stellte der Reporter die Fragen?
2. An wen stellte er die Fragen?
3. Was werden die Menschen mit ihrer Freizeit tun? Was glaubt Christa?
4. Was werden die Menschen tun? Was hofft Christa?
5. Was wird man erforschen? Was glaubt Heinz?
6. Wer wird die Arbeit in den Fabriken tun?
7. Wie denkt Heinz über Roboter?
8. Warum ist Professor Schumann nicht sicher, daß wir das 21. Jahrhundert erleben werden?

● PERSÖNLICHE FRAGEN

1. Was ist Ihre Prognose für das 21. Jahrhundert? Sind Sie über die Zukunft pessimistisch oder optimistisch?
2. Was tun Sie jetzt in Ihrer Freizeit? Sehen Sie fern? Lesen Sie? Was sind Ihre Hobbys?
3. Sind Sie für oder gegen die Roboter? Warum?
4. Wissen Sie, woher das Wort ,,Roboter'' kommt?

● AUSSPRACHE-ÜBUNG

German **ich**-sound versus German **ach**-sound

1. **ich**-sound after front vowels (**i, e, eu, ie, ei, ö**)

mich	*me*	**euch**	*you*
dichten	*to write poetry*	**riechen**	*to smell*
nichts	*nothing*	die **Eiche**	*oak tree*
das **Pech**	*bad luck; tar*	**zeichnen**	*to draw*
recht	*right*	du **möchtest**	*you would like*
schlecht	*bad*		

2. **ach**-sound after back vowels (**a, u, o, au**)

der **Bach**	*brook*	das **Loch**	*hole*
die **Sache**	*thing*	**doch**	*nevertheless*
die **Nacht**	*night*	**pochen**	*to knock*
machen	*to make*	der **Koch**	*cook*
lachen	*to laugh*	**hoch**	*high*
das **Buch**	*book*	der **Bauch**	*belly*
die **Buche**	*beech tree*	**tauchen**	*to dive*
suchen	*to search*	**auch**	*also*
fluchen	*to curse*	er **raucht**	*he smokes*

3. **ich**-sound after consonants (**n, l, d, ß, r**)

München	*Munich*	das **Mädchen**	*girl*
mancher	*many a*	**bißchen**	*little bit*
welcher	*which*	das **Fläschchen**	*small bottle*
die **Milch**	*milk*	**durch**	*through*
solcher	*such a*	der **Storch**	*stork*

4. *Pronounce the singular and plural forms in sequence.*

das **Loch**, die **Löcher**	*hole*	das **Buch**, die **Bücher**	*book*
der **Spruch**, die **Sprüche**	*saying*	das **Dach**, die **Dächer**	*roof*
der **Bach**, die **Bäche**	*brook*	die **Tochter**, die **Töchter**	*daughter*
der **Bauch**, die **Bäuche**	*belly*	der **Brauch**, die **Bräuche**	*custom*

GRAMMATIK Theorie und Anwendung

1. THE FUTURE TENSE

Du **wirst** morgen Kopfschmerzen **haben**.	*You will have a headache tomorrow.*
Sie **werden** solche Redensarten oft **hören**.	*You will often hear such expressions.*
Öl **wird** nicht immer billig **sein**.	*Oil won't always be cheap.*
Werden Sie ihm **glauben**?	*Will you (Are you going to) believe him?*

werden + INFINITIVE

The future tense in German, as in English, is formed with an auxiliary plus an infinitive. In German the auxiliary is **werden**. In contrast to English, however, in German the infinitive goes to the end of a main clause.

● ANWENDUNG

A *Give the German equivalent.*

1. *He will come.* Er _wird_ kommen.
2. *Will she come?* _Wird_ sie kommen?
3. *I will remain.* Ich _werde_ bleiben.
4. *You (familiar) will pay!* Du _wirst_ zahlen!
5. *We will call.* Wir _werden_ anrufen.
6. *You (formal) will understand.* Sie _____.
7. *They will write.* Sie _____.

B *Restate using the future tense.*

1. Ich mache meine Hausaufgaben.
2. Er bringt dich zum Klub.
3. Haben Sie Zeit?
4. Wann besuchst du mich?
5. Morgen hilft sie mir.
6. Ist er immer pünktlich?
7. Ulrike kommt um drei Uhr.
8. Die Roboter tun die Arbeit.

C *Restate in the future tense. Note that some are separable-prefix verbs.*

1. Ich rufe die Lufthansa an.
2. Er steht um sechs Uhr auf. Morgen _____.
3. Wann hörst du mit der Arbeit auf?
4. Wir sehen uns bald wieder.
5. Kommen Sie um sieben Uhr an?
6. Der Zug fährt um 13 Uhr ab. Am Sonntag _____.
7. Wir haben mehr Freizeit.
8. Man hat ein besseres Leben.

Die Bayrischen Motorenwerke in München: Die Zukunft hat schon begonnen.

AND NOW **werden** TO THE END!

In dependent clauses, the conjugated verb always moves to the final position. This means that when the future tense is used in a dependent clause, the conjugated form of **werden** occupies the final position.

Er sagt, daß er eines Tages auch Tennis **spielen wird**.

He says that some day he'll also play tennis.

Sie will nichts trinken, damit sie morgen keinen Kater **haben wird**.

She does not want anything to drink so that she will not have a hangover tomorrow.

● ANWENDUNG

D *Combine the components, changing the original sentence into a dependent clause. Rearrange word order as appropriate.*

1. Das metrische System wird bald Gewohnheit sein.
   Wir hoffen, daß _____.

2. Er wird bald eine Partnerin finden.
   Er schreibt einen Heiratswunsch, damit _____.
3. Was wird die Zukunft bringen?
   Wer weiß, was _____?
4. Politiker werden das Problem der Bevölkerungsexplosion verstehen.
   Ich frage mich, ob _____.
5. Sabine wird Mathematik studieren.
   Karin sagt, daß _____.

MODAL TO THE END!

When the future tense is used with a modal auxiliary, the infinitive of the modal stands at the end, just after the infinitive of the main verb.

Wird Fritz morgen nicht **kommen können?**

Won't Fritz be able to come tomorrow?

Hoffentlich **werden** Sie nie **sagen müssen**: „Man hat mich übers Ohr gehauen."

It is to be hoped that you will never have to say: "They fooled me."

● ANWENDUNG

E *Restate in the future tense, using the cue modal, and translate.*

1. (müssen) Er wird Geld verdienen.
2. (wollen) Er wird es nicht sagen.
3. (können) Was wird man dagegen tun?

F *Restate, changing the verb from the present to the future tense.*

1. Ich muß sparen.
2. Du willst bald ein Auto kaufen.
3. Wir können noch warten.

Ich werde sparen mussen
Due wirst bald ein Auto kaufen

PRESENT TENSE FOR FUTURE TIME

Like English, German commonly uses the present tense to express a future action, especially when the statement contains a word that denotes future time (such as **morgen**, **bald**, or **heute abend**).

Ich **kaufe morgen** die Karten fürs Fußballspiel.

I am buying the tickets for the soccer game tomorrow.

Wir **kommen bald.**

We are coming soon.

● ANWENDUNG

G   *Restate, using the present tense and the cue words instead of the future tense to indicate future action.*

1. (am Wochenende)   Ich werde euch besuchen.
2. (in zwei Tagen)   Sie wird mit der Arbeit fertig° sein.   *finished*
3. (heute abend)   Wir werden ins Konzert gehen.
4. (bald)   Wirst du uns schreiben?
5. (in ein paar Minuten)   Wird der Bus kommen?

● SYNOPSIS EXERCISES ON THE FUTURE

A   *Restate, changing the conjugated verb to the future tense. If the sentence contains a dependent clause, change the verb in the dependent clause.*

1.   Ich gehe nach Haus.
2.   Wir haben Glück.
3.   Heute nachmittag bin ich zu Haus.
4.   Er sagt, daß manche Menschen nie optimistisch sind.
5.   Sie fragt uns, ob Professor Ritter über das Wettrüsten spricht.
6.   Bald mache ich keine Fehler mehr.
7.   Haben wir mehr Freizeit?
8.   Ich glaube nicht, daß die Qualität des Lebens besser ist.
9.   Astrid freut sich auf die Ferien.
10.   Das glaubt dir niemand.   *I don't believe that from you.*
11.   Erinnerst du dich an mich?   *Nobody believes you.*

B   *Zukunftsmusik oder Zukunftspläne? Fantasy or reality? Student A asks questions, student B answers using the future tense. Fragen Sie Ihren Nachbarn! (Use either the **du**- or the **Sie**-form.) Use the cues or invent your own.*

STUDENT A	STUDENT B
1. Was machst du dieses Wochenende?	(schlafen/arbeiten/studieren/usw.)
2. Müssen wir wieder zu Fuß ins Kino gehen? Hast du noch kein Auto?	(bald kaufen/Audi/Porsche/usw.)
3. Wir sind jetzt schon zwei Wochen zusammen? Wann heiraten wir?	(nächste Woche/bald/nächstes Jahr/usw.)
4. Wohin reisen Sie diesen Sommer?	(nach China/nicht reisen, kein Geld/nach Haus/usw.)
5. Hast du jetzt viel Geld?	(Nein, aber/bald/wenn ich alt bin/usw.)

6. Helfen dir deine Eltern mit Geld fürs Studium?

(vielleicht/nächstes Jahr/wenn ich A's bekomme/usw.)

 Vorsicht!   **Fehlergefahr!**

Do not confuse German **will** (from **wollen** *to want to*) with English *will* (the auxiliary for the future tense).

Ich **will** es tun.	*I want to do it.*
Ich **werde** es tun.	*I will do it.*
Er **will** es haben.	*He wants to have it.*
Er **wird** es haben.	*He will have it.*

● ANWENDUNG

Give the German equivalent.

1. *Do you want it?* _____ du es haben?
2. *Will you see her?* _____ du sie sehen?
3. *He wants to come along.* Er _____ mitkommen.
4. *He will come along.* Er _wird_ mit kommen.
5. *I want to buy it.* _____.
6. *I will sell it.* _____.
7. *Will you (**Sie**) see her?* _____.

2.   THE THREE FUNCTIONS OF werden

The verb **werden** is used in three different ways.

a) The basic meaning of **werden** is _to become_

Das Benzin **wird** teuer.	*Gas is becoming expensive.*
Wollen Sie Ärztin **werden**?	*Do you want to be(come) a doctor?*

b) **Werden** combined with an infinitive signals the _future tense_

Wir **werden** viel Freizeit haben.	*We will have a lot of leisure time.*
Der Roboter **wird** uns **helfen**.	*The robot will help us.*

c) When combined with a past participle, **werden** signals the _passive voice_ which will be discussed in Chapter 17.

● ANWENDUNG

A *Express in German.*

1. I will receive money.   *bekommen to receive,* (handwritten)
2. I will become rich°.   *reich*
3. Will gas become expensive?
4. The air is getting bad.
5. We don't get mail today.
6. Everyone hopes that the forests will not die.

3. würde: ALWAYS MEANS *would*

würde + INFINITIVE

Würde, with an infinitive, is often used to express a hypothetical condition. It always corresponds to English *would.*[1]

ich, er/sie/es **würde** du **würdest**	wir, sie, Sie **würden** ihr **würdet**

BEISPIELE   Wir **würden** das nie **tun**.   We would never do that.

Ich **würde** gern mehr Freizeit haben.   I would like to have more leisure time.

more polite form. (handwritten)

● ANWENDUNG

A *Complete the German sentence as suggested by the English equivalent.*

1. *I will gladly do it.*   Ich _____ es gern tun.
2. *I would gladly do it.*   Ich _____.
3. *What will you tell him?*   Was _____ Sie ihm sagen?
4. *What would you tell him?*   Was _____?
5. *He will go home with you.*   Er _____ mit dir nach Haus gehen.
6. *He would go home with you.*   Er _____.

4. als, wenn, AND wann

Als, **wenn**, and **wann** all correspond to English *when*. They are not interchangeable, however, and must each be used in a particular way.

[1]**Würde** is the subjunctive form of **werden**. The subjunctive is discussed in Chapters 15 and 16.

als = *when (at the time that)*

Als signals a single event in the past.

Als Heinz keine Karte bekommen konnte, hat er ein langes Gesicht gemacht.	*When Heinz could not get a ticket, he made a long face.*
Sie hatte Kopfschmerzen, **als** ich sie gestern sah.	*She had a headache when I saw her yesterday.*

wenn = *if, whenever*

Wenn usually signals an ''*if*-situation'' or a repeated event (''whenever'').

Nur noch ein Beispiel, **wenn** Sie Zeit haben.	*Only one more example, if you have time.*
Wenn Sie von einer Sache genug haben, dann haben Sie ,,die Nase voll''.	*If you have had enough of a thing, you are ''fed up.''*
Wenn ich mit Deutschen spreche, lerne ich viele Redensarten.	*Whenever I speak with Germans, I learn many idioms.*

wann? = *when?*

Wann is always a question word. It is also used in indirect questions.

Wann haben Sie das Auto gekauft?	*When did you buy the car?*
Ich weiß nicht, **wann** ich den Mund halten soll.	*I don't know when to keep my mouth shut.*

Remember that **als** and **wenn** are subordinating conjunctions requiring V-L word order. **Wann**, when used in indirect questions, also requires V-L word order.

 Vorsicht!　**Fehlergefahr!**

> **Als** may also correspond to English *as* or *than*. In such cases, it is not part of a subordinating clause and so does not produce V-L word order.
>
> | | |
> |---|---|
> | Man muß die Redensart **als** Ganzes verstehen. | *One must understand the idiom as a whole.* |
> | Er kam früher **als** ich. | *He came earlier than I.* |

● ANWENDUNG

A   *Complete the sentence or question with* **als**, **wenn**, *or* **wann**.

1. Ich bleibe immer zu Haus, _____ das Wetter schlecht ist.
2. _____ wir in der Schweiz waren, sind wir oft gewandert.
3. _____ haben Sie das Auto gekauft?
4. Ich habe oft Walzer getanzt, _____ ich in Österreich war.
5. Er fragt, _____ die Banken offen sind.
6. Ich habe ihn immer verstanden, _____ er Deutsch sprach.
7. Und _____ er kein Geld hat? Was dann?
8. Wissen Sie, _____ der Zug ankommt?

B   *Join the two sentences with* **als**, **wenn**, *or* **wann**, *making any necessary changes in word order.*

BEISPIEL   Ich fahre mit dir zur Universität. Du willst Professor Grimms Vorlesung hören.
   Ich fahre mit dir zur Universität, wenn du Professor Grimms Vorlesung hören willst.

als ich in Österreich war

1. Ich wohnte bei Freunden. Ich war in Österreich.
2. Ich wohne immer in Jugendherbergen. Ich reise in Deutschland.
3. Sie wollen nächstes Jahr in Deutschland studieren. Sie haben das Geld.
4. Schliemann war in Rußland. Sein Bruder starb in Kalifornien.
5. Ich weiß nicht. Sie heiraten.
6. Sie können sich einen Mercedes kaufen. Sie sparen lange.
7. Ich protestierte gegen den Umweltschmutz. Ich hörte von dem Waldster- ben. *hörte   pollution*

Kick the modal to the end!

C   *Combine the two sentences. Begin the first clause with or insert* **als**, **wenn**, *or* **wann**.

BEISPIEL   Er fuhr nach Rußland. Er konnte schon Russisch.
   Als er nach Rußland fuhr, konnte er schon Russisch.

1. Professor Röntgen war an der Universität Würzburg. Er entdeckte unbe- kannte Strahlen.
2. Der Student fragte. Röntgen bekam den Nobelpreis.
Wenn Man verwendet diese Strahlen. Man kann das Herz° sehen.   *heart*
4. Ich höre „X-rays". Ich denke immer an Professor Röntgen.

Wenn ich x-rays höre, denke ich immer an Professor Röntgen

5.   ADJECTIVAL ENDINGS: A PREVIEW

German distinguishes between descriptive and limiting adjectives. The distinc- tion influences the choice of adjective endings.

_PI_

DESCRIPTIVE ADJECTIVES

Descriptive adjectives "describe" the noun they modify. When they _precede the noun_, they almost always _add endings to show the noun's number, gender, and case._[1]

ein **gutes** Beispiel	_a good example_
die **interessante** Redensart	_the interesting idiom_

AFTER THE NOUN: NO ENDING

When descriptive adjectives _follow the noun_ they modify, they have _no ending._[2] Such adjectives often complete statements begun by verbs like **sein** _to be,_ **werden** _to become,_ **bleiben** _to remain,_ or **scheinen** _to seem._

Ein **glückliches** Kind. Das Kind ist **glücklich**.	_A happy child. The child is happy._
Die **junge** Frau. Die Frau bleibt **jung**.	_The young woman. The woman remains young._
Der **seriöse** Herr. Der Herr scheint **seriös** zu sein.	_A decent gentleman. The gentleman seems to be decent._

• ANWENDUNG

A   _Express the statement using the cue verb._

BEISPIEL   (sein)   Das gute Bier. Das **Bier ist gut**.

1. (sein)   Ein interessanter Mann. Der _____.
2. (sein)   Eine interessante Frau. Die _____.
3. (sein)   Ein interessantes Buch. Das _____.
4. (werden)   Der „gelbe" Schwarzwald. Der _____.
5. (bleiben)   Das kalte Wetter. Das _____.
6. (scheinen)   Die schwere Frage. Die _____ zu sein.

LIMITING ADJECTIVES

Limiting adjectives simply signal that a noun follows, but do not further describe its characteristics (_a, the, my, two, which_ are examples in English). The German definite and indefinite articles (**der, ein**) are limiting adjectives, as are all **der**-words and **ein**-words (**dieser, mein, alle,** etc.). Most limiting adjectives have endings to show the number, gender, and case of the noun they modify. (The examples below are all in the nominative singular.)[3]

---

[1]Descriptive adjectives that precede the noun are also known as "attributive adjectives."
[2]Such adjectives are also known as "predicate adjectives."
[3]See the lists of **der**-words and **ein**-words on pp. 313 and 315 of Chapter 11.

dieser Junge	*this boy*
diese Frau	*this woman*
dieses Auto	*this car*

6. DESCRIPTIVE ADJECTIVES FOLLOWING der AND ein

ENDING DEPENDS ON WHETHER der OR ein PRECEDES

As we have seen, descriptive adjectives that precede the noun must have endings. The precise ending an adjective takes, however, depends in part on whether the adjective itself is preceded (*a*) by a definite article (**der**, **die**, **das**) or **der**-word, or (*b*) by an indefinite article (**ein**, **eine**) or **ein**-word. (The examples below are all in the nominative singular.)

de**r** kleine Finger	*the little finger*
ein kleine**r** Finger	*a little finger*
di**e** typische Reklame	*the typical ad*
ein**e** typische Reklame	*a typical ad*
da**s** neue Auto	*the new car*
ein neue**s** Auto	*a new car*

BASIC RULE

Either the *descriptive* adjective or the *limiting* adjective must show a primary ending. If the *limiting* adjective does not show this ending, the *descriptive* adjective that follows it does. Compare:

Dies**er** nette Student	Ein nett**er** Student
Dies**e** nette Frau	Ein**e** nette Frau
Dies**es** nette Mädchen	Ein nett**es** Mädchen

PRIMARY ENDINGS ON LIMITING ADJECTIVES

As you recall, the German definite article has a complete set of endings, called primary endings. To refresh your memory, the primary endings of **der**-words are illustrated in the following chart.

	MASCULINE	NEUTER	FEMININE	PLURAL
Nominative	dies**er**	dies**es**	dies**e**	
Accusative	dies**en**			
Dative	dies**em**		dies**er**	dies**en**
Genitive	dies**es**			

If a *limiting adjective* (that is, a **der**-word or an **ein**-word) that precedes a *descriptive adjective* lacks a primary ending, the following *descriptive adjective* adds a primary ending. In the examples above, **ein** does not show that **Finger** and **Auto** are masculine and neuter, respectively. Therefore, **klein** and **neu** show the masculine primary ending **-er** and the neuter primary ending **-es**, respectively.

SECONDARY ENDINGS **-e** OR **-en**

If the *limiting adjective*, on the other hand, shows a primary ending, the following *descriptive adjective* shows only the ending **-e** or **-en**, called secondary endings; these endings do not necessarily reveal the number, gender, or case of the noun.

Geben Sie mir ein**en** sauber**en** Löffel!	*Give me a clean spoon.*
Geben Sie mir ein**e** sauber**e** Gabel!	*Give me a clean fork.*

ENDINGS ON DESCRIPTIVE ADJECTIVES

The table below illustrates the endings which *descriptive adjectives* take after **der** or **ein**. Note that a choice between two endings must be made <u>only</u> in the masculine and neuter nominative singular, and in the neuter accusative singular (shaded areas). Elsewhere, no matter what word precedes the descriptive adjective, only one ending is possible for the descriptive adjective: **-e** for the feminine nominative and accusative singular, and **-en** everywhere else.

DATIVE, GENITIVE, AND ALL PLURALS: ALWAYS **-en**!

The dative and genitive ending in all three genders in both the singular and the plural is **-en** for descriptive adjectives.

memorize six phrases everything else en

ENDINGS OF DESCRIPTIVE ADJECTIVES

	MASCULINE	FEMININE	NEUTER	PLURAL
Nominative	(der) **-e** (ein) **-er**	**-e**	(das) **-e** (ein) **-es**	**-en**
Accusative	**-en**	**-e**	(das) **-e** (ein) **-es**	**-en**
Dative	**-en**	**-en**	**-en**	**-en**
Genitive	**-en**	**-en**	**-en**	**-en**

Compare and remember where a "choice" has to be made.

MASCULINE NOUN

NOMINATIVE	der rote Porsche ein roter Porsche	DATIVE	dem einem }	roten Porsche
ACCUSATIVE	den einen } roten Porsche	GENITIVE	des eines }	roten Porsches

NEUTER NOUN

NOMINATIVE & ACCUSATIVE }	das deutsche Wort ein deutsches Wort	DATIVE	dem einem }	deutschen Wort
		GENITIVE	des eines }	deutschen Wortes

● ANWENDUNG

A   *If the limiting adjective is a definite article, restate using the indefinite article, and vice versa. (The exercises are all in the singular.)*

Nominative

1. Dort ist der schöne Park.
2. Eine junge Dame möchte Sie sprechen.
3. Was kostet das neue Auto?
4. Das alte Haus ist schön.

Accusative

5. Er kauft einen billigen Fernseher.
6. Möchten Sie das gute Wienerschnitzel essen?
7. Ich kenne ein gemütliches Restaurant.
8. Haben Sie den neuen Fahrplan?

Dative

9. Warum gibst du nicht einem armen Studenten das Geld?
10. Wir helfen einer neuen Studentin.
11. Der Kaugummi° gehört dem kleinen Kind.   *chewing gum*
12. Wir fahren zu dem neuen Supermarkt.

Genitive

13. Haben Sie die Adresse des guten Restaurants?
14. Hier sehen Sie noch die Ruinen einer alten Stadt.
15. Wissen Sie die Adresse des amerikanischen Arztes?
16. Das ist das Auto eines jungen Amerikaners.

LESESTÜCK

Deutsche Redensarten

Karl hat zuviel getrunken. Jemand sagt: ,,Na, er wird morgen einen schönen Kater haben.'' Wie bitte? Heißt das, daß Karl eine schöne Katze bekommt? Nein, das heißt, daß er sich morgen nicht wohl fühlen wird. Daß er Kopfschmerzen haben wird.

Oder: Familie Müller gibt immer zuviel Geld aus. Jemand sagt: ,,Ich glaube, sie wird auf den Hund kommen.'' Wohin kommt sie? ,,Auf den Hund''? Was soll das heißen?

Solche Redensarten werden Sie von Deutschen oft hören. Sie machen eine Sprache lebendig und interessant. Man muß bei Redensarten nicht nur einzelne Wörter lernen. Man muß sie als Ganzes° verstehen.

as a whole

In vielen deutschen Redensarten finden wir die Namen von Tieren oder Körperteilen. Hier sind einige Beispiele, ,,von Kopf bis Fuß'', von ,,oben bis unten''.

Das Haar

Manche Leute werden immer ,,ein Haar in der Suppe finden''. Das heißt, sie kritisieren gern.

Der Kopf

Wenn deine Freundin sagt: ,,Ich muß dir den Kopf waschen'', dann ist der Kopf nicht wirklich schmutzig. Sie will dir den Kopf auch nicht waschen. Nein, sie schimpft.

Das Gesicht

Als Heinz für das Fußballspiel keine Karte bekommen konnte, da hat er ,,ein langes Gesicht gemacht''; er war enttäuscht.

Das Ohr

Wenn man Ihnen ein schlechtes Auto für viel Geld verkauft hat, dann hat man Sie ,,übers Ohr gehauen''.

Das Auge

Wenn eine Person Sie oft kritisiert, dann ist Ihnen diese Person ,,ein Dorn im Auge''.

Davon kann man einen „Kater" bekommen. Im Hofbräuhaus München.

Die Nase

Wenn Sie von einer Sache genug haben, dann haben Sie „die Nase voll".

Der Mund

Wenn man nichts weiß, dann soll man „den Mund halten". Man soll still sein.

Der Hals

Sie sehen täglich die Reklamen für Waschmittel, Toilettenpapier und Deodorantspray. „Hängt Ihnen dies nicht zum Hals heraus?" Das heißt, Sie haben solche Reklamen zu oft gehört oder gesehen.

Die Schulter

Wir dürfen den Umweltschmutz nicht „auf die leichte Schulter nehmen". Dafür ist er zu ernst.

Das Herz

Wann „nimmt man sich etwas zu Herzen"? Wenn man etwas ernst nimmt und darüber nachdenkt.

**Worüber sie wohl nachdenkt?
Die Zukunft?**

Der Arm

Benzin und Öl werden in Amerika immer billig bleiben. Wirklich? Ich glaube, da will uns jemand ,,auf den Arm nehmen''.

Die Hand

Was er erzählt, hat ,,weder Hand noch Fuß''. Werden Sie ihm glauben? Hoffentlich nicht!

Der Finger

Wenn Ihnen jemand sagt: ,,Ich werde keinen Finger für Sie rühren'', dann wissen Sie: Dieser Mensch wird Ihnen nicht helfen.

thumb ### Der Daumen°

Wenn jemand ,,Ihnen den Daumen drückt'', dann wünscht er Ihnen Glück.

Wir hoffen, daß Ihnen diese Redensarten nicht ,,auf die Nerven gehen''.

WORTSCHATZ ZUM LESESTÜCK

ACTIVE VOCABULARY

nouns

das **Gesicht, -er**	face		der **Hals, ⸚e**	neck; throat
das **Haar, -e**	hair		das **Herz, -en**	heart

die **Katze, -n**	cat	die **Redensart, -en**	saying, idiom
die **Kopfschmerzen**	headache	die **Sache, -n**	matter, thing
(pl. only)		die **Schulter, -n**	shoulder
der **Körper, -**	body	die **Suppe, -n**	soup
der **Mund, ̈er**	mouth	der **Teil, -e**	part
die **Nase, -n**	nose	das **Tier, -e**	animal
das **Ohr, -en**	ear		

verbs

aus•geben (gibt	to spend	**nach•denken**	to ponder,
aus), gab aus,		**über** (+acc.),	reflect upon
ausgegeben		**dachte nach,**	
		nachgedacht	
drücken	to press	**rühren**	to move
fühlen	to feel; to touch	**schimpfen**	to scold; to swear
sich wohl fühlen	to feel well	**(sich) waschen**	to wash
hauen	to strike, hit	**wünschen**	to wish, desire
kritisieren	to criticize		

other words

einzeln	single, isolated	**menschlich**	human
enttäuscht	disappointed	**schmutzig**	dirty
ernst	serious(ly)	**still**	quiet
jemand	somebody, someone	**wohl**	well, healthy
lebendig	lively, alive		

special and idiomatic expressions

auf den Hund kommen	to go to the dogs
den Mund halten	to shut up, keep one's mouth shut, hold one's tongue
die Nase voll haben	to have had enough of something, had it up to here
ein Dorn im Auge sein	to be a thorn in one's side
ein Haar in der Suppe finden	to find fault
ein langes Gesicht machen	to look disappointed; to make a long face
etwas auf die leichte Schulter nehmen	to take something lightly
etwas hat weder Hand noch Fuß	one can make neither head nor tail of something
für jemand keinen Finger rühren	not to lift a finger for someone
jemand auf den Arm nehmen	to pull someone's leg
jemand den Daumen drücken	to cross your fingers for someone
jemand den Kopf waschen	to have a bone to pick with someone

Ich drücke dir den Daumen.

jemand übers Ohr hauen — to take someone for a ride; to cheat someone

Ich nehme es mir zu Herzen

sich etwas zu Herzen nehmen — to take something to heart

zum Hals heraushängen — to be fed up with something

VOCABULARY FOR RECOGNITION

nouns

der **Dorn, -en**	*thorn*	das **Öl, -e**	*oil*
das **Fußballspiel, -e**	*soccer game*	das **Toilettenpapier**	*toilet paper*
der **Kater, -**	*hangover; tomcat*	das **Waschmittel, -**	*detergent*
die **Körperteile**	*parts of the body*		

● FRAGEN ZUM LESESTÜCK

Antworten Sie auf deutsch!

1. Was findet man oft in deutschen und amerikanischen Redensarten?
2. Warum sind Redensarten für eine Sprache wichtig?
3. Was bedeutet es, wenn man „einen Kater" hat?
4. Warum wird Familie Müller „auf den Hund kommen"?
5. Was bedeutet die Redensart: „Ein Haar in der Suppe finden"?
6. Wann machen Sie „ein langes Gesicht"?
7. Welche Redensart kann man verwenden, wenn man von einer Sache genug hat?
8. Wann soll man „den Mund halten"?
9. Welche Reklamen sieht man zu oft?
10. Was bedeutet es, wenn man für jemand „den Daumen drückt"?

● PERSÖNLICHE FRAGEN

1. Ein deutscher Freund möchte gern amerikanische Redensarten lernen. Welche Beispiele würden Sie geben?
2. Welche deutsche Redensart gefällt Ihnen gut? Warum?

● SITUATIONEN

1. *You are a German exchange student at Oberlin College. You and an American friend are talking about exams. You say:* „Die vielen Tests hängen mir zum Hals 'raus." *Your American friend asks:* „Was meinst du damit?" *You explain.*
2. *Last night you were at the Roter Ochse in Heidelberg. Next morning your German friend says:* „Warum machst du so ein langes Gesicht?" *You react.*

3. *Your friend says: ,,Morgen habe ich wieder eine Prüfung.'' You react by wishing him/her good luck.*

4. *Your professor at the Universität München keeps criticizing your work. A friend says: ,,Ja, er wird immer ein Haar in der Suppe finden.'' You respond with another German* Redensart.

5. *You and your German friend are discussing* Redensarten *and he asks you for one that is used in English. You give several examples, such as ''he gets under my skin'' or ''she is in hot water'' and you explain in German what they mean.*

● SCHRIFTLICH WIEDERHOLT

A *Formulate a question based on each sentence. Use the future tense.*

BEISPIEL Er kommt vielleicht morgen.
Wird er vielleicht morgen kommen?

Sie nimmt.

Wieder again.

1. Es regnet heute wieder.
2. Die Familie ,,kommt auf den Hund''.
3. Sie nehmen es ,,auf die leichte Schulter''.
4. Du freust dich über° deine Note. °*are happy about*
5. Er besucht Inge morgen.
6. Ich vergesse es wieder.
7. Wir sehen euch im Konzert.

B *Was würden Sie gern tun oder sein? Write a sentence using* **würde** + *infinitive with the cue words. (If the cue appears without an article, then you can omit it in your sentence.)*

BEISPIEL (Österreich) **Ich würde gern in Österreich leben.**

1. (Erfolg)
2. (Olympiasieger/in)
3. (die Bücher)
4. (Deutsch)
5. (seine Meinung)
6. (eine Einladung)
7. (ein Taxi)
8. (ein altes Haus)

C **Als**, *wenn, or* **wann**? *Combine the sentences with one of these three conjunctions. The conjunction may either begin the sentence or link the two clauses.*

1. Sie kritisierte ihn. Er machte ein langes Gesicht.
2. Ich frage ihn. Er fährt heute nach Haus.
3. Ich bekam wieder ein ,,F''. Ich sagte: ,,Ich habe die Nase voll.''
4. Wir nehmen den ,,sauren Regen'' nicht ernst. Wir werden bald keine Wälder mehr haben. *lacke*
5. Die Geschäfte sind morgen geschlossen. Das kann ich Ihnen nicht sagen. *Shop*
6. Er hatte wieder Kopfschmerzen. Er ging zum Arzt.
7. Ihr gebt zuviel Geld aus. Ihr werdet auf den Hund kommen.

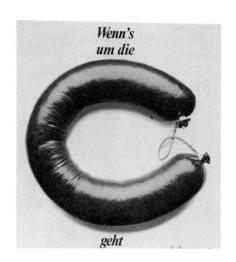

D *Restate each sentence or question, replacing the indefinite article by the definite article, and vice versa. Make any other necessary changes.*

1. Wo ist ein guter Arzt?
2. Ich möchte das neue Auto kaufen.
3. Die junge Dame wollte dich einladen.
4. Er lernte die neue Sprache.
5. Ich fragte den jungen Studenten.

Schnell-Imbiß: Findet er ein Haar in der Suppe?

6.   Wir besuchen das moderne Museum.
7.   Sie sprachen mit der netten Frau.
8.   Wer hilft einem neuen Studenten?
9.   Ist das das Buch des österreichischen Professors?
10. Wer kennt die Entdeckung einer amerikanischen Genetikerin?
     discovery.

SPRECHEN LEICHT GEMACHT!

to practice the future tense . . .

Wunschtraum
oder Alptraum[1]

A *Say what you dream about for the future.*

Ich träume { oft, manchmal, jede Nacht, immer, } ich werde {
nie Deutsch lernen.
eine wichtige Entdeckung machen.
einen guten Job finden.
einen Porsche haben.
immer in der Sonne liegen.
perfekt Deutsch sprechen.
nicht mehr rauchen.
Präsident der Vereinigten
    Staaten werden.
eine Reise um die Welt machen.
viel, viel Geld verdienen.
meinen Autoschlüssel verlieren.
?
}

Das große Los[2]

B *You have won big in the lottery. A classmate asks you what you will do with the money. Rearrange the items to complete your answer. (A to B, B to C, and so on)*

Was { wirst du / werden Sie } mit dem Geld machen? | Ich werde {
kaufen/ein neues Auto
nächste Woche/heiraten
suchen/eine neue Wohnung
den ganzen Tag/liegen/im Bett
das Geld/geben/meinen Eltern
Probleme/keine/mehr/haben
helfen/armen Leuten
die Universität/verlassen
?
}

[1]*Wishful dreams or nightmares*   [2]*The first prize*

Minderwertig-
keitskomplex¹

C *In the preceding exercise, you were lucky. Now you wonder who will help you to cope. Watch V-L word order.*

Ich hoffe, daß

mein Vater	mein Auto bezahlen
meine Mutter	mir helfen
meine Eltern	mich besser verstehen
du	eine gute Note geben
meine Freundin	nichts Schlechtes von mir denken
ich selbst	keine Dummheit° machen *blunder*
die Polizei°	mich schnell vergessen *police*
Sie, Herr Professor,	mich immer gern haben
Sie, Frau Professor,	mir nicht auf die Nerven gehen
ihr, meine Freunde,	

werde
wirst
wird
werden
werdet

Ich hoffe das mein Vater mein Auto bezahlen wird!
now

to practice **würde** . . .

Aber nie!

D *Ask your classmates whether they would do the following. Of course, they wouldn't! (A to B, B to C, and so on)*

Würdest du
Würden Sie

mehr als 55 Meilen pro Stunde fahren?
mich heiraten?
für nichts arbeiten?
mich ohne Einladung° besuchen?
auf einen Heiratswunsch antworten?
mit mir einen Marathon laufen?
mir zehn Mark geben?
bei 10 Grad Celsius Wassertemperatur schwimmen?
?

invitation
Das würde ich nie!

to practice **als, wenn,** and **wann** . . .

E *Join items from the two columns to create a sentence that makes sense—or complete the sentence in your own way.*

Als ich in Berlin war,	hat er sie gefragt?
Wenn ich bei dir bin,	habe ich die „Mauer" gesehen.
Ich weiß nicht,	wenn wir kein Geld haben?
Wann werden wir heiraten,	als wir jung waren.
Es war so schön,	bin ich glücklich.
Was machen wir,	wann ich so glücklich wie jetzt gewesen bin.
	?

¹*Inferiority complex*

to practice vocabulary about *Körperteile* . . .

Was macht man damit?

F *Was macht man mit diesen Teilen des Körpers?*

Mit			
	dem Kopf	kaut° man.	chews
	den Füßen	steht man.	
	den Ohren	geht man.	
	den Augen	riecht° man.	smells
	dem Mund	sieht man.	
	den Zähnen	arbeitet man.	
	den Armen	küßt° man.	kisses
	den Händen	ißt man.	
	den Fingern	spielt man Klavier°.	piano
	den Beinen	denkt man.	
	der Nase	spricht man.	
	?	hört man.	
		?	

G *Welche Fortsetzung stimmt?*[1]

Wenn man einen Kater hat, dann hat man zuviel (gegessen/getrunken/gedacht).

Wenn man Kopfschmerzen hat, dann fühlt man sich nicht (leid/wohl/gerne).

Wenn das Haar schmutzig ist, dann muß man es (kämmen/waschen/schneiden).

Wenn man kein Geld spart, dann gibt man zu viel (mit/aus/auf).

Wenn man in einer Prüfung alles weiß, dann hat man (Zeit/Glück/Geburtstag).

to practice other vocabulary . . .

H *Was ist das Gegenteil?*

der erste	leicht	verdienen	der letzte
dahinter	Geld ausgeben	falsch	der Anfang
der Teil	nehmen	schwer	jemand
vergessen	erlaubt	laut	das Ganze
verkaufen	froh	davor	interessant
es stimmt	langweilig	verboten	kaufen
das Ende	niemand	geben	leben
sterben	still	sich erinnern	unglücklich

[1]*What is the right completion?*

to practice listening comprehension . . .

Eine Katzengeschichte | *Können Sie verstehen, was man Ihnen vorliest?*

Eine kleine, junge Katze kommt abends in eine Bar und sagt zum Bartender: ,,Geben Sie mir bitte drei Glas Schnaps!''
Da antwortet der Bartender: ,,Aber du bist doch noch viel zu jung für so viel Alkohol.''
,,Ach'', sagt die kleine Katze, ,,ich bin ganz allein und unglücklich—und ich möchte so gern einen Kater bekommen.''

Noch eine Katzengeschichte

Eine junge und eine alte Maus laufen abends durch einen Wald. Da kommt eine große Katze. Die junge Maus hat große Angst und glaubt, daß ihre letzte Stunde gekommen ist. Die alte Maus sagt aber: ,,Hab' keine Angst.'' Dann sagt sie ganz laut: ,,Wau, wau.'' Da hat die Katze Angst und läuft weg. ,,Siehst du'', sagt die alte Maus, ,,wie gut ist es, wenn man eine Fremdsprache kann.''

to practice reading comprehension and conversation . . .

Kleiner Kulturspiegel J *Jede Kultur sieht sich anders . . . auch in ihren Redensarten. Combine each saying with its "translation"!*

Wir sagen,
,,Carry coals to Newcastle'',
,,From the frying pan into the fire'',
,,A chip off the old block'',
,,To make a mountain out of a molehill'',
,,Speak of the devil, and he is sure to appear'',
,,You can't make an omelet without breaking eggs'',
,,A bird in the hand is worth two in the bush'',

aber die Deutschen sagen

Der Apfel fällt nicht weit vom Stamm°. *tree trunk*
Ein Spatz° in der Hand ist besser als die Taube° auf dem Dach°. *sparrow / pigeon / roof*
Eulen° nach Athen° tragen. *Owls / Athens*
Aus einer Mücke° einen Elefanten machen. *fly*
Wo gehobelt wird°, fallen Späne°. *Where wood is planed/chips*
Von dem Regen in die Traufe°. *drippings in forest after rain*
Wenn man vom Wolf spricht, ist er nicht weit.

Deutsche
Redensarten
illustriert

K *Der junge Künstler Thyrso A. Brisolla veröffentlichte ein Buch,* Das Ei des
Kolumbus und andere deutsche Redensarten, *mit über dreißig Illustrationen
deutscher Redensarten. Hier sind einige Beispiele. Welche Redensart paßt
zu einer dieser Zeichnungen? Sagen Sie laut: ,,Die Redensart ,_____' paßt
zur Zeichnung Nummer _____.''*

Vier Augen sehen mehr als zwei.
Hals über Kopf. *head over heels*
Die Haare stehen ihm zu Berge. *scared to death*
Jemand die Zähne zeigen. *-show your teeth*
Ich bin ganz Ohr. *I'm all ear*
Er hat einen Vogel. *birdbrain, crazy.*
Mein Name ist Hase. *I'm staying out of it,*
I'm a rabbit.   I don't want to get involved

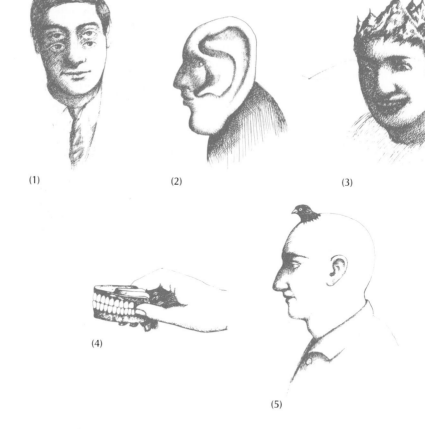

(1)   (2)   (3)

(4)

(5)

Drawings reprinted with permission of Thyrso A. Brisolla and DUSSA Verlag, Postfach D-8084 Buch
a. Ammersee, West Germany.

Szene aus Hauptmanns Drama ,,Vor Sonnenaufgang".

K A P I T E L 11

Du, du liegst mir im Herzen

1. The **der**-Words and **ein**-Words (Continuation)
2. Adjectives Preceded by **der**-Words or **ein**-Words (Continuation)
3. Unpreceded Adjectives
4. Participles Used as Adjectives
5. Adjectives and Participles Used as Nouns
6. Ordinal Numbers

,,Sie" oder ,,du"?

DIALOG

☞ p. xxxv.

Du, du liegst mir im Herzen . . .[1]

Der deutsche Dichter Gerhart Hauptmann (1862–1946) wurde 1889 mit seinem ersten Drama „Vor Sonnenaufgang" berühmt. Die „Freie Bühne" in Berlin spielte als erstes Theater Deutschlands dieses viel diskutierte Avantgardestück. „Vor Sonnenaufgang" führte zu lauten Protesten und sogar zu einem großen Theaterskandal. Dieses Drama bahnte dem Naturalismus in Deutschland den Weg. Gerhart Hauptmann bekam 1912 den Nobelpreis für Literatur.

Wir bringen hier—mit kleinen Änderungen—einen kurzen Ausschnitt aus „Vor Sonnenaufgang". Alfred Loth trifft die junge Helene Krause. Es ist eine Liebesszene; sie zeigt den wichtigen Schritt vom „Sie" zum „du" in der deutschen Sprache. Dieser Schritt spielte damals—so wie auch heute noch—eine große Rolle.

HELENE   *(führt ihn zur stillen Laube)* In der Laube, glaub' ich . . . Es ist mein Lieblingsplatz. Hier sind wir ungestört.

LOTH   Ein hübscher Platz hier—Wirklich! *(Beide setzen sich. Schweigen.)* Sie haben so sehr schönes und reiches Haar, Fräulein!

Gerhart Hauptmann.

Warum „Freie" Bühne?

[1] Title of an old and popular German folk song.

HELENE	Wenn ich es losmache, dann geht es mir bis zu den Knien. Fühlen Sie mal!
LOTH	Ganz wie Seide. (*küßt das Haar*)
HELENE	Ach nicht! Wenn . . .
LOTH	Helene—! War das vorhin nicht dein Ernst?
HELENE	Ach!—ich schäme mich so schrecklich. Was habe ich nur gemacht?—dir . . . Ihnen an den Hals geworfen habe ich mich.— Für was müssen Sie mich halten?
LOTH	Ach, sagen Sie doch nicht so etwas! (*Sie küßt ihn zuerst auf den Mund. Beide werden rot, dann gibt Loth ihr den Kuß zurück.*) Lene, nicht? Lene heißt du hier so?
HELENE	(*küßt ihn*) Nenne mich anders . . . Nenne mich, wie du gern möchtest.
LOTH	Liebste! . . .
HELENE	(*ihren Kopf an seiner Brust*) Ach!—wie schön! Wie schön!

WORTSCHATZ ZUM DIALOG

ACTIVE VOCABULARY

nouns

die **Änderung, -en**	change		der **Schritt, -e**	step
das **Knie, -**	knee		das **Stück, -e**	play; piece
der **Kuß,** die **Küsse**	kiss		der **Weg, -e**	way
der **Lieblingsplatz, ¨e**	favorite spot			

verbs

küssen	to kiss		**zurück∙geben (gibt**	to return,
sich schämen	to be ashamed		**zurück), gab zurück,**	give back
sich setzen	to sit down		**zurückgegeben**	
werfen (wirft), warf, geworfen	to throw			

other words

beide	both		**laut**	loud(ly)
hübsch	lovely, pretty		**reich**	rich
kurz	short		**schrecklich**	terrible; terribly

[handwritten margin notes: "halten für - to be of think.../opinion", "Ich werde rot.", "Ich werfe mich ihm an den Hals", "Das ist mein Ernst!"]

special and idiomatic expressions

Für was müssen Sie mich halten? *What must you think of me?*
ganz wie Seide *just like silk*
rot werden *to blush*
sich jemand an den Hals werfen *to throw oneself at somebody*
War das nicht dein Ernst? *Weren't you serious?*

VOCABULARY FOR RECOGNITION

nouns

der **Ausschnitt, -e** *excerpt*
die **Brust, ¨e** *chest, bosom*
die **Bühne, -n** *stage*
das **Drama,** die *drama, play*
  Dramen
die **Laube, -n** *arbor, gazebo*
die **Liebesszene, -n** *love scene*
der (die) **Liebste, -n** *dearest, beloved*

der **Naturalismus** *naturalism (artistic movement)* *[handwritten: Schweigen to be quiet]*
das **Schweigen** *silence*
die **Seide, -n** *silk*
der **Skandal, -e** *scandal*
der **Sonnenaufgang, ¨e** *sunrise*
die **Szene, -n** *scene*
das **Theater, -** *theater*

verbs

bahnen *to prepare; to pave the way*

los·machen *to untie, undo*

other words

mal = einmal *once (here: just)*
ungestört *undisturbed, not interrupted*

vorhin *before*

● FRAGEN ZUM DIALOG

1. Vor wieviel Jahren hat Hauptmann diese Szene geschrieben?
2. Warum ist eine Laube ein guter Platz für ein Rendezvous?
3. Was findet Loth besonders attraktiv an Helene?
4. Wer ist der ,,aggressive'' Partner in dieser Liebesszene?
5. Warum schämt sich Helene?
6. Wer sagt zuerst ,,du''?
7. Wer küßt wen zuerst?
8. Welchen Preis hat Gerhart Hauptmann bekommen?

● PERSÖNLICHE FRAGEN[1]

1. Wie finden Sie diese Liebesszene? Haben sich die Sitten seit 1889 geändert?
2. Wo treffen Sie sich mit Ihrem Partner/Ihrer Partnerin?

[1]Take the Fifth Amendment if you don't want to answer!

3. Wer soll den ersten Schritt tun? Was ist Ihre Meinung?
4. Was finden Sie an Ihrem Partner/Ihrer Partnerin besonders attraktiv? Das Haar? Den Mund? Die Augen? Das Gesicht? Die Beine?

● AUSSPRACHE-ÜBUNG

German **ch**-sound versus German **k**.

die **Nacht**	*night*	**nackt**	*nude*
nicht	*not*	er **nickt**	*he nods*
der **Streich**	*prank*	der **Streik**	*strike*
die **Schlucht**	*canyon*	er **schluckt**	*he swallows*
doch	*yet*	das **Dock**	*dock*
pochen	*to knock*	die **Pocken**	*smallpox*
das **Buch**	*book*	er **buk**	*he baked*
der **Becher**	*goblet*	der **Bäcker**	*baker*
dich	*you*	**dick**	*thick, fat*
es **roch**	*it smelled*	der **Rock**	*skirt*

GRAMMATIK Theorie und Anwendung

1. THE der-WORDS AND ein-WORDS (CONTINUATION)

As you learned earlier, certain determiners in German are known as **der**-words and **ein**-words because their endings follow the pattern of **der**, **die**, **das** or of **ein**, **eine**, **kein**, etc.

der-WORDS

Here are the most common **der**-words.

dies-	*this, these*
jed-	*each, every* (used in singular only)
jen-[1]	*that*
manch-	*many a, several*
solch-	*such*
welch-	*which*
all-	*all* (plural form of **jeder**)

[1]**jen-** is very rarely used and sounds archaic (**In jenen alten Zeiten . . .**).

BEISPIELE	**Diese** Frage ist problematisch.	*This question is problematical.*
	In **jeder** Familie sagt man ,,du''.	*In every family, one says* **du.**
	Mancher Erwachsene duzt einen Freund.	*Many an adult says* **du** *to a friend.*
	Solche Regeln sind einfach.	*Such rules are simple.*
	Bis zu **welchem** Alter sagt man noch ,,du'' zu einem Mädchen?	*Until what age does one still say* **du** *to a girl?*
	Ich sage sofort zu **allen** Menschen ,,du''.	*I say* **du** *to everybody right away.*

FORMS

Dies- serves as a model for all **der**-words. Note the similarity to the declensional pattern of the definite article.

	MASCULINE	FEMININE	NEUTER	PLURAL
Nominative	der **dieser**	die **diese**	das **dieses**	die **diese**
Accusative	den **diesen**	die **diese**	das **dieses**	die **diese**
Dative	dem **diesem**	der **dieser**	dem **diesem**	den **diesen**
Genitive	des **dieses**	der **dieser**	des **dieses**	der **dieser**

● ANWENDUNG

A *Restate, replacing the underlined definite article with the determiner suggested by the cue.*

1. (dies-) Kennen Sie <u>den</u> Sportklub?
2. (Welch-?) <u>Der</u> Sport macht ihm Spaß.
3. (Manch-) <u>Den</u> Leuten gefällt dieses System.
4. (jed-) In <u>dem</u> Land hat man andere Sitten.
5. (solch-) Die Olympiade ist ein Beispiel für <u>die</u> Traditionen.
6. (Dies-) <u>Der</u> Plan gefällt mir nicht.
7. (Jed-) <u>Der</u> Erfolg bei der Olympiade bedeutet nationales Prestige.
8. (dies-) Wer ist der Trainer <u>der</u> Schwimmerin?
9. (dies-) Wie finanziert der Staat <u>das</u> Programm?
10. (Welch-?) <u>Den</u> Goldmedaillen-Sieger kennen Sie?
11. (all-) Die DDR will <u>den</u> Kindern im Sport helfen.
12. (jed-) Wir kennen <u>den</u> Mann, <u>die</u> Frau und <u>das</u> Kind hier.

Sind sie per ,,Sie'' oder per ,,du''?—Was glauben Sie?

ein-WORDS

The **ein**-words are **ein** and **kein** plus the possessive adjectives you learned in Chapters 4 and 8.[1]

SINGULAR		PLURAL	
mein	*my*	**unser**	*our*
dein	*your*	**euer**	*your*
sein	*his, its*	**ihr**	*their*
ihr	*her, its*	**Ihr**	*your* (formal)

• ANWENDUNG

B *Replace the underlined indefinite article by the cue possessive adjective.*

1. (sein) Der Vater erzählt <u>einem</u> Kind die Geschichte von Troja.
2. (Ihr) Arbeitete Schliemann in <u>einem</u> Geschäft?
3. (dein) Arbeitest du an <u>einer</u> Theorie?
4. (unser) Schliemann war Schreiber in <u>einer</u> Firma.
5. (ihr) Frau Schliemann half <u>einem</u> Mann beim Studium der Sprache.
6. (euer) Wir fragten <u>einen</u> Arbeiter, wo der Schatz ist.
7. (mein) Glaubt ihr jetzt an <u>eine</u> Theorie von Troja?

[1]For a declension of the possessive adjectives see chart on p. 234.

C   *Restate, replacing the underlined determiner with the determiner suggested by the cue.*

1. (dies-)   In <u>unserem</u> Lesestück sprechen wir über den Nobelpreis.
2. (solch-/ein)   Mit <u>den</u> Strahlen machte Röntgen <u>diese</u> wichtige Entdeckung.
3. (Welch-?)   <u>Dieser</u> Professor entdeckte die Strahlen.
4. (dies-/solch-)   Hat <u>ein</u> Physiker <u>die</u> Strahlen finden wollen?
5. (Jed-/dies-)   <u>Meine</u> Antwort auf <u>Ihre</u> Frage kann nur ein Protest gegen Krieg sein.
6. (Ihr)   Was war der Titel <u>dieses</u> Buches?
7. (Manch-/ihr)   <u>Diese</u> Frau hat mit <u>einem</u> Mann zusammengearbeitet.

2. ADJECTIVES PRECEDED BY der-WORDS OR ein-WORDS (CONTINUATION)

In terms of their effect upon descriptive adjective endings, **der**-words are the same as **der**, and **ein**-words are the same as **ein**.

JOG YOUR MEMORY!

What influences the choice of an ending for a descriptive adjective? Whether it is preceded by a **der**-word or by an **ein**-word.

Where do you have to make a choice between endings when an adjective is preceded by a **der**-word or by an **ein**-word? Only in three instances:

MASCULINE NOMINATIVE SINGULAR	**-e** or **-er**
NEUTER NOMINATIVE SINGULAR	**-e** or **-es**
NEUTER ACCUSATIVE SINGULAR	

● ANWENDUNG

A   *Restate, replacing the underlined determiner with the cue* **der**-*word or* **ein**-*word and adjusting the adjective ending, if necessary.*

1. (der)   John, <u>ein</u> junger Amerikaner, möchte Sie sprechen.
2. (sein)   Er ist mit <u>der</u> deutschen Freundin hier.
3. (das)   Kennen Sie <u>ein</u> deutsches Mädchen?
4. (mein)   Hier ist <u>der</u> neue Regenschirm.
5. (dies-)   Fragen Sie <u>den</u> jungen Mann dort!
6. (ein)   Ich spreche von <u>diesem</u> guten Freund.
7. (All-)   <u>Unsere</u> guten Freunde sind hier.
8. (manch-)   Ich kenne <u>den</u> netten Jungen.
9. (Welch-?)   <u>Ein</u> guter Mensch hilft mir.

10. (Jed-/jed-)   Ein guter Mensch hilft <u>einem</u> armen Menschen.
11. (Dies-)   <u>Dein</u> alter Volkswagen fährt gut.
12. (welch-?)   Wir sprechen von <u>einem</u> netten Mädchen.
13. (kein)   Das ist <u>eine</u> gute Antwort.
14. (kein)   Ich habe heute <u>dieses</u> neue Wort gelernt.
15. (euer)   Was steht in <u>der</u> deutschen Zeitung?
16. (euer)   Was verkauft ihr in <u>diesem</u> neuen Geschäft?

B   *Supply the appropriate ending, if one is needed.*

1. Wie geht es deinem neu_en_ Freund?
2. Wie geht es deiner neu_en_ Freundin?
3. Was werden die Menschen mit der frei_en_ Zeit tun?
4. Roboter werden die schwer___ Arbeit tun.
5. Die Menschen werden ein besser_es_ Leben haben.
6. Wie wird das Leben im nächst___ Jahrhundert sein?
7. Ich habe eine schön___ Katze bekommen.
8. Und er hat einen schön_en_ Kater bekommen!
9. In vielen Redensarten findet man Teile des menschlich___ Körpers.
10. Er hat ein lang_es_ Gesicht gemacht.
11. Man hat mir ein schlecht_es_ Auto verkauft.
12. Petra ist eine jung_e_ Studentin.
13. Heinz ist ein jung_er_ Student.
14. Man findet Heiratswünsche in seriös_en_ Zeitungen.
15. Wie finde ich den richtig_en_ Partner?   Acc. masc.
16. Wie finde ich die richtig_e_ Partnerin?   Fem sing.
17. Ich möchte einen nett_en_ ,jung_en_ , tolerant_en_ Mann finden. Acc. masc.
18. Ich möchte eine nett___ , jung___ , tolerant___ Frau finden.
19. Schicken Sie mir bitte ein gut_es_ Foto!   Neuter
20. Ich danke Ihnen für das gut___ Foto.
21. Dieser Mann scheint seriös___ zu sein.
22. Wir treffen uns in einer gemütlich___ Konditorei.
23. Wir treffen uns in einem gemütlich___ Kaffeehaus.
24. Ein schlank___ Mann sieht immer gut aus.
25. Dieser schlank___ Mann gefällt mir.
26. Diese junge Dame ist schlank___.
Slim.

3.   UNPRECEDED ADJECTIVES

WHAT HAPPENS WHEN THERE IS NO **der**-WORD OR **ein**-WORD?

When a descriptive adjective is not preceded by a limiting adjective (a **der**-word or an **ein**-word) with a primary ending, the descriptive adjective itself must show the appropriate primary ending.

BEISPIELE	Gibt es hier oft **dieses schlechte** Wetter?	*Do you often have this bad weather here?*
	Gibt es hier oft **schlechtes** Wetter?	*Do you often have bad weather here?*
	Junger Mann mit **einem soliden** Beruf sucht Partnerin.	*Young man with a steady job seeks partner.*
	Junger Mann mit **solidem** Beruf sucht Partnerin.	*Young man with steady job seeks partner.*

TWO EXCEPTIONS: -en, -(e)s

In only two instances (masculine and neuter genitive singular) is the primary ending on an unpreceded adjective different from the ending of **der**, **die**, **das**: The ending is **-n** instead of **-s**.

Ich liebe das Aroma **guten** Kaffees.　　*I love the aroma of good coffee.*

The table below illustrates the primary endings on limiting and unpreceded adjectives.

	SINGULAR			PLURAL
Nominative	**der** Kaffee gut**er** Kaffee	**die** Luft frisch**e** Luft	**das** Bier kalt**es** Bier	**die** Leute reich**e** Leute
Accusative	**den** Kaffee gut**en** Kaffee	**die** Luft frisch**e** Luft	**das** Bier kalt**es** Bier	**die** Leute reich**e** Leute
Dative	**dem** Kaffee gut**em** Kaffee	**der** Luft frisch**er** Luft	**dem** Bier kalt**em** Bier	**den** Leuten reich**en** Leuten
Genitive	**des** Kaffees gut**en** Kaffees	**der** Luft frisch**er** Luft	**des** Bieres kalt**en** Bieres	**der** Leute reich**er** Leute

● ANWENDUNG

A　*Supply the correct form of the cue adjective.*

1. (kalt)　Dieses _kalte_ Bier schmeckt gut.
2. (Kalt)　_Kaltes_ Bier schmeckt gut.
3. (frisch)　Diese _frische_ Luft ist wunderbar!
4. (Frisch)　_frische_ Luft ist immer wunderbar.

5. (alt)   Diese _alte_ Klischees gefallen mir nicht.
6. (Alt)   _Alte_ Klischees gefallen mir nicht.
7. (deutsch)   Trinken Sie gern diesen _____ Wein?
8. (deutsch)   Trinken Sie gern _____ Wein?
9. (rot)   Wer ist das Mädchen mit dem _____ Haar?
10. (rot)   Wer ist das Mädchen mit _____ Haar?
11. (tschechisch)   Der Preis dieses _____ Bieres ist nicht zu hoch.
12. (tschechisch)   Der Preis _____ Bieres ist nicht zu hoch.
13. (reich)   Sie ist das Kind dieser _____ Leute.
14. (reich)   Sie ist die Tochter _____ Leute.

B   *Supply the correct ending of the adjective.*

1. Hier gibt es immer schön__ Wetter.
2. Ich liebe das Aroma türkisch__ Kaffees.
3. Er hilft alt__ Menschen gern.
4. Es sind Vasen aus alt__ griechisch__ Ruinen.
5. Das ist das Resultat gut__ Reklamen.
6. Die Rolle deutsch__ Frauen ist heute anders.
7. Gut__ Wein ist nicht billig.
8. Jung__ deutsch__ Mann sucht Job in amerikanisch__ Firma.
9. Es ist eine Mischung von deutsch__ Nationalismus und deutsch__ Gründlichkeit.
10. Das ist eine Briefmarke von groß__ Wert°.   *value*
11. Trinken Sie gern französisch__ Wein?
12. Die Sitten europäisch__ Länder sind oft anders.
13. Wir diskutieren die Bücher berühmt__ Autorinnen.
14. Bei schlecht__ Wetter wandern wir nicht.
15. Nach alt__ Tradition sagt man „Sie".
16. Geben Sie mir bitte schwarz__ Kaffee!
17. Hier ist Karls neu__ Auto.
18. Du arm__ Kerl!
19. Trinken Sie oft kalt__ Wasser?
20. Er braucht gut__ Auskunft.
21. Sie trinkt gern französisch__ Wein.
22. Trotz teur__ Preise kaufen sie viel.
23. Du duschst dich mit kalt__ Wasser?
24. Wegen schlecht__ Wetters konnten wir nicht kommen.
25. Da kommt Herberts neu__ Freundin!
26. Wer ist Karls neu__ Freund?

SUMMARY

Remember: The basic rule is that either the limiting adjective (the **der**-word or **ein**-word) or the descriptive adjective must show an ending to indicate number, gender, and case.

● SYNOPSIS EXERCISE

Complete with the correct adjectival endings if one is required.

1. Was kostet dies___ amerikanisch___ Fernseher?
2. Was kostet ein___ deutsch___ Fernseher?
3. Was kostet Karls amerikanisch___ Fernseher?
4. Ich brauche kein___ deutsch___ Geld.
5. Ja, ich brauche dies___ ostdeutsch___ Geld.
6. Ich brauche immer deutsch___ Geld.
7. Er kommt aus ein___ groß___ Familie.
8. Sie kommt aus welch___ alt___ Familie?
9. Der Junge kommt aus reich___ Familie.
10. Trotz kalt___ Wetters war die Reise schön.
11. Trotz dies___ kalt___ Wetters bekamen wir keine Grippe.
12. Wir leben gern hier, trotz unser___ schrecklich___ Wetters.

4.   PARTICIPLES USED AS ADJECTIVES

PAST PARTICIPLES

In Chapter 7 you learned how to form a past participle from a verb. German, like English, often uses past participles as adjectives.

BEISPIELE	,,Vor Sonnenaufgang'' ist ein oft **gespieltes** Drama.	*Before Dawn is an often-played (often-performed) drama.*
	Es ist das meist **gespielte** Drama von Hauptmann.	*It is the most-played (most-performed) drama by Hauptmann.*
	Ich würde gern eine **geschiedene** Frau heiraten.	*I'd gladly marry a divorced woman.*
	Gebrauchtes Auto zu verkaufen.	*Used car for sale.*

SAME ENDINGS AS ADJECTIVES

When a past participle is used as an adjective, the regular rules for adjectival endings apply: If it is preceded by a limiting adjective with a primary ending, it takes the appropriate secondary ending; if it is unpreceded, it shows the appropriate primary ending.

● ANWENDUNG

A   *To complete the sentence, supply the correct ending to the past participle used as an adjective, and translate it.*

1. Wo leben jetzt die ausgewandert___ Deutschen?
2. Er ist ein neu angekommen___ Gastarbeiter.

3. Das ist ein gut geschrieben___ Artikel.
4. Deutschland ist ein übervölkert___ Land.
5. Ja, das ist eine vieldiskutiert___ Frage.
6. Geschieden___ Mann sucht ledige Berlinerin für glückliche Ferien.
7. Neu gebaut___ Haus billig zu verkaufen!

PRESENT PARTICIPLES

The German present participle is formed by adding **-d** to the infinitive. Like the past participle, the present participle may be used as an adjective. The same rules for adjective endings apply to it as apply to other adjectives.

BEISPIELE

Gut **zahlende** Firma sucht **englisch-sprechenden** Verkäufer.	*Well-paying firm looking for English-speaking salesman.*
Für jeden **arbeitenden** Deutschen gibt es bald einen Rentner.	*For every working German there will soon be one retiree.*

● ANWENDUNG

B *Supply the correct adjective ending to complete the sentence.*

1. Im kommend___ Jahr fahren wir in die Schweiz.
2. Sie sucht einen gut aussehend___ Mann.
3. Glauben Sie an fliegend___ Untertassen°?   *saucers*
4. Sind die Deutschen ein sterbend___ Volk?
5. Das ist eine aufregend___° Nachricht!   *disturbing*
6. Das ist ein brennend___ Problem für die Menschen.
7. Die zunehmend___ Bevölkerung ist ein Problem.

5. ADJECTIVES AND PARTICIPLES USED AS NOUNS

Many German adjectives, including present or past participles, can be used as nouns. When used as nouns, they are capitalized, but they are still declined as if they were adjectives.

BEISPIELE   ADJECTIVE

ein **kranker** Mann → ein **Kranker**	*a sick man; a sick one (a patient)*
der **kranke** Mann → der **Kranke**	*the sick man; the sick one*
eine **kranke** Frau → eine **Kranke**	*a sick woman; a sick one (female)*
die **kranke** Frau → die **Kranke**	*the sick woman; the sick one (female)*
die **kranken** Leute → die **Kranken**	*the sick people; the sick ones*

deutsch *German*

der **Deutsche**	*the German* (male)
ein **Deutscher**	*a German* (male)
die **Deutsche**	*the German* (female)
eine **Deutsche**	*a German* (female)
die **Deutschen**	*the Germans*

PRESENT PARTICIPLE

(infinitive) **reisen**	*to travel*
(present participle) **reisend**	*traveling*
der, die **Reisende**	*the traveler*
ein **Reisender**, eine **Reisende**	*a traveler*
die **Reisenden**	*the travelers*

Other examples:

schlafend: der **Schlafende**	*the sleeping one*
lebend: die **Lebenden**	*the living* (plural)

PAST PARTICIPLE

(infinitive) **fangen**	*to catch, capture*
(past participle) **gefangen**	*caught, captured*
der, die **Gefangene**	*the prisoner, captive ("caught person")*
ein **Gefangener**, eine **Gefangene**	*a prisoner*
die **Gefangenen**	*the prisoners*

Other examples:

sich **verloben** *to get engaged:*   der, die **Verlobte** *fiancé(e)*
lieben *to love:*   ein **Geliebter**, eine **Geliebte** *lover, beloved*

● ANWENDUNG

A *Restate by transforming the adjective or adjectival expression into a noun.*

BEISPIEL   Wir helfen den gefangenen Menschen.
           Wir helfen den Gefangenen.

1. Wer ist der reisende Amerikaner? Wer ist der _____?
2. Wo ist die deutsche Frau? Wo ist die _____?
3. Er ist ein kranker Mann. Er ist ein _____.
4. Wer kennt den schlafenden Mann dort? Wer kennt den _____?
5. Wer sind die eingeladenen Gäste? Wer sind die _____?

6. ORDINAL NUMBERS

FORMATION

Cardinal numbers (*one, two, three*) are used in counting. Ordinal numbers (*first, second, third*) show the rank of an item in a series. The definite article is always used with ordinal numbers. Ordinal numbers through 19 are formed by adding -t- to the cardinal number; from 20 on, they add -st-. Below is a list of some ordinal numbers.

der, die, das	erste	elfte	zwanzigste
	zweite	zwölfte	einundzwanzigste
	dritte	dreizehnte	zweiundzwanzigste
	vierte	vierzehnte	dreißigste
	fünfte	usw.	vierzigste
	sechste		hundertste
	siebte		tausendste
	achte		zehntausendste
	neunte		millionste
	zehnte		

Note that the ordinal numbers for **eins**, **drei**, and **sieben** are irregular. The ordinal number for **acht** adds no extra **-t-** to the cardinal number.

Ordinal numbers are declined like descriptive adjectives.

Setzen Sie sich bitte an den **zweiten** Tisch!	*Sit at the second table, please.*
Gehen Sie in den **dritten** Stock!	*Go to the fourth floor.*[1]
Das Büro ist im **ersten** Stock.	*The office is on the second floor.*

DAS DATUM[2]

The ordinal numbers are used to express the date.

Heute ist der **erste** März.	*Today is the first of March.*
Gestern war der **dritte** April.	*Yesterday was the third of April.*
Er kommt am **sechzehnten** Mai.	*He is coming on the sixteenth of May.*

[1]In German, the ground floor is not counted by number. Numbering starts with what in American usage is the second floor. Thus, **den dritten Stock** and *the fourth floor* refer to the same thing.
[2]Date

*when
saying
on day month.
on*

When the date is given entirely in numerals, German lists the day first.

13.1. 1986	*January 13, 1986*
6.12. 1987	*December 6, 1987*

In writing, a numeral and a period must be used for the ordinal number.

der **1.** März	*March 1st*
der **3.** April	*April 3rd*

German has several ways for asking what day it is.

day of wk
Welcher Tag ist heute?   *What day is it today?*

day of month
Der wievielte ist heute?   *What is today's date?*

The first example above asks what day of the week it is (Monday, etc.). The second asks what day of the month it is (der **erste**, etc.).

With the preposition **an**, the dative is used. It is almost always contracted with the following **dem**.

Wir kommen **am** (**an dem**) dritten März.	*We're coming on March 3rd.*
Ich fliege **am** siebzehnten Juli.	*I am flying on July 17.*
Wir fahren **am** Freitag.	*We're going on Friday.*

Use the accusative on a letterhead.

Karlsruhe, **den** 6. August

● ANWENDUNG

A   *Read the sentence out loud.*

1. Wir wohnen im 2. Stock.
2. Heute ist der ＿＿＿ Januar/Februar/März/April/Mai/Juni/Juli/August/ September/Oktober/November/Dezember.
3. Der 31. Dezember ist der letzte Tag des Jahres.
4. Der erste Tag des Jahres ist der 1. Januar.
5. Pearl Harbor war am 7. Dezember 1941.
6. Der französische Bastilletag ist der 14. Juli.
7. November ist der 11. Monat des Jahres.
8. Dezember ist der 12. Monat des Jahres.

nachher

9. Ein Meter ist der 40.000.000. Teil eines Erdmeridians.
10. Ein Zentimeter ist der 100. Teil eines Meters.
11. Ein Meter ist der 1000. Teil eines Kilometers.
12. George Washington war der 1. Präsident der USA.
13. Hawaii ist der 50. und Alaska der 49. Staat der Vereinigten Staaten.
14. Viele Länder Afrikas gehören zur 3. Welt. _dritten Welt. = dat. ending_
15. Heinrich VIII. (der Achte) hatte sechs Frauen.
16. Am 1. April darf man nichts ernst nehmen.
17. Der Weihnachtsabend° (der Heilige Abend) ist am 24.   *Christmas Eve*
    Dezember.
18. Der 4. Juli ist der amerikanische Nationalfeiertag.
19. Silvester° feiert man in der Nacht vom 31. Dezember   *New Year's Eve*
    zum 1. Januar.
20. Washingtons Geburtstag ist am 22. Februar.

the en when in the Dat.

B   *Answer in German.*

1. Welches Datum haben wir heute? Heute ist _____.
2. Der wievielte war gestern? Gestern war _____.
3. Was ist morgen? Morgen ist _____.
4. Der wievielte ist übermorgen°? Übermorgen   *the day after tomorrow*
   ist _____.
5. Welcher Tag war vorgestern°? _____.   *the day before yesterday*

FRACTIONS

Fractions in German are treated like neuter nouns. Therefore, they are capitalized. From **Drittel** on, they are formed by adding the ending **-el** to the ordinal number.

½	**ein halb-** (*or* **die Hälfte**)	1/10	**ein Zehntel**
⅓	**ein Drittel**	1½	**eineinhalb**
¼	**ein Viertel**	2⅔	**zweizweidrittel**
¾	**Dreiviertel**	1/100	**ein Hundertstel**

Only **halb-** is declined.

Ich gab ihr ein **halbes** Pfund Kaffee.	*I gave her a half pound of coffee.*
Ein **halbes** Jahr ist sechs Monate.	*Half a year is six months.*
Wir fahren in einer **halben** Stunde ab.	*We are leaving in half an hour.*

● ANWENDUNG

C　*Complete the sentence with the cue fraction.*

1. (½)　Ein Pfund ist die _____ von einem Kilo.
2. (½)　Ich möchte ein _____ Pfund Kaffee.
3. (½)　Er war ein _____ Jahr in Österreich.
4. (¾)　Wir fliegen in einer _____ Stunde ab.
5. (⅓)　Die Hosen sind ein _____ Zentimeter zu lang.
6. (¼)　Ich bleibe noch eine _____ Stunde.
7. (¾)　Der Bus kommt in einer _____ Stunde an.

ORDINAL ADVERBS

Ordinal adverbs, formed by adding **-ns** to the ordinal, are used in listing reasons, actions, things, etc.

1. **erstens**　*first(ly)*　　　　3. **drittens**　*third(ly)*

2. **zweitens**　*second(ly)*　　　4. **viertens**　*fourth(ly)*

● ANWENDUNG

D　*Complete the sentence with (successively) the German ordinal adverbs equivalent to English "firstly," "secondly," and "thirdly."*

Ich gehe nicht oft ins Kino, denn _____ sind die Filme schlecht, _____ sind sie zu teuer, und _____ habe ich keine Zeit.

Vladimir Rencin

LESESTÜCK

„Sie" oder „du"?

Wie einfach haben es englischsprechende Menschen! Ob man jemand gut kennt, ob man jemand zum ersten oder zum hundertsten Mal trifft, das spielt keine Rolle: Man sagt zu allen Menschen „you". Wer Deutsch spricht—oder die deutsche Sprache lernt—hat es nicht immer leicht. Gibt es keine klare Regel, wann man „Sie" oder „du" sagt? In jedem Lehrbuch° steht: In der Familie, zu guten Freunden und zu kleinen Kindern sagt man „du"; zu allen anderen Menschen soll man „Sie" sagen. Und Tiere und Dinge redet man auch mit „du" an.

textbook

Aber diese einfache Regel, wann man „Sie" sagen muß oder „du" sagen darf, ist leider nicht so einfach. Bis zu welchem Alter soll ein Erwachsener zu einem Jungen oder zu einem Mädchen „du" sagen? Die Lehrer und Lehrerinnen an deutschen Schulen finden diese Frage oft problematisch. Wenn sie das formelle „Sie" zu früh verwenden, dann finden die Schüler dies oft komisch und unnatürlich; wenn sie das informelle „du" zu lange verwenden, dann sind manche Schüler beleidigt: „Wir sind doch keine kleinen Kinder mehr . . ."

Wann duzen sich Erwachsene? Wenn man miteinander gute Freunde wird. Dieses Ereignis feiert man oft mit einem Glas Wein. Die meisten Studenten duzen sich, auch wenn sie sich noch nicht so gut kennen.

„Du, ich liebe dich."

"Helen, dear—may I call you Helen?—could I have a little more coffee?"

Andere Länder—andere Sitten. Wie würden Sie das übersetzen? Die Karikatur stammt aus dem The New Yorker Magazine, Copyright © 1982. Drawing by Stan Hunt.

327

Zwischen einem jungen Mann und einer jungen Frau ist der Wechsel vom ,,Sie'' zum ,,du'' oft ein wichtiger Schritt. Man liebt sich per ,,du'', nicht per ,,Sie''.

a people who use only du

Eine deutsche Zeitung fragte vor kurzer Zeit: ,,Wollen wir ein Volk von Du-zern° werden?'' Die Antworten zeigten, daß die meisten Deutschen selbst entscheiden möchten, wen sie duzen oder zu wem sie ,,Sie'' sagen. Heute ist man in Deutschland informeller. Bedeutet dies jedoch, daß man das for-melle ,,Sie'' nicht mehr will? 70% der Leser sagten: ,,Nein, wir wollen un-ser ,Sie' nicht verlieren!''

WORTSCHATZ ZUM LESESTÜCK

ACTIVE VOCABULARY

nouns

das **Ding, -e**	*thing*	das **Glas, ¨er**	*glass*
das **Ereignis, -se**	*event*	der **Lehrer, -**	*teacher* (male)
der (die) **Erwachsene, -n**	*adult, grown-up*	der **Leser, -**	*reader*
		die **Regel, -n**	*rule*

verbs

an·reden	*to address, talk to*
duzen	*to address with* **du**
(sich) entscheiden, entschied, entschieden	*to decide*
verlieren, verlor, verloren	*to lose*

other words

beleidigt	*offended*	**jedoch**	*however*
die meisten	*most (people)*	**komisch**	*strange, funny*
einfach	*simple; simply*	**miteinander**	*with each other*
formell	*formal*	**unnatürlich**	*unnatural*
informell	*informal, familiar*		

special and idiomatic expressions

noch nicht	*not yet*	**vor kurzer Zeit**	*a short time ago*
per ,,du'' (sein)	*(to be) on a* **du** *basis*		

● FRAGEN ZUM LESESTÜCK

Antworten Sie auf deutsch!

1. Zu wem sagt man im Englischen „you"?
2. Mit wem ist man im Deutschen per „du"?
3. „Du" oder „Sie"—warum ist das für deutsche Lehrer oft problematisch?
4. Wann sagen Erwachsene „du" zu anderen Erwachsenen?
5. Wie feiert man den Wechsel vom „Sie" zum „du"?
6. Siezen° oder duzen sich Studenten?   *to address with* **Sie**
7. Was ist ein wichtiger Schritt zwischen einem jungen Mann und einer jungen Frau? *important*
8. Was sagten 70% der deutschen Zeitungsleser?

● PERSÖNLICHE FRAGEN

1. Was ist Ihre Meinung über das „du" und „Sie"?
2. Haben Sie schon einmal mit einem Deutschen oder einer Deutschen vom „Sie" zum „du" gewechselt°? Erzählen Sie wann und wo! *changed*
3. Haben Sie durch dieses Lesestück etwas Neues über deutsche Sitten gelernt? Was?
4. Was haben Sie lieber°: daß Ihr Lehrer oder Ihre Lehrerin zu Ihnen „du" oder „Sie" sagt? *prefer*
5. Möchten Sie, daß Ihr Lehrer oder Ihre Lehrerin Sie mit Ihrem Vornamen oder Familiennamen anredet?

Alle Kinder duzen sich.

● SITUATIONEN

1. *You are with a German friend. The critical moment in your relationship has arrived. You want to say "du." Your partner says:* ,,Sie dürfen zu mir ,du' sagen." *You react.*

2. *You are a renowned German professor at the Freie Universität in Berlin. Joe Doakes walks into your office and says:* ,,Guten Tag, Herr Professor. Ich bin ein amerikanischer Student. Wie geht es dir?" *How do you react?*

3. *You are an American discussing the pros and cons of saying "Sie" and "du" with a German. The German says:* ,,In Amerika ist alles zu demokratisch. Alle sind gleich. Man sagt ,you' zum Boss und zum Arbeiter." *You react.*

 SCHRIFTLICH WIEDERHOLT

A *Rewrite the sentence, expanding it with the cue words. Supply the appropriate ending wherever one is needed.*

1. Er ist ein Freund von uns.   (gut-, alt-)
2. Kennst du die Frau?   (nett-, jung-)
3. Das weiß doch jeder Mensch.   (englischsprechend-)
4. Ursula hat einen Studenten geheiratet.   (deutsch-)
5. Dafür gibt es diese Regel.   (klar-, einfach-) *simple.*
6. Wir finden immer Plätze.   (hübsch-, ungestört-)
7. Er spricht gern von seinem Auto.   (neu-, teur-)
8. Die Liebesszene in diesem Drama gefällt mir.   (berühmt-, vieldiskutiert-)
9. Es ist ein Artikel.   (gut geschrieben-)

stellen: may.

dürfen, to be allowed, may.

duzen: to address with du.

B *Restate each sentence, beginning it with the cue* **der***-word or* **ein***-word.*

1. (unser-)   Kinder dürft ihr duzen.
2. (ihr-)   Schönes und reiches Haar gefällt ihm.
3. (dies-)   Kaltes Bier schmeckt mir nicht.
4. (dies-)   Deutsche Zeitungen schreiben über das ,,Siezen und Duzen".
5. (all-)   Einfache Regeln sind leicht zu lernen.
6. (mein-/mein-)   Lieber Vater, liebe Mutter, schickt mir bitte bald Geld!
7. (welch-?)   Fragen darf man stellen.

C *If the sentence is in the plural, restate it in the singular, or vice versa. Make all necessary changes.*

BEISPIEL   Man duzt einen guten Freund und ein kleines Kind.
   Man duzt gute Freunde und kleine Kinder. (*or:* **Man duzt die guten Freunde und die kleinen Kinder.**)

1. Ihr Kind geht in eine deutsche Schule.
2. Mit diesen unfreundlichen Menschen möchte ich nicht sprechen.

3. Die ersten Gastarbeiter kamen aus Italien.
4. An unseren Schulen gibt es junge Lehrerinnen.
5. Alle englischsprechenden Studenten machen diese Fehler.
6. Diese kleinen Jungen sagen ,,Sie'' zu mir.
7. Solch ein teures Waschmittel kaufe ich gar nicht.

SPRECHEN LEICHT GEMACHT!

to practice der-words and ein-words as determiners . . .

Alles verkehrt![1]   **A**   *Combine items from both columns to create statements that are logical and grammatically correct.*

Ich möchte diesen	Zimmer gefällt mir gut.
Ich treffe euch nach dem	Campingplatz gefällt mir nicht.
Ich bin ein Freund dieser	Wohnung gefällt uns gut.
Diese	Hund haben.
Ich bin kein Freund solcher	Katze kaufen.
Er ist ein Freund meines	Vorlesung°. *lecture*
Unser	Theater.
Mein	Ideen.
Ich treffe dich nach ihrer	Leute.
Wir treffen uns vor dem	Bruders.
Sie ist eine Freundin unserer	Eltern.
Ich will keine	?
Ich will keinen	

to practice unpreceded adjectives . . .

B   *Complete the sentences with any appropriate adjective from the list below.*

avantgardistisches/avantgardistisch   großen/großes
internationalen/internationaler   laut/laute

1. ,,Vor Sonnenaufgang'' hatte bald _____ Erfolg.
2. Das Drama war wirklich _____ Theater.
3. Hauptmanns _____ Drama wurde berühmt.
4. Hauptmann hatte _____ Glück.
5. Es gab damals _____ Proteste gegen das Stück.

[1]*All mixed up!*

Mein Ideal   C   *Say how you picture your ideal partner.*

Er-
Sie } hat

blau-
weiß-
stark-
lang-
sauber-
rot-
gut-
schlank-
schön-
braun-
schwarz-
?

Haar.
Augen.
Zähne.
Beine.
Ohren.
Hände.
Finger.
Nerven.
?

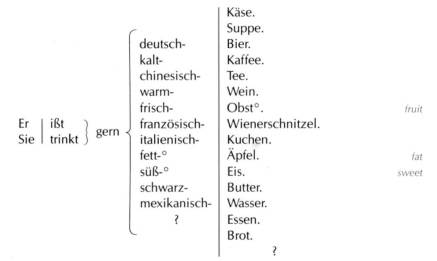

Er | ißt
Sie | trinkt } gern

deutsch-
kalt-
chinesisch-
warm-
frisch-
französisch-
italienisch-
fett-°
süß-°
schwarz-
mexikanisch-
?

Käse.
Suppe.
Bier.
Kaffee.
Tee.
Wein.
Obst°.   *fruit*
Wienerschnitzel.
Kuchen.
Äpfel.   *fat*
Eis.   *sweet*
Butter.
Wasser.
Essen.
Brot.
?

(Cartoon: Wolfgang Hicks/Die Welt)

to practice ordinal numbers . . .

Ich bin keine Nummer . . . aber Nummern sind doch wichtig in meinem Leben.

D *Provide the appropriate ordinal numbers and other information to complete the sentences.*

Ich bin am _____ 19___ geboren°.   *born*

Ich bin jetzt im _____ Semester an der Universität (im College).

Ich bin das _____ Kind in meiner Familie.

Ich bin jetzt im _____ Lebensjahr.

In meinem _____ Lebensjahr möchte ich eine gute Stelle haben.

In meinem _____ Lebensjahr will ich heiraten.

Ich zahle meine Rechnungen in der _____ Woche des Monats.

Dieses Jahr feiern wir Ostern° am _____.   *Easter*

Dieses Auto ist mein _____ Auto.

Ich rauche (nicht mehr) seit meinem _____ Lebensjahr.

Ich will nicht vor meinem _____ Lebensjahr heiraten.

Mein Freund (Meine Freundin) hat am _____ Geburtstag.

Meine Eltern feiern ihren Hochzeitstag° am _____.   *wedding anniversary*

? *Dative, so ordinal # takes ten as ending*

Hörübung[1]

E *Listen to each sentence, and then say whether it is **richtig** or **falsch**. If it is **falsch**, correct it.*

Englischsprechende Menschen haben es mit dem „du" und „Sie" leicht.

Im Deutschen gibt es keine klare Regel über das „du" und „Sie".

Mit Tieren spricht man per „du".

Wenn ein Student einen Professor duzt, so ist das komisch.

Wenn man zu einem neunzehnjährigen Schüler „du" sagt, so ist er beleidigt.

Wenn ein Junge zu einem Mädchen „du" sagt, dann ist es ein wichtiger Schritt.

Man feiert den Wechsel vom „du" zum „Sie" mit einem Glas Wein.

Die Tradition des Duzens und Siezens hat sich in Deutschland nur wenig geändert.

Schimpf Lexikon

F *Sie haben die Nase voll. Warum, das wissen nur Sie. Aber Sie schimpfen auf jemand. Diese Person geht Ihnen auf die Nerven. Also, schimpfen Sie, so viel Sie wollen!*

Sie altes Rindvieh°, _____!   *blockhead*

Sie alter Esel°, _____!   *ass*

Du dumme Gans°, _____!   *goose*

Sie blöde Kuh°, _____!   *cow*

Du dummer Ochse, _____!

[1]*Listening exercise*

Rätsel[1]

> Was geht auf vier Beinen am
>   Morgen,
> auf zwei Beinen am Nachmittag,
> und auf drei Beinen am Abend?

> Ich habe vier Füße,
> kann doch nicht gehn.
> Ich habe vier Beine,
> muß immer stehn.
>   Wer bin ich?

Antworten

der Mensch/ein Tisch

[1]Riddle

desodorierend

,,Komm zu mir. Ich rieche gut!''

Die Macht der Reklame

Ist ,,gut'' nicht mehr gut genug?
Deutsche Reklamen

wir sollen sie nicht lasse uns zu manipulieren
wir lassen uns manipulieren
(we let ourselves be manipulated)

DIALOG

Die Macht der Reklame

may

PETRA Inge, darf ich deine Zahnpaste benutzen? Ich habe meine nicht mitgebracht.

INGE Aber gern. —Wie's in der Reklame heißt, bekommst du von meiner die weißesten Zähne.

PETRA Na klar, und angeblich ist jede Marke die beste, die gesündeste, die . . .

INGE Und wir sind so dumm, alles zu glauben.

PETRA Glauben? . . . Nein, das brauchen wir gar nicht. Solange wir nur kaufen, kaufen und kaufen.

INGE Weißt du, mir hängen die vielen Reklamen zum Hals heraus. Und jedes Jahr werden sie aggressiver und schlimmer.

PETRA . . . und vulgärer.

unfortunately

INGE Ja, aber daran läßt sich leider nichts ändern. Tatsache ist: Je mehr Reklame, desto mehr Käufer.

PETRA Ja, die Reklame manipuliert uns.

INGE Das stimmt nicht ganz: Wir lassen uns von der Reklame manipu-lieren.

wir lassen uns manipulieren. (we let ourselves be manipulated)

WORTSCHATZ ZUM DIALOG

ACTIVE VOCABULARY

nouns

der **Käufer, -**	*buyer*	die **Marke, -n**	*brand (of merchandise)*
die **Macht, ̈e**	*power, might*	die **Zahnpaste**	*toothpaste*

verbs

benutzen	*to use*	**mit•bringen,**	*to bring along*
(sich) lassen (läßt),	*to let (oneself)*	**brachte mit,**	
ließ, gelassen		**mitgebracht**	
manipulieren	*to manipulate*		

other words

angeben to pretend

angeblich	*alleged(ly)*	**solange**	*as long as*
gesund	*healthy*	**vulgär**	*vulgar*
schlimm(er)	*bad (worse)*	**weiß**	*white*

special and idiomatic expressions

es läßt sich nichts ändern	*nothing can be changed*	**je . . . desto**	*the . . . the*
gar nicht	*not at all*		

[handwritten: always used with comparative. ex: the bigger the better.]

● PERSÖNLICHE FRAGEN

Fragen Sie Ihren Nachbarn°/Ihre Nachbarin: *neighbor*

1. —welche Zahnpaste er/sie verwendet.
2. —warum er/sie diese Zahnpaste kauft.
3. —welche anderen Waren° er/sie kauft und warum er/sie diese Marke kauft.   *goods*
4. —an welche Marke er/sie sofort denkt bei

Waschpulver°	Autos	*detergent*
Bier	Zigaretten	
Seife°	Lippenstift	*soap*
Uhren	einem Medikament gegen Grippe	

5. —ob er/sie sich für die Reklame im Radio oder im Fernsehen interessiert.
6. —ob er/sie alles glaubt, was die Reklamen sagen. Oder was er/sie zum Beispiel nicht glaubt.
7. —ob er/sie sich durch Reklame manipulieren läßt.

● AUSSPRACHE-ÜBUNG

German **sch** versus German **ch**

rauschen	*to roar*		**rauchen**	*to smoke*
waschen	*to wash*		**wachen**	*to watch, guard*
naschen	*to nibble*		der **Nachen**	*small boat*
der **Busch**	*bush*		das **Buch**	*book*
die **Kirsche**	*cherry*		die **Kirche**	*church*
die **Aschen**	*ashes*		**Aachen**	*German city*

GRAMMATIK Theorie und Anwendung

1. THE COMPARISON OF ADJECTIVES AND ADVERBS

In German, as in English, adjectives and adverbs have three different forms: positive (e.g., *fast*), comparative (*faster*), and superlative (*fastest*). The positive is the basic form, with which you are already familiar.

BEISPIELE		
Adjectives	POSITIVE	
	Unsere Firma macht **große** Gewinne.	*Our firm makes big profits.*
	COMPARATIVE	
	Wir wollen aber noch **größere** Gewinne.	*But we want even bigger profits.*
	SUPERLATIVE	
	Die **größten** Gewinne sind nicht groß genug für uns.	*The biggest profits are not big enough for us.*
Adverbs	POSITIVE	
	Der VW fährt **schnell**.	*The VW goes fast.*
	COMPARATIVE	
	Der BMW fährt **schneller**.	*The BMW goes faster.*
	SUPERLATIVE	
	Der Porsche fährt **am schnellsten**.	*The Porsche goes the fastest.*

COMPARATIVE FORMS

The comparative is formed in German by adding **-er** to the stem of the adjective or adverb.

billig—billiger	*cheap—cheaper*
schön—schöner	*beautiful—more beautiful*
schnell—schneller	*fast—faster*

One-syllable adjectives and adverbs usually add an umlaut to the stem vowel. Adjectives with **au** in the stem never do.[1]

alt—älter	*old—older*
groß—größer	*big—bigger*
jung—jünger	*young—younger*
laut—lauter	*loud—louder*
oft—öfter	*often—more often*

 Vorsicht! Fehlergefahr!

> English adjectives and adverbs often form their comparative with *more: impressive, more impressive*. The word **mehr** is never added to another adjective or adverb to form a comparative. The ending **-er** is added to the adjective or adverb, regardless of its length.
>
> | | |
> |---|---|
> | Diese Wohnung ist **kleiner**. | *This apartment is smaller.* |
> | Diese Reklame ist noch **aggressiver**. | *This ad is even more aggressive.* |
> | Dieses Plakat ist **interessanter**. | *This poster is more interesting.* |

SUPERLATIVE OF ADJECTIVES

The German superlative is formed by adding **-st** to the stem of the adjective. One-syllable adjectives usually add an umlaut where possible.

klein	das **kleinste** Auto	*the smallest car*
lang	die **längste** Zigarette	*the longest cigarette*

If the stem of the adjective ends in a "hissing" sound (**-ß** or **-z**) or in **-d** or **-t**, a linking **-e-** is usually inserted between the stem and the ending.

kurz	der **kürzeste** Weg	*the shortest way*
weiß	die **weißesten** Zähne	*the whitest teeth*
gesund	das **gesündeste** Getränk	*the healthiest beverage*

But note: **groß—größte** *big—biggest*.

---

[1]**Braun—brauner**. Also note: **blond—blonder**. Some comparatives have alternate, variant forms: **naß—nässer** (or **nasser**).

● ANWENDUNG

A *Supply the comparative and superlative of the adjective to complete the sentence.*

1. Eine Zigarette ist gefährlich°. Die zweite ist noch _____ *gefährlicher* °*dangerous*
   Und die dritte ist die _____ *gefährlichste*
2. Dieses Motelzimmer ist gemütlich. Dein Zimmer im Studentenheim ist
   _____ . Aber mein Zimmer zu Haus ist das _____ von allen. °*of all*
3. Zeitungsreklamen sind dumm. Radioreklamen sind _____ . Und Fern-
   sehreklamen sind die _____ .
4. In Alaska ist der Winter kalt. In Sibirien ist er _____ und der _____ ist vielleicht am Nordpol.

DECLENSION

German adjectives in the comparative and the superlative add the same endings
as other adjectives when they <u>precede</u> the noun they modify.

Pils, das leichter**e** Bier!	*Pils, the lighter beer!*
Pils, ein leichter**es** Bier!	*Pils, a lighter beer!*
Diät-Pils, das leichtest**e** Bier!	*Diet-Pils, the lightest beer!*
Diät-Pils gehört zu den leichtest**en** Bieren!	*Diet-Pils belongs among the lightest of beers!*

● ANWENDUNG

B *Complete with the correct comparative or superlative form of the adjective.*

1. Fritz ist der jünger__ Bruder von Rita.
2. Karl ist ein jünger__ Bruder von Ursula.
3. Kennen Sie den jünger__ Bruder von Uwe?
4. Kennen Sie meinen jünger__ Bruder?
5. Wie heißt Ihr jüngst__ Bruder?
6. Wie heißt der jüngst__ Bruder?
7. Das Auto gehört meiner jünger__ Tochter.
8. Der Porsche gehört seinem jünger__ Sohn.
9. Wer ist das jünger__ Mädchen?
10. Wir suchen ein jünger__ Mädchen für diesen Film.

mehr AND weniger

Mehr *more* and **weniger** *fewer, less* are comparatives but do not take any endings.

Ich brauche **mehr** Zeit für diese Hausaufgabe.	*I need more time for this homework.*
Es gibt immer **weniger** Freizeit und mehr Arbeit.	*There is less and less leisure time and more work.*

IRREGULAR COMPARATIVE FORMS

Like English (*good, better, best*), German has some irregular comparisons.

		COMPARATIVE	SUPERLATIVE
gern	*gladly*	**lieber**	**liebst-**
gut	*good*	**besser**	**best-**
nahe	*near*	**näher**	**nächst-**
viel	*much*	**mehr**	**meist-**
hoch[1]	*high*	**höher**	**höchst-**

 Vorsicht!   **Fehlergefahr!**

> The adverb **gern** is usually used with another verb and means *to like* or *gladly*; the comparative **lieber** means *to prefer to*, or *rather*, and the superlative **am liebsten** means *most of all*, or *like best*.
>
> | Er trinkt **gern** Wasser. | *He likes to drink water.* |
> |---|---|
> | Er trinkt **lieber** Limonade. | *He prefers to drink a soft drink.* |
> | Er trinkt **am liebsten** Milch. | *He likes to drink milk best of all.* |

● ANWENDUNG

C *Supply the German equivalents of the English cues to complete the sentence.*

1. (*good, better, the best*) Trimm-Trab° ist _____, Wandern in den Bergen ist _____ und Schwimmen ist der _____ Sport.   *jogging*
2. (*high, higher, the highest*) Der Fernsehturm° in Stuttgart ist _____, der in Hamburg ist _____, aber der in Ostberlin ist _____.   *TV tower*

---

[1]When the adjective **hoch** is used before a noun, it becomes **hoh-**: **Der Berg ist hoch**, but **der hohe Berg**.

THE am SUPERLATIVE

The construction **am** + (adjective or adverb) + **-sten** is an alternate form of the superlative. It never changes in form. It is used (1) when the superlative modifies a verb, or, put differently, (2) when the superlative is not preceded by **der**, **die**, or **das**. Compare:

Im Sommer haben wir hier das **schönste** Wetter.	*In summer we have the nicest weather here.*
Hier ist im Sommer das Wetter **am schönsten.**	*In summer the weather here is the nicest.*
Fräulein Wittgenstein singt **am schönsten.**	*Miss Wittgenstein sings the nicest.*

● ANWENDUNG

D   *Complete with the comparative and the **am** superlative.*

1. Ich esse gern Orangen, Äpfel esse ich _____ und Bananen esse ich _____.
2. Ein Mofa° fährt schnell, ein Motorrad fährt _____   Motorfahrrad
    und ein Auto fährt _____.
3. Die Reise mit dem Bus kostet viel, mit dem Zug _____ und mit dem Flugzeug _____.
4. Australien ist groß, Afrika ist _____ und Asien ist _____.
5. Kitty tanzt gut Walzer, Tango tanzt sie _____ und Rock und Roll tanzt sie _____.
6. Die Elbe ist lang, der Rhein ist _____ und die Wolga ist _____.
7. In Österreich sind die Steuern° für Zigaretten hoch,   taxes
    für Alkohol noch _____; aber die Steuern für Benzin sind _____.
8. Ein Volkswagen kostet viel, ein Audi kostet _____ und ein Mercedes kostet _____.

● ANWENDUNG

E   *Complete with the correct form of the German equivalent of the English cue.*

1. (*fastest*)   Dieses Auto fährt _____.
2. (*fastest*)   Dieses Auto ist _____.
3. (*fastest*)   Dieses Auto ist das _____ von allen Autos.
4. (*fastest*)   Wie komme ich _____ nach Frankfurt?

SIMILARITY AND DISSIMILARITY

Comparisons can be made both between things that are equal or similar and between things that are unequal or dissimilar.

Kaffee ist Nachtisch

. . . wenn's gut war und
noch besser werden soll.

<u>Similarity</u> is expressed by the positive form of the adjective or adverb with **so . . . wie** *as . . . as.*

Fritz ist **so alt wie** ich.

Fritz is as old as I.

Karl spricht nicht **so gut** Deutsch **wie** Charlotte.

Karl does not speak German as well as Charlotte.

<u>Dissimilarity</u> is expressed by the comparative with **als** *than.*

Der Gelbe Fluß in China ist **länger als** der Mississippi.

The Yellow River in China is longer than the Mississippi.

Die Vereinigten Staaten haben **weniger** Ölreserven **als** die Sowjetunion.

The United States has fewer oil reserves than the Soviet Union.

● ANWENDUNG

F   *Complete with the German equivalent of the English cue.*

1. (*as high as*)   Die Zugspitze ist nicht _____ das Matterhorn.
2. (*higher than*)   Der Montblanc ist _____ alle Berge in den Alpen.
3. (*more . . . than*)   Die DDR bekommt _____ Goldmedaillen in der Olympiade _____ die BRD.
4. (*as fast as/as many . . . as*)   Niemand lief 1984 _____ Carl Lewis und keiner hat _____ Goldmedaillen bekommen _____ er.

 Vorsicht!   Fehlergefahr!

> German expresses a progressive increase in degree with **immer** + the comparative. English uses *more and more* or *even more* + the adjective, or simply repeats the comparative + *and* + the comparative.
>
> Die Reklamen werden **immer aggressiver**.
>
> *The ads are getting more and more aggressive.*
>
> Das Wetter wird **immer schöner**.
>
> *The weather is getting nicer and nicer.*

THE CONSTRUCTION je . . . desto

A relationship between two comparatives is expressed in German by the construction **je . . . desto** *the . . . the.*

Je öfter Sie Zahnpaste verwenden, **desto gesünder** bleiben Ihre Zähne.

The more frequently you use toothpaste, the healthier your teeth remain.

Je mehr Reklame, **desto mehr** Käufer.

The more ads, the more buyers.

In this construction, **desto** is often replaced by **je** or **umso**. The meaning remains the same.

Je mehr Reklame, **je** mehr Käufer.

Je mehr Reklame, **umso** mehr Käufer.

The more ads, the more buyers.

● ANWENDUNG

G *Complete with the German equivalents of the English cues.*

1. (*The/the*) _____ früher du kommst, _____ besser.
2. (*The bigger/the higher*) _____ das Auto, _____ der Preis.
3. (*The less/the*) _____ man ißt, _____ schlanker wird man!
4. (*The more/the*) _____, _____ besser!

● SYNOPSIS EXERCISE

Complete with the German equivalents of the English cues.

1. (*longest/shortest*) Im Juni sind die Tage _____ und die Nächte _____.
2. (*more and more expensive*) Durch die Inflation wird das Leben _____.
3. (*The more/the shorter*) _____ du rauchst, _____ dein Leben!
4. (*The faster/the more*) _____ Sie fahren, _____ Benzin ,,frißt'' der Motor.
5. (*the next*) Wann fährt _____ Zug nach Oberammergau?
6. (*better and better*) Mein Deutsch wird _____.
7. (*as expensive as*) Ein BMW ist nicht _____ Sie glauben.
8. (*older than*) Die Universität Heidelberg ist _____ die Universität Leipzig.
9. (*the oldest*) Aber die Universität Prag ist _____.
10. (*the oldest*) Welche Universität ist _____ in Europa?
11. (*more than*) Du weißt _____ ich.
12. (*more difficult*) Die Übungen werden mit jedem Kapitel _____.
13. (*easier than*) Aber sie sind doch _____ ich dachte.

14. (*like best*)   Ich schwimme _____ im Meer.
15. (*prefer*)   Möchten Sie _____ Tee oder Kaffee?
16. (*more and more*)   Wir brauchen _____ Freizeit.
17. (*less and less*)   Viele Leute essen _____ Salz.
18. (*youngest*)   Wie heißt Ihre _____ Tochter?
19. (*as important as*)   Für die Gesundheit ist gute Luft _____ gutes Essen.
20. (*again and again*)   Der Professor stellt _____ die gleichen Fragen.
21. (*the longest*)   Der 21. Juni ist _____ Tag des Jahres.
22. (*the shortest*)   Der 21. Dezember ist _____.
23. (*the most beautiful*)   Das war _____ Tag meines Lebens.
24. (*faster than/the fastest*)   Ein Schnellzug fährt _____ ein Eilzug, aber der TEE fährt _____.
25. (*rather*)   Er möchte _____ zu Haus bleiben als ins Konzert gehen.
26. (*younger*)   Wie alt ist dein _____ Bruder?
27. (*more expensive than*)   Ein Goldring ist _____ ein Silberring.[1]
28. (*cheapest*)   Wo kann man hier Lederhosen _____ kaufen?

⚠ **Vorsicht!**   **Fehlergefahr!**

> Do not confuse the adjectival ending **-er** with the comparative ending **-er**.
>
> ADJECTIVAL
>
> Das ist ein **schwerer** Fehler.   *That's a bad mistake.*
>
> COMPARATIVE
>
> Die Hausaufgabe ist **schwerer** als   *The assignment is more difficult*
> ich dachte.   *than I thought.*

2.   THE CONSTRUCTION um . . . zu + INFINITIVE

The construction **um . . . zu** + infinitive corresponds to the English construction *in order to* + infinitive.[2]

BEISPIELE   Die Firmen geben Millionen aus, **um**   *Companies spend millions in order*
neue Käufer **zu finden**.   *to find new customers.*

Schliemann ging nach Griechen-   *Schliemann went to Greece in order*
land, **um** Troja **auszugraben**.   *to excavate Troy.*

---

[1]In the comparative, the second **-e-** in **teuer** is dropped: **teurer**.
[2]But note that English does not always require *in order*. Often *to* + infinitive will suffice.

● ANWENDUNG

A *Combine the sentences with* **um . . . zu***, and make any other necessary changes. Remember that the infinitive goes to the end.*

1. Schliemann lernte Englisch. Er wollte mehr Geld verdienen.
    Schliemann lernte Englisch, _____ mehr Geld _____ verdienen.
2. Er fuhr nach Amerika. Er wollte das Geschäft seines Bruders übernehmen.
    Er fuhr nach Amerika, _____ das Geschäft seines Bruders _____ übernehmen.
    Er wurde Archäologe. Er wollte seine Theorie beweisen.
    Er wurde Archäologe, _____.

B *Student A asks the question and student B responds with an* **um . . . zu** *construction. Use the cues or invent your own.*

STUDENT A	STUDENT B
1. Warum fährst du nach Berlin?	(die Mauer sehen)
2. Warum kaufst du einen Porsche?	(schneller fahren)
3. Warum studierst du so viel?	(bessere Noten bekommen)
4. Warum arbeiten Sie abends?	(mehr Geld verdienen)
5. Warum rauchst du nicht?	(gesund bleiben)
6. Warum spielen Sie so oft Tennis?	(schlank bleiben)
7. Warum sparst du so viel Geld?	(ein Auto kaufen)
8. Warum fährst du immer mit dem Fahrrad?	(Geld sparen)
9. Warum gibst du Geld für den Umweltschutz?	(dem Wald helfen)

3. NOUNS AFTER etwas, nichts, viel, wenig

Adjectives after **etwas** *something*, **nichts** *nothing*, **viel** *much*, and **wenig** *little* are treated like neuter nouns and add the ending **-es**.

BEISPIELE | Diese Reklame ist **etwas Neues**. | *This ad is something new.* |
| Ich habe **nichts Wichtiges** zu erzählen. | *I have nothing important to report.* |
| Es gibt **viel Schönes** zu sehen. | *There are a lot of beautiful things to see.* |

[handwritten margin notes:]

Ich kaufe einen Porsche um schneller zu fahren.

Wissen sie etwas neues?

[handwritten at top: pronoun comes (mostly) after the verb.]

● ANWENDUNG

A *Complete, using the cue adjective.*

1. (interessant) Wissen Sie etwas _____?
2. (gut) Ich habe viel _____ von Ihnen gehört.
3. (billig) Er kauft nichts _____.
4. (warm) Gibt es heute etwas _____ zum Mittagessen?
5. (neu) Ich kann wenig _____ darüber sagen.

[handwritten: (My mother lets me go to the movies)]

4. lassen AND sich lassen

[handwritten: takes the accusative]

[handwritten: meine Mutter lasse mich ins kino gehen]

The verb **lassen** has three basic meanings: (1) *to leave*; (2) *to let*; and (3) *to cause someone or something to do something*. In the last two cases, it is used, like the modals, in combination with an infinitive.

BEISPIELE

Ich **lasse** mein Auto zu Haus und gehe zu Fuß.	*I leave my car at home and walk.*
Wir **lassen uns** zu sehr von der Reklame **manipulieren**.	*We let ourselves be manipulated too much by advertising.*
Sie **läßt sich** das Haar beim Friseur **waschen**. *[handwritten: dative]*	*She has her hair washed at the hairdresser's.*

IDIOMATIC USE

Lassen occurs frequently in idiomatic expressions.

[handwritten: don't let yourself be disturbed.]

[handwritten left margin: Er lasse mich gehen (he lets me go) learn these.]

Lassen Sie sich nicht stören!	*Don't let me disturb you.*
Laß dir Zeit! *[handwritten: leave time for yourself.]*	*Take your time.*
Er läßt Sie herzlich grüßen.	*He sends his best regards (to you).*
Leben und leben lassen!	*Live and let live!*

● ANWENDUNG

A *Read the sentence in German and then give the English equivalent.*

1. Wir müssen schnell den Arzt kommen lassen!
2. Wir lassen unseren Hund nie allein zu Hause.
3. Weil unser Auto kaputt war, ließen wir ein Taxi kommen.
4. Wie lang wirst du uns warten lassen?
5. Lassen Sie sich viel Zeit!
6. Wo hast du nur die Zeitung gelassen? *[handwritten: → expression of impatience]*
7. Lassen Sie uns wissen, wie die Reise war!

[handwritten: Ich lasse mir ein Haus bauen. S. √ dat. acc verb. I'm having a house built for me.]

Frankfurt am Main: Reklame für eine Schweizer Uhr. Wie heißt sie?

8. Lassen Sie Ihren Teenager schon Ihr Auto fahren?
9. Laß mich bitte nicht allein!
10. Laß mich allein!
11. Laß sie länger schlafen!
12. Laß dein Auto in der Garage!
13. Würden Sie Ihre Tochter abends allein in die Stadt gehen lassen?

B *Express in German.*

1. Take your time (*formal*).
2. Where did I leave my umbrella?
3. I do not let myself be manipulated by ads.
4. He left the tip on the table.
5. Where do you have your car washed?
6. She sends her best regards to you.
7. I am having my hair washed tomorrow.
8. Leave her alone!

5. POSSESSIVE PRONOUNS

PRONOUN VS. ADJECTIVE

In Chapters 4 and 8 you learned the possessive adjectives (**mein, dein, sein, ihr, unser, euer, ihr, Ihr**). The possessive adjectives may also be used as pronouns. In this usage, however, instead of modifying a noun, they <u>replace</u> a noun. When

[handwritten margin notes:]
2. Wo habe ich meinen Regenschirm gelassen
3. Ich lasse mich von dem Reklame manipulieren.
— w/ clothes, parts of body use def article.

an ein word used as a pronoun takes der endings.

they are used as pronouns, the possessives add the same endings as **der**-words in all genders and all cases.

BEISPIELE	Hier ist mein Wagen. wo steht **deiner**?	*Here is my car. Where is yours?*
Hier ist meine Fahrkarte. Haben Sie **Ihre**?	*Here is my ticket. Do you have yours?*
Hier ist unser Auto. Wo ist **seines**?	*Here is our car. Where is his?*
Ich habe meinen Regenschirm. Haben Sie **Ihren**?	*I have my umbrella. Do you have yours?*

The neuter form of the possessive pronoun is often contracted to **meins**, **deins**, and **seins**, especially in everyday speech.

Hier ist mein Bier. Wo ist **deins**?	*Here's my beer. Where's yours?*

The indefinite article **ein** and its negative **kein** are also declined like **der**-words when they are used as pronouns.

Ich brauche einen Kugelschreiber. Können Sie mir **einen** geben?	*I need a ball-point pen. Can you give me one?*
Haben Sie Zeit? Ich habe **keine**.	*Do you have time? I have none (I haven't any).*

● ANWENDUNG

A *Complete with the correct ending.*

1. Haben Sie Geld? Ich habe kein___.
2. Ich habe einen Mercedes und meine Eltern haben auch ein___.
3. Ich erzähle immer von _meinem_ Leben, aber du erzählst nie von dein_em_
4. Mein Auto steht vor dem Haus. Wo haben Sie Ihr_es_ gelassen?
5. Kannst du mir deine Wohnung zeigen? Unser_e_ zeige ich dir morgen.
6. Du tanzt mit deiner Freundin und ich tanze mit mein_er_.

B *Ask the question, and then answer it using the appropriate possessive pronoun.*

BEISPIEL Haben Sie eine Uhr? Ich habe **meine** vergessen.

1. Hast du einen Stadtplan? Ich habe _meinen_ vergessen.
2. Haben Sie die Zeitung? Ich habe _____ vergessen.
3. Hast du ein Wörterbuch? Ich habe _____ vergessen. *meines.*
4. Haben Sie Briefmarken? Ich habe _____ vergessen.

C   *Student A turns to Student B, completing the question with an appropriate possessive pronoun. Student B responds with a short utterance, like ,,Ja, gerne.'', ,,Ich weiß nicht.'', etc.*

1. Ich kaufe mir ein Eis. Kaufst du dir auch _____?
2. Ich kann meinen Schlüssel nicht finden. Hast du _____ gesehen?
3. Ich habe meinen Platz gefunden. Haben Sie schon _____ gefunden?
4. Hier ist mein Zimmer. Kann ich auch _____ sehen, Gabi?
5. Ich habe keinen Regenschirm. Können Sie mir _____ leihen°?   *lend*
6. (zu Tom und Lisa)   Unsere Katze ist immer sehr hungrig. Ist _____ auch hungrig?

Ralf Wiedemann, Düsseldorf

"DIE VISA-KREDITKARTE KOSTET MICH ZUSAMMEN MIT DER ZUSATZKARTE FÜR MEINE FRAU NUR 60 MARK JAHRESGEBÜHR!"

LESESTÜCK

Ist „gut" nicht mehr gut genug?
Deutsche Reklamen

"pearly white" „Je öfter Sie Perlweiß° verwenden, desto weißer werden Ihre Zähne. Es macht Ihre Zähne weißer und schöner."

Solche und tausende andere Reklamen liest man täglich in deutschen Zeitungen, Zeitschriften, auf Plakaten und auf Litfaßsäulen. Daß etwas „gut, schön, weiß" usw. ist, genügt nicht mehr. Wir sollen Produkte kaufen, weil sie angeblich besser, schöner, weißer usw. sind als die Produkte anderer Firmen. Und die Firmen geben Millionen aus, um immer *goods* mehr Käufer für ihre Waren° zu finden.

Ohne Komparative kann die Reklame heute nicht mehr existieren. Und wenn der Komparativ nicht mehr genügt, dann schießt man mit der größten Kanone: dem Superlativ. Dann heißt es, daß das Produkt „das Beste, das Schönste, das Weißeste" ist.

Überall in der BRD sieht man „Litfaß-säulen". Ernst Litfaß hat die Rekla-mesäule 1855 in Berlin erfunden.

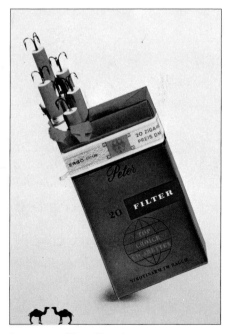

Poster von Klaus Staeck.

351

profits Gute Reklame bringt mehr und mehr Gewinne°. Aber hat Reklame nur den Zweck, den Firmen größere Gewinne zu bringen? Oh nein, sagt die Industrie: Die Reklame hilft dem Käufer, besser zu <u>wählen</u>, billiger zu kaufen, und sie verbessert auch den Lebensstandard.

purpose — to choose.

Hier sind einige Beispiele deutscher Reklamen:

Speisen und Getränke (Nach dem Motto: Wir essen nicht, um zu leben, sondern wir leben, um zu essen.)

Besser kann Eis nicht schmecken.

Seit es die Hengstenberg Salatsaucen gibt, leben die meisten Leute <u>etwas</u> gesünder.

somewhat

slim figure Der sicherste Weg zur schlanken Linie°: Weniger essen.

Trinken Sie unser Bier bis zum letzten Tropfen. D-Pils hat von allen Diät-Bieren die wenigsten Kalorien.

Zigaretten

for miles Keine schmeckt besser. Dafür gehe ich meilenweit°.

Der neueste Chic: Eve 120. Deutschlands längste Damenzigarette. Superschlank.

low in nicotine M gibt mehr. Mehr als eine normale Filterzigarette. Im Rauch nikotinarm°. Sie ist länger . . . Sie ist leichter . . . Mehr Minuten voll Genuß.

pleasure

Sonnenbrillen

Besser sehen. Schöner aussehen. Mit der neuen Sonnenbrille von Polaroid sehen Sie besser. Und sehen schöner aus.

German Federal Railway **Deutsche Bundesbahn°**

Eine Fahrt mit der Bahn macht Ihre Ferien noch viel schöner.

vacuum cleaner **Staubsauger°**

So that/power noise Damit° das Staubsaugen nicht so schwer ist: mehr Saugstärke°, weniger Lautstärke°.

Army of the Federal Republic of Germany **Bundeswehr°·**

Bundeswehr—mehr als ein Job.
Wir fordern und fördern.

demand   encourage

Medikamente

Nasivin
Je früher, desto besser.
Damit wir alle unseren Schnupfen vergessen können.

WORTSCHATZ ZUM LESESTÜCK

ACTIVE VOCABULARY

nouns

die **Bahn, -en**	*railroad, train*	das **Produkt, -e**	*product*
die **Fahrt, -en**	*trip, journey*	die **Sonnenbrille, -n**	*sunglasses*
der **Genuß, ̈sse**	*enjoyment*	die **Speise, -n**	*food*
das **Getränk, -e**	*beverage, drink*	der **Zahn, ̈e**	*tooth*
das **Plakat, -e**	*poster*		

verbs

existieren	*to exist*	**schießen, schoß,**	*to shoot*
genügen	*to be enough;*	**geschossen**	
	to suffice	**verbessern**	*to improve*

other words

etwas	*somewhat*	**ohne**	*without*
leicht	*light*	**voll**	*full*

VOCABULARY FOR RECOGNITION

nouns

der **Job, -s**	*job*	die **Salatsauce, -n**	*salad dressing*
die **Litfaßsäule, -n**	*advertising pillar (invented by Ernst Litfaß in Berlin in 1855)*	der **Schnupfen**	*cold, sniffles*
		der **Tropfen, -**	*drop*
		die **Zeitschrift, -en**	*magazine*
		der **Zweck, -e**	*purpose*
der **Rauch**	*smoke*		

verbs

fordern	*to demand, ask*		
staubsaugen	*to vacuum*		

- **FRAGEN ZUM LESESTÜCK**

Antworten Sie auf deutsch!

> *allegedly.*

1. Was macht <u>angeblich</u> die Zahnpaste ,,Perlweiß''?
2. Wo kann man täglich Reklamen lesen?
3. Warum geben Firmen Millionen für Reklame aus?
4. Ohne was kann die Reklame nicht mehr existieren?
5. Ist gute Werbung ein ,,gutes Geschäft''?
6. Wie sieht die Industrie die Reklame?
7. Was sagt die Eis-Reklame?
8. Was ist der sicherste Weg zur ,,schlanken Linie''?
9. Warum darf man D-Pils trinken?
10. Warum gibt die M-Zigarette angeblich mehr?
11. Was sagt die Polaroid Reklame?
12. Warum soll man mit der Deutschen Bundesbahn fahren?

> *for Tuesday*

- **PERSÖNLICHE FRAGEN**

1. Welche Fernseh- oder Radioreklamen gefallen Ihnen am besten und welche am wenigsten?
2. Was haben Sie schon einmal durch ,,die Macht der Reklame'' gekauft?
3. Was haben Sie nicht gekauft, weil Ihnen die Reklame auf die Nerven gegangen ist?
4. Glauben Sie, daß die Reklame im Fernsehen für Kinder schlecht ist?
5. Werden die Reklamen im Fernsehen immer lauter? Warum?
6. Wissen Sie, für welche Produkte Reklamen im Fernsehen oder Radio verboten sind?

- **SITUATIONEN**

1. *You are watching a TV ad. The announcer says: ,,Kaufen Sie und kauen Sie unseren Kaugummi!'' You talk back to the announcer.*
2. *A German friend offers you a cigarette with the observation: ,,Ich rauche nur Tarzan Zigaretten. Keine schmeckt besser.'' You enlighten your friend.*
3. *You and a German friend are debating the pros and cons of radio advertising. Your friend says: ,,Ich habe die Reklamen gern. Sie sind oft humorvoll und machen Spaß. Aber ich lasse mich nicht manipulieren.'' You say how you feel about it.*
4. *You are the head of a German advertising firm. The manufacturer of a vacuum cleaner hasn't been doing too well. He asks you: ,,Wie kann ich mehr Staubsauger verkaufen?'' You advise.*

- **SCHRIFTLICH WIEDERHOLT**

A *Imagine that you work for a German advertising company writing ads for* the following or other products. Use either the comparative or the super-lative, or both. Select from the cue words, but feel free to add others if you wish.

1. Joghurt (unser-/wenig-/Kalorien/haben/schmecken/besser)
2. Zigaretten (rauchen/lang-/schlank-/leicht-/nikotinarm-)
3. Auto (fahren/schnell-/leise-/brauchen/wenig-/Benzin)
4. Zahnpaste (Zähne/machen/weiß-/schön-/gesünd-)
5. Sonnenbrille (wenn/tragen/sehen/gut/aussehen)

B Answer the questions with the help of the cue words. Use the following two constructions: (a) Begin the dependent clause with the cue conjunction; (b) Use **um . . . zu** + infinitive.

BEISPIEL   Warum spielen Sie Tennis?   (weil/fit bleiben/möchten)
  a) Ich spiele Tennis, weil ich fit bleiben möchte.
  b) Ich spiele Tennis, um fit zu bleiben.

1. Warum kauft Trudi „Perlweiß" Zahnpaste?   (weil/weiße Zähne/haben/wollen)
2. Warum geben Firmen so viel Geld für Reklamen aus?   (denn/Waren/mehr/verkaufen/wollen)
3. Warum fahre ich mit der Bahn?   (weil/Geld sparen/müssen)
4. Warum möchten Sie das für Erika tun?   (weil/ihr/helfen)
5. Warum fragst du?   (damit/besser verstehen/es)

C Rewrite the statements in the comparative and superlative, making all necessary changes.

1. Diese Waren sind teuer.
2. Dieses Eis schmeckt gut.
3. Ich verwende viel Zeit für mein Studium.
4. Hier sind die Preise hoch.
5. Diese Filterzigarette raucht er gern.

D Rewrite, using or inserting **(sich) lassen**. Then translate into good En-glish.

BEISPIEL   Ich repariere mein Auto.
  Ich lasse mein Auto reparieren. (*I am having my car repaired.*)

1. Wir bauen ein Haus.
2. Sie grüßen euch herzlich.
3. Wir waschen das Auto.
4. Sie verkauft ihr Haus.
5. Der Polizist ruft den Arzt.
6. Er schläft. Ich _____.

Wir lassen uns ein Haus bauen.

SPRECHEN LEICHT GEMACHT!

to practice the comparative of adjectives and adverbs . . .

A *Brag about various things, using the comparative. (Student A to student B, B to C, and so on)*

Ich bin { groß.
tolerant.
intelligent.
reich.
pünktlich.
stark.
anständig.
schlank.
freundlich.
glücklich.
ehrlich°.
populär.
höflich°.
? }

Ha, ich bin größer als { Sie.
du. }

honest

polite

B *Now brag using the comparative of the adjective or adverb. (Student A to student B, etc.)*

Ich spiele gut Tennis.	Und ich spiele noch _____.
Mein Vater verdient viel Geld.	Und meine Mutter verdient noch _____.
Bei uns zu Haus ist es gemütlich.	Und bei uns ist es noch _____.
Unsere Wohnung ist modern.	Und unsere Wohnung ist noch _____.
Ich schwimme sehr schnell.	Und ich schwimme noch viel _____.
Mein Vater hat einen wichtigen Job.	Und meine Mutter hat einen noch _____ Job.

wichtigeren.

ELBWASSER MACHT SCHLANK !

¹One-upmanship

to practice equal and unequal comparisons . . .

Gleich . . . **C** *Turn to a classmate and make the statement in the left column. Your class-mate responds using* **so . . . wie**.

Ich habe viel Geld.	Und ich habe so ~~viel Geld~~ wie du.
Ich verstehe Deutsch gut.	Und ich ~~verstehe~~ so gut wie du.
Ich arbeite viel.	Und ich _____.
Ich habe wenig Zeit.	Und ich _____.
Unser Haus ist groß.	Und unseres ist _____ euer Haus.
?	?

. . . und ungleich **D** *Now ask a classmate the question on the left. Your classmate responds either positively or negatively. Use* **als**.

Ich habe zehn Mark. Hast du mehr Geld als ich?	Nein, ich _____.
Ich habe ein „B'' in der Prüfung bekommen. Hast du eine bessere Note als ich?	Ja, ich habe _____.
Ich bin 18 Jahre alt. Bist du älter als ich?	Ja, ich bin zwei Jahre _____.
?	

to practice the am superlative . . .

Was sagst du da? **E** *Compete with your classmates in the superlative!*

Texas ist größer als Kalifornien!	Was! Aber Alaska ist _____!
Karl und ich spielen besser Tennis als du!	Aber nein! Ich spiele _____!
Die Italiener sind im Fußball besser als die Deutschen!	Unsinn! Die Argentiner sind _____! *nonsense.*
Der Porsche und Datsun fahren schneller als der Mercedes!	Quatsch! BMW fährt _____!
Die Leute in der Schweiz sind freundlicher als die Leute in Deutschland!	Was sagst du da? Die Leute in Österreich sind _____!
Die Berge in Österreich sind höher als die Berge in Bayern!	Das glaube ich schon. Aber die Berge in der Schweiz sind _____!
Die Mädchen in _____ sind schöner als die Mädchen in _____.	Falsch! Die Mädchen in _____ sind _____.
?	?

to practice the declension of adjectives in the superlative . . .

Wirklich?   F   *Create a sentence that makes sense and is grammatically correct.*

Der 21. Juni ist der	schwierigste° Sprache.	*most difficult*
Diese Band spielt den	schlechteste Luft.	
In Los Angeles hat man die	meisten Leben.	
Deutsch ist die	schönste Land.	
Utopia ist das	längste Tag.	
Eine Katze hat die	heißesten° Rock.	*hottest (heaviest)*
Deutschland ist das	leichteste Sprache.	
?	?	

to practice um . . . zu + infinitive . . .

Was ist der Zweck?   G   *Create sentences that make sense.*

Ich reise nach Deutschland,	allen Leuten zu gefallen.	
Ich gehe zu Fuß,	keinen Unfall° zu haben.	*accident*
Ich bleibe ledig,	schlank zu bleiben.	
Ich fahre nicht schnell,	niemand auf die Nerven zu gehen.	
Ich bin geduldig,	Land und Leute kennenzulernen.	
Ich studiere fleißig°,	gute Noten° zu bekommen.	*diligently* *grades*
Ich esse wenig,	Benzin und Geld zu sparen.	
Ich wasche mich täglich,	unabhängig° zu sein.	*independent*
Ich stehe früh auf,	pünktlich zu sein.	
?	?	

(um)

to practice lassen and sich lassen . . .

Was erlauben Sie, und was nicht?[1]   H   *Create sentences to express your own views.*

Ich lasse (mir/mich)

manchmal
nie
immer
oft

meinen Hund
meine Katze
mein Auto
das Haar beim Friseur
meine Freundin
von der Reklame
vom Friseur

manipulieren.
auf der Straße frei laufen.
bei mir schlafen.
die Rechnung zahlen.
die Haare waschen.
mein Auto fahren.
rasieren.
waschen.
allein.

[1]*What do you permit and what don't you?*

*to practice **am liebsten** and vocabulary . . .*

Freizeit! **I** *Say how you like best to spend your leisure time.*

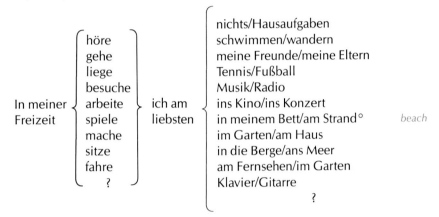

In meiner Freizeit	höre gehe liege besuche arbeite spiele mache sitze fahre ?	ich am liebsten	nichts/Hausaufgaben schwimmen/wandern meine Freunde/meine Eltern Tennis/Fußball Musik/Radio ins Kino/ins Konzert in meinem Bett/am Strand° *beach* im Garten/am Haus in die Berge/ans Meer am Fernsehen/im Garten Klavier/Gitarre ?

to practice possessive pronouns . . .

J *Complete with the correct possessive pronoun from the list below.*

deiner	eins	keine	unsere
deins	eure	keinen	

Mein Auto ist in der Garage. Kann ich ＿＿＿ haben?
Hast du einen Kugelschreiber? Ich habe ＿＿＿.
Hier ist mein Regenschirm. Wo ist ＿＿＿?
Ich esse ein Eis. Ißt du auch ＿＿＿?
Wo sind eure Kinder? ＿＿＿ sind schon hier.
Wir haben unsere Fahrkarten. Habt ihr ＿＿＿?

to practice vocabulary . . .

Sie kennen die Marke im Unterbewußtsein.[1]

K *What comes to mind immediately when you hear the following?*

Es ist ein Medikament gegen Kopfschmerzen.
Man nimmt es, wenn man zuviel gegessen hat.
Es hilft, wenn man einen Kater hat.
Es ist ein Medikament gegen Verstopfung°.   *constipation*
Man nimmt es gegen eine Erkältung.
Dieses Auto soll Benzin sparen.
Ein roter Baron fliegt mit Ihnen.
Man fliegt in einem freundlichen Himmel°.   *sky*
Dafür gehe ich meilenweit.
Überlaßt° uns das Fahren!   *Leave to*
Wir geben uns mehr Mühe°!   *try harder*
Der grüne Riese°.   *giant*
Dieses Auto liegt in Ihrer Zukunft.
Über sechzig Milliarden° schon verkauft!   *billion*
?

Was haben Sie am liebsten?

L *Say what your favorite is.*

Meine Lieblingsreklame° ist _____.   *favorite ad*
Ich habe das Parfüm von _____ am liebsten.
Am liebsten esse ich Schokolade von _____.
Mein liebster Kaugummi heißt _____.
Meine Lieblingszigarette ist _____.
Das beste Bier ist meiner Meinung nach _____.
Der Film _____ gefällt mir am besten.
_____ ist der beste Sänger/_____ ist die beste Sängerin.
?

Der bequeme Weg nach USA

[1]*You know the brands subconsciously.*

"Für diesen Beruf brauchen Sie das Abitur."

KAPITEL 13

Bekommt Eberhard den Job?

1. Relative Pronouns
2. The Indefinite Relative Pronouns **wer** and **was**
3. **wo** as a Relative Pronoun
4. Demonstrative Pronouns
5. The Prefixes **un-** and **ur-** and the Suffixes **-bar** and **-los**

Mein Lebenslauf

DIALOG

Bekommt Eberhard den Job?

Personen	*Eberhard Schuster, Abiturient*
	Frau Elisabeth Hartwig, Leiterin der Personalabteilung
	Frau Lange, eine Sekretärin
Ort	*Im Büro eines großen Kaufhauses*

EBERHARD   Guten Tag! Mein Name ist Schuster. Ich möchte gern Frau Hartwig sprechen.

FRAU LANGE   Entschuldigen Sie, wie war der Name?

EBERHARD   Schuster, Eberhard Schuster.

FRAU LANGE   Ah, Sie sind der junge Mann, der sich um die Stelle beim Kundendienst bewirbt.

EBERHARD   Ja, der bin ich.

FRAU LANGE   Einen Augenblick, bitte. Ich sage Frau Hartwig, daß Sie hier sind. (*telefoniert*) Geradeaus, erste Tür links.

———

FRAU HARTWIG   Guten Tag! Ich bin Frau Hartwig; bitte nehmen Sie Platz. (*sieht auf seine Bewerbung und seinen Lebenslauf*) Ich sehe, Sie haben im Juli das Abitur gemacht.

EBERHARD   Ja, am Pestalozzi-Gymnasium.

FRAU HARTWIG   Sogar mit sehr guten Noten. Gratuliere! Sie wollen also bei uns im Kundendienst arbeiten. Was interessiert Sie da besonders?

EBERHARD   Ja, ich möchte viel Kontakt mit Menschen haben. Den wünsch' ich mir. Ich möchte keinen Job, bei dem man nur hinter dem Schreibtisch sitzt.

FRAU HARTWIG   Das gehört aber auch zum Kundendienst. —Können Sie tippen?

EBERHARD   Ja, ziemlich gut. In der Schule, die ich besuchte, gab's dafür keinen Kurs. Ich habe es selbst gelernt.

FRAU HARTWIG   Auch an einem Computer mit Bildschirm?

EBERHARD   Noch nicht.

FRAU HARTWIG	Na ja, das macht nichts. Das können Sie immer noch lernen. Es gibt ja dafür Abendkurse. —Übrigens, haben Sie unser Informationsblatt bekommen?
EBERHARD	Meinen Sie das, in dem alles über Gehalt, Arbeitszeiten, Urlaub und Versicherung steht?
FRAU HARTWIG	Ja, das meine ich.
EBERHARD	Ja, das habe ich gelesen.
FRAU HARTWIG	Haben Sie noch Fragen?
EBERHARD	Ich glaube nicht. —Doch, wann werde ich wissen, ob ich die Stelle bekomme?
FRAU HARTWIG	Wahrscheinlich Freitag. Rufen Sie mich zwischen 14 und 16 Uhr hier im Büro an. —Übrigens, Sie haben gute Empfehlungsschreiben.
EBERHARD	Vielen Dank. Auf Wiedersehen. (*steht auf und will gehen*)
FRAU HARTWIG	Herr Schuster, ist das nicht Ihr Regenschirm?
EBERHARD	Ja, der gehört mir. Den lasse ich sonst nie liegen. Vielen Dank.
FRAU HARTWIG	Auf Wiedersehen, Herr Schuster.

WORTSCHATZ ZUM DIALOG

ACTIVE VOCABULARY

nouns

die **Arbeitszeit, -en**	working hours	der **Lebenslauf, ⸚e**	curriculum vitae, résumé
der **Augenblick, -e**	moment		
der **Bildschirm, -e**	monitor (computer)	die **Leiterin, -nen**	head, director (female)
der **Computer, -**	computer		
das **Empfehlungsschreiben, -**	letter of recommendation	die **Note, -n**	grade
		der **Schreibtisch, -e**	desk
der **Fehler, -**	mistake	die **Stelle, -n**	position, job; spot
das **Gehalt, ⸚er**	salary		
das **Kaufhaus, ⸚er**	department store	das **Telefon, -e**	telephone
		die **Tür, -en**	door
der **Kurs, -e**	course, class		

witzich. –witty.

verbs

sich bewerben   *to apply*
(**bewirbt**), **bewarb,**
beworben

gratulieren   *to congratulate*
tippen   *to type*

other words

geradeaus   *straight ahead*
hinter   *behind*
sonst   *otherwise*
übrigens   *by the way, incidentally*

unhöflich   *impolite*
wahrscheinlich   *probably*
true   *seem*

special and idiomatic expressions

Gratuliere!   *Congratulations!*

Nehmen Sie Platz!   *Have a seat!*

VOCABULARY FOR RECOGNITION

nouns

der **Abendkurs, -e**   *evening class*
das **Abitur**   *examination qualifying a student for admission to a university*
der **Abiturient, -en**   *graduate of a Gymnasium*
die **Bewerbung, -en**   *application*
das **Gymnasium,**   *German*
  die **Gymnasien**   *secondary school*

das **Informationsblatt, ̈er**   *information sheet*
das **Interview, -s**   *interview*
der **Kundendienst**   *customer service*
die **Personalabteilung, -en**   *personnel department*
die **Sekretärin, -nen**   *secretary*
der **Urlaub**   *vacation*
die **Versicherung, -en**   *insurance*

● FRAGEN ZUM DIALOG

1. Warum möchte Eberhard Schuster mit Frau Hartwig sprechen?
2. Was wird die Sekretärin Frau Hartwig sagen?
3. War Eberhard ein guter Schüler?
4. Warum möchte Eberhard im Kundendienst arbeiten?
5. Was möchte er nicht tun?
6. Was kann Eberhard ziemlich gut?
7. Wo kann er etwas über Computer lernen?
8. Was steht im Informationsblatt?
9. Welche Frage hat Eberhard noch?
10. Was soll er am Freitag tun?
11. Wann soll er anrufen?

● PERSÖNLICHE FRAGEN

Let's evaluate this job interview. Which choice fits best?

1. Ich glaube, Eberhard bekommt den Job, denn er hat das Abitur/er hat gute Noten/Frau Hartwig findet ihn komisch/ __?__ .
2. Ich glaube, Eberhard bekommt den Job nicht, weil er seinen Regenschirm vergißt/er nicht tippen kann/er zu jung ist/ __?__ .
3. Ich glaube, Eberhard darf optimistisch sein, denn Frau Hartwig sagt: ,,Ich rufe Sie an.''/,,Rufen Sie mich an.''/,,Ich schreibe Ihnen.''/ __?__ .
4. Ich glaube, Eberhard hat keine Chancen, weil Frau Hartwig sagt: ,,Sie haben sehr gute Empfehlungsschreiben.''/,,Ist das nicht Ihr Regenschirm?''/ ,,Das können Sie immer noch lernen.''/ __?__ .
5. Ich glaube, Eberhard macht folgende° Fehler beim Interview: er ist unhöflich/er hat keine Frage mehr/er vergißt seinen Regenschirm/ __?__ .   *the following*
6. Ich glaube, Eberhard war während des Interviews sehr geschickt°, denn er will in seinem Job Kontakt mit Menschen haben/er sagt die Wahrheit/er fragt nicht zu viel/ __?__ .   *skillful*
7. Ich glaube, Eberhard war ungeschickt°, weil er sofort beim Kundendienst anfangen will/er kein Telefon hat/er mit einem Regenschirm kommt/ __?__ .   *clumsy*
8. Ich glaube, __?__ .

● AUSSPRACHE-ÜBUNG

English **st** versus German **st**

Shteal.

to **steal**	der **Stiel**	*stem*
he was **stricken**	**stricken**	*to knit*
a **state**	es **steht**	*it stands*
a **stool**	der **Stuhl**	*chair*
to **stuff**	der **Stoff**	*cloth*
a **star**	der **Star**	*starling*
be **still**	**still**	*quiet*
to **steer**	der **Stier**	*ox*
he is **stern**	der **Stern**	*star*
the **stark** truth	er ist **stark**	*he is strong*

SCHWARZ ROT GELD

Relative pronouns
that, which, who, whom, whose

1. RELATIVE PRONOUNS

The English relative pronouns are *that, which, who, whom, whose*. Here are examples of some of the German equivalents.

BEISPIELE

Letzten Sommer, **den** ich zu Haus verbrachte, arbeitete ich bei einer Baufirma.	*Last summer, which I spent at home, I worked for a construction company.*
Mein Vater, **der** bei der Post arbeitet, hat sein ganzes Leben lang in Mansfield gewohnt.	*My father, who works for the post office, has lived in Mansfield all his life.*
Mit Hilfe eines Stipendiums, **das** ich bekommen habe, werde ich in Amerika studieren.	*With the help of a scholarship I received I will study in America.*
In den Ferien, **die** ich am liebsten in den Bergen verbringe, wandere ich gern.	*During vacation, which I like most of all to spend in the mountains, I like to go hiking.*
Meine Biologielehrerin, **deren** Unterricht ich besonders gut fand, hat mich stark beeinflußt.	*My biology teacher, whose classes I thought especially good, influenced me greatly.*

The boldfaced words in the examples are relative pronouns. Study their forms and the structure of the sentences, and you will discover the following six basic principles about relative pronouns:

a) They are similar to the definite article **der**, **die**, **das**.
b) They have the same gender and number as the noun to which they refer.
c) They introduce a dependent clause, and therefore cause V-Last word order.
d) They have the case endings appropriate to their function within the dependent clause.
e) The clauses they introduce are always set off by commas.
f) They cannot be omitted, as they often are in English.

FORMS

The relative pronouns have the same declensional forms as the definite article—except for five "long" forms, which add **-en** to the definite article. (See **deren** in the last example above.)

[handwritten top margin: nennen, to call, name]
[handwritten: meinen – to mean.]
[handwritten left margin: meinen: to mean, to think of]

	MASCULINE	FEMININE	NEUTER	PLURAL
Nominative	der	die	das	die
Accusative	den	die	das	die
Dative	dem	der	dem	**denen**
Genitive	**dessen**	**deren**	**dessen**	**deren**

THE "LONG" FORMS

The long forms are easy to remember: They occur in all the genitives and in the dative plural. Note that **dessen** is spelled with a double **s**.

● ANWENDUNG

A   *Supply the appropriate relative pronoun to complete the question.*

1. Wie heißt der Lehrer, _____ hier Deutsch lehrt?
2. Wer ist die Lehrerin, _____ dir geholfen hat?
3. Wieviel kostet das Wörterbuch, _____ du hast?
4. Was kosten die Bücher, _____ du für dieses Semester gekauft hast?

B   *Complete with the appropriate relative pronoun.*

1. Wie heißt der Wissenschaftler, *der* die neuen Strahlen entdeckt hat? *[handwritten: ray; to discover]*
2. Wilhelm Röntgen ist der Mann, *der* Sie meinen.
3. Ja, er ist ein Wissenschaftler, *dessen* Entdeckung für die Medizin heute so wichtig ist.
4. Ist Röntgen nicht der Wissenschaftler, _____ seine Frau geholfen hat? *[handwritten: dem]* Vielleicht, aber ich glaube, es ist Schliemann.
5. Wie heißt die Frau, _____ das Radium entdeckt hat?
6. Marie Curie ist die Frau, _____ Sie meinen.
7. Ist sie nicht die erste Frau, _____ man den Nobelpreis gegeben hat?
8. Ja, Madame Curie ist die Wissenschaftlerin, _____ Entdeckung ihr den Nobelpreis gebracht hat.
9. Wie heißt das Land, _____ immer neutral gewesen ist?
10. Das Land, _____ Sie meinen, ist sicher die Schweiz.
11. Ja, es ist ein Land, _____ die Vereinigten Staaten nie mit Geld helfen mußten.
12. Wir wissen, daß die Schweiz ein Land ist, _____ Geld eine ,,harte Währung°'' ist.   *currency*
13. Wie nennt man die Ausländer, _____ in der BRD arbeiten? *[handwritten: name, call; foreigner]*
14. Gastarbeiter heißen die Leute, _____ Sie meinen.

[handwritten bottom: we know that Switzerland is a country whose money is hard currency.]

15. Ja, sie bleiben nur „Gäste", aber Gäste, _____ Arbeit der deutschen Industrie sehr geholfen hat.

16. Ja, und die deutsche Industrie weiß, daß die Gastarbeiter Leute sind, _____ man helfen muß.

PREPOSITION + RELATIVE PRONOUN

Relative pronouns may also be used with prepositions. In contrast to English, German prepositions never come at the end of the clause.

Die Firma, **für die** er arbeitet, verkauft Computer.	*The company he works for (or for which he works) sells computers.*
Der Schäferhund, **von dem** ich dir erzähle, heißt Tarzan.	*The German shepherd I am telling you about is called Tarzan.*
Die Lehrerin, **bei der** ich Biologie studiere, ist ganz toll!	*The teacher with whom I am studying biology is really cool!*

● ANWENDUNG

C   *Supply the appropriate relative pronoun form. Remember: The case is determined by the preposition. The gender and number of the pronoun are determined by the noun to which it refers.*

1. Ich möchte keinen Job, bei *dem* man hinter dem Schreibtisch sitzt.
2. Ist das der Chef, für _____ du arbeitest?
3. Das ist Frau Hartwig, mit _____ ich ein Interview hatte.
4. Dort ist das Kaufhaus, in _____ ich eine Stelle bekomme.
5. Die Arbeitszeiten, zu _____ ich hier sein muß, gefallen mir.
6. Was kostet die Versicherung, ohne _____ man nicht arbeiten darf?
7. Das Gehalt, von _____ wir gesprochen haben, ist nicht sehr hoch.
8. Das Kaufhaus, an _____ ich um eine Stelle geschrieben habe, hat mir noch nicht geantwortet.
9. Der junge Mann, statt _____ ich den Job bekomme, hatte kein Abitur.

an= is a 2-way preposition.

figurative takes accusative
Ich spreche über

D   *Using the cues, Student A formulates a question with a relative pronoun, and Student B answers, selecting names from the list below.*

BEISPIEL   der Millionär/Er fand Troja.
    STUDENT A **Wer war (Wer ist) der Millionär, der Troja fand?**
    STUDENT B **Es war (Es ist) Heinrich Schliemann.**

1. die Pazifistin/Sie schrieb „Die Waffen nieder".
2. der Italiener/Er entdeckte Amerika.
3. der Dichter/Er schrieb die „Ilias" und die „Odyssee".
4. der Collie/Er spielte in Hollywood-Filmen.
5. der Komponist/Er komponierte neun Sinfonien.

wer war der komponist, der war

wer war das kleine Mädchen, das in ein "Wunderland" ging

6. das kleine Mädchen/Es ging in ein „Wunderland".
7. die Genetikerin/Sie bekam einen Nobelpreis.
8. der Wissenschaftler/Er schrieb die Formel $E = Mc^2$ (E gleich Mc hoch zwei).
9. die Kinder/Ein Rattenfänger entführte° sie.   *abducted*
10. die Königin/Sie spielt eine große Rolle im Nibelungenlied.
11. die Astronauten/Sie waren auf dem Mond°.   *moon*

Barbara McClintock/Heinrich Schliemann/Marilyn Monroe/Kriemhilde/ Alice/Beethoven/Neil Armstrong und „Buzz" Aldrin/die Kinder von Hameln/ Lassie/Homer/Kolumbus/Bertha von Suttner/Einstein

E *Now make up questions using the cues below and a relative clause:* „Wer war (*oder* Wer ist) . . .?"

die Frau/der Mann/das Kind/die Band/der Rockstar/das Waisenkind (*orphan*)/ der Filmstar/der Footballspieler/die Schwimmerin/der Held (*hero*)/die Heldin (*heroine*)/der Sportler/die Sportlerin/usw.

And now ask: „Wie hieß . . .?"
das Auto/das Schiff (*ship*)/die Stadt/der Berg/das Land/der Zeppelin/das Flugzeug/die Partei/die Insel (*island*)/der Komet/usw.

2. THE INDEFINITE RELATIVE PRONOUNS wer AND was

„GLÜCKLICH IST, WER VERGISST, WAS NICHT MEHR ZU ÄNDERN IST!" —AUS DER *FLEDERMAUS*

Wer *who, whoever, he who* is used when there is no antecedent person or when the antecedent person is nonspecific. **Wer** is declined like **der: wer, wen, wem, wessen.**

Wer hier arbeiten will, muß das Abitur haben.	*Whoever wants to work here must have the Abitur.*
Ich weiß noch nicht, **wem** ich die Stelle gebe.	*I don't know yet to whom I will give the job.*

Was *what, whatever, that which* is used as a relative pronoun when there is no antecedent thing or idea, or when the antecedent thing or idea is nonspecific or is a whole clause. It is also used after **nichts, alles, etwas,** and a neuter superlative. Like other German relative pronouns, **was** may not require a direct English equivalent.

Das ist alles, **was** ich Ihnen sagen kann.	*That's all that I can tell you.*
Ich habe nicht alles verstanden, **was** du gesagt hast.	*I didn't understand everything you said.*
Was Sie sagen, ist richtig.	*What you say is correct.*
Das Schönste, **was** wir gesehen haben, war das Matterhorn.	*The most beautiful thing we saw was the Matterhorn.*

● ANWENDUNG

A   *Supply the correct form of* **wer** *or* **was** *to complete the sentence.*

1. _____ nicht für mich ist, ist gegen mich.
2. Ich weiß nicht, _____ ich sagen soll.
3. Ich habe etwas gesehen, _____ ich nicht glauben kann.
4. Ich heirate, _____ ich will.
5. Ich mache immer, _____ ich will.
6. Er raucht zu viel, _____ nicht gesund ist.
7. _____ die Zukunft bringt, weiß niemand.
8. _____ mir hilft, dem helfe ich.   *Wer*
9. Es ist nicht alles Gold, _____ glänzt°.   *glitters*

3.   wo AS A RELATIVE PRONOUN

When referring to place, **wo** *where* is often used instead of a preposition + relative pronoun.

Hier ist die Jugendherberge, **wo (in der)** wir geschlafen haben.	*This is the youth hostel where we slept.*
Das Städtchen, **wo (in dem)** ich das Gymnasium besuchte, heißt Eberbach.	*The small town where I went to school is Eberbach.*

With place names (cities, countries, and so on), **wo** must be used.

Ich fahre morgen in den Schwarzwald, **wo** ich Urlaub mache.	*Tomorrow I am going to the Black Forest, where I am taking my vacation.*
Sie kommt eben aus Heidelberg, **wo** sie ein Semester studiert hat.	*She's just returned from Heidelberg, where she studied for a semester.*

A **wo**-compound may be used to replace a preposition + the indefinite pronoun **was**. The **wo**-compound then functions as a relative pronoun.

Ich weiß nicht, **worüber** (**über was**) er heute spricht.	*I don't know what he is talking about today.*

● ANWENDUNG

A *Complete with* **wo** *or a* **wo***-compound used as a relative pronoun.*

1. (*where*) Ich will euch das Geschäft zeigen, _____ ich arbeite. *wo*
2. (*where*) Wir waren zwei Wochen in Liechtenstein, _____ es uns gut gefallen hat.
3. (*with what*) Ich möchte wissen, _____ er diese teuren Reisen bezahlt.
4. (*for what*) Ich weiß nicht, _____ er wartet.
5. (*where*) Das Hotel, _____ wir gewohnt haben, war billig.

● SYNOPSIS EXERCISES

A *Complete with the German equivalent of the English cue.*
    definite antecedent
1. (*whom*) Die Studenten, mit _____ wir durch die Alpen wanderten, *denen* waren alle Schweizer.
2. (*whose*) Ja, das ist der Junge/das Mädchen, _____ Telefonnummer ich wissen möchte.
3. (*whose*) Wann kommt die Studentin, _____ Vater angerufen hat?
4. (*to whom*) Der Junge, _____ der Hund gehört, wohnt hier. *this idiom always takes dative*
5. (*which*) Dort ist der Hund, vor _____ ich Angst habe.
6. (*which*) Die Wohnung, in _____ wir wohnen, hat zwei Zimmer.
7. (*whose*) Wer sind die Kinder, _____ Eltern hier sind?
8. (*which*) Die Wohnung, in _____ ich wohne, ist modern. *der*

B *Complete with a relative pronoun. If more than one choice is possible, give the alternative as well.*

1. Wo ist das Kino, _____ wir uns treffen wollen?
2. Er ist ein Mensch, _____ man gern hilft.
3. Wer sind die Leute, bei _____ du wohnst?
4. Wo ist das Museum, vor _____ wir uns treffen wollen?
5. Sie ist eine Frau, _____ alle gern helfen.
6. Wer ist die Familie, bei _____ Sie ein Zimmer haben?
7. Man weiß nie, an _____ er denkt. *was*
8. Der Zug, mit _____ er ankommt, ist gewöhnlich pünktlich.
9. Mannheim ist die Stadt, _____ wir uns kennengelernt haben.
10. Das Haus, _____ ich als Kind wohnte, steht heute noch.
11. Sagen Sie uns, auf _____ Sie warten. *wem*

12. Die Stadt, aus _____ ich komme, liegt am Rhein.
13. Wie heißt das Kind, _____ Eltern in Hannover wohnen?
14. Das ist ein Tag, _____ ich nie vergessen werde!
15. Diese Woche war eine Woche, _____ ich vergessen möchte!
16. Alle die Briefe, _____ du gefunden hast, gehören mir.
17. Die Leute, _____ Kinder heute auf die Universität gehen, sind nicht immer reich.

C *Join the two sentences, changing one of them into a relative clause.*

BEISPIEL   Kennen Sie Fräulein Textor? Sie arbeitet bei uns.
Kennen Sie Fräulein Textor, die bei uns arbeitet?

1. Kennst du die Leute? Sie kommen aus Köln. Kennst du _____?
2. Kennst du die Familie? Er wohnt bei ihr. Kennst du _____?
3. Inges Mutter spricht gut Deutsch. Sie hat lange in Deutschland gelebt. Inges Mutter, _____, spricht _____.
4. Karls Vater besucht uns heute. Wir haben ihn lange nicht gesehen. Karls Vater, _____, besucht _____.
5. Dort sitzt der Gast. Ihm gehört der Regenschirm. Dort _____.
6. Die Frau ist Amerikanerin. Ich warte auf sie. Die Frau, _____.
7. Gestern besuchte ich einen alten Freund. Ich bin mit ihm aufs Gymnasium gegangen. Gestern _____.
8. Heinrich spricht gut Deutsch. Sein Vater ist aus Berlin. Heinrich, _____.
9. Frau Vogel tut uns sehr leid. Ihr Mann ist nicht mehr gesund. Frau Vogel, _____.
10. Wer sind die Leute? Sie verkaufen ihr Haus. Wer _____, _____?

D *Join the two sentences, using* **wo** *or* **was**.

1. Wir landen in München. Es gibt einen International Shop.
2. Diesen Winter fahren wir in die Alpen. Es gibt immer viel Schnee.
3. Unser Hund ist krank. Es macht uns unglücklich.
4. Sie hat die Stelle bekommen. Es freut uns sehr.
5. Ich fahre nach Flensburg. Ich habe viele Freunde.

4. DEMONSTRATIVE PRONOUNS

A demonstrative pronoun points out the item(s) meant in a larger collection: *Which shoes do you want? I want these.* **Der, die, das** and **dieser, diese, dieses** may be used as demonstrative pronouns in German. **Der** has the same forms as a demonstrative pronoun that it has as a relative pronoun (see chart, p. 367). **Dieser** has the same forms as it does when used as an adjective. The demonstrative pronoun is always stressed in speaking.

BEISPIELE	Mein Regenschirm? Ja, **den** lasse ich oft liegen.	*My umbrella? Yes, that I often leave behind.*
	Sind Sie Fräulein Schuster? —Ja, **die** bin ich.	*Are you Ms. Schuster? —Yes, that's me.*
	Wir fahren mit **dem** Zug dort, nicht mit **diesem**.	*We are going with that train there, not this one.*
	Sie kennen Fritz und Monika? Mit **denen** gehen wir oft tanzen.	*You know Fritz and Monika? We often go dancing with them.*

● ANWENDUNG

A *Complete the sentence with an appropriate demonstrative pronoun. Be sure to stress the pronoun as you say the sentence. Several choices may be possible.*

1. Diese Sonnenbrille gefällt mir nicht. Ich kaufe _____ hier.
2. Kurt spielt in einer Band. _____ macht Musik viel Spaß!
3. Dieses Auto ist billiger als _____ da.
4. Ich habe den Wein schon getrunken. _____ schmeckt mir gut.
5. Dieser Wagen hier ist teurer als _____ dort.
6. Ich möchte diesen Hund, nicht _____ da.

B *Answer Student A's question with an appropriate demonstrative pronoun.*

STUDENT A	STUDENT B
1. Hast du schon mit Gabi/Herbert Tennis gespielt?	Ja, mit _____ habe ich schon oft gespielt.
2. Haben Sie schon den Film ,,Vom Winde verweht°'' gesehen?	Ja, _____ habe ich gesehen. Aber nicht im Kino, *Gone With the Wind* sondern als Video.
3. Hast du schon mit diesen zwei amerikanischen Studenten auf deutsch gesprochen?	Nein, nicht mit _____, aber mit anderen.
4. Kennst du das neue Lied von Nena?	Nein, _____ kenne ich noch nicht. Aber ich kenne ,,Neunundneunzig Luftballons''.

dies The short form **dies** may be used in the nominative for all genders, singular *and* plural.

Dies ist mein Bruder.	*This is my brother.*
Dies ist meine Schwester.	*This is my sister.*
Und **dies** hier sind meine Eltern.	*And these are my parents.*

das   The neuter pronoun **das** may be used for all nouns in the singular and plural or for a whole clause. It is the most commonly used demonstrative.

Das macht nichts!	*That doesn't matter.*
Der Mann dort, **das** ist unser Sportlehrer.	*That man there is our physical education teacher.*
Die Olympiade! Ja, **das** waren schöne Zeiten!	*The Olympics? Yes, those were happy days!*

● ANWENDUNG

   C   *Complete the sentence with* **das** *or* **dies**.

   1. _____ hier ist mein Auto.
   2. Die Dame dort? _____ ist die Frau des Präsidenten.
   3. Der Herr dort? Ja, _____ ist mein großer Bruder.
   4. Eine Bergtour in die Alpen? _____ gefällt mir.
   5. Unsere Ferien am Meer, ja _____ waren schöne Tage.

Vorsicht! Fehlergefahr!

> Learn to recognize whether **der** is being used as a relative pronoun or as a demonstrative pronoun. The relative pronoun causes V-L word order; the demonstrative pronoun does not.
>
> RELATIVE PRONOUN
>
> | | |
> |---|---|
> | Die Brille da, **die** mir gehört, war nicht billig. | *The eyeglasses here, which belong to me, were not cheap.* |
>
> DEMONSTRATIVE PRONOUN
>
> | | |
> |---|---|
> | Die Brille da, **die** gehört mir. | *The eyeglasses here, they belong to me.* |

5. THE PREFIXES un- AND ur- AND THE SUFFIXES -bar AND -los

Like English, German often forms new words with the help of prefixes and suffixes. A few of the many such words created in this manner are given below.

The prefix **un-** negates the original meaning of the noun or adjective. It often corresponds to English *un-*, *in-*, or *im-*. The accent is always on the prefix.

ungleich   *unequal*

unsicher   *unsafe*

das **Unverständnis**   *lack of understanding*

The prefix **ur-** indicates that something is primitive, original, or very ancient.

uralt   *very old*

die **Urgroßmutter**   *great-grandmother*

● ANWENDUNG

   A *Form new words with the prefixes **un-** or **ur-**, using the cues as appropriate.*

     1. **anständig**   *decent; indecent* _____
     2. **ehrlich**   *honest; dishonest* _____
     3. **das Glück**   *good luck; misfortune* _____
     4. **menschlich**   *humane; inhumane* _____

THEATER DER STADT BONN
Werkstattbühne · Eingang Rheingasse

Schw.-Besch.
u. Stud.-Erm.

6-125

Sond.-Erm.
f. Abonn.

Eingang	Parkett	Reihe	Sitz Nr.
A	LINKS	**6**	**125**

Haubold, Eschwege

Freitag 13 Feb

5. **möglich**   *possible; impossible* _____
6. **der Wald**   *forest; primeval forest* _____
7. **der Großvater**   *grandfather; great-grandfather* _____
8. **die Zeit**   *time; primeval time* _____
   (but **die Uhrzeit**   *time as shown by the clock*)

-bar, -los   Many new words are formed by adding suffixes. The suffix **-bar** expresses an ability to do something, and corresponds to English *-able, -ible,* or *-ful.*

denken   *to think;* **denkbar**   *thinkable*

tragen   *to bear;* **tragbar**   *bearable*

The suffix **-los** expresses a lack of something, and usually corresponds to the English suffix *-less.*

das **Ende**   *end;* **endlos**   *endless*

die **Hilfe**   *help;* **hilflos**   *helpless*

Ocassionally, a linking **-s-** occurs between the stem and the suffix.

die **Arbeit**   *work;* **arbeitslos**   *unemployed*

● ANWENDUNG

B   *See if you can form the German equivalent of the English cue word, using the suffixes* **-bar** *or* **-los** *as appropriate. The root words are listed below.*

brauchen	essen	kosten	lesen	der **Zweifel**
der **Dank**	die **Gefahr**	leben	die **Zeit**	

1. *edible* _____
2. *timeless* _____
3. *lifeless* _____
4. *thankful* _____
5. *useful* _____

6. *free, gratis* _____
7. *readable* _____
8. *safe* _____
9. *doubtless* _____

LESESTÜCK

Mein Lebenslauf

Wer muß einen Lebenslauf schreiben? Fast alle, die eine Stelle suchen oder ein Stipendium haben wollen. Ob man in Europa oder in Amerika lebt, spielt keine Rolle.

In diesem Kapitel lesen Sie zwei Lebensläufe. Der erste ist von einer Österreicherin, die in Klagenfurt wohnt; der andere von einem jungen Amerikaner, der an einem College in Ohio studiert. Auf den ersten Blick° *At first sight* scheinen die beiden „curricula vitae'' sehr ähnlich zu sein. Beide Studenten schreiben, wo sie geboren sind, welche Schulen sie besucht haben und was sie für die Zukunft planen. Und doch gibt es Unterschiede, die man beim genauen Lesen erkennen kann. Vergleichen Sie selbst.

Hier ist der Lebenslauf der Österreicherin.

„Was ist los mit dem Minicomputer? Da stimmt etwas nicht!''

Irmgard Buchner
Klagenfurt
Hauptstraße 34
7. März 19___

Lebenslauf

I was born Ich bin am 27.8. 1967 in Klagenfurt, Österreich, geboren°. Mein Vater, der
Schlesier ist und 1947 als Kind nach Österreich kam, arbeitet als Ingenieur
construction company bei einer Baufirma°. Meine Mutter, die aus Tirol stammt, ist Hausfrau. Ich
habe zwei ältere Schwestern, von denen eine in Salzburg verheiratet ist; die
andere arbeitet in Wien; sie wird Optikerin.

Die Volksschule und das Gymnasium besuchte ich in Klagenfurt, wo ich
auch im Juni 1985 das Abitur am Realgymnasium machte. Im Oktober 1985
immatrikulierte ich mich an der Karl-Franzens-Universität in Graz, an der
ich Englisch und Französisch als Hauptfach studiere. Später möchte ich an
einem Gymnasium lehren.

interpreter Im Sommer 1986 arbeitete ich als Dolmetscherin° bei den Salzburger
Festspielen. Mit Hilfe eines Stipendiums, das ich bekommen habe, werde
ich im nächsten Jahr in den Vereinigten Staaten an der Indiana University
in Bloomington, Indiana, studieren.

Salzburg: Irmgard hat hier gearbeitet.

In meiner Freizeit höre ich gern klassische Musik. Seit ich in Graz studiere, singe ich auch im „Collegium Musicum", einem gemischten Chor°, der oft an Kirchen- und Orchesterkonzerten teilnimmt.

mixed choir

In den Ferien, die ich am liebsten in den Bergen verbringe, wandere ich gern. Ich bin auch begeisterte° Schiläuferin. Seit acht Jahren bin ich Mitglied des Österreichischen Alpenvereins°, an dessen Kletter- und Schikursen° ich oft teilgenommen habe.

enthusiastic
Alpine Club
climbing and skiing classes

Hier nun der Lebenslauf des jungen Amerikaners, der sich um die Zulassung° an einer Universität in Deutschland bewirbt. Auf Wunsch des Studenten hat sein Deutschlehrer diesen Lebenslauf gelesen und ein paar Verbesserungen vorgeschlagen.

admission

Lebenslauf

Ich heiße John Edgar Tyler, und ich bin am 18. Dezember 1968 in Mansfield, Ohio, geboren. Mein Vater, der seit 20 Jahren für die Post arbeitet, hat sein ganzes Leben lang in Mansfield gewohnt. ~~(Mansfield ist ein kleines Städtchen, in dem sich fast alle Leute kennen.)~~ Meine Mutter, deren Familie aus dem Süden stammt, ist Grundstücksmaklerin°. Ich habe zwei Geschwister ~~und einen deutschen Schäferhund, der Tarzan heißt~~: Einen älteren Bruder ~~Billy,~~ ^{William} der an der Staatsuniversität von Michigan Architektur studiert, und eine jüngere Schwester ~~Susie,~~ ^{Susan} die die achte Klasse besucht. ^{Susan} ~~Mein Schwesterlein~~ wohnt natürlich noch zu Haus.

real estate agent

Ich ~~graduierte~~ ^{habe bis} 1986 ~~von der~~ ^{die Oberschule in} Mansfield ~~Hochschule~~ ^{besucht}, wo ich auch drei Jahre in der Schulkapelle Klarinette spielte. Von 1984 bis 1986 war ich auch Mitglied unseres Basketball Teams, das zweimal die Schulmeisterschaft° gewann ~~(92:90, 80:79 in overtime!)~~ und mit dem ich auch mehrere Reisen machte. 1985 fuhr unser Basketball Team nach Columbus, wo wir an einem Turnier° teilnahmen.

district championship
tournament

Seit dem Herbst 1986 studiere ich am Otterbein College in Westerville, Ohio, wo ich ein kleines Stipendium bekommen habe. Mein Hauptfach ist Biologie, ein Fach, für das ich mich schon in der ~~Hochschule~~ ^{Oberschule} sehr interessiert habe. Meine Biologielehrerin, ~~Miss Merryfield,~~ deren Unterricht ich besonders gut fand, hat meine Entscheidung, Biologie zu studieren, stark

,,In dieser Schulkapelle spielte ich Klarinette. (Leider sieht man mich nicht!)"

beeinflußt. Was ich nach meinem Studium tun werde, weiß ich noch nicht. Vielleicht werde ich Professor oder arbeite als Wissenschaftler für eine Firma. Jedenfalls möchte ich später für den Schutz unserer Umwelt° kämpfen.

environment

Neben meinem Studium spiele ich Klarinette in einem Nachtklub, womit ich Geld fürs Studium verdiene. Letzten Sommer, den ich zu Haus bei meinen Eltern verbrachte, arbeitete ich bei einer Baufirma als Hilfsar-beiter°. ~~Ich bekam diesen Job, weil der Vater meiner Freundin Jeannie dort Chef ist.~~ Diesen Sommer habe ich einen Job im Yellowstone National Park, was mich besonders freut.

unskilled worker

Zu meinen Hobbys gehören Jazz und Briefmarkensammeln°. Skate-boardfahren, mit dem ich im College begonnen habe, ist jetzt mein Lieblingssport°.

stamp collecting

favorite sport

WORTSCHATZ ZUM LESESTÜCK

ACTIVE VOCABULARY

nouns

die **Eltern** (pl.)	parents	die **Schwester, -n**	sister
die **Hilfe**	help	der **Sommer, -**	summer
die **Hochschule, -n**	university, college	das **Stipendium,** die **Stipendien**	scholarship; grant
die **Klasse, -n**	class; grade	der **Süden**	the South
das **Mitglied, -er**	member	der **Unterricht**	instruction; classes; teaching
die **Oberschule, -n**	high school (American)		
der **Schäferhund, -e**	German shepherd	der **Unterschied, -e**	difference
		die **Verbesserung, -en**	correction
die **Schiläuferin, -nen**	skier (female)	die **Volksschule, -n**	elementary school

[handwritten: specialised schools music, technical, etc.]

verbs

besuchen	to attend	**singen, sang, gesungen**	to sing
freuen	to please	**verbringen, verbrachte, verbracht**	to spend (time)
gewinnen, gewann, gewonnen	to win, gain	**vor·schlagen (schlägt vor), schlug vor, vorgeschlagen**	to suggest
kämpfen	to fight		
sammeln	to collect		

other words

ähnlich	similar, (a)like	**neben**	next to, in addition to
geboren	born	**stark**	strong(ly), greatly
genau	close, precise	**stolz**	proud
mehrere	several		

[handwritten: er ist mir ähnlich — takes dative.]
[handwritten: Ich bin geboren.]
[handwritten: stolz auf + acc — Ich bin stolz auf dich.]

special and idiomatic expressions

auf Wunsch   upon request

VOCABULARY FOR RECOGNITION

nouns

das **Fach, ¨er**	subject	die **Hauptstraße, -n**	main street
die **Geschwister** (pl. only)	brother(s) and sister(s); siblings	das **Kirchenkonzert, -e**	church concert
		Klagenfurt	city in Austria
		die **Musik**	music
Graz	city in Austria	die **Optikerin, -nen**	optometrist (female)

das **Realgymnasium, -ien**	*German (Austrian) secondary school*	die **Schulkapelle, -n**	*school band*
die **Salzburger Festspiele**	*Salzburg Festival*	der **Schutz**	*protection*
		das **Skateboardfahren (Rollbrettfahren)**	*skateboarding*
der **Schlesier, -**	*Silesian (native of Silesia)*	**Tirol**	*Tyrol*

verbs

| **beeinflussen** | *to influence* | **stammen (aus)** | *to come from; to be descended from* |
| **(sich) immatrikulieren** | *to register, enroll* | | |

other words

| **jedenfalls** | *at any rate, in any case* | **klassisch** | *classical* |

● FRAGEN ZUM LESESTÜCK

Antworten Sie auf deutsch!

1. Warum muß man einen Lebenslauf schreiben?
2. Was schreibt man in einem Lebenslauf?
3. Was schreibt Irmgard Buchner über ihre Mutter?
4. Wieviele Geschwister hat Irmgard und was machen sie?
5. Welche Schulen hat Irmgard besucht?
6. Was studiert Irmgard jetzt und was möchte sie werden?
7. Warum kann sie im nächsten Jahr in Amerika studieren?

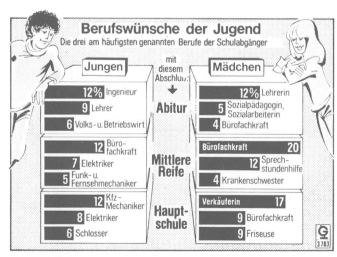

Was möchten Sie werden?

8. Was macht Irmgard gern in ihrer Freizeit?
9. Wie verbringt sie ihre Ferien?
10. Was schreibt John Tyler über seine Eltern?
11. Was machte John in der Oberschule in Mansfield?
12. Warum studiert er jetzt Biologie?
13. Was möchte John nach seinem Studium machen?
14. Wie verdient er Geld fürs Studium?
15. Was sind seine Hobbys?

● PERSÖNLICHE FRAGEN

1. Worauf sind Sie in Ihrem Lebenslauf besonders stolz?   *proud*
2. Was würden Sie in Ihrem Lebenslauf nicht schreiben?
3. Was war die schönste Zeit Ihres Lebens?
4. Und was war die schwerste Zeit?
5. Was sind Ihre Hobbys?
6. Haben Sie schon Geld verdient? Wie?

● SITUATIONEN

1. *You are the director of an employment agency. A job applicant walks in and states his/her name, but not clearly. You ask again for his/her name.*
2. *You are being interviewed for a job. The interviewer asks:* ,,Was haben Sie gelernt? Was möchten Sie machen? Was interessiert Sie?'' *You explain.*
3. *You and a friend are discussing hobbies. Your friend says:* ,,Mein Hauptfach ist Biologie, aber mein Hobby ist Musik.'' *You describe your own hobbies.*

● SCHRIFTLICH WIEDERHOLT

A   *Rewrite each sentence, using the cue as your new antecedent. Make all necessary changes.*

BEISPIEL   Das ist die Stadt, in der ich wohnen möchte.   (der Ort)
             Das ist der Ort, in dem ich wohnen möchte.

1. Das ist die Stelle, die ich bekommen möchte.   (das Gehalt)
2. Der Leiter, bei dem er arbeitet, ist sehr nett.   (die Leiterin)
3. Das Mädchen, das uns besuchte, ist Amerikanerin.   (die Studenten)
4. Wie heißt die Zeitung, die über Troja geschrieben hat?   (der Dichter)
5. Das ist die Stelle, die ich haben will.   (der Beruf)
6. Wer ist die Studentin, deren Namen ich vergessen habe?   (der Student)
7. Er trifft seinen alten Freund, mit dem er an der Universität studiert hat. (seine alten Freunde)

B   *Complete the response with a relative clause and the cue words.*

BEISPIEL   Was hat er dir erzählt?   (nicht/glauben/können)
Er hat mir eine Geschichte erzählt, **die ich nicht glauben kann.**

1. Welches Hobby haben Sie?   (nichts/kosten/dürfen)
   Ich habe nur Hobbys, . . .
2. Für wen möchtest du arbeiten?   (viel Geld/verdienen/können)
   Ich möchte für eine Firma arbeiten, bei . . .
3. Mit wem seid ihr gewandert?   (kennenlernen/im letzten Sommer)
   Mit Freunden, . . .
4. Wer sind diese Leute?   (bekommen/ich/Stipendium/habe)
   Das sind die Leute, von . . .

C   *Write a response that makes sense, using the correct demonstrative pronoun and the cue words.*

BEISPIEL   Hast du deine Sonnenbrille?   (nein/leider/verlieren)
Nein, die habe ich leider verloren.

1. Verstehen Sie den Unterschied?   (ja/verstehen/gut)
2. Kommt sie mit ihrer Schwester?   (nein/schon/abfahren)
3. Dieses Bier habe ich schon einmal getrunken.   (ja/schmecken/gut)
4. Haben Sie mit der Leiterin gesprochen?   (nein/schreiben/ein Brief)
5. Kennst du Fritz Dietrich?   (natürlich/oft/mit/wandern)

Tucher Bier macht Reklame für das Reinheitsgebot von 1516. Was ist das Reinheitsgebot? (Siehe Seite 388.)

SPRECHEN LEICHT GEMACHT!

to practice relative pronouns . . .

Nicht alles ist relativ!

A *Create sentences by using the relative pronouns to join items from both columns. Be careful not to mix up the wrong persons with the wrong actions!*

Das ist der Professor, bei		ich nicht gern habe.
Dies ist mein Freund, mit		ich nichts zu tun habe.
Er ist ein Lehrer,		du eine Geburtstagskarte
Das ist ein Problem, von		schickst?
Wer ist die Deutsche,	dessen	Songs ich sehr gut finde.
Hier ist das Zimmer, in	den	ich Tischtennis spiele.
Wie heißt das Mädchen,	die	ich ganz toll° *great, really super*
Kennen Sie den Professor, von	dem	finde.
Wo sind die Fotos,	der	ich Deutsch lerne.
Fritz ist ein Junge,	das	du heiratest?
Ja, das ist die Firma	deren	er spricht?
Wolf Biermann ist ein	denen	dir so gut gefallen?
Liedermacher°		wir nicht sprechen wollen. *songwriter*
Das ist eine Sache, mit		Arbeiter streiken.
?		du schläfst.
		?

Wolf Biermann, Liedermacher und Sozialist ohne Heimat (*links*) mit Heinrich Böll, Nobelpreisträger für Literatur (1985).

to practice **wer** *and* **was** *as relative pronouns . . .*

Sprichwörter
mit **wer**

B *Many German proverbs begin with* **Wer***. See whether you can reconstruct the proverbs by joining items from each column.*

Wer nicht für mich ist,	wird Sturm ernten°.	*reap*
Wer einmal lügt°,	kommt um°.	*lies/perishes*
Wer nicht arbeiten will,	dem glaubt man nicht, und wenn	
Wer nicht liebt Wein, Weib°	er auch die Wahrheit spricht.	*woman*
und Gesang,	muß fühlen.	
Wer glaubt,	ist gegen mich.	
Wer sich in Gefahr begibt°,	soll auch nicht essen.	*goes into*
Wer Wind säht°,	der bleibt ein Narr°	*sows/fool*
Wer zuerst kommt,	sein Leben lang.	
Wer nicht hören will,	ist des Talers° nicht wert.	*old German currency*
Wer den Pfennig nicht	wird selig°.	*blessed*
ehrt°,	mahlt° zuerst.	*honors/grinds the corn*

Sprichwörter
mit **was**

C *Other German proverbs begin with* **Was***. See if you can reconstruct them.*

Was du nicht willst, das man dir tu',	macht mich nicht heiß.	
Was du heute kannst besorgen°,	wird gemacht.	*do*
Was du tust,	kommt nicht zurück.	
Was gemacht werden kann,	ist wohlgetan.	
Was Gott tut,	das tue bald.	
Was vergangen ist,	das verschiebe°	*put off*
Was ich nicht weiß,	nicht auf morgen.	
	das füg' auch keinem	
	andern zu°.	**zu•fügen** *to do to*

to practice vocabulary . . .

Lebenslauf

D *Erzählen Sie etwas über Ihr Leben! (Student A to Student B, B to C, and so on)*

Wann und wo sind Sie geboren?
Was ist Ihr Vater und Ihre Mutter von Beruf?
Wo haben Sie gewohnt? Welche Oberschule haben Sie besucht?
Wie groß ist Ihre Familie?
Was ist Ihr Hauptfach und wo studieren Sie?
Was sind Ihre Hobbys?
Was wollen Sie werden?
Was spielt in Ihrem Leben eine wichtige Rolle?

?

Und hier sind ein paar Fragen, über die Sie <u>nicht</u> in Ihrem Lebenslauf schreiben müssen/sollen.

Wie heißen Ihre Katze und Ihr Hund?
Was ist der Kosename° Ihrer Schwester? *nickname*
Mit wieviel Punkten hat Ihr Team das Basketballmatch gewonnen?
Was für° Zigaretten raucht Ihr Vater und welche *What kind of*
  Schuhgröße° hat Ihre Mutter? *shoe size*
    ?

to practice **wo** as a relative pronoun . . .

E *Johann Wolfgang von Goethe (1749–1832) wrote a poem about Italy, to which he felt strongly attracted.*

Kennst du das Land, wo die Zi-   *Do you know the country where the*
  tronen blühn?   *lemon trees bloom?*

Where would you most like to live or visit? Watch out for V-L word order!

Wo $\begin{Bmatrix} \text{möchtest du} \\ \text{möchten Sie} \end{Bmatrix}$ am liebsten leben?

Goethe.

In Bayern,	Man bekommt die saftigsten° Orangen.	*juiciest*
In der Türkei,	Man muß nicht arbeiten.	
In Spanien,	Es gibt die Festspiele.	
Am Meer,	Die schönsten Mädchen sind da.	
In Salzburg,	Es gibt den besten Weißwein.	
In Italien,	Es regnet nie.	
In Japan,	Man spricht Englisch.	
In England,	Es gibt viele Museen.	
In Berlin,	Es gibt die schönsten Berge.	
In der Schweiz,	Es gibt gutes Bier.	
In Monte Carlo,	Es gibt keinen Smog.	
In Liechtenstein,	Man raucht Wasserpfeifen°.	*water pipes*
In Hawaii,	Man zahlt keine Steuern°.	*taxes*
Am Rhein,	Es gibt ein tolles Nachtleben.	
In Kalifornien,	Sangria ist billig und gut.	
In Florida,	Man kann surfen.	
In der Sowjetunion,	Es gibt gute rote Äpfel.	
In Paris,	Man trinkt Reiswein (Sake).	
Im Paradies,	Alles ist sozialistisch.	
Im Schlaraffenland¹,	Man gewinnt viel Geld im Spielkasino.	
?	?	

In Bayern … Im Schlaraffenland¹ **wo** [column] — Man bekommt … Man gewinnt viel Geld im Spielkasino.

¹See p. 389.

your personal views . . .

Was denken Sie?   F   *Express your opinion by completing any statement of your choice with a relative clause. Use prepositions if you wish.*

> Wenn alles schläft und einer spricht, so nennt man das den Unterricht.

Ich trinke gern Milch, _____.
Ich liebe Musik, _____.
Ich esse gern Obst, _____.
Ich lese am liebsten ein Buch, _____.
Ich spreche über Sachen, _____.
Der Unterricht, _____, ist Biologie.
Mein Freund, _____, hat mich gern.
Meine Freundin, _____, hat mich lieb.
Am liebsten tanze ich zu Musik, _____.
Ich arbeite nicht gern mit Leuten, _____.
Ich lerne am meisten bei Professoren, _____.
Während der Ferien gehe ich am liebsten in ein Land, _____.
Ich kämpfe immer gegen etwas, _____.
Ich kenne keinen Menschen, _____.
?

to practice reading comprehension . . .

Was ist das Schlaraffenland?   G   Das Schlaraffenland ist ein imaginäres Land, ein Märchenland°. *fairy-tale land* Niemand muß in diesem paradiesischen Land arbeiten. Wein und Milch fließen in den Flüssen des Schlaraffenlandes. Auf den Bäumen wachsen° Bratwürste. Gebratene Hähnchen° fliegen in der *grow/Fried chickens* Luft. Im Schlaraffenland darf man nicht arbeiten, sondern man muß immer faul° sein.   *lazy*

Pieter Breughel der Ältere (1520–1569) hat dieses Fantasieland, in dem wir alle leben möchten, gemalt°. **Was sehen Sie darauf?** (Siehe Seite 389.)   *painted*

Wann ist Bier rein?[1]   H   *Reading Comprehension for Consumers*

Nach einem Gesetz° aus dem Jahre 1516 (ja, 1516!), darf man Bier   *law* in Deutschland nur aus „Hopfen°, Malz und Wasser" brauen°.   *hops/brew*

In Amerika hat das Bureau of Alcohol, Tobacco and Firearms noch kein Gesetz für reines Bier gemacht. Es gibt ein Gesetz für das Labeling von Whisky, Scotch, Wodka usw. Aber es gibt kein Gesetz für Bier, d.h., *malt beverages.*

Aus diesem Grunde weiß man nie, was in dem Bier ist. Sind es nur Hopfen, Malz und Wasser, oder auch Chemikalien, wie Schwefel—auf Englisch *sulfur*—um das Bier zu präservieren? Oder trinkt man auch künstliche Farbstoffe°, die dem Bier eine „schön goldene" Farbe geben?   *artificial colors*

Man kann nie wissen . . . aber Sie können fragen.

[1]*When is beer pure?*

Ach, wie schön! Leben ohne zu arbeiten.

just for fun . . .

Ein Gedicht   I   *Warum paßt dieses Gedicht gut zu diesem Kapitel? Was illustriert das Gedicht?*

Klatsch° am Sonntagmorgen[1]

gossip

> Wer mit wem?
> Die mit dem!
> Der mit der?
> (Ohne Gewähr°)
> Sie und er?
> Der und er??
> Wer ist wer?
> Wir mit ihr?
> Sie mit dir!
> (Am Klavier)
> Du mit ihm!
> Sie mit him!
> Ich und du?
> Who is who?

Without guarantee

—Horst Bienek (1930–   )

[1]From *Die Meisengeige* by Horst Bienek. Ed., Günter Bruno Fuchs, Carl Hanser Verlag, München, 1964.

Ist das Deutsch oder Englisch?

Fremdwörter, die nicht mehr so fremd sind

1. The Past-Perfect Tense
2. More On Compound Nouns
3. Noun Suffixes
4. More On Inseparable Prefixes
5. Cognates

Was nicht alles im Webster steht: Aus dem ABC der deutschen Fremdwörter im Englischen

DIALOG

Fremdwörter, die nicht mehr so fremd sind

Peter Eichler, der Sprecher einer Talkshow im Westdeutschen Rundfunk (WDR, Köln)

A, B, C, D: Vier Anrufer und Anruferinnen

Liebe Hörer, ich bekomme oft Briefe von Hörern, die mich kritisieren, weil ich Fremdwörter gebrauche. ,,Warum muß Ihr Programm ,Talkshow' heißen?'', schrieb mir kürzlich eine Dame. ,,Warum nennen Sie Ihr Programm nicht einfach: ,Diskussion im Radio'?'' —Vielleicht hat die Dame recht, aber ,,Diskussion'' und ,,Radio'' sind ja auch Fremdwörter. Ja, was sollen wir mit den vielen Fremdwörtern im Deutschen machen? Brauchen wir sie? — Sie haben vielleicht schon von ,,Franglais'' und ,,Spanglish'' gehört? Oder von der ,,Cocacolonisation'' der Welt? Andere Sprachen haben auch dieses Problem. Wie denken Sie darüber? Rufen Sie uns an. Unsere Telefonnummer ist: Vorwahl: 221; Telefon: 51 37 75.

(erster Anruf)

Guten Abend, Herr Eichler! Apropos Fremdwörter im Deutschen: Darf ich Ihnen etwas aus dem Sportteil unserer Zeitung vorlesen?

,,Wochenende'' verkauft sich nicht!

Warum nicht ,,Pfennig'' Markt?

EICHLER   Gern, aber es darf nicht zu lang sein.

A.   (*liest vor*) ,,Freddie Müller feierte dieses Wochenende sein Come-back. Jahrelang war er der Topsprinter unseres Teams gewesen. Im letzten Jahr hatte er einen schweren Autounfall mit seinem Porsche. Aber sobald man Freddie aus dem Krankenhaus entlassen hatte, trainierte er wieder hart, um fit zu werden. Nichts konnte ihn stoppen, wieder in Topform zu kommen. Er schaffte es—und ohne Doping (man testete ihn) . . .''

EICHLER   Ja, Sportreportagen verwenden viele englische Wörter.

A.   Ist das ein neuer Trend?

EICHLER   Nicht im Sport. Soviel ich weiß, hatten Sportreporter schon vor langer Zeit über Boxer, Sparringpartner, Uppercuts und K.o.'s geschrieben. —Übrigens, wissen Sie, daß Sie ,,Ist das ein neuer Trend'' gesagt haben? —Hier ist wieder ein Anruf.

(*zweiter Anruf*)

B.   Herr Eichler, die Fremdwörter aus dem Englischen sind nichts Neues. Ich bin schon über Sechzig und ich hatte schon in meiner Jugend von ,,Gangstern'', ,,Clowns'' und ,,Sex-Appeal'' gehört.

EICHLER   Gibt's auch englische Fremdwörter, die Sie in Ihrer Jugend noch nicht gekannt haben?

B.   Oh ja, vom ,,Stress des Jobs'', von ,,Happenings'' und ,,Sit-ins'', von ,,Recycling'' und ,,Computer'' hatten wir damals noch nichts gehört.

EICHLER   . . . und Hitrecords und Jet-Set hatte es wahrscheinlich auch noch nicht gegeben.   *probably.*

(*dritter Anruf*)

C.   Ich bin gegen diese vielen Fremdwörter.

EICHLER   Darf ich fragen—warum?

C.   Mich stört's, wenn ich alle diese fremden Wörter höre. Müssen wir alles Fremde imitieren!

EICHLER   Sie meinen wohl ,,nachmachen''?

(*vierter Anruf*)

D.   Ich weiß gar nicht, warum sich die Person, die vor mir angerufen hat, so ärgert. —Die Welt ist jetzt kleiner geworden.

EICHLER   Was wollen Sie damit sagen?

D.   Na, wir alle—die Menschen der Welt sind sich näher gekommen. Also auch unsere Sprachen. Und das ist gut.

EICHLER   Ja, und die sogenannten Fremdwörter, wie wir sie nennen, sind uns nicht mehr so fremd. —Liebe Hörer, unsere Zeit ist leider ab. Ich danke Ihnen für Ihre Anrufe. Auf Wiederhören bis zur nächsten Talkshow am Mittwoch um 21 Uhr 15. Dann diskutieren wir über die Fremdwörter in der englischen Sprache. ,,I like a Frankfurter with Sauerkraut!''

[handwritten: motion verbs – sein, ich bin,]

WORTSCHATZ ZUM DIALOG   *[handwritten: nonmotion = habe]*

ACTIVE VOCABULARY

nouns

der **Anruf, -e**	call	der **Sprecher, -**	host (of a show), announcer, speaker, spokesperson (male)
der **Anrufer, -**	caller (male)		
die **Anruferin, -nen**	caller (female)		
der **Autounfall, ⁝e**	car accident		
die **Dame, -n**	lady	die **Talkshow, -s**	talk show, interview program
die **Diskussion, -en**	discussion		
das **Fremdwort, ⁝er**	foreign word	das **Team, -s**	team
der **Hörer, -**	listener	die **Telefonnummer, -n**	telephone number
die **Jugend**	youth		
das **Krankenhaus, ⁝er**	hospital	die **Vorwahl**	area code (phone)

verbs *[handwritten: ich ärgere mich über dich]*   *[handwritten: ich wähle die nummer (choose.)]*

(sich) ärgern über (+acc.)	to be annoyed, to be mad about	**nach·machen**	to imitate
		schaffen	to accomplish *[handwritten: to create]*
		testen	to test, probe
entlassen (entläßt), entließ, entlassen	to release, to discharge	**vor·lesen (liest vor), las vor, vorgelesen**	to read aloud
imitieren=	to imitate		

[handwritten: nach machen - (uncommon)]

other words

apropos	with regard to; by the way	**näher**	closer
		sobald	as soon as
fit	fit	**sogenannt**	so-called
jahrelang	for years *[handwritten: stundelang]*	**westdeutsch**	West German
kürzlich	not long ago, recently		

special and idiomatic expressions

Guten Abend!	*Good evening!*	**unsere Zeit ist ab**	*we are out of time*
sich näher·kommen	*to become better acquainted with each other*		

[handwritten: Wir kommen uns näher]

VOCABULARY FOR RECOGNITION

nouns

der **Boxer, -**	*boxer*	der **Sparringpartner, -**	*sparring partner*
der **Clown, -s**	*clown*	die **Sportreportage, -n**	*sports commentary*
die „**Cocacolonisation''**	*wordplay on the use of Coca-Cola throughout the world*	der **Sportreporter, -**	*sportswriter*
		der **Sportteil**	*sports section (of a newspaper)*
das **Doping, -s**	*drugging, doping*		
das **Franglais**	*mixture of French and English*	die **Sprecherin, -nen**	*host (of a show), announcer, speaker, spokesperson (female)*
der **Gangster, -**	*gangster*		
das **Happening, -s**	*happening*		
die **Hitrecord, -s**	*hit record*		
das **Jet-Set**	*jet set*	der **Stress**	*stress*
das **Recycling**	*recycling*	die **Topform**	*top condition*
der **Rundfunk**	*radio*	der **Topsprinter, -**	*top sprinter*
der **Sex-Appeal**	*sex appeal*	der **Trend, -s**	*trend*
das **Sit-in, -s**	*sit-in*	der **Uppercut, -s**	*uppercut*
das **Spanglish**	*mixture of Spanish and English*		

● FRAGEN ZUM DIALOG

1. Was machen viele Hörer während einer Radio-Talkshow?
2. Warum steht das Wort „Talkshow'' heute in deutschen Wörterbüchern?
3. Was ist das Thema dieser Talkshow?
4. Was haben viele Hörer kritisiert?
5. Welche Fremdwörter sind in diesem Dialog?
6. Sind Fremdwörter in der deutschen Sprache etwas Neues? Geben Sie Beispiele!
7. Was zeigt uns, daß die Welt kleiner geworden ist?
8. Wann ist die nächste Talkshow? An welchem Tag? Um wieviel Uhr?
9. Was ist das Thema der nächsten Talkshow?

- PERSÖNLICHE FRAGEN

  1. Haben Sie schon einmal eine Talkshow angerufen? Warum? Was haben Sie gesagt?
  2. Wie denken Sie über das Thema ,,Fremdwörter''? Rufen Sie Peter Eichler an und sagen Sie ihm Ihre Meinung!

- SPIEL UND SPRICH!

  Pretend you are the moderator (Sprecher/Sprecherin) of a talk show and set a topic. Your classmates call in and argue while you moderate.

  BEISPIEL ,,Hier spricht Peter Eichler (Petra Müller), Ihr Talkshow-Sprecher (Ihre Talkshow-Sprecherin). Heute ist unser Thema _____ (Umweltschutz, Bevölkerungsexplosion, das metrische System usw.).''

  ,,Ich heiße _____. Ich möchte über _____ sprechen. Ich glaube, daß _____.''

- AUSSPRACHE-ÜBUNG

  English *sp* versus German **sp**

a *sport*	der **Sport**	*sport*
a *spade*	es ist **spät**	*it is late*
a *speck*	der **Speck**	*bacon*
spiel (U.S. slang)	das **Spiel**	*game*
a *spiritous* liquid	der **Spiritus**	*alcohol*
to *spring*	**spring!**	*jump!*
to *split*	der **Splitt**	*gravel*
he *spits*	es ist **spitz**	*it is sharp*
a *spot*	der **Spott**	*mockery*

GRAMMATIK Theorie und Anwendung

1. THE PAST-PERFECT TENSE

In Chapter 7, you learned how to form the present-perfect tense using the present tense of **haben** or **sein** + past participle. The past-perfect tense is formed the same way, except that **haben** or **sein** is in the past tense.

BEISPIELE

Diesen Motor **hatte** Rudolf Diesel im Jahr 1892 **erfunden**.

Rudolf Diesel had invented this engine (motor) in the year 1892.

Das Wort „Führer" **hatte** früher einen guten Ruf in Deutschland **gehabt**.

Formerly the word "leader" had had a good reputation in Germany.

Es war Friedrich Fröbel, der den Kindergarten ins Leben **gerufen hatte**.

It was Friedrich Fröbel who had created the kindergarten.

Carl Schurz **war** mit seiner Frau im Jahr 1848 nach Amerika **gekommen**.

Carl Schurz had come to America with his wife in 1848.

Für die Deutschen **war** Hitler zum „Verführer" **geworden**.

For the Germans, Hitler had become a "misleader" (seducer).

USE

The past perfect is used primarily to describe an event that occurred in the past <u>before</u> another past event. It generally occurs in conjunction with the narrative past.

Als Hitler am 1. September 1939 Polen den Krieg erklärte, **hatte** seine Armee schon die polnische Grenze **überschritten**.

When Hitler declared war on Poland on September 1, 1939, his army had already crossed the Polish frontier.

Lange bevor Psychologen das Wort „Angst" einführten, **hatten** alle Menschen dieses Gefühl **erlebt**.

Long before psychologists introduced the word "angst," all people had experienced this feeling.

● ANWENDUNG

A   *If the verb is in the present perfect, change it to the past perfect and vice versa.*

1.   Gestern habe ich Peter Eichler angerufen.
2.   Freddie Müller war wieder schnell fit geworden.
3.   Wissen Sie, was Sie gesagt haben?
4.   Die Welt ist kleiner geworden.
5.   Hatten Sie die Diskussion interessant gefunden?
6.   Viele Fremdwörter sind ins Englische gekommen.

B   *Supply the present or the past tense of the auxiliary* **haben** *or* **sein** *to complete the sentence. Be prepared to defend your choice.*

1.   Schliemann war glücklich, denn er _____ Troja endlich gefunden.
2.   Schliemann _____ sehr schnell viele Sprachen gelernt.
3.   Er _____ als armer Mann nach Amerika gekommen, und kam als reicher Mann nach Deutschland zurück.

4. Als Schliemann in Amerika ankam, _____ sein Bruder schon gestorben.
5. Elf Monate lang _____ seine Frau und er schon gegraben, als sie den Schatz fanden.
6. Schon als Kind _____ er geglaubt, daß es keine Sage war.
7. Als er reich geworden _____, wurde er Archäologe.

C *Restate each sentence three times, using the past, present-perfect, and past-perfect tenses.*

[handwritten: verdienten viel Geld]

1. Ich schreibe meinen Lebenslauf.
2. Helmut besucht die Oberschule.
3. Was studieren Sie?
4. Wir <u>verdienen</u> viel Geld. *[handwritten: weak verb.]*
5. Sie verkauft ihr Auto.
6. Sie freuen sich auf die Ferien.

[handwritten: Was haben Sie studiert?   Was studierten Sie?]

WORD ORDER IN THE PAST PERFECT

In a dependent clause in the past-perfect tense, the auxiliary verb (**haben** or **sein**) stands at the end, just as it does in the present-perfect tense.

Richard Wagner war der erste Komponist, der ein Gesamtkunstwerk **realisiert hatte**.	*Richard Wagner was the first composer who had created an integrated work of art.*
Der Schiläufer hatte Glück, daß er nicht in das Sitzmark **gefallen war**.	*The skier was lucky that he had not fallen into the hole (left by another skier who had "sat" on the snow involuntarily).*

● ANWENDUNG

D *Complete, transforming the cue statement into a dependent clause.*

1. Herr Eichler hatte seit drei Minuten keinen Anruf bekommen.
   Herr Eichler war unglücklich, weil _____.
2. Man hatte Freddie aus dem Krankenhaus entlassen.
   Sein Manager war froh°, daß _____. *happy*
3. Er war wieder fit geworden.
   Freddie freute sich, daß _____.
4. Sie hatte schon in ihrer Jugend von Gangstern und Sex-Appeal gehört.
   Die Anruferin sagte, daß _____.
5. Die Menschen der Welt waren sich näher gekommen.
   Herr Eichler <u>erklärte,</u> daß sich die Menschen der Welt durch die Fremdwörter schon immer _____.

[handwritten: explained.]

E *Restate in the past-perfect tense. Start each statement with **Ich rief an, nachdem . . .** (I called up after . . .). Use V-L word order.*

1. Rudolf ist angekommen.
2. Wir haben seit einem Monat keinen Brief bekommen.

3. Mein Freund hat mich nicht mehr besucht.
4. Meine Eltern haben mir nicht zum Geburtstag geschrieben.
5. Frau Kohl hat mich im Büro angerufen.

SEPARABLE-PREFIX VERBS IN THE PAST PERFECT

In the past perfect, as in the present perfect, a separable prefix is joined with the stem verb in the past participle. The past participle stands at the end of the clause—unless it is a dependent clause, in which case the auxiliary verb stands at the end.

Die Firma **gab** zwei Millionen für Reklamen **aus**.	*The firm spent two million for ads.*
Die Firma **hatte** dieses Jahr zwei Millionen für Reklamen **ausgegeben**.	*The firm had spent two million this year for ads.*
Ich kann nicht glauben, daß die Firma dieses Jahr zwei Millionen für Reklamen **ausgegeben hatte**.	*I can't believe that the firm had spent two million this year for ads.*

• ANWENDUNG

F   *Complete, transforming the verb into the past perfect.*

Der Anrufer schlug etwas Interessantes vor.
1. Er hatte etwas Interessantes _____.
2. Ich wußte, daß er etwas Interessantes _____.

Ruth brachte uns etwas aus den Ferien mit.
3. Wir freuten uns, denn sie _____.
4. Wir freuten uns, weil sie uns _____.

Rainer kam bald aus der Schweiz zurück.
5. Er _____.
6. Wir wußten nicht, daß _____.

Fritz und seine Frau wanderten vor einem Jahr nach Amerika aus.
7. Fritz und seine Frau _____.
8. Wir hörten, daß _____!

2.   MORE ON COMPOUND NOUNS

In Chapter 4, you were introduced to the concept of compound nouns—nouns that are formed by combining two or more words. Remember, German compound nouns take their gender from the final component, and in some cases a linking **-s-**, **-es-**, or **-n-** is inserted.

der Tag + die Temperatur = **die Tagestemperatur**

● ANWENDUNG

A *Combine items from each column to form a compound noun and use it in a sentence. Then give the English equivalent. (Some items may be used more than once.) The compound nouns are words that you have already encountered . . . or not?*

das Haupt°	das Werk	*main, head*
fremd	der Schreiber	
das Jahr	der Platz	
das Telefon	das Schnitzel°	*cutlet*
vor	die Hose	
die Umwelt	der Tag	
die Luft	das Fach	
die Bevölkerung	der Sauger°	*sucker*
die Energie	der Lauf°	*course*
die Woche	die Nummer	
die Nadel	der Schutz	
der Wiener	der Baum	
spülen°	die Sache	*to rinse*
die Kugel°	das Wort	*ball*
der Staub°	die Verschmutzung	*dust*
die Sonne	die Brille	
der Liebling°	die Wahl	*favorite*
das Leben	das Ende	
das Leder	die Krise	
die Kunst	die Maschine	
	die Explosion	
	das Hundert	
	der Schmutz	

3. NOUN SUFFIXES

-ung, -heit, -keit, -schaft

Many German nouns are formed with the suffixes **-ung**, **-heit**, **-keit**, and **-schaft**. These German suffixes often correspond to the English suffixes *-tion*, *-hood*, *-ing*, *-dom*, *-ity*, *-ness*, and *-ship*. Nouns formed with these suffixes are always feminine.

die **Erfindung**   *invention* (from **erfinden**   *to invent*)

die **Landung**   *landing* (from **landen**   *to land*)

die **Freiheit**   *freedom* (from **frei**   *free*)

die **Gesundheit**   *health* (from **gesund**   *healthy*)

die **Kindheit**   *childhood* (from **das Kind**   *child*)

die **Krankheit**   *sickness* (from **krank**   *sick*)

die **Möglichkeit**   *possibility* (from **möglich**   *possible*)

die **Freundschaft**   *friendship* (from **der Freund**   *friend*)

Such nouns can be formed from adjectives, adverbs, verbs, or nouns.

● ANWENDUNG

A   *Form nouns with the indicated suffix and say them out loud with the definite article.*

BEISPIEL   leisten   *to achieve*   *achievement*   **die Leistung**

1. **-ung**
    meinen   *to mean*   *opinion* _____
    erziehen   *to educate*   *education* _____
    spalten   *to split*   *fission* _____
    vorlesen   *to read aloud*   *lecture* _____

2. **-heit**
    frei   *free*   *liberty* _____
    gesund   *healthy*   *health* _____
    krank   *sick*   *sickness* _____
    wahr   *true*   *truth* _____

3. **-keit**
    dankbar   *grateful*   *gratitude* _____
    höflich   *polite*   *politeness* _____
    möglich   *possible*   *possibility* _____
    wichtig   *important*   *importance* _____

4. **-schaft**
    der Freund   *friend*   *friendship* _____
    der Landwirt   *farmer*   *agriculture* _____
    verwandt   *related*   *relationship* _____
    wissen   *to know*   *science* _____

-ion AND **-tät**

The suffixes **-ion** and **-tät** occur in words of foreign origin—usually Latin. Such nouns usually resemble closely their English counterparts. All are feminine.

die **Information**   die **Realität**

die **Universität**

-tum

Most nouns ending in the suffix **-tum** (which sometimes corresponds to the English suffix -*dom*) are neuter.

das **Eigentum**   *property*

das **Königtum**   *kingdom*

das **Wachstum**   *growth*

Two nouns with the suffix **-tum** are masculine.

der **Irrtum**   *error*

der **Reichtum**   *wealth*

4.   MORE ON INSEPARABLE PREFIXES

In Chapter 7, you learned the seven most common inseparable verb prefixes: **be-**, **emp-**, **ent-**, **er-**, **ge-**, **ver-**, and **zer-**. It will help you to "decipher" the meaning of some verbs if you know a few general guidelines for the use of these prefixes.

be- has no independent meaning of its own, but it turns an intransitive verb (one that cannot take a direct object) into a transitive verb (one that takes a direct object).

ich **antworte**	*I answer*
Ich **beantworte** die Frage.	*I answer the question.*
wir **sprechen**	*we talk*
Wir **besprechen** das Problem.	*We discuss the problem.*

emp- is found only in three common verbs.

empfangen   *to receive*

empfehlen   *to recommend*

empfinden   *to feel*

ent- may denote the beginning of an action or separation (similar to English *out of, away from*).

laufen	*to run*	**entlaufen**	*to run away*
stehen	*to stand*	**entstehen**	*to originate*

er- usually denotes completion of an action, whether positive or negative.

frieren	*to be cold*	**erfrieren**	*to freeze to death*
raten	*to guess*	**erraten**	*to guess correctly*
schießen	*to shoot* (a weapon)	**erschießen**	*to shoot dead*
trinken	*to drink*	**ertrinken**	*to drown*
wachen	*to guard, keep watch*	**erwachen**	*to wake up*

ge- has no clear meaning.

fallen	*to fall*	**gefallen**	*to please*
hören	*to hear*	**gehören**	*to belong to*

ver- often denotes something gone wrong, an intensification of the stem verb, or the opposite of the stem verb.

führen	*to lead*	**verführen**	*to lead astray; to seduce*
schlafen	*to sleep*	*sich* **verschlafen**	*to oversleep*
kaufen	*to buy*	**verkaufen**	*to sell*

zer- always denotes disintegration. *to pieces.*

brechen	*to break*	**zerbrechen**	*to break to pieces*
fallen	*to fall*	**zerfallen**	*to fall apart*
stören	*to disturb*	**zerstören**	*to destroy*

● ANWENDUNG

A *Either the root verb or the inseparable-prefix verb below has occurred in the text. Show that you understand their meanings by forming a short German sentence with each pair.*

fallen, gefallen	laufen, entlaufen
führen, verführen	schießen, erschießen
gehen, vergehen	sitzen, besitzen
hören, gehören	stehen, entstehen
kaufen, verkaufen	steigen, ersteigen
kennen, erkennen	stören, zerstören
kommen, bekommen	trinken, ertrinken

5. COGNATES

GRIMM'S LAW[1]

English and German are related languages and have many words of the same origin. These words are known as cognates. The seven consonant changes (or "sound shifts") below will help you to make educated guesses about the meaning of German words.

● ANWENDUNG

A Replace the German consonant with the English cognate consonant.

1. English p ⟩ German **f, ff, pf**

| **tief** | dee__ | **offen** | o__en | die **Pflanze** | __lant |
| **scharf** | shar__ | der **Pflug** | __low | die **Pflaume** | __lum |

2. English t ⟩ German **z, ß**

| **zehn** | __en | der **Zweig** | __wig | der **Fuß** | foo__ |
| **kurz** | cur__ | die **Zunge** | __ongue | der **Zoll** | __oll |

3. English k ⟩ German **ch**

das **Buch**	boo__	**rächen**	wrea__ (vengeance)
machen	ma__e	die **Lerche**	lar__
rechnen	re__on	die **Woche**	wee__

4. English d ⟩ German **t**

der **Tag**	__ay	das **Futter**	fo__er
das **Tier**	__eer[2]	**weit**	wi__e
der **Garten**	yar__	das **Tal**	__ale

5. English th ⟩ German **d**

drei	__ree	die **Distel**	__istle
sieden	see__e	die **Erde**	ear__
der **Bruder**	bro__er	der **Herd**	hear__

6. English v, f ⟩ German **b**

das **Silber**	sil__er	**haben**	ha__e
das **Übel**	e__il	**taub**	dea__
der **Herbst**	har__est	das **Sieb**	sie__e

[1]Siehe Sprechen leicht gemacht!, Seite 415.

[2]Note that in German **Tier** animal also corresponds to English deer—in German, **Reh(bock)** roe-(buck). Originally, deer indeed meant animal; thus Shakespeare writes "Mice and lice and such small deer," meaning "animals."

7. English y ﹥ German **g**

der **Weg**	wa__	**gelb**	__ellow
der **Tag**	da__	**gähnen**	__awn
gestern	__esterday	die **Fliege**	fl__

MEMORY DEVICE

The sentence below contains all seven consonant sound shifts that occur in German-English cognates. It may help you to remember them.

Zweige von sal**z**igen **Pf**lanzen ma**ch**en **T**iere **d**urstig für sie**b**en **T**age.
Twigs of salty plants make deer thirsty for seven days.

⚠ **Vorsicht!**   **Fehlergefahr!**

"False brothers" are false cognates. They may look or sound like an English word, but may cause you a lot of trouble in communicating with Germans. So beware and select the right German word for what you want to say in the practice below.

● ANWENDUNG

B   *Read aloud with the correct German equivalent listed below.*

1. Ich möchte für meine Mutter/meinen Vater _____ kaufen.
    (a present)

2. Das beste _____ gegen Ratten ist Arsen.
    (poison)

3. Mutter: „Fritz, sei _____ und iß deine Suppe!"
    (good)

4. Alle Astronauten sind _____.
    (brave)

5. Ja, diese Tomaten sind von heute. Sie sind ganz _____.
    (fresh)

6. Ja, dieser Kerl war sehr _____. Er wollte mich sofort küssen.
    (fresh)

7. Die _____ von Frau Dr. Kahn war sehr interessant.
    (lecture)

8. Was nimmst du als _____ in die Ferien?
    (reading matter)

9. Das Mädchen trägt einen schönen _____.
    (skirt)

10. Wir sprechen alle Deutsch. _____ können wir uns verstehen.
    (Therefore)

11. Diese Frage ist interessant und _____ wichtig.
    (also)

12. Er hat keine Haare, er ist _____.
    (*bald*)

13. Warte einen Moment. Ich komme _____.
    (*soon*)

14. Vorsicht!!!! Du fährst zu _____.
    (*fast*)

15. Die Antwort ist _____ richtig, aber nicht ganz.
    (*almost*)

Now try this:

16. *She works in the City Hall.* Sie arbeitet im _____.
17. *What's going on in the City Hall Inn?* Was ist los im _____?
18. *There are no rats in the City Hall.* Es gibt keine _____ im _____.
19. Ich habe _____ auf ein Glas Bier.
    (*appetite*)

auch/bald/Rock/fast/ein Geschenk/Ratskeller/Lektüre/brav/Lust/
Rathaus/Ratten/frisch/frech/Vorlesung/kahl/mutig/Gift/schnell/also

Warum gibt es zwei Briefmarken für die Bundesrepublik?

LESESTÜCK

Was nicht alles im Webster steht: Aus dem ABC der deutschen Fremdwörter im Englischen

angst (die)[1]

Lange bevor Psychologen dieses Wort mit der Bedeutung ,,anguish'' einführten, hatten alle Menschen dieses universale Gefühl als ,,fear'' erlebt. Wer nie Angst gehabt hat, lügt—oder ist kein Mensch.

blitzkrieg (der)

Als Hitler am 1. September 1939 Polen den Krieg erklärte, hatte seine Armee schon die polnische Grenze überschritten. Der Blitzkrieg hatte begonnen; sechzehn Tage später war er zu Ende.

diesel (der)

Diesen Motor hatte Rudolf Diesel (1858–1913) im Jahre 1892 erfunden. Heute macht er dem Benzinmotor große Konkurrenz.

ersatz (der)

,,Lite'' Bier kann nie ein Ersatz für echtes Löwenbräu sein. Ersatz ist nie ,,das wirkliche Ding''. Plastik ist kein Ersatz für echtes Leder, Kunstseide kein Ersatz für echte Seide.

führer (der)

Bis Adolf Hitler der ,,Führer'' wurde, hatte dieses Wort einen guten Ruf in Deutschland gehabt. Für die Deutschen ist dieser Führer zum Verführer geworden.

gesamtkunstwerk (das)

Richard Wagner (1813) wollte eine Synthese verschiedener Künste schaffen (Musik, Wort, Malerei, Bühnenbild). In seinen Musikdramen versuchte er das ,,Gesamtkunstwerk'' zu realisieren. Bei den Bayreuther Festspielen treffen sich die ,,Wagnerianer''. Sie sind Freunde des Gesamtkunstwerkes.

gestalt (die)

Wer Psychologie studiert, kennt wahrscheinlich dieses Wort. Hauptidee: ,,Das Ganze ist mehr als die Summe seiner Teile.''

---

[1]These German words are spelled lower case, as they usually appear in dictionaries.

Rudolf Diesel (1858–1913). Was ist besser? Der Benzin- oder der Diesel-Motor?

CALDWELL By Caldwell

© 1986 King Features Syndicate, Inc.

gestapo (die):
(= Geheime Staatspolizei)

Wer mit ihr zur Hitlerzeit zu tun hatte, wußte was ,,Angst'' war.

gesundheit (die)

Als ein Amerikaner in München vor einem Geschäft stand, mußte er niesen. ,,Gesundheit'' sagte freundlich ein Deutscher, der vorbeiging. ,,I am glad that somebody speaks English here'', antwortete der Amerikaner.

kindergarten (der)

1856 gründete die Frau von Senator Carl Schurz den ersten Kindergarten in Amerika. Aber es war Friedrich Fröbel, der 19 Jahre früher den Kindergarten in Deutschland ins Leben gerufen hatte.

kitsch (der)

pseudoart

Wenn man echte Kunst, z.B. Musik, Literatur und Malerei, aus kommerziellen Gründen zu billiger Scheinkunst° macht, dann gibt es Kitsch.

mach (ein)

,,Mach'' hat nichts mit ,,machen'' zu tun, sondern mißt die Geschwindigkeit des Schalles. Der österreichische Physiker Ernst Mach (1838–1916) hat dieser Formel seinen Namen gegeben.

„Schulversuch" für 5-
und 6-jährige Kinder
in Berlin. Man lernt
viel Mathematik beim
Spielen!

panzer (der)

Wie erklärt man sich, daß so viele deutsche Wörter aus dem Vokabular des Krieges kommen: Panzer, Blitzkrieg, Flak, Stalag, Stuka . . .? Und auch aus Frankreich: Division, Infanterie, Leutnant . . .?

rucksack (der)

Wer viel wandert, trägt diesen Sack auf dem Rücken. Aber „backpack" kommt nicht vom Rucksack, sondern von „packing into the back country".

Wanderlust . . . mit
Rucksack . . . ohne
Auto.

sitzmark (das)	Manche Schiläufer ,,schussen'' zu viel und machen ein Sitzmark. Und andere Schiläufer fallen hinein!
wanderlust (die)	Das ist die Freude am Wandern, um Land und Leute kennenzulernen.
weltanschauung (die)	Wie sehen Sie die Welt? Wie denken Sie über das Leben, die Natur, über Religion, über Politik usw.? Wenn Sie auf diese Fragen eine Antwort haben, dann haben Sie auch eine ,,Weltanschauung''.
zwieback (der)	Das Wort kommt von ,,zweimal gebacken''. Es ist eine Art Brot. Italienisch ,,biscotto'' und Englisch ,,biscuit'' bedeutet auch ,,auf beiden Seiten gebacken''.

WORTSCHATZ ZUM LESESTÜCK

ACTIVE VOCABULARY

nouns

die **Bedeutung, -en**	meaning	die **Kunst, ¨e**	art
das **Brot, -e**	bread	das **Leder, -**	leather
der **Diesel, -**	diesel engine	die **Religion, -en**	religion
die **Freude, -n**	joy, pleasure	der **Rücken, -**	back
der **Führer, -**	leader	der **Rucksack, ¨e**	knapsack
die **Geschwindig-keit, -en**	speed	der **Sack, ¨e**	bag
		der **Schiläufer, -**	skier
die **Grenze, -n**	border	die **Seite, -n**	side
der **Kindergarten, ¨**	nursery school, kindergarten	die **Summe, -n**	sum
		die **Wanderlust**	wanderlust, enjoyment of traveling
der **Kitsch**	trashy piece of art		
die **Konkurrenz**	competition		

verbs

backen	to bake
dauern	to last
erklären	to explain; to declare
gründen	to found, establish
hinein·fallen (fällt hinein), fiel hinein, ist hineingefallen	to fall into

lügen, log, gelogen	*to lie*
niesen	*to sneeze*
rufen, rief, gerufen	*to call, yell*
realisieren	*to create; to materialize; to realize*
schussen	*to ski fast* (straight downhill)
sich treffen (trifft), traf, getroffen	*to meet each other*
überschreiten, überschritt, überschritten	*to cross over*
versuchen	*to try, attempt*
vorbei·gehen, ging vorbei, ist vorbeigegangen	*to pass by, walk by*

other words

echt	*genuine*	**polnisch**	*Polish*
geheim	*secret*	**zweimal**	*twice*
kommerziell	*commercial(ly)*		

special and idiomatic expressions

ins Leben rufen	*to bring into existence*	**Krieg erklären**	*to declare war*
		zu Ende sein	*to be over*

VOCABULARY FOR RECOGNITION

nouns

die **Abkürzung, -en**	*abbreviation*	der **Leutnant, -s**	*lieutenant*
die **Bayreuther Festspiele**	*The Bayreuth Festivals (Richard Wagner)*	das **Mach**	*mach (measurement of the speed of sound)*
der **Benzinmotor, -en**	*gasoline engine*	die **Malerei**	*art of painting*
das **Bühnenbild, -er**	*stage setting*	der **Panzer, -**	*tank*
der **Ersatz**	*substitute*	der **Physiker, -**	*physicist*
die **Flak (Fliegerab-wehrkanone)**	*antiaircraft gun*	das **Plastik**	*plastic*
		Polen	*Poland*
das **Gefühl, -e**	*feeling*	der **Psychologe, -n**	*psychologist (male)*
das **Gesamtkunst-werk**	*total work of art*	der **Ruf**	*reputation*
die **Gestalt, -en**	*form, shape, figure*	der **Schall**	*sound*
		das **Sitzmark, -s**	*depression on a ski slope*
die **Gestapo (Geheime Staatspolizei)**	*secret police (of Nazi Germany)*	**Stalag (Stammlager)**	*prisoner of war camp in World War II*
die **Hauptidee, -n**	*main idea, theme*	der **Stuka (Sturz-kampfflieger)**	*dive-bomber*
die **Infanterie**	*infantry*		
die **Kunstseide**	*artificial silk*	die **Synthese, -n**	*synthesis*

| der **Verführer, -** | *misleader; seducer* | die **Weltanschauung, -en** | *philosophy of life* |
| der **Wagnerianer, -** | *fan of Wagner's music* | der **Zwieback, ⸚e** | *zwieback* |

● FRAGEN ZUM LESESTÜCK

1. Was sagen Sie zu einem Menschen, der sagt: „Ich habe noch nie Angst gehabt"?
2. Wie lange hat Hitlers Blitzkrieg gegen Polen gedauert?
3. Was ist ein Ersatz für Leder und Seide?
4. Wer hat dem Wort „Führer" einen schlechten Ruf gegeben?
5. Wo treffen sich jedes Jahr die Freunde von Wagners Musikdramen?
6. Was machen die „Wagnerianer" in Bayreuth?
7. Was ist die Hauptidee der Gestalt-Psychologie?
8. Was bedeutet die Abkürzung „Gestapo"?
9. Was haben Frau Schurz und Friedrich Fröbel gemacht?
10. Wer war Carl Schurz?
11. Was mißt ein „Mach"?
12. Warum heißt der Rucksack ein „Rucksack"?
13. Wie macht man ein „Sitzmark"?
14. Was versteht man unter „Wanderlust"?

● PERSÖNLICHE FRAGEN

1. Erzählen Sie, warum Sie einmal Angst gehabt hatten. Wann? Wo?
2. Wie denken Sie über Dieselmotoren?
3. Warum sagt man „Gesundheit", wenn jemand niest? Was glauben Sie?
4. Was hört man, wenn ein Jet schneller als der Schall fliegt? Stört Sie das?
5. Wer von Ihnen hat schon einmal eine Wagner-Oper gehört? Welche? Im Radio? Am Fernsehen? In der Oper? Wie hat sie Ihnen gefallen?
6. Sind Sie als kleines Kind in einem Kindergarten gewesen? An was können Sie sich erinnern°? *remember*
7. Was ist für Sie „Kitsch"? Können Sie ein Beispiel geben?
8. Vor zehn Jahren hat man gelacht°, wenn man mit einem Rucksack auf die Uni kam. Geben Sie Beispiele, wofür man heute den Rucksack gebraucht. *laughed*
9. Wer von Ihnen geht gern „backpacking"? Erzählen Sie, wann und wo Sie eine Bergtour gemacht haben.
10. Wer von Ihnen studiert Physik? Wer weiß, wie schnell der Schall „reist"?

● SITUATIONEN

1. *You are a Wagner fan at the* Bayreuth Festspiele. *During intermission you hear a German say:* ,,Ach, Wagner ist viel zu lang. Das dauert ja noch drei Stunden. Gehen wir!'' *You fly off the handle and burst out:* _____!

2. *You are at a German flea market in the former* Parteihauptstadt Nürnberg *and see several vendors selling Nazi memorabilia. Your clothes show that you are an American. A vendor calls to you:* ,,Hallo, du Ami! Komm her! Kauf das Hakenkreuz!'' *You react, verbally:* _____!

3. *You are hiking with an American backpack, sleeping bag, and foam sleeping pad from Zermatt (1 605 M.ü. M.[1]) to Riffelberg (2 582 M.ü.M.) near the Matterhorn. You meet a group of Swiss hikers who are feeling a "mountain high." One of them exclaims:* ,,Ha, Amerikaner! Ich habe geglaubt, ihr wandert nur aufs Matterhorn im Disneyland!'' *You straighten him out.*

● SCHRIFTLICH WIEDERHOLT

A *Rewrite the sentence or the clause in parentheses in the past-perfect tense. Watch out for word order!*

1. Als ich den Basketballspieler Max Stroheim vor einer Woche sah, (er ist noch nicht in Topform).
2. Man glaubte Hitler nicht, obwohl (er erklärt seine Expansionspläne genau in *Mein Kampf*)
3. Die Frage der Anruferin war, (wer gründete den ersten Kindergarten?).
4. Ich wußte nicht, (warum kam der Zug nicht pünktlich an?).
5. Gisela und Norbert gingen noch auf eine Party, nachdem (sie besuchen schon zwei Partys).
6. Lange bevor Kolumbus Amerika entdeckte, (die Wikinger kommen nach dem neuen Kontinent).
7. Bevor Luther die Bibel um 1530 ins Deutsche übersetzte, (es gibt sie in Deutschland nur in lateinischer Sprache).

B *Rewrite each sentence, substituting the underlined word with a noun derived from it. Your sentence should convey the same meaning. Make all necessary changes.*

1. (frei—Freiheit)   Alle Menschen lieben es, <u>frei</u> zu sein.
2. (meinen—Meinung)   Das <u>meine</u> ich nicht.
3. (gesund—Gesundheit)   Das Wichtigste ist <u>gesund</u> sein.
4. (irren—Irrtum)   <u>Irren</u> ist menschlich.
5. (Freunde—Freundschaft)   Mir bedeuten <u>Freunde</u> sehr viel.
6. (diskutieren—Diskussion)   Wird heute darüber viel <u>diskutiert</u>?

[1]**Meter über dem Meer**

7. (entscheiden—Entscheidung) Wie hast du dich <u>entschieden</u>?
8. (entdecken—die Entdeckung) Wann wurde Amerika <u>entdeckt</u>?
9. (erfinden—die Erfindung) Man muß immer etwas Neues <u>erfinden</u>.
10. (dumm—die Dummheit) Das war sehr <u>dumm</u> von mir.

C *Express in German.*

1. After he had called me, I drove quickly to the hospital.
2. She asked me why so many foreign words had come into the German language.
3. Before Stella learned German, she had already studied French for two years.
4. When Frau Schurz founded the kindergarten in America, Fröbel had already founded a kindergarten in Germany.
5. Hitler declared war after his army had already crossed the border.

SPRECHEN LEICHT GEMACHT!

to practice the past perfect . . .

Immer zu spät! A *Things are always happening too late! Express your disappointment in the past-perfect tense. Look at the past participle vowel in the margin only if you have to.*

a		ich am Bahnhof in Augsburg ankam, sah ich, daß	der Zug fährt schon ab	
o		ich in Athen landete, sah ich, daß	ich verliere meinen Paß°	*passport*
e		ich die Kuckucksuhr in Staufen bezahlen wollte, sah ich, daß	ich vergesse mein Geld	
a	Als	ich schon dreißig Kilometer auf der Autobahn gefahren war, erkannte ich, daß	ich fahre nach Norden anstatt nach Süden	
o		wir schon eine Stunde im Zug nach Mannheim saßen, sagte uns der Schaffner°, daß	wir nehmen den falschen Zug	
				conductor
		?	?	

to practice free discussion based on culturally interesting information . . .

Was paßt zusammen?

B *Kennen Sie diese „englischen" Wörter? Sie stehen auch alle im Webster.*
What comes to mind when you hear the word on the left? Say aloud:
„Wenn ich das Wort ＿＿ in Reihe A höre, dann denke ich an ＿＿ in Reihe B."

A	B	
die Wurst	Mozart	
der Schnauzer	ein großes Glas für Bier	
der Poltergeist	ein guter Kuchen mit Äpfeln	
das Schnitzel	fliegende Tassen° und fliegende	*saucers*
der Kaiser	Möbel°	*furniture*
der Stein	die Weltanschauung einer historischen Periode	
der Strudel	ein kleiner Hund mit einem Schnurrbart°	*mustache*
der Liederkranz	man spricht über die Nachbarn bei Kaffee und Kuchen	
der Kaffeeklatsch	ein Stück Fleisch° vom Kalb°, das man	*meat/veal*
das Wunderkind	gern in Wien ißt	
der Zeitgeist	wenn man die Welt und das Leben pessimistisch an-	
der Weltschmerz	sieht°	*regards*
das Volkslied	ein Käse, der stinkt, aber gut schmeckt	
	Julius Cäsar hat uns dieses Wort gegeben	
	ein gutes Beispiel ist „Ich weiß nicht, was soll es be-	
	deuten"	
	Hunde und Menschen essen das gern	
	?	

Folk song

13. Deutscher Marketing-Tag 1985 25.10. Frankfurt/M.

„Mit Marketing Erträge sichern"

Ist das wirklich Englisch? **C** *Aus welchem Land oder welcher Sprache kommen die „englischen" Wörter?*

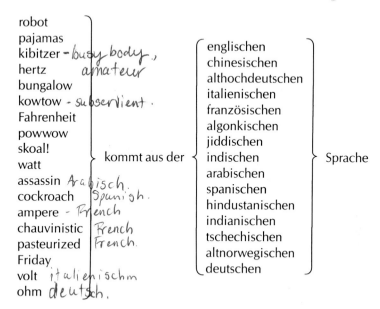

robot		englischen
pajamas		chinesischen
kibitzer — *busy body,*		althochdeutschen
hertz *amateur*		italienischen
bungalow		französischen
kowtow - *subservient.*		algonkischen
Fahrenheit		jiddischen
powwow		indischen
skoal!	kommt aus der	arabischen Sprache
watt		spanischen
assassin *Arabisch.*		hindustanischen
cockroach *Spanish.*		indianischen
ampere - *French*		tschechischen
chauvinistic *French*		altnorwegischen
pasteurized *French.*		deutschen
Friday		
volt *italienischm*		
ohm *deutsch.*		

Welche anderen „Fremdwörter" kennen Sie, und woher kommen sie?

to practice reading comprehension . . .

D Die Brüder Grimm und *„Grimm's Law"*

Sie kennen sicher Jakob und Wilhelm Grimm als die Sammler und Her-
ausgeber° von den „Kinder- und Hausmärchen", *collectors and editors*
die auch Walt Disney als Material zu Filmen benutzt hat. Wer kennt nicht
„Schneewittchen° und die sieben Zwerge°", *Snow White/dwarfs*
„Aschenputtel°" oder „Rotkäppchen°? *Cinderella/Little Red Riding Hood*
  Aber die Brüder Grimm waren mehr als Märchensammler. Sie waren
auch große Sprachwissenschaftler°, schrieben eine „Deutsche *linguists*
Grammatik" und auch das „Deutsche Wörterbuch" in 32 Bän-
den°. In diesem Wörterbuch kann man nachschlagen°, wo *volumes/look up*
jedes deutsche Wort zum ersten Mal im Druck erscheint°. *appears in print*
  Am berühmtesten sind jedoch die Brüder Grimm für ihre Studien in
vergleichender° Sprachwissenschaft. Sie verglichen Deutsch *comparative*
mit Sanskrit und allen germanischen und romanischen Sprachen, wie
Englisch oder Latein. Dabei haben sie beobachtet°, daß *observed*
gewisse° Laute° sich von einer Sprache zur anderen regel- *certain/sounds*

mäßig verschoben° haben.[1] Zum Beispiel, lateinisch *p* ist fast   *shifted*
immer *v* auf deutsch und *f* auf englisch, aber bleibt *p* auf französisch
und spanisch. Man sieht das, z.B., in *pater, Vater, father, père* und *padre.*
So erkannten die Brüder Grimm, daß alle indoeuropäischen Sprachen auf
eine gemeinsame° Sprache zurückgehen°,   *common/can be traced back to*
die vor mehreren tausend Jahren existiert haben muß.

Die Brüder Grimm nannten ihre Theorie Lautverschiebung°,   *sound shift*
und Studenten, die an einer Universität einen B.A. oder einen M.A. in
Englisch erhalten, müssen diese Verschiebungen (mit vielen Beispielen!)
auswendig° lernen.   *by heart*

Heute kann man das ,,Deutsche Wörterbuch'', dessen erste Bände 1854
erschienen, als photo-mechanischen Nachdruck° von dem   *reprint*
Deutschen Taschenbuch Verlag kaufen. Raten° Sie, was die   *Guess*
32 Bände kosten! Über 1 000.– DM!

Richtig oder falsch? *Now check how well you have understood the reading about the Brothers Grimm. Is the statement true or false?*

1. Die Brüder Grimm haben die Märchen geschrieben.
2. Das ,,Deutsche Wörterbuch'' ist eine Grammatik.
3. In dem ,,Deutschen Wörterbuch'' stehen englische Übersetzung-
   en° von deutschen Wörtern.   *translations*
4. Das ,,Deutsche Wörterbuch'' zeigt, wann ein Wort zum ersten Mal schriftlich in der deutschen Sprache erscheint.
5. Die Laute in allen Sprachen sind immer gleich geblieben.
6. Die Brüder Grimm haben Deutsch mit Chinesisch verglichen.
7. Die indoeuropäischen Sprachen sind die ,,Eltern'' von allen germanischen
   und romanischen Sprachen.
8. Das Gesetz° über die Lautverschiebung zeigt, daß Deutsch und   *rule*
   Französisch verwandt° sind.   *related*
9. Die Brüder Grimm waren die ersten, die eine Verwandtschaft zwischen den
   indoeuropäischen Sprachen erkannt hatten.

Und was möchten Sie noch wissen? Stellen Sie Fragen!

Bed and breakfast American style: The high price of kitsch

---

[1]Der dänische Professor Rasmus Kristian Rask regte (*inspired*) 1818 Jakob Grimm dazu an.

„Ach, wäre ich doch so groß wie die Jungen!"

KAPITEL 15

Wunschliste für alt und jung

. The General Subjunctive
   Weak Verbs
   Strong Verbs
   Special Verbs
2. **würde** + Infinitive as an Alternative to the
   Subjunctive
3. Time and Tense in the Subjunctive
4. Omission of **wenn**

Die Welt des Konjunktivs

with models you can leave out gehen fahren machen (making, doing) tun.

with m

DIALOG

Wunschliste für alt und jung

Als Kinder wünschen wir uns:
> Wenn ich nur schon größer wäre!
> Wenn wir nur einen Hund hätten!
> Wenn wir nur nicht so früh ins Bett müßten!
> Wenn ich nur noch länger fernsehen dürfte!

Als Studenten sagen wir: Wie schön wär's, . . .
> wenn das Studium nicht so schwer wäre!
> wenn wir nicht so viele Prüfungen hätten!
> wenn ich nur bald eine Stelle bekäme!
> wenn ich mir nur ein Auto kaufen könnte!

Wenn wir verliebt sind, denken wir manchmal:
> Ich wäre so froh, wenn sie (er) mich heute anrufen würde.
> Ich weiß, daß sie (er) mich nie verlassen würde.
> Ich ginge bis ans Ende der Welt mit ihr (ihm).
> Wenn wir doch bald heiraten könnten!

Als junges Ehepaar hofft man, married couple.
> daß die Kinder nie krank wären.
> daß die Miete nicht so hoch wäre.
> daß man mehr kaufen könnte.
> daß die Eltern öfter zu uns kämen.

„Wenn ich nur größer wäre!"

„Ach, wäre ich doch noch jünger!"

418

Im Alter von 40 bis 50 sagt man vielleicht:
> Hätte ich doch früher geheiratet!
> Hätte ich doch nie geheiratet!
> Hätten wir nur mehr Freizeit!
> Wären wir doch mehr gereist, als wir jünger waren!

Nach fünfzig meint man vielleicht:
> Hätten wir nur mehr Zeit für die Kinder gehabt!
> Hätte ich nur nicht so viel geraucht, dann wäre ich jetzt gesünder!
> Wären wir doch öfter zu unseren Eltern gefahren!
> Wäre ich doch schon pensioniert!

Und was sagt man, wenn man pensioniert ist?
> Ich wünschte, . . .
> wir lebten in Arizona.
> wir wären noch jünger.
> es gäbe keine Inflation.
> wir könnten mehr reisen.

WORTSCHATZ ZUM DIALOG

ACTIVE VOCABULARY

nouns

das **Bett, -en**	*bed*	die **Miete, -n**	*rent*
der **Hund, -e**	*dog*	die **Prüfung, -en**	*examination*
die **Inflation**	*inflation*	die **Wunschliste, -n**	*request list*

verbs

meinen *to think, to be of the opinion*

other words

froh	*happy*	**pensioniert**	*retired*
öfter	*more often*	**verliebt**	*in love*

● AUSSPRACHE-ÜBUNG

German **s** versus German **ss** or **ß**

der **Rasen**	*lawn*	die **Rassen**	*races*
die **Rose**	*rose*	die **Rosse**	*horses*
reisen	*to travel*	**reißen**	*to tear apart*

die **Hasen**	rabbits	**hassen**	to hate
ich bin **heiser**	I am hoarse	es wird **heißer**	it's getting warmer
er **las**	he read	**Laß** das!	Stop it!

GRAMMATIK Theorie und Anwendung

1. THE GENERAL SUBJUNCTIVE

INDICATIVE VS. SUBJUNCTIVE

Language is a versatile tool that allows us to express both reality and unreality (wishes, suppositions, conjectures, and conditions contrary to fact).

The indicative mood describes reality, in the present, future, and past. It is also used to ask questions.

Ich **habe** Zeit.	I have time.
Ich **werde** Zeit **haben**.	I will have time.
Ich **hatte** Zeit.	I had time.
Ich **habe** Zeit **gehabt**.	I have had time.
Ich **hatte** Zeit **gehabt**.	I had had time.

The subjunctive mood often communicates unreality.

PRESENT/FUTURE

Wenn ich nur Zeit **hätte**!	If only I had time.

PAST

Wenn ich nur Zeit **gehabt hätte**!	If only I had had time.

ONLY TWO TENSES

The subjunctive has only two time frames: One functions for either the present or the future, and the other functions for the past. (The present/future time frame will be discussed first, then the past time frame in section 3 of this chapter.)

ENGLISH VS. GERMAN

English also uses the subjunctive, but it is not as easily recognizable as it is in German. Compare:

„Wenn ich nur nicht so viel zu tun hätte!"

INDICATIVE (TRUE-TO-FACT)	SUBJUNCTIVE (CONTRARY-TO-FACT)
If he is home, he is sleeping.	*If he were home, he would be sleeping.*
If I have time, I will come.	*If I had time, I would come.*
If she works hard, she will win the first prize.	*If she worked hard, she would win the first prize.*
If he needs money, we will give it to him.	*If he needed money, we would give it to him.*
If I know the answer, I will tell you.	*If I knew the answer, I would tell you.*

WEAK VERBS

WEAK VERBS: SAME AS PAST INDICATIVE!

The general subjunctive of weak verbs in the present/future time frame uses the same forms as those of the past-tense <u>indicative</u>. As you learned in Chapter 8, the past-tense indicative is formed by adding to the verb stem the dental suffix **-t-** plus the personal endings **-e, -est, -e, -en, -et, -en.**

[handwritten at top: wenn er Käme — If he only came — If he only would come]

PAST INDICATIVE

ich hör t e	**hörte**	*I heard*
du hör t est	**hörtest**	*you heard* (fam. sing.)
er/sie hör t e	**hörte**	*he/she heard*
wir hör t en	**hörten**	*we heard*
ihr hör t et	**hörtet**	*you heard* (fam. pl.)
sie, Sie hör t en	**hörten**	*they/you heard*

PRESENT/FUTURE SUBJUNCTIVE

ich hör t e	hörte	*I would hear*
du hör t est	hörtest	*you would hear* (fam. sing.)
er/sie hör t e	hörte	*he/she would hear*
wir hör t en	hörten	*we would hear*
ihr hör t et	hörtet	*you would hear* (fam. pl.)
sie, Sie hör t en	hörten	*they/you would hear*

Note: The use of *would* is only one way to express the subjunctive in English. The forms of **hörte** above can also be rendered by *if I were to hear, if I heard,* etc.

In themselves the present/future-subjunctive forms cannot be distinguished from those of the past-tense indicative. A past-tense form is to be interpreted as subjunctive, therefore, only when the context itself clearly indicates a contrary-to-fact situation. Compare the examples below.

PAST INDICATIVE

Fritz **besuchte** uns gestern.   *Fritz visited us yesterday.*

PRESENT/FUTURE SUBJUNCTIVE

Es wäre schön, wenn Fritz uns bald **besuchte**.   *It would be nice if Fritz were to visit us soon.*

● ANWENDUNG

A   *Supply the missing verb form, first in the past indicative, then in the present/future subjunctive.*

Ich wohne bei dir.
1.   Letztes Jahr _____ ich bei dir.
2.   Ich wünschte, ich _____ wieder bei dir.

Er arbeitet zu viel.
3.   Während der Ferien _____ er zu viel.
4.   Ich wünschte, daß er während der Ferien nicht zu viel _____.

Sie kaufen das neue Auto.
5. Sie _____ früher alle zwei Jahre ein neues Auto.
6. Wenn Sie heute das Auto _____, würde es viel mehr kosten.

Ihr sagt immer die Wahrheit.
7. Früher _____ ihr immer die Wahrheit.
8. Ich wollte, ihr _____ auch jetzt die Wahrheit.

Wir leben jeden Winter in Florida.
9. Wir _____ jeden Winter in Florida.
10. Wenn wir Geld hätten, _____ wir jeden Winter in Florida.

Du rauchst nicht mehr.
11. Letztes Jahr _____ du nicht mehr.
12. Ich dachte, du _____ nicht mehr.

STRONG VERBS

The general subjunctive of strong verbs, like that of weak verbs, is derived from the past tense. The personal endings are the same (**-e**, **-est**, **-e**, **-en**, **-et**, **-en**), but no dental suffix **-t-** occurs. The stem vowel is umlauted wherever possible.

THE UMLAUT IS THE DIFFERENCE!

To form the general subjunctive of strong verbs in the present/future time frame, add the subjunctive personal endings to the stem of the past indicative and umlaut the stem vowel if it is **a**, **o**, or **u**.

INFINITIVE	PAST INDICATIVE	PRESENT/FUTURE SUBJUNCTIVE
fahren	ich **fuhr**	ich **führ e**
fliegen	ich **flog**	ich **flög e**
geben	ich **gab**	ich **gäb e**
kommen	ich **kam**	ich **käm e**
sprechen	ich **sprach**	ich **spräch e**
tragen	ich **trug**	ich **trüg e**
verstehen	ich **verstand**	ich **verständ e**

The same umlaut-pattern applies to the key verbs **haben**, **sein**, and **werden**.

haben	ich **hatte**	ich **hätt e**
sein	ich **war**	ich **wär e**
werden	ich **wurde**	ich **würd e**

It also applies to the anomalous verb **tun** to do.

tun	ich **tat**	ich **tät e**

WHAT ABOUT NON-UMLAUTING VERBS?

In non-umlauting strong verbs only the **ich-** and **er-**forms are <u>clearly</u> different from the past indicative. Note the characteristic "subjunctive" endings in the **ich-** and **er-**forms.

MODEL OF COMPLETE CONJUGATION OF **gehen** AND **geben**

PAST INDICATIVE	PRESENT/FUTURE SUBJUNCTIVE NON-UMLAUTING	SUBJUNCTIVE UMLAUTING
gehen/geben	**gehen**	**geben**
ich **ging/gab**	ging e	gäb e
du **gingst/gabst**	ging est	gäb est
er, sie, es **ging/gab**	ging e	gäb e
wir **gingen/gaben**	ging en	gäb en
ihr **gingt/gabt**	ging et	gäb et
sie, Sie **gingen/gaben**	ging en	gäb en

Note: In everyday speech the **e** in the **du-** and **ihr-**forms is often omitted: du **gingst**, du **gäbst**; ihr **gingt**, ihr **gäbt**.

SPECIAL VERBS

THE MODALS AND MIXED VERBS

The general subjunctive of modals and mixed verbs is identical with the past indicative, except that an umlaut is added. **Sollen** and **wollen**, however, do not umlaut. Note that all these verbs retain the past indicative signal **t**.

INFINITIVE	PAST INDICATIVE	PRESENT/FUTURE SUBJUNCTIVE
können	ich **konnte**	ich **könnte**, du **könntest**, er **könnte**, wir **könnten**, ihr **könntet**, sie, Sie **könnten**
dürfen	ich **durfte**	ich **dürfte**, du **dürftest**, er **dürfte**, wir **dürften**, ihr **dürftet**, sie, Sie **dürften**
denken	ich **dachte**	ich **dächte**, du **dächtest**, er **dächte**, wir **dächten**, ihr **dächtet**, sie, Sie **dächten**
wissen	ich **wußte**	ich **wüßte**, du **wüßtest**, er **wüßte**, wir **wüßten**, ihr **wüßtet**, sie, Sie **wüßten**

NON-UMLAUTING MODALS: **sollen**, **wollen**

| **sollen** | ich **sollte** | ich **sollte**, du **solltest**, er **sollte**, wir **sollten**, ihr **solltet**, sie, Sie **sollten** |

SUMMARY RULE

1. Weak, strong, and modal verbs all use the same personal endings in the subjunctive: **-e**, **-est**, **-e**, **-en**, **-et**, **-en** added to the stem of the past tense.

2. Strong verbs with the stem vowels **a**, **o**, **u** umlaut.

3. Weak verbs and modals add **-t-** between the stem and the personal ending, as do **denken** and **wissen**.

4. **Sollen** and **wollen** do not umlaut and are therefore identical with the past indicative.

● ANWENDUNG

B *Supply first the past tense, and then the appropriate general subjunctive form.*

1. Ich habe kein Geld. Ich *hatte* kein Geld. Wenn ich nur viel Geld *hätte*.
2. Du hast keine Zeit. Du *war* keine Zeit. Wenn du nur Zeit *wäre*
3. Ich bin zu Haus. Ich _____ zu Haus. Wenn ich nur jetzt zu Haus _____!
4. Ihr seid nie pünktlich. Ihr _____ nie pünktlich. Wenn ihr nur immer pünktlich *wäret*!
5. Fritz kommt heute. Fritz _____ gestern. Wenn Fritz auch morgen _____!
6. Ich spreche Deutsch. Ich _____ früher Deutsch. Wenn ich nur wieder Deutsch _____! *spräche*.
7. Erika geht nach Haus. Erika _____ nach Haus. Ach, wenn Erika nur nicht jetzt nach Haus _____!
8. Wir bekommen keinen Brief. Wir _____ keinen Brief. Wenn wir doch nur einmal wieder einen Brief _____!
9. Meine Eltern verstehen mich nicht. Meine Eltern _____ mich nicht. Ach, wenn meine Eltern mich doch nur besser _____!
10. Mein Freund/Meine Freundin schreibt mir nicht. Er/Sie _____ mir lange nicht. Ach, wenn er/sie mir nur wieder _____!
11. Du rufst mich an. Du _____ mich heute _____. Ach, wenn du mich doch heute noch einmal _____!
12. Ich muß immer studieren. Ich _____ gestern studieren. Wenn ich nur nicht immer studieren _____!
13. Meine Freunde denken schlecht von mir. Meine Freunde _____ schlecht von mir. Wenn doch meine Freunde nicht schlecht von mir _____!

[handwritten: If only I just knew the Answer!]

[handwritten: wußte.]

14. Ich weiß die Antwort. Gestern _____ ich die Antwort. Wenn ich doch immer die Antwort _____!

15. Er will immer recht haben. Er _____ immer recht haben. Wenn er nur nicht immer recht haben _____!

16. Die Regierung tut nichts für euch. Die Regierung _____ nichts für euch. Wenn nur die Regierung etwas für euch _____!

[handwritten: wollen / sollen } no umlaut.]

17. Ich fliege oft nach Haus. Letztes Jahr _____ ich zu Weihnach-ten° nach Haus. Wenn ich Geld _____, _____ ich auch dieses   *Christmas* Jahr nach Haus.

18. Du bist nicht mehr nett zu mir. Früher _____ du immer so nett zu mir. Ach, wenn du doch wieder nett zu mir _____!

[handwritten: t is only w/ wk verbs]

19. Es gibt zu viele Verben. Es _____ schon immer zu viele Verben. Ach, wenn es nur nicht so viele Verben _____!

2.   würde + INFINITIVE AS AN ALTERNATIVE TO THE SUBJUNCTIVE

würde TO THE RESCUE!

All languages—including German—have a tendency to simplify themselves over the course of time. In German, there is a growing tendency to replace the more complex subjunctive forms with the construction **würde** + infinitive. As you learned in Chapter 10, **würde** (the subjunctive of **werden** *to become*) is often used with an infinitive and always corresponds to English *would*. The construction **würde** + infinitive is often used in a conclusion clause.

HYPOTHESIS CLAUSE   CONCLUSION CLAUSE

Wenn er Geld **hätte**, { **gäbe** er es dem Kellner. **würde** er es dem Kellner **geben**.

If he had money, he would give it to the waiter.

The conclusion clause may precede the hypothesis clause.

Ich **behielte** den Hund, Ich **würde** den Hund **behalten**, } wenn ich keine Katze **hätte**.

I would keep the dog if I didn't have a cat.

The construction **würde** + infinitive may also be used as a substitute for the sub-junctive of a weak verb that does not clearly signal a contrary-to-fact situation.

Ich **schaute,**
Ich **würde schauen,** } ob der Hund eine Hundemarke hat.

I would check whether the dog has a dog tag.

In spoken German, **würde** + infinitive is often used as a substitute for almost any form of the subjunctive when the latter is ambiguous, not recognizable, or sounds archaic.

Ich **wäre** dir dankbar, { [wenn du mir **hülfest.**]
wenn du mir **helfen würdest.**

I would be grateful if you would help me.

● ANWENDUNG

A   *Restate, substituting the construction* **würde** + *infinitive in the conclusion clause.*

1. Wenn ich Zeit hätte, dann ginge ich ins Konzert.
2. Wenn er reich wäre, gäbe er armen Leuten mehr Geld.
3. Wenn ich viel Geld hätte, arbeitete ich nicht.
4. Wenn sie käme, freute ich mich.
5. Ich bliebe zu Haus, wenn Sie es wünschten.
6. Sprächest du mit ihm, wenn er anriefe?
7. Er ginge sofort weg, wenn du kämest.
8. Sie täten uns leid, wenn Sie das machten.

We would be sorry for you if you were to do that.

● SYNOPSIS EXERCISES ON GENERAL SUBJUNCTIVE

A   *Complete the sentence, rearranging all the cue words in their proper word order, and putting the verb first into the general subjunctive and then into the* **würde** *alternative.*

1. Wenn es wärmer wäre,   (schwimmen/gehen/wir).
2. Wenn es erlaubt° wäre,   (ich/tun/es).   *permitted*
3. Wenn er seine Adresse wüßte,   (er/schreibt/ihm).
4. Wenn du gestern studiert hättest,   (müssen/du/nicht heute/studieren).
5. Wenn es weniger Autos gäbe,   (die Luft/besser/ist).

B   *Complete, putting the cue verb of the conclusion clause into the* **würde-** *construction, and the other cue verb into the present/future subjunctive. (The conclusion clause may be either the first or the second clause.)*

1. (essen/werden)   Wenn er nicht so viel _____, _____ er nicht so dick° _____.   *fat*
2. (fahren/mitkommen)   Wir _____ ans Meer _____, wenn du _____.

3. (kaufen/verdienen)   Er _____ ein Auto _____, wenn er mehr Geld _____.
4. (müssen/essen)   Wenn man kein Trinkgeld geben *müsste würden* wir öfter im Restaurant *essen* .

C   *Restate as unreal conditions. Use the **würde**-construction in the conclusion clause.*

1. Wenn er Geld hat, fährt er nach Atlantic City.
2. Wenn das Moped noch neu ist, kaufe ich es.
3. Fahren Sie ans Meer, wenn Sie dieses Wochenende Zeit haben?
4. Was tust du, wenn du jetzt Kopfschmerzen bekommst?
5. Wir stehen früher auf, wenn wir arbeiten müssen.

D   *Turn the **weil**-clause into a **wenn**-clause, and supply the subjunctive of the missing verbs.*

1. Ich will dich nicht heiraten, weil ich keine Stelle habe.
   Ich _____ dich gern heiraten, wenn ich eine Stelle _____.
2. Er kann nicht kommen, weil er krank ist.
   Er _____ kommen, wenn er nicht krank _____.
3. Sie schreibt uns nicht, weil sie unsere Adresse nicht weiß.
   Sie _____ uns, wenn sie unsere Adresse _____.
4. Wir kommen so spät, weil es regnet.
   Wir _____ nicht so spät, wenn es nicht _____.

E   *If the conclusion clause uses the **würde**-construction, change it to the general subjunctive, and vice versa.*

1. Wenn das Wetter wärmer wäre, gingen wir schwimmen.
2. Ich würde das Auto kaufen, wenn es nicht so teuer wäre.
3. Ich gäbe dir gern Geld, wenn ich es könnte.
4. Wir kämen schneller zum Bahnhof, wenn Sie uns mit dem Auto dahin brächten.
5. Wir würden länger schlafen, wenn man uns nicht störte.

F   *"Dear Abby." Student A confesses certain weaknesses and Student B gives advice. Use the **würde**-construction or the general subjunctive.*

BEISPIEL   STUDENT A Ich esse zuviel!
            STUDENT B **Wenn ich Sie wäre, würde ich nicht soviel essen
            (***or:* **. . . äße ich nicht soviel).**

1. Ich schlafe zuviel!
2. Ich rauche zuviel!
3. Ich arbeite zuviel!
4. Ich gebe zuviel Geld aus!

„Wenn die Sonne nur mehr scheinen würde!"

5. Ich trinke zuviel!
6. Ich fahre zu oft nach Las Vegas/Atlantic City!

And now the other side of the advice.

BEISPIEL   STUDENT A Ich schlafe nicht genug!
    STUDENT B **Wenn ich Sie wäre, würde ich mehr schlafen** (*or:* . . .
    schliefe ich mehr).

7. Ich tanze nicht genug!
8. Ich entspanne° mich nicht genug!   *relax*
9. Ich gehe nicht genug aus!
10. Ich sehe meine Freundin/meinen Freund nicht genug!

3. TIME AND TENSE IN THE SUBJUNCTIVE

TWO TENSES FOR THREE TIME FRAMES

The subjunctive has only two time categories: present/future and past. The forms you have learned so far may have either a present or a future implication: **Wenn er Geld hätte, würde er nach Deutschland fliegen** (or **flöge er nach Deutschland**) may indicate either that he would fly right now or that he would do so sometime in the future.

Conditions that refer to the past are expressed by the past subjunctive. It is formed from the past-perfect indicative: **hätt-e** or **wär-e** + past participle.

BEISPIELE   PRESENT/FUTURE TIME FRAME

Ich **flöge** nach Haus, wenn ich Geld **hätte**.

I would fly home, if I had money.

Wenn er reich **wäre**, **würde** er den Porsche **kaufen**.

If he were rich, he would buy the Porsche.

PAST TIME FRAME

Ich **wäre** nach Haus **geflogen**, wenn ich Geld **gehabt hätte**.

I would have flown home, if I had had money.

Wenn er reich **gewesen wäre**, **hätte** er den Porsche **gekauft**.

If he had been rich, he would have bought the Porsche.

● ANWENDUNG

A   *Supply the past participle of the cue verbs to complete the sentence.*

1. (helfen/schreiben)   Wir hätten ihm _____, wenn er uns _____ hätte.
2. (bleiben/anrufen)   Ich wäre zu Haus _____, wenn du nicht _____ hättest.
3. (sein/kommen)   Wir wären froh _____, wenn Sie _____ wären.
4. (wissen/sagen)   Wenn ich seine Adresse _____ hätte, dann hätte ich es dir _____.
5. (haben)   Ach, hätten Sie nur noch ein paar Minuten Zeit _____!

B   *Supply the proper form of **haben** or **sein** in the subjunctive to complete the sentence.*

1. Wir _____ euch gestern das Geld gegeben, wenn ihr uns gefragt _____.
2. _____ du mitgekommen, wenn wir dich eingeladen _____?
3. Wenn Sie früher geschrieben~~hu llen~~ *hätte* ich nicht angerufen.
4. ~~Hättet~~ du das Buch mitgebracht, wenn sie dich nicht daran erinnert *hätte?*
5. Ich ~~wäre~~ nicht so schnell gefahren, wenn ich mehr Zeit gehabt *hätte* .
6. Ach, ~~Hätten~~ wir das nur gewußt!

C   *Restate, changing the present/future time frame to the past time frame using the general subjunctive.*

1. Wenn ich heute Zeit hätte, ginge ich ans Meer.
   Wenn ich gestern Zeit _____ _____, _____ ich ans Meer _____.
2. Wenn er morgen zu Haus wäre, würden wir ihn besuchen.
   Wenn er gestern zu Haus _____ _____, _____ wir ihn _____.
3. Wenn ich jetzt die Adresse wüßte, so würde ich sie euch geben.
   Wenn ich gestern die Adresse _____ _____, so _____ ich sie euch _____.
4. Was würdest du tun, wenn du morgen viel Geld bekämest?
   Was _____ du _____, wenn du gestern viel Geld _____ _____?

D *Change the indicative statement into the present/future time frame, then into the past time frame. Use the **würde**-construction in the conclusion clause.*

Wenn Erika Zeit hat, geht sie zu Fuß.

1. Wenn Erika Zeit _____, _____ sie zu Fuß _____.
2. Wenn Erika Zeit _____ _____, _____ sie zu Fuß _____.

Wir kommen heute, wenn das Wetter schön ist.

3. Wir _____ heute, wenn das Wetter schön _____.
4. Wir _____ gestern _____, wenn das Wetter schön _____ _____.

Wenn ich Geld habe, gebe ich es aus.

5. Wenn ich Geld _____, _____ ich es _____.
6. Wenn ich Geld _____ _____, _____ ich es _____.

Wenn ich mehr studiere, bekomme ich eine bessere Note.

7. Wenn ich mehr _____, _____ ich eine bessere Note.
8. Wenn ich mehr _____ _____, _____ ich eine bessere Note _____.

4. OMISSION OF wenn

Wenn may be omitted at the beginning of a hypothesis clause (an *if*-clause). The clause then begins with the verb and the word order changes from Verb-Last to Verb-Subject word order.

„Was ich nicht alles sagen könnte, wenn ich einen Mund hätte!"

Wenn ich Zeit **hätte,**
Hätte ich Zeit,
} so (dann) würde ich Sie besuchen.

If I had time,
Had I time,
} *I would visit you.*

So or **dann** may be omitted from the conclusion clause.

Wenn ich Zeit **hätte,**
Hätte ich Zeit,
} würde ich Sie besuchen.

● ANWENDUNG

A   *If the sentence begins with* **wenn,** *restate it to begin with the verb, and vice versa.*

1. Hätten wir den Zug genommen, dann wären wir jetzt zu Haus.
2. Wenn ich mehr Zeit hätte, würde ich länger bleiben.
3. Müßte ich nicht früh aufstehen, so würde ich heute abend tanzen gehen.
4. Wenn alles nicht so teuer wäre, würden wir mehr kaufen.
5. Wenn ich das nur gewußt hätte!
6. Wären wir schneller gefahren, so hätten wir mehr Zeit gespart.
7. Wenn er doch nur bald käme!
8. Könnte ich Deutsch verstehen, dann ginge alles viel leichter.
9. Hättet ihr uns geschrieben, so wären wir zu euch gekommen.
10. Wenn Hans diese Stelle bekommen hätte, dann hätte er uns sofort angerufen.

Huber

LESESTÜCK

Die Welt des Konjunktivs

Ob wir es wollen oder nicht, die Welt des Konjunktivs—die Welt der Möglichkeiten und Hypothesen—spielt eine wichtige Rolle in unserem Leben. Hier sind einige Beispiele.

Aus dem täglichen Leben

tuna fish

Sie sind in einem Supermarkt und sehen, wie ein junger Mann eine Dose Thunfisch° in seine Tasche steckt. Was würden Sie tun?

a) Ich würde sofort zum Manager gehen und ihm sagen, was ich gesehen habe.
b) Ich würde so tun, als hätte ich nichts gesehen.
c) Ich würde dem jungen Mann sagen: ,,Es wäre besser, wenn Sie das sofort zurücklegten.''
d) Ich würde laut sagen: ,,Schämen Sie sich! Sie sind ein Dieb.''
e) Ich . . .

wallet/ID card

Klaus und Renate gehen in ein Restaurant. Als er zahlen will, kann er seine Brieftasche° nicht finden. Kein Geld! Keine Scheckkarte! Keinen Ausweis°! Nichts! Was könnte er tun?

a) Er könnte seine Freundin bitten, die Rechnung für ihn zu bezahlen.
b) Er könnte dem Kellner sagen, daß er die Rechnung am nächsten Tag bezahlen würde.
c) Er könnte einen Freund anrufen, um sich von ihm Geld zu leihen.
d) Er sollte seiner Freundin sagen: ,,Bleib hier sitzen. Ich fahre schnell nach Haus und hole Geld.''
e) Er . . .

Uwe und Fritz waren auf einer Bergtour in den Alpen. Fritz brach sich das Bein. Was hätten Sie in dieser Situation getan?

a) Ich hätte versucht, ihn auf meinem Rücken ins Tal zu tragen.
b) Ich wäre fortgegangen, um Hilfe zu holen.

mountain patrol

c) Ich hätte ein Feuer gemacht, um die Bergwacht° zu alarmieren.
d) Ich hätte laut um Hilfe gerufen.
e) Ich . . .

follows

Katja ist auf dem Weg nach Haus. Ein kleiner junger Schäferhund, den sie noch nie gesehen hat, läuft ihr nach°. Sie bleibt stehen und sagt: ,,Lauf nach Haus!'' Aber der junge Hund tut das nicht. Was täten Sie?

Professor Lise Meitner half Professor Otto Hahn bei der Kernspaltung im Jahre 1938.

a) Ich behielte den Hund.

b) Ich würde schauen, ob der Hund eine Hundemarke hat.

society for the prevention of cruelty to animals

c) Ich würde ihm etwas zu fressen geben und den Tierschutzverein° anrufen.

d) Ich ginge schnell in meine Wohnung und ließe den Hund vor der Tür stehen.

e) Ich . . .

Aus der Wissenschaft

irradiated Im Jahre 1938 bestrahlten° Otto Hahn und Fritz Straßmann, zwei deutsche Wissenschaftler, Uran mit Neutronen. Sie hatten damit das Atom gespalten! Was wäre ohne diese Entdeckung geschehen? Was glauben Sie?

a) Andere Wissenschaftler hätten später das Atom gespalten.
b) Es gäbe heute keine Atombombe.
c) Es gäbe heute keine Kernkraftwerke.
d) Kein Land hätte im Zweiten Weltkrieg die Atombombe gehabt.
e) ?

WORTSCHATZ ZUM LESESTÜCK

ACTIVE VOCABULARY

nouns

die **Atombombe, -n**	atomic bomb	der **Konjunktiv**	subjunctive
das **Bein, -e**	leg	die **Möglichkeit, -en**	possibility
der **Dieb, -e**	thief	die **Scheckkarte, -n**	credit card
die **Dose, -n**	can	das **Tal, ⁝er**	valley
das **Feuer, -**	fire	die **Tasche, -n**	pocket, satchel, purse
die **Freundin, -nen**	friend (female)		
der **Kellner, -**	waiter		
das **Kernkraftwerk, -e**	nuclear power plant	die **Wissenschaft, -en**	science
		die **Wohnung, -en**	apartment

verbs

behalten (behält), behielt, behalten	to keep, retain
bitten, bat, gebeten	to ask, request
brechen (bricht), brach, gebrochen	to break
fressen (frißt), fraß, gefressen	to eat (said of animals)
geschehen (geschieht), geschah, ist geschehen	to happen
holen	to get, fetch
leihen, lieh, geliehen	to borrow
schauen	to check, look
stecken	to put, place; to stick

special and idiomatic expressions

der **Zweite Weltkrieg**	Second World War
laut um Hilfe rufen	to call out loudly for help
Schämen Sie sich!	Shame on you!, You ought to be ashamed of yourself!
so tun (als)	to act as if, "act like"

VOCABULARY FOR RECOGNITION

nouns

das **Atom, -e**	atom	die **Kernspaltung**	nuclear fission
die **Bergtour, -en**	mountain	der **Manager, -**	manager
	excursion	das **Neutron, -en**	neutron
die **Hundemarke, -n**	dog tag	das **Restaurant, -s**	restaurant
die **Hypothese, -n**	hypothesis	das **Uran**	uranium

verbs

alarmieren	to notify; to alarm	**stehen·bleiben, blieb stehen,**	to stop,
fort·gehen, ging fort,	to go away	**ist stehengeblieben**	remain
ist fortgegangen			standing
spalten	to split	**zurück·legen**	to put back

> **Wenn das dumme „wenn"** *If wishes were horses, beggars*
> **nicht wär', wär' ich heute** *would ride.*
> **Millionär!**

● FRAGEN ZUM LESESTÜCK

Antworten Sie auf deutsch!

1. Was hätten Sie getan, wenn Sie der Manager des Supermarkts gewesen wären?
2. Was würden Sie als Kellner zu einem Gast sagen, der seine Rechnung nicht bezahlen kann?
3. Wenn Sie Fritz auf dieser Bergtour gewesen wären, was hätten Sie zu Ihrem Freund Uwe gesagt?
4. Was hätten Sie mit dem jungen Schäferhund gemacht?
5. Was wäre geschehen, wenn Otto Hahn und Fritz Straßmann Hitler geholfen hätten? Was ist Ihre Meinung?
6. Wäre es besser, wenn man das Spalten des Atoms nicht entdeckt hätte?

● SITUATIONEN

1. *You and your partner are driving in a car you just bought when it stalls for the third time. You exclaim:* „Ach, hätte ich doch nur ein anderes Auto gekauft!" *Your partner reacts.*
2. *Someone says:* „Wenn es weniger Atombomben gäbe, wäre die Welt sicherer." *You react.*
3. *You are a German tourist on the Costa Brava in Spain. The weather is bad, the water cold, the prices high. You wish aloud:* _____.

● SCHRIFTLICH WIEDERHOLT

A   *Rewrite and connect each pair of sentences, stating a contrary-to-fact condition. Use the general subjunctive in the hypothesis clause and the **würde** + infinitive construction in the conclusion clause. Make sure your combined sentence makes sense. Translate your sentence.*

BEISPIEL   Ich habe heute Zeit. Ich komme zu dir.
Wenn ich heute Zeit hätte, würde ich zu dir kommen.

1. Die Leute bekommen mehr Geld. Sie kaufen viel.
2. Er ist krank. Wir besuchen ihn.
3. Es gibt keine Inflation. Das Leben für alte Leute ist schön.
4. Du hast seine Adresse. Schreibst du ihm?
5. Ich habe meine Kreditkarte. Ich bezahle die Rechnung sofort.

B   *Restate each sentence, using the past subjunctive.*

BEISPIEL   Ich zeigte ihnen die Stadt, als sie uns besuchten.
Ich hätte ihnen die Stadt gezeigt, wenn sie uns besucht hätten.

1. Ich fuhr sofort zu ihr, als ich den Brief bekam.
2. Wenn wir das nur wüßten!
3. Wenn wir nur mehr Freizeit hätten!
4. Als er weniger rauchte, war er gesünder.
5. Er wäscht ihr gern ihr Auto.
6. Die Bergwacht fand ihn, als er um Hilfe rief.
7. Er kommt nicht, wenn ich ihn nicht einlade.
8. Wir haben keine schönen Ferien, wenn es keine Sonne gibt.

C   *Write answers to each question, using the subjunctive. The cue words will give you some ideas.*

1. Was würden Sie tun, wenn Sie etwas bezahlen müßten und kein Geld hätten?
   (die Eltern/leihen/suchen/die Freunde/anrufen/Brieftasche/?)
2. Was wäre geschehen, wenn Otto Hahn und Fritz Straßmann das Atom nicht gespalten hätten?
   (die Kernkraftwerke/der Krieg/es gibt/verlieren/glücklich/die Atombombe/Luftverschmutzung/?)

D   *Complete as you wish, and then translate each sentence into English.*

1. Ich hätte . . ., wenn . . .
2. Du hättest . . ., wenn . . .
3. Wir wären . . ., wenn . . .
4. Ich wäre . . ., wenn . . .
5. Ich wollte, daß . . .
6. Er wäre . . ., wenn . . .
7. Sie wünschte, daß . . .

E *All of the following sentences are in the subjunctive. Give a precise English translation.*

1. Es wäre besser gewesen, wenn man die Atombombe nicht erfunden hätte.
2. Ich wünschte, es gäbe nicht so viele Kernkraftwerke.
3. Wenn ich nicht so viel arbeiten müßte, ginge ich öfter auf den Trimm-dich-Pfad.
4. Was würden Sie tun, wenn man Ihnen plötzlich DM 10 000 gäbe?
5. Könntest du mich morgen anrufen?
6. Würde ich mehr Geld verdienen, so dächte ich vielleicht ans Heiraten.
7. Ich wünschte, meine Eltern würden nicht so viel rauchen.
8. Wir hätten uns gefreut, wenn Peter das Stipendium bekommen hätte.

F *Was sind Ihre Wünsche? Complete your wish. Use these or other verbs:* **sein, haben, müssen, dürfen, bekommen, können, kommen, geben, kaufen** *usw.*

1. Was haben Sie sich manchmal als Kind gewünscht?
   Als ich ein Kind war, wünschte ich mir, daß _____.
2. Was wünschen Sie sich jetzt als Student (Studentin)?
   Jetzt wünsche ich mir, daß _____.
3. Und was wünschen Sie sich für die Zukunft?
   Für die Zukunft wünsche ich mir, daß _____.
4. Und was wünschen Sie allen Menschen in der Welt?
   Ich wünsche allen Menschen in der Welt, daß _____.

to practice the subjunctive, present/future time frame . . .

Wenn nur . . . **A** *With a sigh, say that you wished for the opposite of the things below.*

Ich habe keine Zeit!
Ich bin nicht reich!
Er spricht kein Deutsch!
Ich darf nicht rauchen!
Wir haben keine Arbeit!
Das Benzin kostet so viel!
Sie ruft mich nie an!
Der Professor hat mich nicht gern!   } Ach, wenn _____ nur _____!
Wir dürfen hier nicht campen!
Ich bekomme keine guten Noten!
Sie wissen nie die richtige Antwort!
Er schreibt alles falsch!
Der Bus kommt nie pünktlich an!
Die Klasse hört nie pünktlich auf!
?

B *Now begin your wishes with **Ich wünschte**. Turn a negative statement into a positive wish, and vice versa. Use the general subjunctive.*

Wir haben kein Auto.
Ich bin immer müde°.   *tired*
Er/Sie denkt nie an mich.
Du gibst zu viel Geld aus.
Er raucht immer.
Sie sind nicht glücklich verheiratet.   } Ich wünschte, _____!
Ich kann kein Geld verdienen.
Ich muß immer arbeiten!
Es geht mir nicht gut.
Ich kann nicht nach Haus fahren.
Ich weiß die Antwort nicht.
?

Ketchup über alles

C   *This time, begin your wishes with* **Ich wünschte,** *and use* **würde** + *infinitive.*
    Turn a negative statement into a positive wish, and vice versa. Use the **daß**-
    construction if you wish.

> Es regnet immer.
> Die Sonne scheint nicht.
> Du glaubst mir nie.
> Er/Sie liebt mich nicht.
> Meine Eltern schicken mir kein Geld.   Ich wünschte, _____!
> Wir sparen kein Geld.
> Er/Sie besucht uns nie.
> Der Bus fährt nie pünktlich ab.
> Ihr helft uns nicht.
> Wir wohnen nicht am Meer.
>   ?

Ich auch . . .   D   *Turn to a classmate and boast about what you have or do. Your classmate*
                     responds that he or she too would like the same, using the general subjunc-
                     tive or the **würde**-*construction. (Student A to Student B, B to C, and so on)*

> Ich gehe heute ins Konzert.
> Ich habe viel Zeit.
> Ich bin ein(e) A-Student(in).
> Ich bekomme nur gute Noten.   Ich { _____ auch gern _____!
> Ich wohne zu Haus.   { _____ auch am liebsten _____!
> Ich bin reich.
> Ich habe einen Freund
>   (eine Freundin).
>   ?

E   *Now you are on your own. Complete the sentences as you wish.*

> Wenn ich mehr Geld hätte, _____.
> Wenn ich mehr Zeit hätte, _____.
> Wenn meine Eltern mich besser verstehen würden, _____.
> Wenn Autos nicht so teuer wären, _____.
> Wenn der Professor nicht so streng° wäre, _____.   strict
> Wenn es diesen Winter viel Schnee° gäbe, _____.   snow
> Wenn er/sie nicht so verliebt wäre, _____.
> Wenn die Menschen nicht so egoistisch wären, _____.
> Wenn es keine Inflation gäbe, _____.
> Wenn das deutsche Bier nicht so viel kostete, _____.
> Wenn man kein Trinkgeld geben müßte, _____.
> Wenn ich keine Angst vor unserem Professor hätte, _____.
>   ?

„Wäre die Luft nur überall so gut!"

to practice the subjunctive, past time frame . . .

Was hätten Sie
gemacht?

F *What would you have done in the situations below? Complete the sentence, putting the clause in parentheses into the past subjunctive.*

Wenn es gestern wärmer gewesen wäre,	(wir gehen schwimmen).
Wenn ich das vor einem Jahr gewußt hätte,	(ich tue es nicht).
Wenn ihr früher gekommen wäret,	(wir haben genug Zeit).
Wenn sie Kinder gehabt hätten,	(sie waren glücklicher).
Wenn du nicht so viel geraucht hättest,	(du bist nicht krank geworden).
Wenn Sie nicht so schnell gefahren wären,	(Sie haben keinen Strafzettel° *ticket* bekommen).
?	?

your own views . . .

G *Complete the sentences as you wish.*

Wäre ich nicht so dumm gewesen, _____.
Hätte ich gestern gewußt, was ich heute weiß, _____.
Wenn ich letztes Wochenende nicht so müde gewesen wäre, _____.
Wenn ich mehr für die Prüfung studiert hätte, _____.
Hätte mein Freund (meine Freundin) mich gestern angerufen, _____.
Wenn es nicht so viel Verkehr auf der Autobahn gegeben hätte, _____.

Meinungsfreiheit[1] **H** *Answer the question, using the suggested hints or your own ideas.*

Was hätten Sie gemacht, wenn Sie das Gold in Troja entdeckt hätten?
   (der Polizei sagen/selbst behalten/?)
Was wäre geschehen, wenn Amerika nicht als erstes Land die Atombombe
   gehabt hätte?
   (Krieg verlieren/mehr Menschen sterben/?)
Wie wäre die Welt heute, wenn man das Flugzeug nicht erfunden hätte?
   (das Leben ist gemütlicher/man kann nicht so viel reisen/?)
Was wäre geschehen, wenn man die Pille nicht erfunden hätte?
   (es gibt eine Bevölkerungsexplosion/es gibt keine sexuelle Revolution/
   Menschen sind moralischer/?)
Was wäre geschehen, wenn Karl Marx nicht gelebt hätte?
   (jemand anders erfindet den Kommunismus/es gibt keinen ,,Kalten
   Krieg''/?)
Was hätten Sie gemacht, wenn Sie ein UFO° gesehen   **Unbekanntes Flugobjekt**
   hätten?
   (niemand erzählen/eine Radiostation anrufen/?)
Wie würde Ihr Leben heute sein, wenn es nicht die Frauenrechtsbewe-
   gung° gegeben hätte?   *women's liberation movement*
   (nicht so viel verdienen/mehr Chauvinismus geben/?)
Was würden Sie wünschen, wenn Ihnen eine gute Fee° drei   *fairy*
   Wünsche erfüllte?
Wo wären Sie jetzt, wenn Sie heute keine Klassen hätten?
                                   ???

Wer ist das **I** *Who is that in the subjunctive? Man spielt den Autor dieser Zeilen öfter in*
im Konjunktiv? *Deutschland als in seinem Heimatland. Wie heißt er?*

,,Was ist ein Name?
Was uns Rose heißt,
wie es auch hieße,
würde lieblich duften°.''   *smell sweet*

[1]*Freedom of opinion*

Wer hätte den Unfall verhindern können?

Vor Gericht: Wer hat recht?

Amerikanisch oder deutsch?

DIALOG

Vor Gericht: Wer hat recht?

Personen	*Ein Richter, Dr. Franz Reimer*
	Ein Polizist, Wachtmeister Lorenz
	Die Angeklagten: Herr Rüdinger, ein Autofahrer
	Fräulein Lechner, eine Autofahrerin
Ort	*Ein Gericht in Wien*

RICHTER — Autounfall am 25. Juli dieses Jahres an der Kreuzung Josefstraße und Lange Gasse. Wachtmeister Lorenz, haben Sie diesen Unfall selbst gesehen?

WACHTMEISTER — Nein, aber ich habe den Bericht geschrieben.

RICHTER — Was sagen Sie in Ihrem Bericht?

WACHTMEISTER — Herr Rüdinger behauptet, Fräulein Lechner habe das Rotlicht an der Josefstraße nicht beachtet. Sie sei[1] angeblich nicht stehengeblieben.

RICHTER — Und was hatte Fräulein Lechner dazu zu sagen?

WACHTMEISTER — Sie erklärte, sie sei stehengeblieben, habe das andere Auto nicht gesehen und sei dann langsam bei Grün über die Kreuzung gefahren. Dort hätte sie dann das Auto von Herrn Rüdinger angefahren.

RICHTER — Fräulein Lechner, ist es richtig, Sie hätten das Rotlicht nicht beachtet?

FRÄULEIN LECHNER — Nein, Herr Richter, natürlich bin ich stehengeblieben. Aber Sie hätten sehen sollen, wie schnell e r über die Kreuzung gefahren ist (*zeigt auf Herrn Rüdinger*)! Als wenn er auf einer Rennbahn wäre[1]!

HERR RÜDINGER — Herr Richter, das ist doch reiner Quatsch! Das Fräulein tut nur so, als ob° sie unschuldig wäre.   *acts as if* (*zeigt auf Fräulein Lechner*) Leute wie Sie sollten keinen Führerschein haben!

RICHTER — Herr Rüdinger, wie schnell sind Sie gefahren?

HERR RÜDINGER — Na, höchstens fünfunddreißig oder vierzig.

---

[1]The subjunctive forms **sei** and **wäre** are used interchangeably. See p. 458.

RICHTER	Wachtmeister Lorenz, hat es Zeugen für diesen Unfall gegeben?
WACHTMEISTER	Ja, einen Herrn Stein und eine Frau Götz.
RICHTER	Und was haben sie gesagt?
WACHTMEISTER	Herr Stein behauptete, Fräulein Lechner habe nicht lang genug gestoppt.
RICHTER	Und Frau Götz?
WACHTMEISTER	Sie meinte, das andere Auto sei sehr, sehr schnell gefahren.

Entscheidung des Richters

Herr Rüdinger ist schuldig. Er hätte den Unfall verhindern können, wenn er nicht so schnell gefahren wäre. Der Richter warnte aber auch Fräulein Lechner, in Zukunft beim Wechsel von rot zu grün nicht zu früh loszufahren.   *Change.*

WORTSCHATZ ZUM DIALOG

ACTIVE VOCABULARY

nouns

der **Autofahrer, -**	motorist (male)	die **Kreuzung, -en**	intersection
die **Autofahrerin, -nen**	motorist (female)	der **Polizist, -en**	policeman
der **Bericht, -e**	report	der **Quatsch**	nonsense, baloney, "bull"
der **Führerschein, -e**	driver's license	der **Richter, -**	judge
		das **Rotlicht, -er**	red light (traffic)
das **Gericht, -e**	court	der **Unfall, ̈e**	accident

verbs

an·fahren (fährt an), fuhr an, angefahren	to run into, to hit
(sich) an·gurten	to buckle up
beachten	to pay attention to; to heed
behaupten	to claim, assert
los·fahren (fährt los), fuhr los, ist losgefahren	to drive on, proceed; to "gun" a car

stoppen		*to stop*	
verhindern		*to prevent*	
warnen		*to warn*	

other words

höchstens	*at most*	**schuldig**	*guilty*
rein	*pure*	**unschuldig**	*not guilty, innocent*

special and idiomatic expressions

als wenn	*as if*	**so tun (als ob)**	*to act like, to do as if*
schuld sein an (+ dat.)	*to be guilty of*		

VOCABULARY FOR RECOGNITION

nouns

der **Angeklagte, -n**	*defendant*	der **Wachtmeister, -**	*sergeant*
die **Gasse, -n**	*narrow street; lane*	der **Zeuge, -n**	*witness* (male)
die **Rennbahn, -en**	*racetrack*	die **Zeugin, -nen**	*witness* (female)

● FRAGEN ZUM DIALOG

1. Warum waren Herr Rüdinger und Fräulein Lechner vor Gericht?
2. Was hatte Wachtmeister Lorenz nach dem Unfall getan?
3. Was behauptete Herr Rüdinger?
4. Was sagte Fräulein Lechner über den Unfall?
5. Welche Frage stellte der Richter an Fräulein Lechner?
6. Warum glaubte Fräulein Lechner, daß Herr Rüdinger an dem Unfall schuld sei?

Im Falle eines Unfalls

Bei Unfällen gibt es einige Grundregeln zu beachten. Ausführlich informieren darüber die Unfallmerkblätter, die von den Versicherungen ausgegeben werden. Die wichtigsten Punkte in Kürze:

● Unfallstelle sichern
● Unfallfolgen feststellen (Sach- oder auch Personenschaden?)
● Falls erforderlich, Notarzt und Polizei verständigen
● Zeugen feststellen

7. Was sagte Herr Rüdinger zu Fräulein Lechners Behauptung?
8. Warum erklärte der Richter Herrn Rüdinger für schuldig?
9. Was soll Fräulein Lechner in Zukunft nicht tun?
10. Machen Sie eine Skizze° des Unfalls an der Tafel!   *sketch*
Erklären Sie, was geschehen ist, als ob Sie Zeuge (Zeugin) des Unfalls gewesen wären!

● PERSÖNLICHE FRAGEN

1. Hatten Sie schon einmal einen Autounfall? Was ist passiert?
2. Waren Sie schon einmal Zeuge (Zeugin) eines Verkehrsunfalls? Was haben sie gesehen?
3. Waren Sie schon einmal vor Gericht? Warum?
4. Was sind Ihrer Meinung nach die Hauptursachen° für   *main causes* Verkehrsunfälle?
5. Sind Sie schon einmal im Ausland Auto gefahren? Wo fahren Sie lieber? Warum?
6. Gurten Sie sich im Auto immer an?

● AUSSPRACHE-ÜBUNG

German **v** versus German **w**

der **Vetter**	*nephew*	das **Wetter**	*weather*
vier	*four*	**wir**	*we*
das **Veilchen**	*violet flower*	ein **Weilchen**	*a short moment*
das **Vieh**	*cattle*	**wie**	*how*
vorüber	*past*	**worüber**	*about what*
Macht dem **Volke**!	*Power to the People!*	die **Wolke**	*cloud*
voran	*ahead*	**woran**	*at, in what*

GRAMMATIK   Theorie und Anwendung

1. SUBJUNCTIVE AFTER als ob AND als wenn

The subordinating conjunctions **als ob** *as if* and **als wenn** *as if* require use of the general subjunctive or **würde** + infinitive. Clauses introduced by these conjunctions use V-L word order.

BEISPIELE   Er tut, als ob er unschuldig **wäre**.   *He acts as if he were innocent.*

Sie tat, als ob sie unschuldig **gewesen wäre**.   *She acted as if she had been innocent.*

Als wenn er auf einer Rennbahn **wäre**!   *As if he were on a racetrack!*

Zuerst sah es aus, als ob wir den Fall **verlieren würden**.   *At first it looked as if we would lose the case.*

Note: The past subjunctive is normally preferred when the event reported took place prior to the time reference of the introductory clause (second example above). The **würde**-construction is used when a future event is implied (last example above).

[handwritten note: Look at 520 - 523!]

ANWENDUNG

[handwritten note: Ich hätte das Buch Kaufen sollen. I should have bought the book]

A   *Complete with the present/future subjunctive of the cue verb.*

1. (haben)   Fritz tut, als ob er keine Zeit _____.
2. (sein)   Es sieht aus, als ob Inge zu Haus _____.
3. (werden)   Es scheint, als ob das Wetter morgen wieder gut werden _____.
4. (wollen)   Ich tue, als ob ich das Auto kaufen _____.
5. (wissen)   Er tat, als wenn er alles _____.
6. (sein)   Es war, als ob wir wieder jung _____.

B   *Complete with the past subjunctive of the cue verb.*

1. (schlafen)   Karl sah aus, als ob er nachts nicht _____ _____.
2. (sein)   Vor dem Richter tat Sabine, als wenn sie unschuldig _____ _____.
3. (haben)   Es war, als ob wir nie einen Unfall _____ _____.
4. (lesen)   In der Prüfung antwortete ich, als ob ich das Buch _____ _____.
5. (tun)   Du kritisierst mich, als ob ich nie in meinem Leben etwas Gutes _____ _____.

> Es gibt nichts Gutes außer:
> Man tut es!
> —*Erich Kästner*

Daß is sometimes omitted in German, just like its equivalent ''that'' in English. When **daß** is omitted, regular word order is observed. However, **daß** cannot be omitted if the introductory clause contains a negation.

Ich glaube, **daß** er unschuldig **ist**.
Ich glaube, **er ist** unschuldig.   *I believe (that) he is innocent.*

But:

Ich glaube nicht, **daß** er schuldig **ist**.   *I don't believe (that) he is guilty.*

betrunken (drunk)
blau (slang)

OMISSION OF **ob**: V-S!

The **ob** in **als ob** may be omitted without any change in meaning. When **ob** is omitted, however, V-S word order is required.

Er tut, **als ob** er unschuldig **wäre**.
Er tut, **als wäre** er unschuldig.
} *He acts as if he were innocent.*

Als by itself (corresponding to English *when* or *as*) may also signal an event in the past. In this usage, it is followed by V-L word order.

Als ich an die Kreuzung **kam**, war das Licht rot.
When I got to the crossing the light was red.

Als (corresponding to English *than*) also occurs in comparisons of unequals.

Er ist schneller gefahren **als** ich.
He drove faster than I.

● ANWENDUNG

C *If the clause contains **als ob**, change it to **als**, and vice versa.*

1. Sie tun, als ob Sie immer recht hätten.
2. Es scheint, als hätte er Angst vor der Prüfung.
3. Sie tut, als ob sie Angst vor dem Richter hätte.
4. Es sieht aus, als würde es morgen regnen.
5. Es war, als ob ich neu geboren wäre.

D *Supply **als ob** or **als**, whichever is appropriate.*

1. _____ ich das nicht wüßte!
2. _____ ich noch jung war, fuhr ich oft zu schnell.
3. _____ wäre die Bevölkerungsexplosion kein Problem!
4. _____ wüßte ich das nicht!
5. Er tat, _____ könnte er die Frage beantworten.
6. Sie tat, _____ sie schliefe.
7. Vor zwei Jahren, _____ wir in der Schweiz waren, sind wir oft schigelaufen.
8. Sie läuft besser Schi _____ ich.
9. Er hat so viel Energie, _____ er nie krank gewesen wäre.
10. Kann sie wirklich besser Deutsch _____ ich?
11. Sie tun, _____ Sie nicht gewußt hätten, daß Rauchen hier verboten ist.

Ja, dort wäre ich jetzt auch gern!
Schilaufen in der Schweiz.

2.   SUBJUNCTIVE IN INDIRECT STATEMENTS

You have learned that the subjunctive is used in unreal situations.

Es **gäbe** weniger Unfälle, wenn die Leute nicht so schnell **führen**.	*There would be fewer accidents if people didn't drive so fast.*
Ich **hätte** das nicht **gesagt**.	*I wouldn't have said that.*

And you have learned that it is also used in wishes.

Ach, wenn ich nur mehr Zeit **hätte**!	*If only I had more time!*

WHAT ARE INDIRECT STATEMENTS?

The subjunctive is also used in indirect statements. A *direct* statement quotes word for word what was said. It is set off by quotation marks.

Der Richter sagte: ,,Der Angeklagte ist schuldig.''	*The judge said, ''The defendant is guilty.''*

An *indirect* statement reports what someone else said without the speaker necessarily assuming responsibility for its accuracy.

Der Zeuge sagte, der Angeklagte **wäre** schuldig.

The witness said the accused was guilty.

In English, the past tenses are often, but not always, used in indirect statements.

DIRECT QUOTATION

He said, "I pay my bills."

INDIRECT STATEMENT

He said he pays his bills. Or:
He said he paid his bills.

In modern colloquial German, too, the trend is toward replacing subjunctive forms with the indicative. However, correct usage still requires the use of the subjunctive.[1]

CORRESPONDENCE OF TENSES

When a direct quotation is converted into an indirect statement, a present-tense verb is converted to the present/future subjunctive.

DIRECT QUOTATION

Der Richter sagte: ,,Der Angeklagte **ist** nicht schuldig.''

INDIRECT STATEMENT

Der Richter sagt,
Der Richter sagte, ⎱ der Angeklagte **wäre** nicht schuldig.

or

Der Richter sagte, daß der Angeklagte nicht schuldig **wäre**.

A future-tense verb in the direct quotation becomes a **würde** + infinitive construction in the indirect statement. (Any first-person pronoun in the direct quotation becomes third-person in the indirect statement.)

DIRECT QUOTATION

Sie schreibt: ,,Ich **werde** nicht mehr so schnell **fahren**.''

INDIRECT STATEMENT

Sie schreibt,
Sie schrieb, ⎱ sie **würde** nicht mehr so schnell **fahren**.

[1]Sometimes another consideration also encourages the use of the subjunctive. By using the subjunctive, the speaker clearly shows that he or she does not assume responsibility for the truth or accuracy of a statement made by someone else. German newspapers regularly use the subjunctive in order to protect themselves against libel suits.

● ANWENDUNG

A *Report the direct quotations as indirect statements.*

1. Er sagt: ,,Ich bin nicht schuldig.''
    Er sagt, _____ nicht schuldig.
2. Sie sagte: ,,Ich habe keine Zeit.''
    Sie sagte, _____.
3. Die Zeitung hat geschrieben: ,,Man muß langsamer fahren.''
    Die Zeitung hat geschrieben, man _____.
4. Der Angeklagte sagte: ,,Ich werde langsamer fahren!''
    Der Angeklagte sagte, _____.
5. Der Wachtmeister sagte: ,,Es tut mir leid.''
    Der Wachtmeister behauptete, es _____.

es täte ihm leid.

TIME AND TENSE: PAST

If the verb in the direct quotation is in any past tense, the past time frame of the subjunctive (**hätte** or **wäre** + past participle) is used when it is turned into an indirect statement.

DIRECT QUOTATION

Der Angeklagte erklärte: ,,Ich **habe** das andere Auto nicht **gesehen.**''

INDIRECT STATEMENT

Der Angeklagte erklärte, er **hätte** das andere Auto nicht **gesehen.**

or

Der Angeklagte erklärte, daß er das andere Auto nicht **gesehen hätte.**

● ANWENDUNG

B *Report the direct quotations as indirect statements.*

1. Er sagte: ,,Ich habe das Rotlicht nicht gesehen.''
    Er sagte, _____ das Rotlicht nicht _____.
2. Sie sagte: ,,Ich war von links gekommen.''
    Sie sagte, _____ von links _____.
3. In der Zeitung stand: ,,Die Angeklagte ist immer eine seriöse Person gewesen.''
    Die Zeitung behauptete, die Angeklagte _____.
4. Der Zeuge sagte: ,,Ich sah es nicht.''
    Der Zeuge meinte, _____.

er hätte es nicht gesehen

look at tense & person speaking

● SYNOPSIS EXERCISE

*Using the general subjunctive, convert the direct quotation into an indirect statement following the introductory phrase. Use **würde**+infinitive when appropriate.*

1. „Ich bin unschuldig.'' Er sagt, _____.
2. „Ich war krank.'' Sie sagte, Sie wäre krank gewesen.
3. „Porsche ist der beste Wagen.'' Die Reklame behauptet, _____.
4. „Mein Bruder hat geheiratet.'' Fritz sagte, _____.
5. „Wir werden morgen nach Wien fahren.'' Sie schrieben, _____.
6. „Ich kann kommen.'' Sie rief an und sagte, _____.
7. „Es gibt kein besseres Motorrad.'' Er hat gesagt, daß _____.
8. „Die Bevölkerungsexplosion hat erst begonnen.'' Man behauptet, _____.
9. „Wir werden heute um drei Uhr ankommen.'' Sie schreiben, _____.
10. „Ich mußte gestern studieren.'' Er sagte, er hatte gestern studieren mußten.
11. „Ich war nie im Hofbräuhaus.'' Sie hat gesagt, daß _____.
12. „Ich habe auf die Annonce antworten wollen, aber ich habe keine Zeit gehabt.'' Er behauptet, _____, aber _____.
13. „Ich rufe dich ~~gern an~~.'' Sie sagte, _____.
14. „Der Schwarzwald wird gelb werden.'' Die Zeitung schrieb, _____.
15. „Das metrische System ist praktischer.'' Der Deutsche behauptete, _____.

3. SUBJUNCTIVE IN INDIRECT QUESTIONS

The general subjunctive is also used in indirect questions.

BEISPIELE DIRECT QUESTION, PRESENT/FUTURE TIME FRAME

Der Richter fragte den Angeklagten: „Sind Sie schuldig oder unschuldig?''

The judge asked the accused, ''Are you guilty or innocent?''

INDIRECT QUESTION

Der Richter fragte den Angeklagten, **ob** er schuldig oder unschuldig **wäre**.

always used w/ ind. questions

The judge asked the accused whether he was guilty or innocent.

DIRECT QUESTION, PAST TIME FRAME

Der Richter fragte mich: „Wie lange haben Sie gestoppt?''

The judge asked me, ''How long did you stop?''

INDIRECT QUESTION

Der Richter fragte mich, wie lange
ich **gestoppt hätte**.

*The judge asked me how long I had
stopped.*

Note: Indirect questions employ V-L word order. When the question does not
begin with a question word, the indirect question begins with **ob** *whether*.

● ANWENDUNG

A   *Restate as indirect questions.*

1. ,,Sind Sie von links gekommen?'' Er wollte wissen, _____.
2. ,,Was ist Fräulein Lenz von Beruf?'' Sie fragte, _____. ← What is she by profession?
3. ,,Hat sie die Frage verstanden?'' Er fragte, _____.
4. ,,Kann er morgen kommen?'' Er fragte, *ob er morgen*
5. ,,Haben Sie den Unfall gesehen?'' Er wollte wissen, _____.
6. ,,Was haben Sie gesehen?'' Er fragte, _____.

4.   INDIRECT COMMANDS WITH sollen

Indirect commands are expressed in German with the present subjunctive of the
modal **sollen** + the infinitive of the main verb.

DIRECT COMMAND

,,**Fahren** Sie langsamer!''

"Drive more slowly!"

INDIRECT COMMAND

Die Polizistin sagte mir, ich **sollte**
langsamer **fahren**.

*The policewoman told me I should
drive more slowly.*

But sometimes the indicative is used if the introduction is in the present tense.

Die Polizistin sagt mir, ich **soll** langsamer fahren.

● ANWENDUNG

A   *Restate as indirect commands.*

1. ,,Warten Sie!'' Werner sagte mir, ich _____.
2. ,,Wartet auf uns!'' Sie sagten, wir *sollten auf Sie warten*
3. ,,Schreiben Sie bald!'' Renate bat mich, ich _____.
4. ,,Rufen Sie Walter an!'' Er sagte, ich _____.
5. ,,Fahr' langsamer!'' Sie warnte, du _____.
6. ,,Trinken wir ein Glas Bier!'' Mein Freund sagte, wir _____.
7. ,,Kommen Sie mit!'' Fritz meinte, wir _____.

5. SUBJUNCTIVE OF POLITENESS

LAST BUT NOT LEAST!

For Germans the subjunctive plays a very important role in expressing politeness, just like the *would*-form in English.

INDICATIVE (IMPOLITE)

Herr Ober, **bringen** Sie mir eine Tasse Kaffee!

Waiter, bring me a cup of coffee!

SUBJUNCTIVE (POLITE)

Herr Ober, **würden** Sie mir bitte eine Tasse Kaffee **bringen**?

Waiter, would you please bring me a cup of coffee?

INDICATIVE (IMPOLITE)

Fräulein, **können** Sie mir helfen?

Miss, can you help me?

SUBJUNCTIVE (POLITE)

Fräulein, **könnten** Sie mir bitte helfen?

Miss, could you please help me?

● ANWENDUNG

A *Change the request into a more polite form by using the subjunctive. Add* **bitte** *if you want to make a particularly good impression.*

1. (*asking for a light*)
   Darf ich Sie um Feuer bitten?
   _____ ich Sie um Feuer bitten?

2. (*asking whether it is still possible*)
   Ist es noch möglich, Sie heute zu besuchen?
   _____ es noch möglich, Sie heute zu besuchen?

3. (*hoping to borrow money*)
   Gustav, kannst du mir zehn Mark leihen?
   Gustav, _____ du mir zehn Mark leihen?

4. (*asking for a ride*)
   Nehmen Sie mich im Auto mit!
   _____ sie mich bitte im Auto _____?

5. (*ordering a beer*)
   Bringen Sie mir ein Bier!
   _____ ein Bier _____?

6.   THE SPECIAL SUBJUNCTIVE

subj. I
Special.

The special subjunctive is an alternate form of the general subjunctive. It is rarely used in spoken or informal German and occurs most frequently in indirect questions (**Er fragte mich, ob ich morgen Zeit habe** instead of **hätte**) and in indirect statements (**Er sagte, er wisse die Antwort nicht** instead of **wüßte**). There is no difference in meaning between the general subjunctive and the special subjunctive.

FORMS

As you have learned, the general subjunctive is derived from the past and past-perfect tenses. The special subjunctive is derived from the infinitive. The following endings are added to the infinitive stem: **-e, -est, -e, -en, -et, -en.**

ich **gehe**	wir **gehen**
du **gehest**	ihr **gehet**
er/sie/es **gehe**	sie, Sie **gehen**

There is no vowel change in the special subjunctive, even in strong verbs.

ONLY TWO OCCUR!

In practice only the **ich**- and **er/sie/es**-forms are used. Since the other forms rarely occur, only the **ich**- and **er/sie/es**-forms are given below. Note that the two forms have the same ending **-e.**

INFINITIVE	PRESENT TENSE	SPECIAL SUBJUNCTIVE
haben	ich **habe** er/sie/es **hat**	ich/er/sie/es **habe**
hören (weak verb)	ich **höre** er/sie/es **hört**	ich/er/sie/es **höre**
gehen (strong verb)	ich **gehe** er/sie/es **geht**	ich/er/sie/es **gehe**
sehen (strong verb with vowel change)	ich **sehe** er/sie/es **sieht**	ich/er/sie/es **sehe**

Note that while the **ich**-forms are not different from the present tense, the **er/sie/es**-forms do not have the characteristic **-t.**

BEISPIELE | Sie erklärte, sie **habe** das Auto nicht **gesehen.** | *She explained that she had not seen the car.*

Der Richter fragte, ob der Angeklagte gut **höre**.

The judge asked whether the accused heard well.

MODALS, **werden** AND **wissen** ARE DIFFERENT

With the modals **dürfen, können, müssen** (but not with **wollen, sollen,** and **mögen**) and the verbs **wissen** and **werden**, the special subjunctive is used more frequently in all the forms of the singular because the changed stem-vowel tells it apart from the present tense:

Würde never used w/ these.

INFINITIVE	PRESENT TENSE	SPECIAL SUBJUNCTIVE
dürfen	ich **darf** er/sie/es **darf**	ich/er/sie/es **dürfe**
können	ich **kann** er/sie/es **kann**	ich/er/sie/es **könne**
müssen	ich **muß** er/sie/es **muß**	ich/er/sie/es **müsse**
wissen	ich **weiß** er/sie/es **weiß**	ich/er/sie/es **wisse**
werden	ich **werde**[1] er/sie/es **wird**	ich/er/sie/es **werde**

Sein
haben

BEISPIELE   Er tat, als ob er alles **wisse**.

He acted as if he knew everything.

Der Richter sagte mir, ich **dürfe** nicht zu schnell **fahren**.

The judge told me I was not permitted to drive too fast.

● ANWENDUNG

A   *Restate, using the special subjunctive.*

1. Ursula sagte, sie hätte noch viel Zeit.
2. Herbert fragte, ob ich kommen könnte.
3. Wir fragten uns, ob der Professor die Antwort wüßte.
4. Er erklärte, daß er mir nie mehr schreiben würde.
5. Der Kellner sagte uns, man dürfte hier nicht rauchen.
6. Sie wollte wissen, ob es ihm nach dem Unfall wieder besser ginge.
7. Sie sagte, er müßte das Rotlicht gesehen haben.
8. Der Polizist sagte, man sähe das Rotlicht sehr gut an der Kreuzung.

[1]The **ich**-form shows no changed vowel.

sei: ALL FORMS IN THE SPECIAL SUBJUNCTIVE

Sein is the only verb which is used frequently in all forms of the special subjunctive. The reason for this is simple: all forms are distinctly different from those of the present indicative. The meaning of **sei** and **wäre** is virtually identical.

ich/er, sie, es sei du seiest	wir/sie, Sie seien ihr seiet

● ANWENDUNG

B   *Restate, using the special subjunctive.*

1. Er sagte: ,,Ich bin unschuldig.''
   Er sagte, er _____.
2. Ich hörte, du bist jetzt verheiratet.
   Ich hörte, du _____.
3. Kurt möchte wissen, ob wir morgen zu Haus sind.
   Kurt möchte wissen, _____.
4. Er fragte, ob Sonja Studentin ist.
   Er fragte, _____.
5. Auf dem Schild stand: ,,Das Betreten des Rasens°   *walking on the grass*
   ist verboten.''
   Auf dem Schild stand, es _____ verboten, den Rasen zu betreten.

PAST TIME FRAME

The special subjunctive, like the general subjunctive, has a past time frame. The only difference is that the auxiliary **sei** or **habe** is used instead of the general subjunctive's **wäre** or **hätte**. See how the two tenses compare:

Er sagte, er $\left\{ \begin{array}{l} \textbf{hätte} \\ \textbf{habe} \end{array} \right\}$ das Rotlicht nicht **gesehen.**   *He said he had not seen the red light.*

Warum sagen Sie, ich $\left\{ \begin{array}{l} \textbf{wäre} \\ \textbf{sei} \end{array} \right\}$ zu schnell **gefahren?**   *Why do you allege I had driven too fast?*

Note: In modern German, **sei** and **wäre** tend more and more to be used interchangeably, especially in the past time frame of the subjunctive.

[handwritten note at top of page:] I would come → {Ich würde kommen / Ich käme} both the same

⚠ **Vorsicht!   Fehlergefahr!**

> Do not mistake the subjunctive forms **sei** and **seien** for the similar forms of the command form (imperative) of **sein**! The similarity of the forms occurs only in the **du**- and **wir/Sie**-imperative.
>
> | | |
> |---|---|
> | **Sei** nicht böse auf mich! | *Don't be mad at me!* |
> | Wer sagt, ich **sei** böse auf dich? | *Who says I am supposed to be mad at you?* |
> | | |
> | Bitte, **seien** Sie pünktlich! | *Please be on time!* |
> | Er behauptet, wir **seien** nie pünktlich. | *He claims we are never on time.* |

● SYNOPSIS EXERCISE

If the statement is in the general subjunctive, change it to the special subjunctive, and vice versa.

1. Ich glaubte, du wärest noch zu Haus.
2. Otto sei nicht in Berlin gewesen, sagte er.
3. Sie sagte, sie hätte nie in München gewohnt.
4. Wir fragten Heinz, warum er nicht mit uns kommen wollte.
5. Der Richter fragte sie, ob sie das gewußt habe.
6. Er wüßte nichts von der Sache, sagte er.
7. Sie behauptete, sie würde immer die Wahrheit sagen.
8. Der Richter schreibt, du wärest zu schnell gefahren.

SPECIAL USE OF THE SPECIAL SUBJUNCTIVE

The special subjunctive occurs in the third-person singular in some idiomatic wishes and commands.

Es **lebe** die Freiheit!	*Long live freedom!*
Es **werde** Licht!	*Let there be light!*
Er **ruhe** in Frieden.	*May he rest in peace.*
So **sei** es.	*So be it.*

● REVIEW

A   *Change the verb in the indirect statement from the general subjunctive to the special subjunctive and translate.*

1. Anita sagte, sie käme später.
2. Er schrieb, er wäre verheiratet.

Moderner Schäfer mit Mercedes und Schäferhund.

3. Hilde sagte, sie ginge nach Haus.
4. Er behauptete, er hätte schon geschrieben.
5. Klaus fragte, wie lange ich bleiben würde.

B *Change from the special subjunctive to the general subjunctive.*

1. Mein Freund sagte, sein Auto sei kaputt gewesen.
2. Gretchen sagte, sie habe keine Zeit gehabt.
3. Er fragte, ob ich heute nachmittag zu Haus sei.
4. Sie meinte, das könne man nicht tun.

C *Convert the indirect statement into a direct quotation.*

1. Beate sagte, Michael sei hier gewesen.
    Beate sagte: ,,Michael _____.'' *er war hier, er ist hier gewesen*
2. Du sagtest, das hättest du auch gewußt.
    Du sagtest: ,,Das _____ ich _____.''
3. Barbara wird fragen, ob ich das gesagt hätte.
    Barbara wird fragen: ,,*hast* du *das*?*gesagt*? *er war hier gewesen*''
4. Christian sagte, er werde morgen kommen.
    Christian sagte: ,,Ich _____.''
5. Wir schrieben, wir kämen morgen an.
    Wir schrieben: ,,Wir _____.''

LESESTÜCK

Amerikanisch oder deutsch?

peculiarities Jedes Volk hat seine Eigenheiten°. Sind die folgenden Situationen und Sitten „typisch deutsch'' oder „typisch amerikanisch''? Was glauben Sie?

Als ich der neuen Studentin sagte, wie hübsch ihr Kleid sei, tat sie so, als habe sie nichts gehört. Es schien, als sei ihr das Kompliment unangenehm.

Ich hatte diese Leute gerade auf einer Party kennengelernt. Schon nach ein paar Minuten sagten sie, ich solle sie bald zu Haus besuchen. Ich sei immer willkommen.

Eva sagte, sie würde nie auf Heiratswünsche antworten, denn das sei nicht seriös.

Mein Freund konnte es nicht glauben, daß es in vielen Hotels keine Zimmer mit der Nummer „13'' gäbe.

Eine Mutter ging mit ihrer kleinen Tochter in einem Park spazieren. Als das kleine Mädchen auf den Rasen lief, sagte ihr die Mutter, sie dürfe das nicht tun. Es sei verboten, den Rasen zu betreten.

In dem Restaurant kam ein Mann zu unserem Tisch und fragte, ob noch ein Platz frei sei und ob er sich zu uns setzen dürfe.

So kann man auch Schach spielen.

Autobahn oder Rennbahn?

Man sagte mir auf der Polizei, daß ich eine Fahrschule besuchen müßte, um einen Führerschein zu bekommen.

Wir konnten es kaum glauben, als wir hörten, daß in jedem Klassenzimmer der Schule die Nationalflagge hinge.

Unsere Tochter erzählte, daß es dort keinen Religionsunterricht in den öffentlichen Schulen gebe.

Er konnte es nicht glauben, als man ihm sagte, daß es dort auf der Autobahn oft kein Tempolimit gäbe.

Wir fragten uns, wie es möglich sei, daß unser Bruder in den letzten sechs Jahren drei verschiedene Jobs hatte: Er sei zuerst Verkäufer in einem Geschäft, dann Grundstücksmakler° und jetzt Beamter° bei der Post gewesen.

real estate agent/ civil servant

Als sie am Sonntag nachmittag einen Regenschirm kaufen wollte, sagte man ihr, daß alle Geschäfte und auch die großen Kaufhäuser geschlossen seien.

Wir waren überrascht zu hören, daß von Samstag 13 Uhr bis Montag morgen die Apotheken geschlossen seien. Als wir jedoch sagten, daß wir schnell ein Medikament brauchten, sagte man uns, es gäbe in jedem Stadtbezirk° immer eine Apotheke, die nachts und auch am Wochenende offen sei.

city district

Ich war überrascht zu hören, daß ich meinen Hund mit ins Restaurant nehmen dürfe.

Können Sie noch andere Situationen beschreiben, die „typisch amerikanisch, deutsch oder österreichisch'' sind?

Wer sagt, immer arbeiten sei typisch deutsch?

WORTSCHATZ ZUM LESESTÜCK

ACTIVE VOCABULARY

nouns

das **Kleid, -er**   *dress*
die **Polizei**   *police*

der **Rasen, -**   *lawn, grass*
das **Zimmer, -**   *room*

verbs

betreten (betritt), betrat, betreten   *to step on, to set foot on*
spazieren•gehen, ging spazieren, ist   *to take a walk*
  spazierengegangen
verbieten, verbot, verboten   *to forbid*

other words

gerade   *just* (adv.)*; even* (adj.)
kaum   *scarcely*
nachts   *at night*

überrascht   *surprised*
unangenehm   *unpleasant,*
    embarrassing

special and idiomatic expressions

auf der Polizei   *at the police station*

willkommen sein   *to be welcome*

VOCABULARY FOR RECOGNITION

nouns

die **Fahrschule, -n**   *driving school*
das **Kompliment, -e**   *compliment*
die **Nationalflagge, -n**   *national flag*

der **Religionsunterricht**   *religious*
    instruction

● FRAGEN ZUM LESESTÜCK

Antworten Sie auf deutsch!

1. Was darf man in einem Restaurant in Deutschland und Österreich tun?
2. Was muß man in Deutschland tun, um einen Führerschein zu bekommen?
3. Welchen Unterricht gibt es in Amerika in öffentlichen Schulen nicht?
4. Was sollte man über die deutschen Autobahnen wissen?
5. Welche Berufe hatte der Bruder in Amerika in sechs Jahren?
6. Wo kann man in Amerika nachts ein Medikament bekommen?

● PERSÖNLICHE FRAGEN

1. Was sagen Sie zu jemand, den Sie auf einer Party kennenlernen?
2. Was tun Sie, wenn Sie in ein Restaurant kommen und es keinen freien Tisch mehr gibt?
3. Fühlen Sie sich schuldig, wenn Sie über einen grünen Rasen gehen?
4. Wie denken Sie darüber, daß man in Amerika auch sonntags vieles, z.B. auch Autos, kaufen kann?
5. Welche kulturellen Unterschiede im Lesestück waren neu für Sie?
6. Welche anderen Unterschiede könnten Sie beschreiben?

● SITUATIONEN

1. Sie sind aus Madison, Wisconsin und zum ersten Mal in Köln. Sie gehen in das McDonalds am Kölner Dom. Sie sehen, daß man hier im deutschen McDonald Bier verkauft. Sie sagen: ,,_____!''
2. Sie kommen aus St. Petersburg, Florida. Sie sind auf der Post in Nürnberg. Sie sehen viele Leute, die an einem Schalter (*window*) unter einem Schild ,,Ferngespräche'' warten. Sie fragen eine Person: ,,Was machen die Leute hier?'' Die Person antwortet: ,,_____.''
3. Sie sind aus Portland, Oregon. Sie sitzen in einem guten Restaurant in München. Auf einmal kommt ein Herr mit einem großen Pudel und setzt sich an einen Tisch. Sie denken laut: ,,_____!''
4. Sie sind aus Hartford, Connecticut. Sie kommen eben zum ersten Mal in Frankfurt auf dem Flughafen an. Sie gehen auf die Herren-Toilette und sehen, daß eine ältere Frau an einem Tisch in der Toilette sitzt. Auf einem Teller auf dem Tisch liegen ein paar Pfennige und anderes Geld. Sie sagen: ,,_____.''
5. Sie sitzen im Hofbräuhaus in München. Man spricht über ,,Andere Länder, andere Sitten.'' Ein Bayer mit einer roten Nase sagt: ,,Man hat mir gesagt, die amerikanischen Frauen kochen nicht gut. Sie kochen nur Television dinners.'' Sie sagen: ,,_____.''

● SCHRIFTLICH WIEDERHOLT

A *You are a reporter and are telling your readers what you have heard. To protect yourself against libel suits, you are changing all direct quotations into indirect statements.*

BEISPIEL   ,,Ich bin nicht zu schnell gefahren.''
Er (Sie) sagte, er (sie) wäre nicht zu schnell gefahren.

1. ,,Sie hat gelogen.''
2. ,,Wir sind stehengeblieben.''
3. ,,Ich werde zwei Plätze im Restaurant reservieren.''
4. ,,Wir waren überrascht.''

5. ,,Er hat ihn nicht gekannt.''
6. ,,Sie haben mich beleidigt.''
7. ,,Ich kann das nicht behaupten.''
8. ,,Sie weiß darauf keine Antwort.''

B   *Report these direct questions and commands to others.*

BEISPIEL   ,,Sind Sie stehengeblieben?''
               Er fragte, ob ich stehengeblieben wäre.

               ,,Bleiben Sie hier!''
               Er sagte, ich sollte hier bleiben.

1. ,,Haben Sie das Rotlicht beachtet?''
2. ,,Muß Erika Englisch lernen?''
3. ,,Glauben Sie uns!''
4. ,,Geben Sie mir das Geld!''
5. ,,Fahr' nicht zu schnell!''
6. ,,Hast du das schon gehört?''
7. ,,Kann er heute kommen?''

C   *You want to be very polite, so you change the regular questions into questions using the subjunctive of politeness.*

BEISPIEL   Darf er dich morgen besuchen?
               Dürfte er dich morgen besuchen?

1. Kannst du mir helfen?
2. Haben Sie jetzt Zeit für mich?
3. Darf ich Sie etwas fragen?
4. Wissen Sie die Antwort darauf?
5. Werden Sie das für ihn tun?
6. Sind Sie morgen zu Haus?
7. Können Sie mir das morgen bringen?

D   *Complete each sentence with a clause of your choice, using* **als ob** *or* **als wenn**.

1. Er war so schnell gefahren, . . .
2. Er tat so freundlich, . . .
3. Du fragst mich so oft, . . .
4. Ich erinnere mich noch so genau daran, . . .
5. Der junge Mann duzte sie, . . .
6. Der Polizist stellte uns Fragen, . . .

SPRECHEN LEICHT GEMACHT!

to practice the subjunctive after **als ob** or **als** . . .

Schein und Sein[1] **A** *Complete the sentence with the information given in the cue question. (Student A to Student B, B to C, and so on)*

Hat er alles verstanden?	Er tut, als ~~es~~ *hätte er alles verstanden*
Ist er unschuldig?	Er sieht aus, als ob *er unschuldig wäre.*
Ist er zu schnell gefahren?	Es scheint, als *er wäre zu schnell gefahren*
Hat sie viel Geld verdient?	Es scheint, als ob _____.
Sehen wir uns bald wieder?	Es scheint, als *würden wir uns bald wieder sehen.*
Können wir den Fall noch gewinnen?	Wir müssen so tun, als ob _____.
Hat sie gut geschlafen?	Sie sah aus, als ob _____.
?	?

to practice the general subjunctive in indirect statements . . .

Zweifel **B** *Show that you don't quite believe what is being said by completing the answer in the subjunctive. (A to B, B to C, and so on)*

Hat Eva gesagt, sie ist jetzt zu Haus?	Ja, sie hat gesagt, sie _____.
Hat Helmut gesagt, er ist vor Mitternacht nach Haus gekommen?	Ja, er hat gesagt, _____.
Hat Gerd gesagt, er muß dieses Wochenende arbeiten?	Ja, _____.
Haben Karl und Hilde gesagt, sie haben den Unfall nicht gesehen?	Ja, beide haben gesagt, _____.
Hat Walter behauptet, er hat noch nie Marihuana geraucht?	Ja, er hat behauptet, daß _____.
Hat Ruth gesagt, sie hat die Miete schon bezahlt?	Ja, Ruth hat gesagt, daß _____.

Schnellzug-	DZu Halbpr 2,0	3,00 DM
Schnellzug- Halber Preis	DZu Halbpr 1,5	2,00 DM
Schnellzug- Halber Preis		1,50 DM
Zuschlag		
0690 . BW20.05	◄ Zangen- abdruck	
[TEL] 0821379	Reihe (01)	

[1]*Appearance and reality ("Appearances are deceiving.")*

oh Mein Gott bin
ich voll!

487

to practice the subjunctive of politeness . . .

A la Knigge **C** *Knigge is a German book of etiquette, with tips on how to behave in polite society. You have read Knigge and want to be very polite. You rephrase your request with the subjunctive.*

> BEISPIEL Entschuldigen Sie bitte, haben Sie, ich meine, __**hätten**__ Sie einen Kugelschreiber? Ich habe meinen vergessen.

Entschuldigen Sie bitte, haben Sie jetzt, ich meine, _____ Sie Zeit?

Fräulein, können Sie, ich meine, _____ Sie mir ein Glas Wasser bringen?

Herr Ober°, darf ich, ich meine, _____ ich noch einen zweiten Teller° Suppe haben?   *Waiter*
                                                        dish

Herr Professor, haben Sie, ich meine, _____ Sie etwas dagegen, wenn ich während der Prüfung rauche?

Herr Wachtmeister, können Sie, ich meine, _____ Sie nicht meinen Strafzettel° zerreißen°?   *ticket/tear up*

__?__, darf ich Sie, ich meine, __?__ ich Sie um __?__ bitten?

Wirklich? **D** *You do not agree with the stereotype assertions made by a friend. Match the "clichés" and then state your opinion. Use the subjunctive to dissociate your own view from your friend's.*

Er sagt, _____.	Ich glaube nicht, _____.
die Deutschen	sind alle Kommunisten.
die Amerikanerinnen	haben keinen Humor.
die Spanier	machen immer „Siesta".
die Mexikaner	essen immer Sauerkraut.
die Russen	können nicht kochen.
die Engländer	sind gute Liebhaber°.
die Schweizer	denken nur an Geld.
?	?

aße subjunctive.

lovers

Scherzfragen[1] **E** 1. Was liegt zwischen Berg und Tal?
          2. Zwanzig Vögel sitzen auf einem Baum. Ein Jäger° schießt   *hunter*
             zwei. Wieviele sitzen noch auf dem Baum?
          3. Wie lange hat der Dreißigjährige Krieg gedauert?

Antworten

1. Das Wort „und". 2. Keine. 3. Dreißig Jahre (1618–1648).

[1]*Funny questions*

Name und Anschrift der Beherbergungsstätte

**Meldeschein der
Beherbergungsstätten**

Zimmer Nr.

Ankunftstag Day of arrival Date de'arrivée	**Abreisetag** Day of departure Date de départ	**Bitte Hinweise für das Ausfüllen beachten!** Please note directions on filling in Avant de remplir la déclaration, lire attentivement les indications
Familienname (ggf. auch Geburtsname) Surname (if necessary also maiden name) Nom de famille (èvent. nom de naissance)		**Vorname** Christian name Prènom
Geburtsdatum Date of birth Date de naissance	**Geburtsort** Place of birth Lieu de naissance	**Staatsangehörigkeit** (bei Ausländern) Nationality (for foreigners) Nationalité (pour les étrangers)
Postleitzahl, Wohnort Postal code, residence Code postal, Domicile	**Straße, Hausnummer** Street, number Rue, Numéro	**Staat** (bei Wohnort außerhalb d. Bundesgebiets) State Etat

Begleitender Ehegatte Accompanying spouse — Conjoint accompagnant

Familienname (ggf. auch Geburtsname) Surname (if necessary also Maiden name) Nom de famille (èvent. nom de naissance)	**Vorname** Christian name Prénom	**Geburtsdatum** Date of birth Date de naissance	**Geburtsort** Place of birth Lieu de naissance	**Anzahl der begleitenden Kinder** No. of accompanying children Nombre d'enfants accompagnants

Unterschrift des Gastes
Signature of guest
Signature du client

Unterschrift des Ehegatten
Signature of spouse
Signature du conjoint

Herges-Hoteldruck · 6300 Gießen 1 · Postf. 56 02

---

fragen auf - ask about

bitten um -

Ich frage Ihnen.

Ich f

Lachen macht das Leben leichter.

Sie lachen über sich selbst

1. The Passive Voice
2. Tenses in the Passive Voice
3. **man** as a Substitute for the Passive
4. The Passive with Modals
5. **ein**-Words and **der**-Words as Pronouns

Drei Miniporträts: Österreich—
Die Schweiz—Liechtenstein

DIALOG

Sie lachen über sich selbst

Der Humor eines Landes sagt uns etwas über die Sitten seiner Menschen, über ihr Verhältnis zu anderen Menschen und zur Welt. Im Witz werden Spannungen abreagiert. Im Witz darf oft gesagt werden, was sonst nicht laut gesagt wird.

Es gibt verschiedene Arten von Witzen. Zum Beispiel die Witze, die mit Personen assoziiert werden. Die Graf Bobby-Witze aus Wien gehören dazu. Graf Bobby ist der Typ des senilen österreichischen Aristokraten.

Graf Bobby sitzt im Zug. Der Schaffner kommt und will die Fahrkarte sehen. „Sie haben eine Fahrkarte für eine Fahrt nach Wien. Wir fahren aber nach Salzburg", sagt der Schaffner. „Weiß der Lokomotivführer schon, daß wir in die falsche Richtung fahren?", fragt Bobby.

Bobbys Freund Freddy sieht, daß Bobby einen schwarzen und einen braunen Schuh trägt.

»Schneller, Tünnes, wenn wir neben der Ersten Klasse herlaufen, sparen wir noch mehr Geld.«

das Vorurteil — *prejudice.*
préjudgement.

FREDDY   „Aber Bobby, wie siehst du denn aus? Du hast ja einen braunen und einen schwarzen Schuh an?"

BOBBY   „Ja, ich habe mich auch schon gewundert. Und stell' dir vor, zu Haus habe ich noch so ein Paar."

Man liebt auch die „regionalen" Witze: Witze über den frechen Berliner, den etwas groben Bayern, den langsamen Ostfriesen usw.

Der kleine Fritz, ein Berliner Junge, paßt in der Schule nicht auf. Er wird vom Lehrer gefragt, ob er sich nicht wohl fühlt. „Nein", sagt Fritz, „ich fühle mich gar nicht wohl!"

LEHRER   „Wo fühlst du dich nicht wohl? Im Bauch? Im Kopf?"

FRITZ   „Nein, hier in der Schule."

Der Bayer Franz liebt die Preußen nicht. Im Hofbräuhaus sitzt er neben einem. „Sie, Herr Nachbar", sagt der Preuße, „Sie sitzen auf meinem Hut." „Na, und?", sagt Franz. „Wollen Sie schon gehen?"

In den Ostfriesen-Witzen findet man Selbstironie, ein Zeichen menschlicher Reife.

Was bedeuten die Streifen an der Uniform der ostfriesischen Polizisten? *Ein* Streifen: Er kann lesen. Zwei Streifen: Er kann lesen und schreiben. Drei Streifen: Er kennt einen, der lesen und schreiben kann.

Politische Witze sind immer populär gewesen. Da kann man sich über die Politik und die Politiker lustig machen. Während der Nazizeit wurde in Deutschland dieser Witz heimlich erzählt (ein sogenannter „Flüsterwitz"): *secretly.*

„Du, gestern ist Fritz verhaftet worden!" „Was, Fritz, so ein guter Mensch? Und warum?" „Na, darum."

Und hier etwas über die Politik unserer Zeit:

Ein berühmter Fußballspieler der Bundesrepublik wird interviewt. „Wissen Sie, daß Sie mehr verdienen als der Bundeskanzler?" „Na, und?", meint der Fußballspieler. „Ich spiele ja auch viel besser als er!"

Ein Westdeutscher und ein Ostdeutscher fischen an der Elbe. Der Westdeutsche fängt viele Fische, der Ostdeutsche keine. Der Ostdeutsche ruft über den Fluß: „Sag' mal, warum fängst du so viele und ich keine?"

„Einfach", antwortet der Westdeutsche, „auf meiner Seite haben die Fische keine Angst, den Mund aufzumachen."

Witz der Woche

Helmut Kohl besucht Maggie Thatcher in London. Sie gehen abends in einen Pub. Kohl bestellt sich ein helles »Lager-Bier«, die Thatcher ein dunkles »Guinness«. Sagt sie: »To your health.« Sagt er: »To your dunkelth.«

WORTSCHATZ ZUM DIALOG

ACTIVE VOCABULARY

nouns

[handwritten: Spannent – suspenseful!]

der **Bauch**, ⸚e	stomach	das **Paar**, -e	pair
der **Bundeskanzler**, -	Federal Chancellor	die **Richtung**, -en	direction
		der **Schaffner**, -	conductor
die **Fahrkarte**, -n	ticket	der **Schuh**, -e	shoe
der **Fisch**, -e	fish	die **Spannung**, -en	tension
der **Hut**, ⸚e	hat	das **Verhältnis**, -se	relationship
der **Nachbar**, -n	neighbor	der **Witz**, -e	joke
die **Nazizeit**	Hitler Era (1933–1945)	das **Zeichen**, -	sign, indication

verbs

an·haben	to wear, to have on	**fischen**	to fish
auf·machen	to open	**verhaften**	to arrest
auf·passen	to pay attention	**sich vor·stellen** (+dat.)	to imagine
fangen (fängt), fing, gefangen	to catch	**(sich) wundern**	to be surprised

[handwritten: Ich stelle das mir vor.]

other words

darum	for that (very) reason; therefore	**politisch**	political
		schwarz	black

special and idiomatic expressions

[handwritten: I make fun of her / Ich mache mich lustig über sie]

Angst haben	to be afraid	**sich lustig machen über** (+acc.)	to make fun of
na, und?	so what?		
sag' mal	tell me	**wollen Sie schon**	do you already want to

VOCABULARY FOR RECOGNITION

nouns

der **Aristokrat**, -en	aristocrat	(der) **Graf Bobby**	Count Bobby
der **Bayer**, -n	Bavarian	das **Hofbräuhaus**	famous beer hall in Munich
die **Elbe**	Elbe (river in Germany)	der **Humor**	humor
der **Flüsterwitz**, -e	"whispered joke" (told secretly)	der **Lokomotivführer**, -	engineer (railroad)
der **Fußballspieler**, -	soccer player	der **Ostdeutsche**, -n	East German

der **Ostfriese, -n**	East Frisian	der **Streifen, -**	stripe
der **Preuße, -n**	Prussian	die **Uniform, -en**	uniform
die **Reife**	maturity	der **Westdeutsche, -n**	West German
die **Selbstironie**	self-irony		

verbs

| **ab·reagieren** | to work off, to get rid of | **interviewen** | to interview |
| **assoziieren** | to associate | | |

other words

frech	fresh	**ostfriesisch**	East Frisian (NW Germany)
grob	blunt, coarse		
heimlich	secret(ly)	**regional**	regional
lustig	funny	**senil**	senile

• FRAGEN ZUM DIALOG

1. Warum ist es wichtig, den Humor eines Landes zu verstehen?
2. Warum kann man im Witz Spannungen abreagieren?
3. Welche Art von Witzen kennen Sie?
4. Wer ist Graf Bobby?
5. Worüber wundert sich Graf Bobby, als er sieht, daß er einen braunen und einen schwarzen Schuh trägt?
6. Was ist ein ,,Flüsterwitz''?
7. Warum sind politische Witze populär?
8. Was meint der Westdeutsche, wenn er sagt: ,,Auf meiner Seite haben die Fische keine Angst, den Mund aufzumachen''?

• PERSÖNLICHE FRAGEN

1. Erzählen Sie einen Witz!
2. Welche Witze haben Sie nicht gern? Warum?

• AUSSPRACHE-ÜBUNG

German **i** and **ie** versus German **ü**

SHORT

das **Gericht**	court	das **Gerücht**	rumor
die **Kiste**	box	die **Küste**	coast
das **Kissen**	pillow	**küssen**	to kiss
der **Mist**	manure	ihr **müßt**	you have to
missen	to miss	**müssen**	to have to

LONG

das **Tier**	*animal*	die **Tür**	*door*
vier	*four*	**für**	*for*
liegen	*to lie down*	**lügen**	*to lie/tell a lie*
spielen	*to play*	**spülen**	*to rinse*
die **Biene**	*bee*	die **Bühne**	*stage*
Kiel	German city	**kühl**	*cool*

GRAMMATIK Theorie und Anwendung

1. THE PASSIVE VOICE

BEISPIELE

Das Land **wird** von einem Fürsten **regiert**.

The country is governed by a prince.

In diesem Land **werden** wenig Steuern **bezahlt**.

Few taxes are paid in this country.

Ein Professor **wurde** einmal **gefragt** . . .

A professor was once asked . . .

PASSIVE VS. ACTIVE VOICE

The two statements *The prince governs the country* (**Der Fürst regiert den Staat**) and *The country is governed by the prince* (**Der Staat wird von dem Fürsten regiert**) express the same idea. The first statement is in the active voice (the prince, or agent, is performing the action). Note the nominative case. The second statement is in the passive voice. The country—now the subject—is acted upon by the agent.

ACTIVE
SUBJECT   OBJECT
Der Fürst regiert→ den Staat.

PASSIVE
SUBJECT   AGENT
Der Staat←wird von dem Fürsten regiert.

Note that the subject in the active statement becomes the agent in the passive statement. Frequently the agent is omitted in a passive statement.

ACTIVE

Der Professor fragt.   *The professor asks.*

PASSIVE

Der Professor wird gefragt.   *The professor is asked.*

In the passive statement above, it is implied—though not stated directly—that the professor is being asked by students or by some other agent.

FORMATION

In English the passive voice is formed by combining the conjugated form of the verb *to be* with the past participle of the main verb. The agent is cited in a prepositional phrase with *by*.

German	*is*	*spoken*	*by*	*many people.*	
Deutsch	wird		von	vielen Leuten	gesprochen.

werden + PAST PARTICIPLE

In German the same basic elements are used to form the passive voice: the verb **werden** together with the past participle of the main verb, and the preposition **von** used to introduce the agent.

	VERB	PREPOSITION	AGENT	PAST PARTICIPLE
Deutsch	wird	von	vielen Leuten	gesprochen.

WORD ORDER

As you already know, in German the past participle stands at the end of a main clause. In a dependent clause, however, the conjugated verb stands last. The same principle holds true in passive, as well as active, statements.

Die Wehrpflicht **wird** von den Schweizern ernst **genommen**.

The draft is taken seriously by the Swiss.

Wir wissen, daß die Wehrpflicht von den Schweizern ernst **genommen wird**.

We know that the draft is taken seriously by the Swiss.

REMEMBER: **von** REQUIRES DATIVE!

When the preposition **von** is used to introduce the agent in a passive statement, the dative is required.

Der Professor wird **von der** Studentin gefragt.

The professor is asked by the (female) student.

● ANWENDUNG

A *Change the passive-voice statement into an active-voice statement.*

1. Viele Witze werden von den Leuten erzählt. Die Leute ____.
2. Der Fußballspieler wird von dem Reporter interviewt. Der Reporter ____.
3. Der kleine Fritz wird von dem Lehrer gefragt. ____.
4. Fritz wird von der Polizei verhaftet. ____.

werden: IT CHANGES

In the passive voice, the person or thing acted upon becomes the grammatical subject. Although the past participle never changes, the forms of **werden** change according to person, as do those of *to be* in English.

Ich **werde** von der Zeitung interviewt.

I am interviewed by the newspaper.

Du **wirst** von dem Reporter interviewt.

You are interviewed by the reporter.

Sie **werden** vom Fernsehen interviewt.

You (or They) are interviewed by the TV station.

Sie **wird** von dem Radioreporter interviewt.

She is interviewed by the radio reporter.

Remember that English has also a *progressive* present tense. When translating the German passive, *am being* + the past participle is the more commonly used form: *I am being interviewed, You are being interviewed,* etc.

● ANWENDUNG

B *Supply the correct form of* **werden** *to complete the sentence.*

1. Der Satz° ____ ins Deutsche übersetzt°.   *sentence/translated*
2. Diese Bücher ____ viel gelesen.
3. Erika ____ von mir zur Party eingeladen. invited.
4. Witze ____ immer erzählt.
5. Du ____ von uns angerufen.
6. Wann ____ Sie von Fritz angerufen?
7. Wir ____ alle von der Reklame manipuliert.
8. Ja, morgen ____ ich von dem Reporter interviewt.

C   *Supply the past participle of the cue verb to complete the sentence.*

1.   (fragen)   Der Student wird von dem Professor _____.
2.   (geben)   Wird die Antwort von dem Professor _____?
3.   (erzählen)   Die Geschichte Homers wird von dem Vater _____.
4.   (sprechen)   Deutsch wird von vielen Leuten _____.

D   *Change from the singular to the plural, or vice versa.*

1.   Du wirst von der Polizei gefragt. Ihr _____.
2.   Wir werden von der Polizei verhaftet. Ich _____.
3.   Ein Witz wird erzählt. Viele Witze _____.
4.   Wird er interviewt? _____ sie _____?

2.   TENSES IN THE PASSIVE VOICE

FORMATION

Like English, German has all the tenses in the passive voice. Thus far, the examples of passive constructions have involved only the present tense. The table below illustrates the commonly used tenses in the passive voice.[1]

Present	Der Witz **wird erzählt**.	*The joke is told.*
Past	Der Witz **wurde erzählt**.	*The joke was told.*
Present Perfect	Der Witz **ist erzählt worden**.	*The joke has been told.*
Future	Der Witz **wird erzählt werden**.	*The joke will be told.*

[handwritten annotations:
Past
Der Witz war erzählt worden
only conjugate werden.
never haben!
Der Witz war erzählt worden   The joke had been told.]

PAST PASSIVE

The past tense in a passive construction consists of the past tense of **werden** (**wurde**) + the past participle of the main verb.

Die Rechnung **wurde** in Schweizer Franken **bezahlt**.	*The bill was paid in Swiss francs.*
Wann **wurde** die erste Frau in der Schweiz **gewählt**?	*When was the first woman elected in Switzerland?*
Letztes Jahr **wurden** viele Briefmarken **verkauft**.	*Last year many stamps were sold.*

[1]The past perfect (**war erzählt worden** *had been told*) is rarely used.

● ANWENDUNG

A *Change from the present passive to the past passive.*

1. Der Sprecher der Talkshow wird angerufen.
2. Die Fremdwörter werden diskutiert.
3. Der Käufer wird manipuliert.
4. Warum werden Sie nicht interviewt?

PRESENT-PERFECT PASSIVE

The present-perfect tense in a passive construction consists of the present tense of **sein** + the past participle of the main verb + **werden**. Note that the special form **worden** (not **geworden**) is used in the perfect tenses of the passive.

NO ge- !

Österreich **ist** von Hitler **annektiert worden**.	*Austria has been annexed by Hitler.*
Die Österreicher **sind** von den Alliierten **befreit worden**.	*The Austrians have been liberated by the Allies.*

● ANWENDUNG

B *Change from the present passive to the present-perfect passive.*

BEISPIEL Die Politikerin wird interviewt.
Die Politikerin ist interviewt worden.

1. Der Sprecher der Talkshow wird von vielen Leuten angerufen.
2. Die Bevölkerungsexplosion wird diskutiert.
3. Andere Probleme werden auch diskutiert.
4. Warum werden Sie nicht interviewt?

Warum sind Sie nicht interviewt worden?

⚠ **Vorsicht!   Fehlergefahr!**

> Do not confuse the <u>future</u> tense in an active construction with the <u>present</u> tense in a passive construction. Both use **werden**. However, the future tense uses **werden** + the infinitive, while the present-passive voice uses **werden** + the past participle.
>
> FUTURE INDICATIVE
>
> Er **wird** oft **anrufen**.   *He will often call on the phone.*
>
> PRESENT PASSIVE
>
> Er **wird** oft **angerufen**.   *He is often called on the phone.*

● ANWENDUNG

C   *Translate.*

1. Der Witz wird oft erzählt. *The joke _____.*
2. Wann wirst du uns den Witz erzählen? *When _____?*
3. Der Polizist wird dich nach deinem Beruf fragen. *The policeman _____.*
4. Du wirst nach deinem Beruf gefragt. *You _____.*
5. Der Fußballspieler wird morgen interviewt werden. *The soccer player _____.*
6. Der Reporter wird den Fußballspieler morgen interviewen. *_____.*

THE "AGENT" IN THE PASSIVE

The preposition **von** (+dative object) is most commonly used to express the agent when it is a person. **Durch** (+an accusative object) is used when the agent is an impersonal force such as a machine, the natural elements, or a concept. **Mit** (+dative object) is used when the agent is a specific instrument.

BEISPIELE   Die Wehrpflicht wird **von den Schweizern** ernst genommen.   *Compulsory military service is taken seriously by the Swiss.*

Das alte Österreich wurde **durch den Krieg** zerschlagen.   *Old Austria was smashed to pieces by the war.*

Heute werden Briefe auch **mit dem Computer** geschrieben.   *Today letters are also written by the computer.*

3.   man AS A SUBSTITUTE FOR THE PASSIVE

Man *one, a person, you, they* is often used to avoid the passive, especially in spoken German. The **man**-construction expresses essentially the same idea as the passive construction.

BEISPIELE	In Liechtenstein **werden** wenig Steuern **verlangt**.	*Few taxes are required in Liechtenstein.*
	Man verlangt dort wenig Steuern.	*One requires few taxes there.*
	Den Schweizerinnen **wurde** 1971 das Wahlrecht **gegeben**.	*Swiss women were given the right to vote in 1971.*
	Man gab den Schweizerinnen 1971 das Wahlrecht.	*They gave Swiss women the right to vote in 1971.*

● ANWENDUNG

A *Restate in the active voice, using the* **man**-*construction.*

1. Das Atom wurde 1938 gespalten. Man _____.
2. Die Witze über Graf Bobby werden oft erzählt. Man _____.
3. In Bayern wird viel Bier getrunken. In Bayern _____.

B *Restate in the passive voice.*

1. Man ruft Sie. Sie _____.
2. Man ruft dich an. Du _____.
3. Man fragt mich. Ich _____.
4. Man verhaftet Fritz. Fritz _____.
5. Man erzählt Witze. Witze _____.

verhaften: to arrest.

4. THE PASSIVE WITH MODALS

BEISPIELE	Diese Frage **muß** von dem Professor **beantwortet werden**.	*This question has to be answered by the professor.*
	Dieser Vergleich **mußte gemacht werden**.	*This comparison had to be made.*
	Er behauptet, daß die Österreicher nicht von Hitler **annektiert werden wollten**.	*He claims that the Austrians did not want to be annexed by Hitler.*

FORMS

The passive with a modal auxiliary consists of the modal + the past participle + the infinitive **werden**.[1] Only the modal changes according to person and tense; the past participle and **werden** remain the same. In a main clause, **werden** stands last; in a dependent clause, the modal stands last. The passive with modals occurs mainly in the present and past tenses.

[1] Also known as the "passive infinitive."

Act. Der Student kann das Buch lesen.

Pass Das Buch kann von den Studenten gelesen werden

• ANWENDUNG

A *Restate, using the cue modal in the present tense.*

1. (müssen) Diese Frage wird heute beantwortet. Diese Frage muss
2. (können) Das Auto wird verkauft. Das Auto kann verkauft werden
3. (dürfen) Diese Leute werden nicht verhaftet. Diese Leute _____.
4. (wollen) Wird der kleine Fritz von dem Lehrer gefragt? Will _____?
5. (sollen) Man weiß, daß diese Witze nicht erzählt werden. Man weiß, daß diese Witze nicht _____.

B *Now restate using the cue modal in the past tense.*

1. (müssen) Dieser Brief wurde gestern geschrieben. Dieser Brief _____.
2. (können) Warum wurde diese Rechnung gestern nicht bezahlt? Warum _____?
3. (dürfen) Im Kino wurde früher geraucht. Ist es wahr, daß früher im Kino _____?

geraucht werden dürfte.

5. ein-WORDS AND der-WORDS AS PRONOUNS

The **ein**-words and **der**-words (**ein, mein, dein, sein, ihr, unser, euer, Ihr** or any forms of **dies-, jed-, manch-, solch-,** or **welch-**) may be used as pronouns to replace a noun.[1]

BEISPIELE

Fritz: ,,Ich möchte **ein** Wienerschnitzel.''	Fritz: "I'd like a Wienerschnitzel."
Karl: ,,Und ich hätte auch gern **eins**.''[2]	Karl: "And I'd also like one."
Liechtenstein hat einen Fürsten, aber die Schweiz hat **keinen**.	Liechtenstein has a prince, but Switzerland has none.
Ich fahre mit diesem Zug. Mit **welchem** fahren Sie?	I am going with this train. Which one are you going with?

FORMS

When used as pronouns, **ein**-words and **der**-words take the full range of primary endings, according to their case.

---

[1]See pp. 313–315 for a discussion of **der**-words and **ein**-words.

[2]In everyday speech, **eines, deines, meines, keines,** and **seines** are usually contracted to **eins, deins, meins, keins,** and **seins**.

Subordinating conj. When V. is kicked to the end! P. 14!

Hier ist mein Paß. Wo ist **deiner**?	*Here is my passport. Where is yours?*
Hat die Schweiz einen Fürsten? Nein sie hat **keinen**.	*Does Switzerland have a prince?* *No, it has none.*

● ANWENDUNG

A *Complete the question with the correct form of the cue pronoun.*

1. (mein)   Hier ist dein Geld. Aber wo ist _____?
2. (unser)   Hier ist euer Tisch. Aber wo ist _____?
3. (dies-)   Das Auto gehört mir. Aber wem gehört _____?
4. (kein)   Jeder hat einen Führerschein. Warum haben Sie _____?
5. (Ihr)   Hier ist mein Hut. Wo ist Ihrer
6. (dein)   Da ist seine Fahrkarte. Wo ist _____?

LESESTÜCK

Drei Miniporträts: Österreich— die Schweiz—Liechtenstein

I. Österreich

Österreich war bis 1918 ein großes Reich, in dem fast 60 Millionen Menschen verschiedener Nationalitäten zusammenlebten: Deutsche, Polen, Tschechen, Ungarn, Italiener usw. Nach dem Ersten Weltkrieg wurde *smashed to pieces* dieses Reich zerschlagen°. Aus der Großmacht wurde eine kleine Republik mit sieben Millionen Menschen, etwa so groß wie der amerikanische Bundesstaat° Maine.

(federal) state

Dieser Ersten Republik wurde von 1918 bis 1938 die Existenz nicht leichtgemacht. Und 1938 kam dann der „Anschluß": über Nacht wurden alle Österreicher deutsche Staatsbürger. Der Ex-Österreicher Adolf Hitler hatte Österreich annektiert. Österreich bekam einen neuen Namen: die Ost*liberated* mark. Nach dem Zweiten Weltkrieg wurde die „Ostmark" befreit°, aber erst zehn Jahre später wurde Österreich wieder unabhängig (1955).

„Glücklich ist, wer vergißt, was nicht mehr zu ändern ist", so heißt es in *The Bat* der Operette „Die Fledermaus"° von Johann Strauß. Dieses Motto hat den

Winter in Österreich. Mariazell, eine kleine Stadt in den Alpen.

Die Spezialität des Hotels Sacher: die Sachertorte.

484

Er ist der „Walzerkönig". Wie heißt er? (Stadtpark in Wien)

survive

experts in the art of survival/to muddle through

Österreichern oft geholfen, schwere Zeiten zu überleben°. Die Österreicher sind Lebenskünstler°, sie haben gelernt zu improvisieren oder wie man in Österreich sagt, „sich durchzuwurschteln"°.

Zur Kunst und Wissenschaft—und vor allem zur Musik—haben die Österreicher ein besonders gutes Verhältnis. Das kann man verstehen, denn in der Kunst und in der Wissenschaft war Österreich eine Großmacht—und ist es auch heute noch. Josef Haydn, Wolfgang Amadeus Mozart, Ernst Mach, Sigmund Freud, Lise Meitner, Hugo von Hofmannsthal—sie alle

Opernball in Wien.

Spanische Hofreitschule in Wien. Die Pferde kamen früher aus Lipizza bei Triest.

waren Österreicher. Und wo gibt es außer Wien eine andere Stadt in der Welt, wo man nicht gefragt wird: ,,Spielen Sie ein Instrument?'' sondern: ,,Welches Instrument spielen Sie?''

Im Ausland wird Österreich sehr oft mit Wienerschnitzel, Dirndl, Kaffeehaus, Walzer und Schilauf assoziiert. Das hilft dem Tourismus. Aber Österreich ist mehr—und will mehr sein: In einer Welt voller Konflikte will das kleine, unabhängige und neutrale Land etwas für den Frieden tun. Wien ist heute das Hauptquartier vieler internationalen Organisationen: OPEC, Atomic Energy Commission, International Center.

Österreich will eine Brücke zwischen dem Osten und dem Westen sein: in der Kunst und in der Wissenschaft, in der Wirtschaft und in der Politik.

II. Die Schweiz

Ist die Schweiz ein deutschsprachiges Land? Nicht ganz. 74% der Schweizer sprechen Deutsch, 20% Französisch, 4% Italienisch und 1% Rätoromanisch°. Deutsch wird in 22 der 26 Kantone gesprochen, Französisch im westlichen Teil des Landes und Italienisch im Kanton Tessin. Das Rätoromanische, eine sehr alte Sprache, hört man vor allem im Kanton Graubünden.

Romansch

Das Schweizerdeutsch, das die Schweizer miteinander sprechen, sind alemannische Dialekte, die sogar für Deutsche oft schwer zu verstehen sind.

Auf Hochdeutsch—das Deutsch, das Sie in diesem Kurs lernen—werden Briefe, Bücher und Zeitungen geschrieben; gesprochen wird es auch in der Schule, auf der Universität, im Radio und im Fernsehen. Und natürlich auch mit Ausländern!

Womit wird die Schweiz oft assoziiert? ,,Echte Demokratie, viele Banken, gute Uhren, viel Tourismus, harte Währung; fleißig, neutral, friedlich, sauber, konservativ, teuer.'' Stimmt dieses Bild der Schweiz?

In der Tat ist die Schweiz eine sehr alte Demokratie. Es stimmt auch, daß es dort mehr Banken als Zahnärzte gibt. Die Schönheit des Landes bringt Millionen von Touristen in die Schweiz. Und billig ist es dort nicht, denn der ,,harte'' Schweizer Franken macht die Schweiz für den Touristen zu einem teuren Land.

Obwohl die Schweiz seit dem 16. Jahrhundert keine Kriege mehr hatte, gibt es dort eine Wehrpflicht. Und die Wehrpflicht wird von den Schweizern ernst genommen. Welche andere Nation von vier Millionen könnte eine halbe Million Soldaten in 48 Stunden mobilisieren?

Ja, die Schweizer sind fleißig, aber ein Viertel der Bevölkerung sind Gastarbeiter aus dem Ausland. Die Zahl der Gastarbeiter ist heute so hoch, daß *foreign infiltration* die Schweizer vor einer ,,Überfremdung''° Angst haben.

Die Schweiz hat keine Kohle, keine Metalle, kein Öl. Was hat sie?

Wie konservativ sind die Schweizer? Tradition spielt für sie eine große Rolle; und den Schweizerinnen wurde erst in den siebziger Jahren das Wahlrecht gegeben.

Und was hat die „reiche" Schweiz nicht? Rohstoffe. Die Schweiz hat keine Kohle, keine Metalle und kein Öl!

Wie sehen sich die Schweizer selbst—oder wie wollen sie gesehen werden? Als ordentlich, sparsam, fleißig, ehrlich, friedlich. Aber es gibt auch Selbstkritik in diesem stabilen und glücklichen Land. *Achtung: die Schweiz* heißt ein Buch, das von berühmten Schweizer Autoren geschrieben wurde. In diesem Buch sagen sie: „Wir wollen die Schweiz nicht als Museum, als europäischen Kurort°, als Altersasyl°, . . . als Tresor°, sondern wir wollen die Schweiz als ein kleines, aber aktives Land, das zur Welt gehört."

spa/old folks' home/ treasury

Vaduz: die Hauptstadt von Liechtenstein. Dort bezahlt man wenig Steuern.

III. Liechtenstein

principality

Die Hauptstadt heißt Vaduz und das Land wird noch heute von einem Fürsten regiert. Wenn Sie Briefmarken sammeln, wissen Sie natürlich, von welchem Land hier gesprochen wird: Es ist das Fürstentum° Liechtenstein (157 Quadratkilometer, ungefähr 20.000 Einwohner), das zwischen Österreich und der Schweiz liegt (siehe Karte).

Die Familie Liechtenstein kam aus Österreich. Aber schon 1806 wurde ihr Fürstentum ein unabhängiger Staat, der sich nach dem Erster Weltkrieg eng an die Schweiz anschloß. Seit 1924 wird in Liechtenstein mit Schweizer Franken bezahlt. Aber die Liechtensteiner haben ihre eigene Staatsbürgerschaft.

Obwohl Liechtenstein jedes Jahr Briefmarken im Wert von über zehn Millionen Dollar verkauft, leben die Liechtensteiner nicht nur von ihren Briefmarken. Man kann den hohen Lebensstandard in Liechtenstein auch anders erklären. Wegen niedriger Steuern sind Firmen aus aller Welt nach Liechtenstein gekommen. Dort werden wenig Steuern verlangt—und wenig bezahlt. Heute sind in Liechtenstein doppelt soviele Firmen registriert wie es Einwohner gibt! Kein Wunder, daß dort seit vielen Jahren niemand arbeitslos ist. Und Menschen aus aller Welt möchten Staatsbürger dieses Landes werden. Vor allem reiche Leute, die nicht gern Steuern zahlen.

Gibt es Unterschiede zwischen den Schweizern und den Liechtensteinern? Als wir diese Frage einem Liechtensteiner stellten, sagte er: ,,Der Schweizer Paß sieht anders aus als meiner. Wir haben einen Fürsten, sie haben keinen. Und die Frauen in der Schweiz dürfen schon seit den siebziger Jahren wählen, unsere erst seit 1984.''

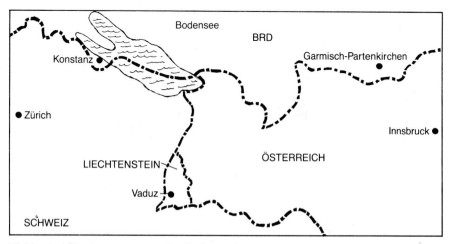

Welche drei Staaten grenzen an den Bodensee?

WORTSCHATZ ZUM LESESTÜCK

ACTIVE VOCABULARY

nouns

die **Aufgabe, -n**	task, assignment		der **Schilauf**	skiing
die **Brücke, -n**	bridge		die **Schönheit, -en**	beauty
der **Einwohner, -**	inhabitant		die **Steuer, -n**	tax
der **Fürst, -en**	prince		die **Tat, -en**	deed, action, exploit
die **Hauptstadt, ¨e**	capital city			
das **Hochdeutsch**	standard German, High German		das **Viertel, -**	quarter, one-fourth
			die **Währung, -en**	currency
der **Italiener, -**	Italian		die **Wehrpflicht**	military service, draft
der **Paß, die Pässe**	passport			
der **Pole, -n**	Pole		der **Wert, -e**	value, worth
das **Reich, -e**	empire		die **Wirtschaft**	economy
die **Republik, -en**	republic		der **Zahnarzt, ¨e**	dentist

verbs

grenzen an	to border on		**stimmen**	to be true, correct
leicht·machen	to make easy		**verlangen**	to demand, require
regieren	to govern		**wählen**	to vote; to select; to elect

other words

arbeitslos	unemployed		**glücklich**	happy
ehrlich	honest		**konservativ**	conservative
eng	close, tight; closely		**obwohl**	although
europäisch	European		**ordentlich**	proper, neat
fleißig	hardworking, industrious		**unabhängig**	independent
			ungefähr	approximately

special and idiomatic expressions

Achtung!	Attention!		**kein Wunder**	no wonder
in der Tat	indeed			

VOCABULARY FOR RECOGNITION

nouns

der **Anschluß**	annexation (of Austria in 1938)		der **Dialekt, -e**	dialect
			Graubünden	Swiss canton
der **Bodensee**	Lake of Constance		das **Hauptquartier**	headquarters

das **Instrument, -e**	instrument	die **Selbstkritik**	self-criticism
das **Italienisch**	Italian (language)	die **Staatsbürgerschaft,**	citizenship
der **Kanton, -e**	canton (Switzerland)	**-en**	
Liechtenstein	Liechtenstein	das **Tessin**	Swiss canton
der **Liechten-**	person from	der **Tscheche, -n**	Czech
steiner, -	Liechtenstein	der **Ungar, -n**	Hungarian
das **Metall, -e**	metal	**Vaduz**	Vaduz (capital
die **Nationalität, -en**	nationality		of Liechten-
die **Ostmark**	name for Austria		stein)
	during the Nazi	die **Vereinten Nationen**	The United
	period		Nations
das **Schweizerdeutsch**	Swiss German	das **Wunder, -**	miracle
	(language)		

verbs

annektieren	to annex	**improvisieren**	to improvise
(sich) an·schließen,	to attach, join	**mobilisieren**	to mobilize
schloß an, ange-		**registrieren**	to register
schlossen		**zusammen·leben**	to live together

other words

alemannisch	Alemannic	**sparsam**	thrifty
friedlich	peaceful	**stabil**	stable
niedrig	low	**westlich**	Western

● FRAGEN ZUM LESESTÜCK

I. Österreich

1. Was war Österreich vor dem Ersten Weltkrieg?
2. Was geschah durch den „Anschluß"?
3. Wie heißt das Motto aus der Operette „Die Fledermaus"?
4. Was hilft den Österreichern, schwere Zeiten zu überleben?
5. Worin ist Österreich heute noch eine Großmacht?
6. Womit wird Österreich oft assoziiert?
7. Welche Aufgabe wird heute von Österreich sehr ernst genommen?
8. Wofür sind Haydn, Mozart, Freud, Meitner usw. berühmt?

II. Die Schweiz

1. Welche Sprachen werden in der Schweiz gesprochen?
2. Was ist Schweizerdeutsch?
3. Was schreibt man in der Schweiz auf Hochdeutsch und wo wird Hoch- deutsch gesprochen?

DARÜBER LACHT MAN
IN DEUTSCHLAND

Was passiert im ersten Bild?

Was passiert im zweiten Bild?

Was ist der Unterschied zwischen dem ersten und dem letzten Bild?

4. Womit assoziieren Sie die Schweiz?
5. Welche Rolle spielt der Tourismus für die Schweiz?
6. Warum kann man sagen, daß die Schweiz ein neutrales und friedliches Land ist?
7. Wovor haben viele Schweizer Angst?
8. Warum sagen manche Leute, daß die Schweizer konservativ sind?
9. Was wollen die Autoren des Buches *Achtung: die Schweiz*?

III.   Liechtenstein

1. Warum heißt Liechtenstein „Fürstentum"?
2. Hat Liechtenstein seine eigene Währung?
3. Warum hat Liechtenstein einen hohen Lebensstandard?
4. Warum sind so viele Firmen in Liechtenstein registriert?
5. Wer möchte gern Staatsbürger von Liechtenstein werden?
6. Was ist ein Unterschied zwischen den Schweizern und den Liechtensteinern?
7. Was haben Sie über Liechtenstein gelernt?

● SITUATIONEN

1. *Your German teacher begins each class with a joke. You have had enough of German jokes. Today he/she again begins:* „Haben Sie schon diesen Witz gehört?" *You say:* _____.

2. *You are a Liechtensteiner. A German tourist asks you:* „Warum gibt es jede Woche eine neue Briefmarke von Liechtenstein?" *You explain.*

3. *You are Swiss. A German says:* „Warum habt ihr eine Wehrpflicht? Ihr seid doch neutral." *You explain.*

4. *You are an Austrian. A German says over a glass of wine at the Hotel Sacher restaurant in Vienna:* „Ihr Österreicher seid ja eigentlich alle Deutsche." *You react.*

SCHRIFTLICH WIEDERHOLT

A *Convert these active-voice statements into the passive voice. Retain the tense indicated.*

BEISPIEL   Der Schaffner fragte mich nach meiner Fahrkarte.
Ich wurde von dem Schaffner nach meiner Fahrkarte gefragt.

Er ist von der Polizei gestern verhaftet worden

1. Die Polizei hat ihn gestern verhaftet.
2. Wer bezahlt die Rechnung?
3. Sie erzählte diese Geschichte oft.
4. In Liechtenstein verlangt man wenig Steuern.
5. Er beantwortete diese Frage nicht.
6. Man spricht in Österreich Deutsch.

these 2 conjugated.

Von wem wird die Rechnung bezahlt?

Diese Geschichte wurde oft von ihr erzählte.

B *Restate the sentence, using the* **man**-*construction instead of the passive voice.*

1. Es wird zuviel Öl in der Welt verwendet.
2. Alle Probleme können diskutiert werden. *Man kann alle Probleme diskutieren*
3. Das kann nicht gemacht werden.
4. Mein Auto konnte nicht repariert werden. *Man könnte mein Auto nicht reparieren.*
5. Dieser Unfall konnte nicht verhindert werden. *man könnte diesen Unfall nicht verhindern.*
6. Sein Wunsch kann leicht erfüllt werden. *Man kann seinen Wunsch leicht erfüllen.*

his wish

C *Express in German. The exercise involves the three different uses of* **werden.**

1. Lise Meitner became a physicist.
2. I have not been asked. *Ich wurde nicht gefragt   Ich bin nicht gefragt worden*
3. She will call you tomorrow.

worden always on the end!

Dieses Buch vor drei Jahren geschrieben

4. This book was written three years ago.
5. Did he become an American? (*Use the present perfect.*)
6. This bill will be paid in Swiss francs.
7. In 1938 Austria became a part of Germany.
8. Austria was annexed by Hitler.
9. Many firms were registered in Liechtenstein this year.

ist er ein Amerikaner Geworden?

SPRECHEN LEICHT GEMACHT!

man only used as a subject. never takes dative

to practice the passive in the present tense. . .

Was wird von
wem gemacht?

A *Ask your classmates what they think should be done by whom in the situations below.*

BEISPIEL   Die Platten werden von dem Disk-Jockey gespielt.

I ask a question
Ich stelle eine Frage

Wer	spielt die Platten?		der Disk-Jockey
	gibt die Prüfung?		der Amerikaner
	bezahlt die Rechnung?		der Hund
	trinkt das Bier?		das Kind
	trägt Lederhosen?		der Staat
	ißt den Kuchen?	wird	das Volk
	frißt das Wienerschnitzel?	werden } von	der Professor
	kaut den Kaugummi?		die Lehrerin
	stellt dumme Fragen?		der Student
	erzählt dumme Witze?		die Studentin
	finanziert die Staatsamateure?		der Österreicher
	?		?

gegessen. past of eat

gefressen eaten by animals

Dieses Jahr, sehr schnell, in Lichtenstein

Time, manner, place

to practice the passive in the past tense . . .

wird or **wurde**?
werden or
wurden?

B *Create grammatically correct sentences by combining elements from the columns. As each sentence is given out loud, the rest of the class calls out* **„Richtig!"** *or* **„Falsch!"**

Heute		Amerika entdeckt.
Vor zweitausend Jahren		Rock und Roll getanzt.
Im Jahre 1492		nicht mehr so viel geraucht.
Jeden Tag	wird	Jesus Christus geboren.
Jetzt	wurde	Troja von Schliemann und seiner
In der Nazi-Zeit	werden	Frau ausgegraben.
Gestern	wurden	neue Erfindungen gemacht.
Vor vielen Jahren		viele Anti-Nazis verhaftet.
?		?

to practice the **man**-construction as a substitute for the passive . . .

Wirklich!

C *You can't believe what Student A says, and reply in disbelief. Use the* **man**-*construction to avoid the passive.*

		nicht geraucht.	Wirklich, man raucht hier
		nicht getanzt.	nicht?
		nicht gearbeitet.	
Hier	wird	kein Englisch gesprochen.	
	werden	nicht gespielt.	
		nicht getrunken.	
		Zigaretten verkauft.	
		?	

to practice the passive with modals . . .

Was muß
gemacht werden?

D *Ask what still has to be done. (A to B, B to C, and so on)*

	das Auto noch gewaschen			das Auto muß noch
	der Brief noch geschrieben			gewaschen werden!
	die Katze noch gefüttert°			*fed*
Muß	die Rechnung noch bezahlt			
Müssen	die Frage noch diskutiert	werden?	Ja,	
	die Arbeiter noch bezahlt			
	die Betten noch gemacht			
	das Brot noch geschnitten°			*cut*
	?			

Darf man das tun?   E   *Answer by saying that it is not permitted. (A to B, B to C, and so on)*

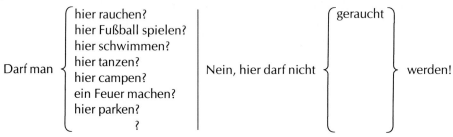

Darf man
- hier rauchen?
- hier Fußball spielen?
- hier schwimmen?
- hier tanzen?
- hier campen?
- ein Feuer machen?
- hier parken?
- ?

Nein, hier darf nicht   geraucht   werden!

to practice the **man**-construction with modals in Verb-Last word order . . .

Besserwisser[1]   F   *Reply, saying that of course you know it! (A to B, B to C, and so on)*

Hier darf man nicht rauchen!
In Japan muß man links fahren!
In Liechtenstein zahlt man nicht viele Steuern!
Einem Kellner soll man Trinkgeld geben!
In Deutschland muß man immer pünktlich sein!
In Österreich spricht man Deutsch.
In Holland kann man viel Käse essen!
In Rom kann man gute Spaghetti bekommen!
?

Natürlich weiß ich, daß man   hier nicht rauchen darf!

to practice **ein**-words and **der**-words as pronouns . . .

Ich auch . . .   G   *Practice one-upmanship! Say that you, too, have one—or none. (A to B, B to C, and so on)*

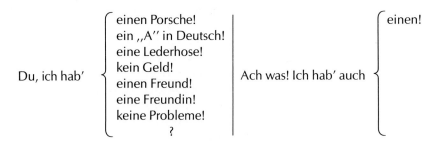

Du, ich hab'
- einen Porsche!
- ein ,,A'' in Deutsch!
- eine Lederhose!
- kein Geld!
- einen Freund!
- eine Freundin!
- keine Probleme!
- ?

Ach was! Ich hab' auch   einen!

[1]*Know-it-all*

to practice the passive in the present tense . . .

Geschichts-Quiz H *Whoever knows the answer gets to ask the next question.*

1. Wann hat Kolumbus Amerika entdeckt?	Amerika ist _____ entdeckt worden.
2. Wann hat Bell das Telefon erfunden?	Das Telefon ist _____.
3. Wann haben die Engländer und Preußen Napoleon bei Waterloo besiegt°?	Napoleon ist _____.
4. Wann ist Präsident Kennedy ermordet° worden?	Kennedy ist _____.
5. Wann ist Österreich-Ungarn zerschlagen° worden?	Es ist _____.
6. Wann ist Lincoln zum Präsidenten gewählt worden?	Er ist _____.
?	

defeated

murdered

smashed to pieces

Antworten

1. 1492 2. 1876 3. 1815 4. 1963 5. 1918 6. 1860

to practice reading comprehension . . .

Heute schon I *Note the three different functions of* **werden** *in the jokes below.*
gelacht?

Die Mutter: ,,Fritz, was willst du <u>werden</u>?''
Der kleine Fritz: ,,Kein Arzt. Er muß sich immer die Hände waschen!''

Fritzchen hat die Grippe. Er liegt im Bett. Er <u>wird</u> vom Doktor untersucht°. *examined*
Fritzchen: ,,Herr Doktor, ich kann die Wahrheit ertragen°. *bear*
Wann <u>werde</u> ich wieder zur Schule gehen müssen?''

Frage an Radio Eriwan:[1] ,,Was ist der Unterschied zwischen einem amerikanischen und einem sowjetischen Märchen°?'' *fairy tale*
—Radio Eriwan antwortet: ,,Das amerikanische Märchen beginnt mit ,Es war einmal . . .', das sowjetische Märchen mit ,Es <u>wird</u> einmal sein . . .' ''

Frage an Radio Eriwan: ,,<u>Werden</u> die Romane von Alexander Solschenizyn in der Sowjetunion gelesen?''
—Radio Eriwan antwortet: ,,Im Prinzip ja, aber man muß Englisch oder Deutsch können.''

[1]Eriwan (English *Erivan*) is the capital of the Armenian Soviet Socialist Republic. It is not clear why it, rather than Radio Moscow, has become the focus of many political jokes.

Rätsel mit
Passiv

J 1. Die erste Silbe frißt,
die zweite Silbe ißt,
die dritte <u>wird</u> gefressen,
das Ganze <u>wird</u> gegessen.

2. Was für ein Armer <u>wird</u> gehängt,
damit er einen andern fängt?

Antworten

1. Die Sau, er, das Kraut, das Sau-er-kraut.
2. Ein Wurm, um Fische zu fangen.

Wogegen wird hier protestiert?

Wie denken Sie darüber . . . ? Die Energiekrise;
die Kernkraftwerke

1.   Long Attributes
  I.   Vom Deutschen Reich zum geteilten
      Deutschland
  II.   Die Bundesrepublik Deutschland (BRD)
  III.   Die Deutsche Demokratische Republik
      (DDR)

DIALOG

Wie denken Sie darüber . . . ?
Die Energiekrise; die Kernkraftwerke

Über diese heute viel diskutierten Themen stellten wir einigen Deutschen und Österreichern mehrere Fragen. Hier sind einige der ,,pro'' und ,,kontra'' Meinungen, die wir gehört haben.

Was denken Sie über die uns angeblich drohende Energiekrise? Gibt es sie wirklich?

Natürlich gibt es sie. Das Erdöl geht zu Ende. Was werden wir später mit all den vom Öl abhängigen Dingen machen: mit unseren Autos, den Fabriken, der Ölheizung . . . ?

Bis jetzt gibt es noch keine ernste Energiekrise. Wir haben noch viel Kohle und genug Erdgas in Deutschland. Das Wichtigste ist, daß wir Energie sparen. Die Wissenschaft und die Technik werden uns helfen. Außerdem werden immer neue Kernkraftwerke gebaut.

Sind Sie für oder gegen Kernkraftwerke?

Ich bin dagegen. Die sind gebaut worden, bevor man die damit verbundenen Probleme gelöst hatte.

Welche Probleme meinen Sie?

Zum Beispiel die immer größer werdende Menge von Atommüll, von dem niemand weiß, was man damit machen soll. Und

Kühltürme: Was ist wichtiger, Kernkraftwerke oder Landwirtschaft?

noch etwas: Wie schützen wir diese Kernkraftwerke gegen Sabotage?

FRAGE   Woran denken Sie, wenn Sie von Sabotage sprechen?

MEINUNG   An politische Terroristen, aber auch an Erpresser. Was passiert, wenn solche Leute ein Kernkraftwerk in die Hände bekommen?

MEINUNG   Ich bin für die Kernkraftwerke, weil wir sie brauchen. Gewiß, das Wichtigste ist die Sicherheit. Aber dafür wird in den schon gebauten Kernkraftwerken alles getan.

MEINUNG   So? Wirklich? Denken Sie an Three Mile Island und an Tschernobyl!

WORTSCHATZ ZUM DIALOG

ACTIVE VOCABULARY

nouns

der **Atommüll**	*radioactive waste*	die **Menge, -n**	*amount, quantity*
das **Erdgas**	*natural gas*	die **Ölheizung, -en**	*oil heating*
das **Erdöl**	*(crude) oil*	der **Terrorist, -en**	*terrorist*

verbs

drohen	*to threaten*	**schützen**	*to protect*
lösen	*to solve*		

other words

abhängig	*dependent*	**gewiß**	*certain(ly)*
außerdem	*besides*	**pro**	*in favor of, for, pro*
bereit	*ready, willing*	**wozu**	*for what (purpose)*
dagegen	*against it (them)*		

special and idiomatic expressions

bis jetzt	*until now*	**was für**	*what kind of*
zu Ende gehen	*to come to an end*		

VOCABULARY FOR RECOGNITION

nouns

der **Erpresser, -**	*extortionist, blackmailer*	die **Sicherheit**	*security*
		die **Technik, -en**	*technology; technique*
die **Sabotage**	*sabotage*	**Tschernobyl**	*Chernobyl*

- ● FRAGEN ZUM DIALOG

  1. An wen wurden die Fragen gestellt?
  2. Wozu braucht man Erdöl? Was hängt vom Erdöl ab?
  3. Was für Rohstoffe hat Deutschland?
  4. Was für Probleme hat man mit den Kernkraftwerken?

- ● PERSÖNLICHE FRAGEN

  1. Was ist Ihre persönliche Meinung: Gibt es eine Energiekrise oder gibt es keine?
  2. Was schlagen Sie vor: Wie können wir alle Energie sparen?
  3. Was wären Sie bereit zu tun, wenn es eine ernste Energiekrise gäbe?
  4. Sind Sie für oder gegen den Bau von Kernkraftwerken? Und warum?

- ● AUSSPRACHE-ÜBUNG

  German **ei** versus German **eu** and **äu**

die **Feier**	*celebration*	das **Feuer**	*fire*
nein	*no*	**neun**	*nine*
die **Eile**	*hurry*	die **Eule**	*owl*
ich **leite**	*I direct*	die **Leute**	*people*
die **Eier**	*eggs*	**euer** Buch	*your book*
der **Eiter**	*pus*	das **Euter**	*udder*
die **Meise**	*titmouse*	die **Mäuse**	*mice*
leiten	*to direct*	**läuten**	*to ring a bell*
leise	*softly*	die **Läuse**	*lice*

GRAMMATIK Theorie und Anwendung

1. LONG ATTRIBUTES

BEISPIELE Die Alliierten besetzten **die von Bomben und Kämpfen zerstörten** Städte.

The Allies occupied the cities (that had been) destroyed by bombs and fighting. (Literally, The Allies occupied the by bombs and fighting destroyed cities.)

Erst durch **den nach langen Verhandlungen abgeschlossenen** Grundvertrag nahmen die BRD und die DDR diplomatische Beziehungen auf.	*Only after the signing of the basic treaty, concluded after long negotiations, did the FRG and the DDR establish diplomatic relations. (Literally, Only through the after long negotiations concluded basic treaty did the FRG and the DDR establish diplomatic relations.)*

A SPECIAL FEATURE OF GERMAN

The long attribute (also known as "extended noun attribute" or "participial construction") is a special feature of German. To be sure, it also exists in English, especially in the "journalese" of periodicals; but in English it is less common and not as long as it can be in German. Examples in English would be "The recently discovered evidence" or "This much-discussed question."

WHAT IS A LONG ATTRIBUTE?

A long attribute consists of a descriptive adjective plus an additional modifying word or phrase. The descriptive adjective *is normally a present or past participle*, and it will show the appropriate adjective ending. This entire series of words immediately precedes a noun and modifies it, just as do other simpler adjectives.

PRESENT PARTICIPLE

die **außer Haus arbeitende** Frau	*the woman working outside the home*

PAST PARTICIPLE

die **vom Staat besonders geförderten** Fächer	*the disciplines (that are) especially promoted by the state*

HOW TO DECIPHER A LONG ATTRIBUTE

das **früher oft gehörte** Motto	*the formerly often heard motto*

STEP 1   Identify the noun that is being modified (in the example above, **Motto**).

STEP 2   Identify the introductory word (usually a **der**-word or an **ein**-word) that goes with the noun (**das . . . Motto**). The noun must agree in gender, number, and case with the introductory word.

STEP 3   The sequence of intervening words thus isolated is the long attribute (**früher oft gehörte**). In English, this long attribute is often expressed as a relative clause following the noun (as in the equivalent of the example above): *The motto that was formerly often heard.*

BRD: Hier protestieren Menschen gegen Atomraketen.

TELLTALE SIGN

A frequent sign of the beginning of a long attribute is a **der**-word or an **ein**-word followed by a preposition: **der in**, **eine für**, **unser von**, etc.

● ANWENDUNG

A   *In the following long-attribute constructions identify* (a) *the introductory word*, (b) *the noun that is being modified.*

1. Was denken Sie über die uns angeblich drohende Energiekrise?
2. Es gibt eine immer größer werdende Menge von Atommüll.
3. Wir haben über diese heute viel diskutierten Themen gesprochen.

B   *Complete the translation by placing the "isolated" long attribute after the noun as part of a relative clause.*

1. Was denken Sie über die uns angeblich drohende Energiekrise?
   What do you think about the energy crisis which _____?
2. Die von Tschernobyl kommende und über ganz Europa ziehende° radioaktive Wolke hat die Meinung vieler Menschen geändert.   ziehen *to spread*
   The radioactive cloud that _____ has changed the opinion of many people.
3. Aber dafür wird in den schon gebauten Kernkraftwerken alles getan.
   But for that a lot is being done in the nuclear power plants that _____.
4. Die sind gebaut worden, bevor man die damit verbundenen Probleme gelöst hatte.
   They were built before one had solved the problems which _____.

Note: The "three-step method" of deciphering a long attribute is a fail-safe one. This does not mean, however, that once you have deciphered the attribute you must recast it as a relative clause (using *which* or *that*). For the sake of smoother style you may reformulate it in English in some other way. For example, the question **Was denken Sie über die uns angeblich drohende Energiekrise?** might be rendered in English as follows:

What do you think about the energy crisis that allegedly threatens us?
Or:
What do you think about the energy crisis allegedly threatening us?

Note: The noun being modified may sometimes be preceded by an additional adjective or adverb.

diese heute viel diskutierten **drei** Fragen	*these three questions so much discussed today*

RELATIVE CLAUSE

Long attributes may also be expressed in German as relative clauses.

LONG ATTRIBUTE

Das **früher oft gehörte** Motto von ,,Kinder, Küche, Kirche''.	*The slogan ''Children, kitchen, church'' (that was) formerly often heard.*

RELATIVE CLAUSE

Das Motto von ,,Kinder, Küche, Kirche'', **das früher oft gehört wurde**.	*The slogan ''Children, kitchen, church,'' which was formerly often heard.*

● ANWENDUNG

    C   *Restate, changing the long attribute into a relative clause.*

1. Was denken Sie über die uns angeblich drohende Energiekrise?
   Was denken Sie über die Energiekrise, die _____?
2. Aber dafür wird in den schon gebauten Kernkraftwerken alles getan.
   Aber dafür wird alles in den Kernkraftwerken getan, die _____.
3. Über diese heute viel diskutierten Themen stellten wir Fragen.
   Wir stellten Fragen über diese Themen, _____.

    D   *Restate using a long attribute.*

1. Das Buch wurde im Jahre 1870 geschrieben.
   Das ist ein im Jahre 1870 _____ Buch.
2. Dieses Gedicht wurde von Goethe geschrieben.
   Das ist ein _____ Gedicht.
3. Das ist der Schatz, der von Schliemann entdeckt worden ist.
   Das ist der _____ Schatz.
4. Das Isotop, das Lise Meitner entdeckte, spielte eine wichtige Rolle in der Kernspaltung.
   Das von _____.

LESESTÜCK

I. Vom Deutschen Reich zum geteilten Deutschland

Otto von Bismarck hatte im Jahre 1871 ein gemeinsames Reich der Deutschen gegründet. Nach dem Ersten Weltkrieg wurde daraus die Weimarer Republik (1918–1933). Mit Adolf Hitler fand das sogenannte „Dritte Reich" am 8. Mai 1945 ein schreckliches Ende. Als der Zweite Weltkrieg endete, standen Amerikaner, Engländer, Franzosen und Russen in Deutschland und besetzten die von Bomben und Kämpfen zerstörten Städte und Dörfer. Es gab kein Deutsches Reich mehr; es gab nur noch eine hungernde und *freezing* frierende° deutsche Bevölkerung.

Während des Zweiten Weltkrieges, als die westlichen Alliierten und die Sowjetunion noch Partner waren, hatte man gemeinsame Pläne für die Zukunft Deutschlands. Der „Kalte Krieg" zwischen den kommunistischen Mächten des Ostens und den kapitalistischen Ländern des Westens änderte das Schicksal Deutschlands. Deutschland wurde 1949 durch die *founding* Gründung° von zwei deutschen Staaten ein geteiltes Land. Josef Stalin sagte zu dieser Teilung: „Der Westen wird sich Westdeutschland zu eigen machen, und wir werden aus Ostdeutschland unseren eigenen Staat machen."

II. Die Bundesrepublik Deutschland (BRD)

Im September 1949 wurde aus dem in eine britische, amerikanische und *divided* französische Besatzungszone aufgeteilten° westlichen Teil Deutschlands die Bundesrepublik Deutschland. Sie besteht aus zehn Ländern und Westberlin und hat eine Bevölkerung von etwa 61 Millionen. Die Bundesrepublik ist etwa so groß wie der amerikanische Bundesstaat Oregon. Bonn am Rhein, Beethovens Geburtsstadt, ist ihre Hauptstadt.

Die Verfassung der Bundesrepublik ist das „Grundgesetz" vom Jahre 1949. Dieses Grundgesetz betont den Sozialstaat, den Rechtsstaat und die persönliche Freiheit jedes Staatsbürgers.

Die Bundesrepublik und auch die im Jahre 1949 gegründete Deutsche De-
at first mokratische Republik (DDR) wurden anfangs° von vielen als eine Art Pro-
temporary arrange- visorium° bezeichnet. Überall sprach man von der in der Zukunft liegen-
ment den „Wiedervereinigung" Deutschlands. Heute ist davon nicht mehr viel zu hören.

Seit 1955 ist die Bundesrepublik Deutschland Mitglied der NATO (North Atlantic Treaty Organization). Die BRD ist heute einer der stärksten und
defense alliance wichtigsten Partner dieses Verteidigungsbundes°. Die Bundesrepublik hat jedoch versucht, ihr Verhältnis zu den Staaten Osteuropas zu normali-

sieren. Seit September 1973 ist sie—wie auch die DDR—Mitglied der Vereinten Nationen.

Die Bundesrepublik ist auch ein führendes Mitglied in der Europäischen Wirtschaftsgemeinschaft (EWG). Und die Regierung der Bundesrepublik hilft vielen Ländern mit Krediten, technischer Assistenz und Stipendien.

Die Zahl der Hochschulen hat sich in den letzten dreißig Jahren verdoppelt°. Trotzdem mußte an vielen Universitäten der Bundesrepublik der ,,numerus clausus'' eingeführt werden. Das heißt, die Zahl der Studienplätze wurde in vielen Fächern beschränkt°. Die Deutsche Forschungsgemeinschaft (DFG) ist eine besonders wichtige Organisation, denn in ihr arbeiten Universitäten, Wissenschaft, Industrie und Staat eng zusammen.

Wie steht es mit der Stellung der Frau in der Bundesrepublik? Das früher oft gehörte Motto von ,,Kinder, Küche, Kirche'' ist veraltet°. Über 40% aller Frauen arbeiten außer Haus, und die Zahl von Frauen in führenden Stellen nimmt zu.

Ist die Bundesrepublik, in der 96% der Bevölkerung einer Kirche angehören°, ein katholisches oder ein protestantisches Land? Es gibt ungefähr gleichviel° Katholiken und Protestanten; man kann von einem ,,katholischen Süden'' und einem ,,protestantischen Norden'' sprechen. Die Zahl der Juden ist heute sehr klein. Es leben nur noch etwa 30 000 Juden in der Bundesrepublik.

Die in den ersten drei Jahrzehnten erreichten Leistungen der Bundesrepublik sind bewundernswert°. Dies soll jedoch nicht heißen, daß sie ein Staat ohne Probleme ist. Unruhe° an den Universitäten, Terrorismus, das Berufsverbot° für Beamte mit ,,linken'' Ansichten°, der starke Hang° zum Materialismus, Probleme des Umweltschutzes, die Gastarbeiter und die Angst vor einem Atomkrieg—das sind nur einige der vielen Probleme, die von der Bundesrepublik noch nicht gelöst sind.

III. Die Deutsche Demokratische Republik (DDR)

Am 7. Oktober 1949 wurde aus der sowjetischen Besatzungszone die Deutsche Demokratische Republik (DDR). Die DDR ist etwa so groß wie Virginia und hat eine Bevölkerung von 16,8 Millionen.

Der Marxismus-Leninismus bestimmt in dieser als ,,Volksdemokratie'' bezeichneten Republik die politische und wirtschaftliche Struktur. Im Artikel 1 der DDR-Verfassung heißt es: ,,Die Deutsche Demokratische Republik ist ein sozialistischer Staat deutscher Nation.'' Die Verfassung der DDR betont das Recht der Staatsbürger auf Arbeit und soziale Sicherheit. Die Interessen des Staates stehen vor den Interessen des Einzelnen. Daß es dabei notwendig° ist, die persönliche Freiheit des Einzelnen zu beschränken, wird von den Politikern der DDR selbst zugegeben.

Marginal glosses (left column):

doubled

limited

obsolete

belong to a church
the same number of

admirable
Unrest
non-admission to a
job/''leftist'' views/
tendency

necessary

Marx oder Lenin sind immer dabei: sogar beim Heiraten.

"democratic centralism" Das Prinzip des „demokratischen Zentralismus"° spielt dabei eine besonders wichtige Rolle. Das heißt, daß die Führung des Staates in den Händen
einer Organisation liegt, die „dem Willen des Volkes" folgt. In der DDR ist
powerful dies das mächtige° Politbüro und die Sozialistische Einheitspartei Deutschlands (SED).

Zwanzig Jahre lang war die DDR von den westlichen Ländern der Welt iso-
isolated/negotiations liert°. Erst durch den nach langen Verhandlungen° 1970 abgeschlossenen
„Grundvertrag" nahmen die Bundesrepublik und die DDR diplomatische
relations Beziehungen° auf. Seit 1955 gehört die Volksarmee der DDR zum War-
Warsaw Pact/ counterpart schauer Pakt°, dem östlichen Gegenstück° zur NATO des Westens.

barbed wire Heute trennen noch immer 544 Kilometer Stacheldraht°, Mauer, Minen-
minefields/existing felder° Deutsche von Deutschen. Die seit 1961 bestehende° „Berliner
Mauer" ist das sichtbarste Symbol dieser Teilung Deutschlands.

Wie rechtfertigt die DDR die Mauer und das Schießen auf Fliehende? a)
„Wir müssen uns gegen westliche Saboteure schützen," und b) „Wir kön-
capable nen es uns nicht leisten, tüchtige° Menschen zu verlieren." In der Tat

DDR: Plakate der Regierung.

waren zwischen 1945 und 1961 fast drei Millionen Bürger der DDR in den Westen geflüchtet.

Wirtschaftlich zählt die DDR heute zu den zehn führenden Industrieländern der Welt. Man darf auch von einem „DDR-Wirtschaftswunder" sprechen. Das ist besonders beeindruckend°, wenn man weiß, daß den Bürgern der DDR kein Marshall-Plan half. Im Gegenteil, ihre Industrien mußten für die Sowjetunion produzieren.

impressive

Die von der Regierung geleitete° Planwirtschaft° bestimmt alle Aspekte des wirtschaftlichen Lebens. Fast die gesamte Industrie und ein großer Teil des Handels ist verstaatlicht. Die Landwirtschaft ist kollektiviert°, 99,4% der Industrie sind „volkseigene"° Betriebe und über 90% aller Arbeiter der DDR werden vom Staat bezahlt.

directed/planned economy
collectivized
owned by the people

Heute gibt es 54 Hochschulen in der DDR. Fast alle Studenten bekommen Stipendien. Die technischen und naturwissenschaftlichen° Fächer werden vom Staat besonders gefördert. Die Philosophie des Marxismus und des Leninismus sowie das Studium der russischen Sprache sind während der ersten Jahre Pflichtfächer°.

scientific

required subjects

Religion wird von der DDR-Regierung toleriert—und oft ignoriert. Trotzdem gehören immer noch etwa 10 Millionen DDR-Bürger der Evangelischen Kirche und 1,3 Millionen der Katholischen Kirche an. Der Staat hofft, daß die marxistische Ideologie die Funktion der Religion übernehmen kann.

equal rights, equality
supported

Der DDR-Staat betont die Gleichberechtigung° der Frau. Die außer Haus arbeitende Frau wird vom Staat unterstützt°. Es gibt, zum Beispiel, staatliche Kindergärten für arbeitende Mütter. Trotz dieser kinderfreundlichen Politik hat die DDR ein ernstes Problem: Die Zahl der Geburten liegt unter dem Nullwachstum!

proclaimed

countrymen/
accomplished/
Unfulfilled/
conformism

Vor mehr als drei Jahrzehnten ist die Deutsche Demokratische Republik zum „ersten deutschen sozialistischen Staat der Arbeiter und Bauern'' proklamiert° worden. Die Einwohner dieses Staates—ebenso wie ihre Landsleute° in der Bundesrepublik—haben in dieser Zeit viel geleistet°. Der steigende Lebensstandard beweist diesen Erfolg. Unerfüllt° bleibt immer noch der Wunsch vieler Ostdeutschen nach weniger Konformismus° und nach offenen Grenzen. Wann wird jeder DDR-Bürger selbst entscheiden dürfen, ob er Verwandte und Freunde im Westen besuchen kann? Wann wird die „Mauer'' verschwinden . . .? Wie lang wird das noch dauern?

songwriter
and singer

Dieser Wunsch nach offenen—oder keinen—Grenzen wird in einem Song von dem populären Liedermacher° Udo Lindenberg ausgesprochen:

Wir wollen doch einfach nur zusammen sein
UDO LINDENBERG

Stell' dir vor, du kommst nach Ostberlin,
und da triffst du ein ganz heißes Mädchen,
so ein ganz heißes Mädchen aus Pankow,
und du findest sie sehr bedeutend und sie dich auch.
Dann ist es auch schon so weit,
ihr spürt, daß ihr gerne zusammen seid,
und ihr träumt von einem Rock-Festival
auf dem Alexanderplatz
mit den Rolling Stones und 'ner Band aus Moskau.
Doch plötzlich ist es schon zehn nach elf, und sie sagt:
„Hei, du mußt ja spätestens um zwölf wieder drüben sein,
sonst gibt's die größten Nerverein,
denn du hast ja nur 'nen Tagesschein.''
Mädchen aus Ostberlin, das war wirklich schwer,
ich mußte gehen, obwohl ich so gerne noch geblieben wär'.
Ich komme wieder,
und vielleicht geht's auch irgendwann mal ohne Nerverein,
da muß doch auf die Dauer was zu machen sein.
Ich hoffe, daß die Jungs das nun bald in Ordnung bringen,
denn wir wollen doch einfach nur zusammen sein,
vielleicht auch mal etwas länger,
vielleicht auch mal etwas enger.
Wir wollen doch einfach nur zusammen sein.

Blick von West- nach Ostberlin: So nah—und doch so weit.

The following translation does not seek to render Udo Lindenberg's lyrics into a poetic version. It is a verbatim translation to help the student learn German. The students are, however, encouraged to find their own current idioms for Lindenberg's text. For example, **„du findest sie sehr bedeutend"** *might be expressed as "you dig her."*[1]

All We Want Is Just To Be Together

Imagine you get to East Berlin
and happen to meet a really sharp girl,
a really sharp girl from Pankow°,
and you find her to be very important and she finds you to be important,
too.
Things have gone so far
that you feel you like to be together,
and you dream about a rock festival
on the Alexander Square°
with the Rolling Stones and a band from Moscow.

Section of East Berlin

the Times Square of East Berlin

[1]The German text is reprinted by kind permission of Udo Lindenberg Flexibel-Betriebe & Co. and the record is available in *Udo Lindenberg und das Panik Orchester: Alles klar auf der Doria*, Telefunken Label AS 621 138.

But suddenly it is already ten [minutes] after eleven PM, and she says:
"Hey, you got to be back on the other side by midnight at the latest
or there will be real trouble
because you only have a day permit."
[My] girl from East Berlin, that was really rough [difficult],
I had to go although I would have loved to stay longer.
I'll return
and perhaps someday it will be possible without all that trouble.
There's gotta be a way of doing something about it in the long run.
I hope the guys [up there] will soon solve this problem [make order out of this nonsense]
because we simply want to be together
perhaps sometime a little longer
perhaps sometime a little stronger°
All we want is just to be together.

enger   *closer*

WORTSCHATZ ZUM LESESTÜCK

ACTIVE VOCABULARY

nouns

der **Betrieb, -e**	company, business, plant	der **Mai**	May
		der **Oktober**	October
das **Deutsche Reich**	the German Empire	das **Recht, -e**	right
		der **Rechtsstaat**	constitutional state
die **Europäische Wirtschafts- gemeinschaft (EWG)**	the European Common Market	der **Russe, -n**	Russian
		das **Schicksal, -e**	fate, destiny
		das **Schießen**	shooting
die **Geburtsstadt**	native town	die **Stellung, -en**	position, status
der **Jude, -n**	Jew	die **Teilung, -en**	division
der **Kampf, ⸚e**	fight, battle	die **Verfassung, -en**	constitution
die **Kirche, -n**	church	die **Wiedervereini- gung**	reunification
die **Küche, -n**	kitchen	das **Wirtschafts- wunder**	economic miracle
die **Leistung, -en**	achievement		

verbs

besetzen	to occupy	**betonen**	to emphasize
bestehen, bestand, bestanden aus (+dat.)	to consist of	**dauern**	to last
		enden	to come to an end

flüchten	to flee, escape	**verschwinden, ver-**	to disappear
hungern	to be hungry, to starve	**schwand, ist**	
teilen	to share; to divide	**verschwunden**	
trennen	to separate	**zerstören**	to destroy

other words

gemeinsam	common, joint, united	**trotz**	in spite of
östlich	eastern	**trotzdem**	nevertheless
sichtbar	visible	**wirtschaftlich**	economic(ally)

special and idiomatic expressions

das deutsche Wirtschaftswunder	the German economic miracle (after World War II)
sich zählen zu	to count oneself among
sich zu eigen machen	to claim for oneself, to make (something) one's own
wie steht es mit . . .?	what about . . .?, what's the situation with . . .?
im Gegenteil	on the contrary

VOCABULARY FOR RECOGNITION

nouns

die **Alliierten**	Allied Forces	der **Katholik, -en**	Catholic
die **Assistenz**	assistance	die **Landwirtschaft**	agriculture
der **Bauer, -n**	farmer, peasant	der **numerus clausus**	limited enrollment (at universities)
die **Besatzungs-zone, -n**	occupation zone		
die **Bombe, -n**	bomb	**Osteuropa**	Eastern Europe
(das) **Bonn**	Bonn (capital of the FRG)	das **Politbüro**	politburo
		der **Protestant, -en**	Protestant
die **Deutsche For-schungsgemein-schaft (DFG)**	German Research Council	die **Sozialistische Einheitspartei (SED)**	Socialist Unity Party (of the DDR)
das **Dorf, ̈-er**	village	der **Sozialstaat**	state empha-sizing social welfare
der **Engländer, -**	Englishman		
die **Evangelische Kirche**	Lutheran Church		
		der **Verwandte, -n**	relative
der **Fliehende, -n**	fugitive	die **Volksarmee**	People's Army (of the DDR)
die **Führung**	leadership		
das **Gegenteil, -e**	opposite	die **Volksdemokratie, -n**	People's Democracy
das **Grundgesetz**	Basic Law (of the FRG)	der **Wille**	will
der **Grundvertrag**	treaty between the FRG and the DDR		

verbs

ab•schließen, schloß ab, abgeschlossen	to conclude, to enter into	bestimmen	to determine
		bezeichnen	to call, designate
		normalisieren	to normalize
auf•nehmen (nimmt auf), nahm auf, aufgenommen	to enter into, establish	rechtfertigen	to justify
		zusammen•arbeiten	to work together

other words

britisch	British	kommunistisch	communist
diplomatisch	diplomatic	protestantisch	Protestant
gesamt	complete	sowjetisch	Soviet
kapitalistisch	capitalist	sozialistisch	socialist
kinderfreundlich	supportive of children		

● FRAGEN ZUM LESESTÜCK

I.   Vom Deutschen Reich zum geteilten Deutschland

1.   Was wurde 1871 gegründet?
2.   Was geschah, als der Zweite Weltkrieg endete?
3.   Was für Pläne hatte man für Deutschland während des Krieges?
4.   Wodurch wurde Deutschland 1949 ein geteiltes Land?
5.   Wie dachte Josef Stalin über die Teilung Deutschlands?

II.   Die Bundesrepublik Deutschland

1.   Woraus besteht die Bundesrepublik Deutschland?
2.   Was betont das „Grundgesetz"?
3.   Wie steht es heute mit der Wiedervereinigung Deutschlands?
4.   Wovon ist die Bundesrepublik ein Mitglied?
5.   Welche Rolle spielt die Bundesrepublik heute in der NATO?
6.   Was bedeutet der „numerus clausus" an den deutschen Hochschulen?
7.   Warum ist die Deutsche Forschungsgemeinschaft eine wichtige Organisation?
8.   Was ist heute veraltet?
9.   Ist die BRD ein katholisches oder ein protestantisches Land?
10.   Welche Probleme hat die Bundesrepublik?

III.   Die Deutsche Demokratische Republik

1.   Wie groß ist die DDR und wieviele Einwohner hat sie?
2.   Was betont die Verfassung der DDR?
3.   Was steht vor den Interessen des Einzelnen?

4. Was versteht man unter dem Prinzip des „demokratischen Zentralis-mus"?

5. Was wissen Sie über die diplomatischen Beziehungen der DDR während der letzten drei Jahrzehnte?

6. Was sind sichtbare Zeichen der Teilung Deutschlands?

7. Wie rechtfertigt die DDR die „Mauer" und das Schießen auf Fliehende?

8. Warum kann man auch von einem „DDR-Wirtschaftswunder" sprechen?

9. Was lasen Sie in diesem Lesestück über Industrie, Landwirtschaft und Handel in der DDR?

10. Was müssen alle Studenten in den ersten Jahren an einer Hochschule der DDR studieren?

11. Wie steht es mit der Religion in der Deutschen Demokratischen Republik?

12. Welches ernste Problem hat die DDR?

● SITUATIONEN

1. *You are a citizen of the Bundesrepublik. A citizen from the Deutsche Demokratische Republik says:* „Ohne die Hilfe Amerikas hättet ihr kein Wirtschaftswunder gehabt." *You react.*

2. *You are a citizen of the DDR. A citizen of the FRG says:* „Unsere Probleme sind, zum Beispiel, der Pillenknick, die Gastarbeiter und die Umweltverschmutzung. Was für Probleme habt ihr?" *You tell about your problems, if any.*

3. *You are traveling in Germany. A German pollster asks you:* „Wenn Sie in einem deutschsprachigen Lande leben könnten, wo würden Sie am liebsten leben, in der BRD, der DDR, der Schweiz, Österreich oder Liechtenstein?" *Give the reasons for your answer.*

4. *You are a teacher of German. A student asks:* „Wo gibt es die meisten Katholiken, in der DDR oder der BRD?" *You give a mini-lecture on the situation.*

● SCHRIFTLICH WIEDERHOLT

A *Expand the sentence or phrase, using the cue words as a long attribute.*

1. Die Gefahr des Atommülls.   (heute immer größer werdend-)

2. Man sagt, alle Kernkraftwerke sind sicher. (bis jetzt in Deutschland gebaut-)

3. Die Industrie der DDR bestimmt alle Aspekte des Lebens.   (vom Staat geleitet- und kollektiviert-)

4. Das Motto „Kinder, Küche, Kirche" war schon immer ein Klischee. (heute veraltet-, aber früher viel gebraucht-)

B *Transform the relative clause into a long attribute, and rewrite the sentence.*

BEISPIEL   Die Studenten, die an den DDR-Hochschulen studieren, bekommen Stipendien.
Die an den DDR-Hochschulen studierenden Studenten bekommen Stipendien.

1. Die Sonnenenergie, die jetzt viel diskutiert wird, kann eine große Rolle spielen.
2. Wegen der Gesetze gegen Abgase, die jetzt immer strenger werden, haben wir eine bessere Luft.
3. In dem Deutschen Reich, das von Bismarck gegründet wurde, waren alle deutschen Länder vereint°.   *united*
4. Die Teilung Deutschlands, die der Krieg brachte, existiert immer noch.

C *Transform the relative clause into a long attribute, according to the model.*

BEISPIEL   Das Auto, das ich gestern gekauft habe, war billig.
Das von mir gestern gekaufte Auto war billig.

1. Das Haus, das wir gekauft haben, war billig.
2. Der Artikel, den dieser Amerikaner geschrieben hat, gefällt mir.
3. Die Frage, die du stelltest, war interessant.
4. Die Gäste, die gestern angekommen sind, bleiben eine Woche.

D *Write a sentence based on the following long attributes.*

1. das schnell zu Ende gehende Erdöl
2. die mit dieser Frage verbundenen Probleme
3. die von der Regierung gemachten Gesetze
4. die durch den Krieg zerstörten Städte

SPRECHEN LEICHT GEMACHT!

Auf englisch   **Jabberwocky**

'Twas brillig and the slythy toves
Did gyre and gimble in the wabe;
All mimsy were the borogroves,
And the mome raths outgrabe.

—Lewis Carroll (1832–1898)

Auf deutsch

Gruselett

Der Flügelflagel gaustert
durchs Wirawaruwolz,
die rote Fingur plaustert
und grausig gutzt der Golz.
—Christian Morgenstern (1871–1914)

ENDE GUT, ALLES GUT!

REFERENCE GRAMMAR

DECLENSION OF PERSONAL PRONOUN

SINGULAR		PLURAL	
ich	*I*	**wir**	*we*
du	*you* (familiar)	**ihr**	*you* (familiar)
er, sie, es	*he, she, it*	**sie**	*they*
Sie	*you* (formal)	**Sie**	*you* (formal)

	SINGULAR					PLURAL			
Nominative	**ich**	**du**	**er**	**sie**	**es**	**wir**	**ihr**	**sie**	**Sie**
Accusative	**mich**	**dich**	**ihn**	**sie**	**es**	**uns**	**euch**	**sie**	**Sie**
Dative	**mir**	**dir**	**ihm**	**ihr**	**ihm**	**uns**	**euch**	**ihnen**	**Ihnen**

CONJUGATION OF **sein** AND **haben**

	SINGULAR		PLURAL	
sein	ich **bin**	*I am*	wir **sind**	*we are*
	du **bist**	*you are*	ihr **seid**	*you are*
	er, sie, es **ist**	*he, she, it is*	sie, Sie **sind**	*they, you are*
haben	ich **habe**	*I have*	wir **haben**	*we have*
	du **hast**	*you have*	ihr **habt**	*you have*
	er, sie es **hat**	*he, she, it has*	sie, Sie **haben**	*they, you have*

VERB ENDINGS IN PRESENT TENSE

	SINGULAR	PLURAL
kaufen *to buy*	ich kaufe du kaufst er, sie, es kauft	wir kaufen ihr kauft sie, Sie kaufen

DECLENSION OF DEFINITE AND INDEFINITE ARTICLES

	MASCULINE	FEMININE	NEUTER	PLURAL
Nominative	**der** **ein**	**die** **eine**	**das** **ein**	**die** **keine**
Accusative	**den** **einen**	**die** **eine**	**das** **ein**	**die** **keine**
Dative	**dem** **einem**	**der** **einer**	**dem** **einem**	**den** **keinen**
Genitive	**des** **eines**	**der** **einer**	**des** **eines**	**der** **keiner**

CONJUGATION OF MODAL AUXILIARIES

ich	**darf**	**kann**	**muß**	**soll**	**will**	**mag**	**möchte**
du	**darfst**	**kannst**	**mußt**	**sollst**	**willst**	**magst**	**möchtest**
er, sie, es	**darf**	**kann**	**muß**	**soll**	**will**	**mag**	**möchte**
wir	**dürfen**	**können**	**müssen**	**sollen**	**wollen**	**mögen**	**möchten**
ihr	**dürft**	**könnt**	**müßt**	**sollt**	**wollt**	**mögt**	**möchtet**
sie, Sie	**dürfen**	**können**	**müssen**	**sollen**	**wollen**	**mögen**	**möchten**

"**Studenten**-TYPE" NOUNS

	SINGULAR	PLURAL
Nominative	der Student	die Studenten
Accusative	den Studenten	die Studenten
Dative	dem Studenten	den Studenten
Genitive	des Studenten	der Studenten

[1]With the modals **dürfen**, **können**, and **müssen**, and with **wissen**, the special subjunctive can be used in all the forms of the singular because the forms are clearly different from those of the present tense: ich **darf**, ich **dürfe**; ich **kann**, ich **könne**; ich **muß**, ich **müsse**; ich **weiß**, ich **wisse**. The difference lies both in the ending and in the vowel.

DECLENSION OF **der**-WORDS

	MASCULINE	FEMININE	NEUTER	PLURAL
Nominative	dieser	diese	dieses	diese
Accusative	diesen	diese	dieses	diese
Dative	diesem	dieser	diesem	diesen
Genitive	dieses	dieser	dieses	dieser

Overview of Four Cases

NOMINATIVE: CASE OF THE SUBJECT

As you learned in Chapter 1, the nominative is the case of the subject, the person or thing performing the action.

Der Verkäufer kommt jetzt.   *The salesman is coming now.*

ACCUSATIVE: CASE OF THE DIRECT OBJECT

The accusative is the case of the direct object, the recipient of the action. You can usually identify the direct object in a sentence by asking, "Who or what is the object of the action?"

Wen kennt Franz? Franz kennt **den** Lehrer.

Whom does Franz know? Franz knows the teacher.

Was sieht Enno? Enno sieht **die** Reklame.

What does Enno see? Enno sees the ad.

Was repariert Erika? Sie repariert **das** Auto.

What is Erika repairing? She is repairing the car.

DATIVE: CASE OF THE INDIRECT OBJECT

Besides the nominative and the accusative, German has two other cases. The dative case is used primarily to identify the indirect object, the person or thing for whom or on whose behalf an action is carried out. You can usually identify the indirect object by asking, "To whom? For whom?"

Wem geben wir die Karte? Wir geben **dem** Touristen die Karte.

To whom are we giving the map? We are giving the tourist the map.

GENITIVE: CASE OF POSSESSION

The genitive is the case of possession. It usually identifies the possessor of something, or a relationship between two nouns, by answering questions like "Whose?" or "Of what?"

Wessen Auto ist groß? Das Auto **des** Mannes ist groß.

Whose car is big? The man's car is big.

DECLENSION OF POSSESSIVE ADJECTIVE

	SINGULAR			PLURAL
	Masculine	*Neuter*	*Feminine*	*All genders*
Nominative	ein mein unser	ein mein unser	eine meine uns(e)re	keine meine uns(e)re
Accusative	einen meinen unser(e)n	ein mein unser	eine meine uns(e)re	keine meine uns(e)re
Dative	einem meinem unser(e)m	einem meinem unser(e)m	einer meiner uns(e)rer	keinen meinen unser(e)n
Genitive	eines meines uns(e)res	eines meines uns(e)res	einer meiner uns(e)rer	keiner meiner uns(e)rer

(handwritten note: "no ending" pointing to Nominative masculine/neuter forms)

REFLEXIVE PRONOUNS

	PERSONAL PRONOUN		REFLEXIVE PRONOUN	
NOMINATIVE	ACCUSATIVE	DATIVE	ACCUSATIVE	DATIVE
ich	mich	mir	mich	mir
du	dich	dir	dich	dir
er sie es	ihn sie es	ihm ihr ihm	sich	
wir	uns		uns	
ihr	euch		euch	
sie Sie	sie Sie	ihnen Ihnen	sich	

ENDINGS OF DEFINITE ARTICLE

	MASCULINE	NEUTER	FEMININE	PLURAL
Nominative	-er	-es	-e	
Accusative	-en			
Dative	-em		-er	-en
Genitive	-es			

ADJECTIVE ENDINGS AFTER **der**-WORDS OR **ein**-WORDS

	MASCULINE	FEMININE	NEUTER	PLURAL
Nominative	(der) -e (ein) -er	-e	(das) -e (ein) -es	-en
Accusative	-en	-e	(das) -e (ein) -es	-en
Dative	-en	-en	-en	-en
Genitive	-en	-en	-en	-en

ENDINGS OF UNPRECEDED ADJECTIVES

	SINGULAR			PLURAL
Nominative	**der** Kaffee gut**er** Kaffee	**die** Luft frisch**e** Luft	**das** Bier kalt**es** Bier	**die** Leute reich**e** Leute
Accusative	**den** Kaffee gut**en** Kaffee	**die** Luft frisch**e** Luft	**das** Bier kalt**es** Bier	**die** Leute reich**e** Leute
Dative	**dem** Kaffee gut**em** Kaffee	**der** Luft frisch**er** Luft	**dem** Bier kalt**em** Bier	**den** Leuten reich**en** Leuten
Genitive	**des** Kaffees gut**en** Kaffees	**der** Luft frisch**er** Luft	**des** Bieres kalt**en** Bieres	**der** Leute reich**er** Leute

DECLENSION OF RELATIVE PRONOUN

	MASCULINE	FEMININE	NEUTER	PLURAL
Nominative	der	die	das	die
Accusative	den	die	das	die
Dative	dem	der	dem	**denen**
Genitive	**dessen**	**deren**	**dessen**	**deren**

INSEPARABLE PREFIXES

The seven inseparable verb prefixes are **be-**, **emp-**, **ent-**, **er-**, **ge-**, **ver-**, and **zer-**. Examples:

bekommen	*to receive*	**gefallen**	*to please*
empfehlen	*to recommend*	**verlieren**	*to lose*
entlaufen	*to run away*	**zerstören**	*to destroy*
erzählen	*to tell, to narrate*		

ABSTRACT MEANING OF PREPOSITIONS

Verbs using the accusative in abstract expressions:

antworten auf	*to reply, to answer to*	**schreiben an**	*to write to*
denken an	*to think of*	**denken über**	*to think about*
sprechen über	*to talk about*	**warten auf**	*to wait for*

Verbs using the dative:

Angst haben vor	*to be afraid of*
fragen nach	*to ask for*

DOUBLE INFINITIVE

When the modal is used with another infinitive in the present-perfect and past-perfect tenses, the past participle of the modal (**gemußt**) is replaced by the infinitive (**müssen**). This construction is known as a double infinitive. The auxiliary for a double-infinitive construction in the perfect tenses is always **haben**.

Schon mit achtzehn Jahren **hat** er Geld **verdienen müssen**.	*At eighteen he already had to earn money.*
Jetzt **hat** er endlich **tun können**, was er wollte.	*Now at last he was able to do what he wanted.*

In the examples below, compare the rarely used past participle of the modal with the more commonly used double infinitive.

Er hat **es gemußt.**
Er hat es **tun müssen.** }   *He had to do it.*

PAST-PERFECT PASSIVE

The past-perfect tense in a passive construction consists of the past tense of **sein** + the past participle of the main verb + **worden.**

Bevor die Welt etwas tun konnte, **war** Österreich schon von Hitler **annektiert worden.**   *Before the world could act, Austria had already been annexed by Hitler.*

FUTURE PASSIVE

The future passive is formed with the inflected form of **werden** + the past participle of the main verb + **werden.**

Steuern **werden** immer **verlangt werden.**   *Taxes will always be demanded.*

Der Lebensstandard **wird** bald **erhöht werden.**   *The standard of living will soon be raised.*

Both of the passive tenses above are rarely used in everyday speech.

PRINCIPAL PARTS OF STRONG AND IRREGULAR VERBS

INFINITIVE	PRESENT*	PAST	PAST PARTICIPLE	BASIC MEANING
abfahren	fährt ab	fuhr ab	ist abgefahren	*to leave*
abhängen von		hing ab von	abgehangen von	*to depend upon*
abnehmen	nimmt ab	nahm ab	abgenommen	*to decrease*
abschreiben		schrieb ab	abgeschrieben	*to copy*
anfahren	fährt an	fuhr an	angefahren	*to run into* (with a vehicle)
anfangen	fängt an	fing an	angefangen	*to begin*
anhalten	hält an	hielt an	angehalten	*to stop*

*Only verbs with a vowel change in the third-person singular are listed.

INFINITIVE	PRESENT	PAST	PAST PARTICIPLE	BASIC MEANING
ankommen		kam an	ist angekommen	*to arrive*
(sich) anschließen		schloß an	angeschlossen	*to join*
anschreien		schrie an	angeschrien	*to yell at*
(sich) anziehen		zog an	angezogen	*to attract; to dress*
aufgeben	gibt auf	gab auf	aufgegeben	*to assign, mail*
aufstehen		stand auf	ist aufgestanden	*to get up*
ausgraben	gräbt aus	grub aus	ausgegraben	*to dig up*
aussteigen		stieg aus	ist ausgestiegen	*to get off*
befehlen	befiehlt	befahl	befohlen	*to command*
beginnen		begann	begonnen	*to begin*
begreifen		begriff	begriffen	*to understand*
behalten	behält	behielt	behalten	*to keep*
bekommen		bekam	bekommen	*to receive*
betreten	betritt	betrat	betreten	*to step on*
bitten		bat	gebeten	*to request*
bleiben		blieb	ist geblieben	*to stay*
brechen	bricht	brach	gebrochen	*to break*
brennen		brannte	gebrannt	*to burn*
bringen		brachte	gebracht	*to bring*
denken		dachte	gedacht	*to think*
dürfen	darf	durfte	gedurft	*to allow*
einladen	lädt ein	lud ein	eingeladen	*to invite*
einschlafen	schläft ein	schlief ein	ist eingeschlafen	*to fall asleep*
empfangen	empfängt	empfing	empfangen	*to receive*
empfehlen	empfiehlt	empfahl	empfohlen	*to recommend*
empfinden		empfand	empfunden	*to feel*
enthalten	enthält	enthielt	enthalten	*to contain*
(sich) entscheiden		entschied	entschieden	*to decide*
erfinden		erfand	erfunden	*to invent*
erfrieren		erfror	ist erfroren	*to freeze to death*
erhalten	erhält	erhielt	erhalten	*to receive*
erkennen		erkannte	erkannt	*to recognize*
erraten	errät	erriet	erraten	*to guess correctly*
erscheinen		erschien	ist erschienen	*to appear*
erschießen		erschoß	erschossen	*to shoot dead*
ersteigen		erstieg	erstiegen	*to climb*
essen	ißt	aß	gegessen	*to eat*
fallen	fällt	fiel	ist gefallen	*to fall*
fangen	fängt	fing	gefangen	*to catch*
finden		fand	gefunden	*to find*
fliegen		flog	ist geflogen	*to fly*
fliehen		floh	ist geflohen	*to flee*
fließen		floß	ist geflossen	*to flow*
fressen	frißt	fraß	gefressen	*to devour*
frieren		fror	gefroren	*to be cold*

INFINITIVE	PRESENT	PAST	PAST PARTICIPLE	BASIC MEANING
geben	gibt	gab	gegeben	to give
gefallen	gefällt	gefiel	gefallen	to please
gehen		ging	ist gegangen	to go
gelingen		gelang	ist gelungen	to succeed
gelten	gilt	galt	gegolten	to be considered as
genießen		genoß	genossen	to enjoy
geschehen	geschieht	geschah	ist geschehen	to happen
gewinnen		gewann	gewonnen	to win
gießen		goß	gegossen	to water, pour
graben	gräbt	grub	gegraben	to dig
haben	hat	hatte	gehabt	to have
halten	hält	hielt	gehalten	to hold
hängen		hing	gehangen	to hang
heißen		hieß	geheißen	to be called
helfen	hilft	half	geholfen	to help
hochheben		hob hoch	hochgehoben	to lift
kennen		kannte	gekannt	to know
klingen		klang	geklungen	to sound
kommen		kam	ist gekommen	to come
können	kann	konnte	gekonnt	to be able to
lassen	läßt	ließ	gelassen	to let, leave
laufen	läuft	lief	ist gelaufen	to go, run
leiden		litt	gelitten	to suffer
leihen		lieh	geliehen	to borrow
lesen	liest	las	gelesen	to read
liegen		lag	gelegen	to lie, be located
los sein		war los	ist losgewesen	to go on
lügen		log	gelogen	to tell a lie
messen	mißt	maß	gemessen	to measure
mögen	mag	mochte	gemocht	to like to
müssen	muß	mußte	gemußt	to have to
nachschlagen	schlägt nach	schlug nach	nachgeschlagen	to look up
nehmen	nimmt	nahm	genommen	to take
nennen		nannte	genannt	to call, name
raten	rät	riet	geraten	to advise
rennen		rannte	ist gerannt	to run
riechen		roch	gerochen	to smell
rufen		rief	gerufen	to call
scheinen		schien	hat *or* ist geschienen	to appear, shine
schießen		schoß	geschossen	to shoot
schlafen	schläft	schlief	geschlafen	to sleep
schneiden		schnitt	geschnitten	to cut
schreiben		schrieb	geschrieben	to write
schwimmen		schwamm	ist *or* hat geschwommen	to swim

INFINITIVE	PRESENT	PAST	PAST PARTICIPLE	BASIC MEANING
sehen	sieht	sah	gesehen	to see
sein	ist	war	ist gewesen	to be
singen		sang	gesungen	to sing
sitzen		saß	gesessen	to sit
sollen		sollte	gesollt	to be supposed to
spazierengehen		ging spazieren	ist spazierengegangen	to go for a walk
sprechen	spricht	sprach	gesprochen	to talk
springen		sprang	hat or ist gesprungen	to jump
stehen		stand	ist or hat gestanden	to stand
stehlen	stiehlt	stahl	gestohlen	to steal
steigen		stieg	ist gestiegen	to climb
sterben	stirbt	starb	ist gestorben	to die
tragen	trägt	trug	getragen	to carry, wear
treffen	trifft	traf	getroffen	to meet
treten	tritt	trat	getreten	to step
trinken		trank	getrunken	to drink
tun		tat	getan	to do
überwinden		überwand	überwunden	to overcome
umschlingen		umschlang	umschlungen	to embrace
umziehen		zog um	ist umgezogen	to move
(sich) unterhalten	unterhält	unterhielt	unterhalten	to converse
unterscheiden		unterschied	unterschieden	to distinguish
verbieten		verbot	verboten	to forbid
verbinden		verband	verbunden	to combine
verbringen		verbrachte	verbracht	to spend time
vergehen		verging	ist vergangen	to pass (away)
vergleichen		verglich	verglichen	to compare
verlassen	verläßt	verließ	verlassen	to abandon
verschwinden		verschwand	ist verschwunden	to disappear
verstehen		verstand	verstanden	to understand
vertreten	vertritt	vertrat	vertreten	to represent
vorlesen	liest vor	las vor	vorgelesen	to read aloud
vorschlagen	schlägt vor	schlug vor	vorgeschlagen	to suggest
(sich) waschen	wäscht	wusch	gewaschen	to wash
wehtun		tat weh	wehgetan	to hurt
werden	wird	wurde	ist geworden	to become
werfen	wirft	warf	geworfen	to throw
wiegen		wog	gewogen	to weigh
wissen	weiß	wußte	gewußt	to know
wollen	will	wollte	gewollt	to want to
zerbrechen	zerbricht	zerbrach	zerbrochen	to break
zerreißen		zerriß	zerrissen	to tear up
ziehen		zog	gezogen	to pull
zuschieben		schob zu	zugeschoben	to burden with

WÖRTERVERZEICHNIS: DEUTSCH-ENGLISCH

This vocabulary lists all words used in the text, except those used in the *Aussprache-Übungen*. The numbers and letters following the entries indicate the chapter and section in which the word first appears. Where there is more than one entry, the second (occasionally the third) indicates where the word is first introduced in a more than incidental way—in a *Wortschatz* list, glossed in the text, or pointedly made part of an exercise or presentation of grammar. The letter codes stand for the following sections:

C   Classroom expressions
D   Dialog
G   Grammatik: Theorie und Anwendung
L   Lesestück
W   Situationen *and* Schriftlich wiederholt
S   Sprechen leicht gemacht!

   Nouns are listed in the nominative singular and nominative plural.
   Strong verbs are entered according to the following model:

geben (i), a, e = geben (gibt), gab, gegeben

An asterisk (*) indicates that a verb is conjugated with **sein** as the auxiliary verb in the perfect tenses. The forms of irregular verbs are given in full. Verbs with a separable prefix are listed with a dot between the prefix and the stem: **ab·fahren**.
   The following abbreviations are used:

acc	accusative	*gen*	genitive
adj	adjective	*inf*	infinitive
adv	adverb	*pl*	plural
conj	conjunction	*pp*	past participle
dat	dative	*pron*	pronoun
fam	familiar	*sing*	singular
form	formal		

A

der **Abend** C/6S evening
 Guten Abend! C/14D Good
  evening!
 der Heilige Abend 11G Christmas Eve
 heute abend 1D tonight
 abends 6G in the evening(s)
der **Abendkurs, -e** 13D evening
 class
aber 1D but
ab·fahren* (ä), u, a 3D to depart,
 leave
die **Abfahrt, -en** 3D departure
ab·fallen* (ä), ie, a 6L to fall off,
 to drop
die **Abgase** 6D exhaust fumes,
 emissions
abgasfrei 6S free of exhaust
 fumes
abgeschlossen *adj* 18L agreed
ab·hängen, i, a (+ **von**) 5D to
 depend on
abhängig 18D dependent
ab·holen 4G to pick up
das **Abitur** 13D *examination*
 qualifying for university
 admission
der **Abiturient, -en** 13D graduate
 of a *Gymnasium*
die **Abkürzung, -en** 14L abbrevia-
 tion
ab·nehmen (nimmt ab), nahm
 ab, abgenommen 7D to
 decrease; to lose weight
ab·reagieren 17D to get rid of,
 work off
ab·schließen, o, o 18L to conclude, to enter into
absurd 5S absurd
die **Abteilung, -en** 9G department
der **Abteilungsleiter, -** 9G department head (*male*)
die **Abteilungsleiterin, -nen** 9G
 department head (*female*)

ach 3D oh
 ach, du lieber Gott 3D oh, my
  God
 ach ja 3D oh, yes; yeah
acht C eight
achtjährig 8L eight-year-old
Achtung! 1G/17L Attention!,
 Careful!
achtzehn C eighteen
achtzig 4G eighty
adoptieren 4L to adopt
die **Adresse, -n** 6G address
Afrika 7G Africa
aggressiv 5L aggressive
ähnlich 13L similar, (a)like
aktiv 17L active
alarmieren 15L to alarm; to
 notify
alemannisch 17L Alemannic
algonkisch 14S Algonquian
der **Alkohol** 2L alcohol
der **Alkoholiker, -** 2L alcoholic,
 drunk
das **Alkoholikerproblem** 2L
 problem of alcoholism
alle C/2D all; every; everyone
 alle fünfzehn Minuten 2D
  every fifteen minutes
die **Allee, -n** 2D avenue, tree-
 lined street
allein 5D alone
alles 3S/4D everything
die **Alliierten** 17G/18L Allied
 Forces
die **Alpen** *pl* 2L Alps
als 6G/8L when; 8D as; 10G than
 als ob 16D as if
 als wenn 16D as if
 mehr als 8D more than
also 2L therefore; so, well
alt 1L old; 8L ancient
das **Alter, -** 9L age
die **Altertumswissenschaften** 4G
 studies of antiquity
althochdeutsch 14S Old High
 German
altnorwegisch 14S Old Norse

die **Aluminiumdose, -n** 6S aluminum can
am = **an dem** 3L on, on the
der **Amateur, -e** 9L amateur
Amerika 1L America
der **Amerikaner, -** 1L American
 (*male*)
die **Amerikanerin, -nen** 1L American (*female*)
amerikanisch 1G/2L American
der **Ami, -s** 14W American (*slang*)
an 1L at; on; to; by
 an Wochentagen 3D on weekdays
an·bieten, o, o 4D to offer
ander- 1L other
andere 2L others
(sich) ändern 9L to change, alter
anders 1L different(ly)
die **Änderung, -en** 11D change
an·fahren (ä), u, a 16D to hit, run
 into
der **Anfang, ̈e** 7L beginning
an·fangen (ä), i, a C/3L to begin
der **Anfänger, -** 9L beginner
anfangs 18L at first
angeblich 12D alleged(ly)
an·gehören 18L to belong to
der **Angeklagte, -n** 16D defendant, accused
die **Angst, ̈e** 2D fear
 Angst haben 17D to be afraid
 Angst haben vor (+ *dat*) 9S to
  be afraid of
 keine Angst 2D don't be afraid,
  don't worry
(sich) an·gurten 16D to buckle
 up
an·haben 17D to wear, to have
 on
der **Anhang** appendix
an·kommen*, kam an, o 3L to
 arrive
annektieren 17L to annex
die **Annonce, -n** 5D advertisement, ad
annoncieren 5D to announce; to
 place a classified ad

anonym 4S anonymous
an·reden 11L to address, talk to
an·regen 14S to inspire; to stimulate
der **Anruf, -e** 14D call
an·rufen, ie, u 3D to call up, phone
der **Anrufer, -** 14D caller (*male*)
die **Anruferin, -nen** 14D caller (*female*)
ans = an das 2L to the
an·schauen 4G/9L to look at
(sich) an·schließen, o, ange-schlossen 17L to join, attach
der **Anschluß** 17L annexation (*of Austria by Germany in 1938*)
an·sehen (ie), a, e 14S to look at; to regard
die **Ansicht, -en** 18L view, opinion
anständig 5G decent, upstanding
(an)statt 7G instead of
antik 8L ancient
die **Antike** 9L Antiquity
die **Antwort, -en** 1L answer
antworten *dat* C/5G to answer
an·ziehen, zog an, angezogen 9G to attract
  sich an·ziehen 9G to get dressed, to put on
die **Apartheit** 7G apartheid
der **Apfel, ·** 4L apple
der **Apfelkuchen, -** 4G apple pastry
der **Apfelstrudel, -** 7S apple-filled pastry
Apollinaris 4D *brand of mineral water*
die **Apotheke, -n** 3L pharmacy, drugstore
der **Apotheker, -** 8S pharmacist (*male*)
die **Apothekerin, -nen** 8S pharmacist (*female*)
der **April** 8G April
apropos 14D with regard to; by the way
arabisch 14S Arabic

die **Arbeit, -en** 1D work
arbeiten 1L to work
der **Arbeiter, -** 1G/8L worker (*male*)
die **Arbeiterin, -nen** 1G worker (*female*)
der **Arbeitersportler, -** 9L sportsman of the working class
arbeitslos 13G/17L unemployed
der **Arbeitslose, -n** 17L unemployed person
der **Arbeitsplatz, ·e** 5S workplace
die **Arbeitszeit, -en** 13D working hours
der **Archäologe, -n** 8L archaeologist
die **Architektur** 13L architecture
der **Argentiner, -** 12S Argentinian
(sich) ärgern über 14D to be annoyed, to be mad about
das **Argument, -e** 7L argument
argumentieren 7L to argue
der **Aristokrat, -en** 17D aristocrat
arm 8L poor
der **Arm, -e** 4S/7D arm
die **Armee, -n** 4L army
das **Aroma** 11G aroma
das **Arsen** 14G arsenic
die **Art, -en** 3L kind, sort
der **Artikel, -** 7D article
der **Arzt, ·e** 4L physician (*male*)
die **Ärztin, -nen** 5W/6G physician (*female*)
das **Aschenputtel** 14S Cinderella
Asien 2L Asia
der **Aspekt, -e** 18L aspect
das **Aspirin** 7G aspirin
die **Assistenz** 18L assistance
assoziieren 17D to associate
der **Astronaut, -en** 14G astronaut
Athen 14S Athens (*Greece*)
der **Athlet, -en** 9L athlete
atmen 6S/8G to breathe
das **Atom, -e** 15L atom
die **Atombombe, -n** 15L atom bomb
der **Atomkrieg, -e** 6W/7L nuclear warfare; nuclear war

der **Atommüll** 18D radioactive waste
attraktiv 5L attractive
auch 1D also, too; even
der **Audi, -** 12G *German car*
auf 3D on, upon
  Auf Wiederhören! 2D 'Bye now! (*telephone*)
  Auf Wiedersehen! C/1D Goodbye!
  auf Wunsch 13L upon request
die **Aufführung, -en** presentation
die **Aufgabe, -n** 17L task, assignment
aufgeschlossen *adj* 5L openminded
aufgeteilt 18L divided
auf·haben (hatte auf) C to have to do
  Was haben wir auf? C What's our homework?
auf·hören 3G to stop
auf·machen C/3G/17D to open
auf·nehmen (nimmt auf), a, aufgenommen 18L to enter into, establish
auf·passen 3G/17D to pay attention
aufregend 11G disturbing; exciting
der **Aufsatz, ·e** 9S composition, essay
auf·stehen*, stand auf, aufgestanden C to stand up; 3L to get up
das **Auge, -n** 4S/6L eye
der **Augenblick -e** 4G/13D moment
Augsburg 14S Augsburg (*city in the FRG*)
der **August** 8G August
aus 2L from; out of; by
der **Ausdruck ·e** 9G expression
aus·geben (i), a, e 10L to spend
aus·graben (ä), u, a 8L to dig out, excavate
die **Ausgrabung, -en** 8L excavation

die **Auskunft, ⁔e** 2D information
die **Auskunftsbüro, -s** 3D information office
die **Auskunftsperson, -en** 5S information booth employee
das **Ausland** 7L abroad, foreign countries
der **Ausländer, -** 6D foreigner; alien
das **Ausrufungszeichen** exclamation point
sich **aus•ruhen** 9G to relax, rest
der **Ausschnitt, -e** 11D excerpt
aus•sehen (ie), a, e 4G/4L to look like; to appear
das **Aussehen** 7S appearance, look
  gutes Aussehen 7S good looks
außen 9L outside
  nach außen 9L outward
außer 5G/7L except for; outside of, out of; beside
außerdem 18D besides
aus•steigen*, ie, ie 4G to get out, get off
Australien 12G Australia
aus•wandern 7G to emigrate
der **Ausweis, -e** 15L identification card (ID card)
sich **aus•weisen, ie, ie** 9S to identify oneself
auswendig 14S by heart
das **Auto, -s** 1G/2D automobile, car
die **Autobahn, -en** 3L interstate highway
der **Autobahnverkehr** 4G interstate highway traffic
der **Autofahrer, -** 16D motorist (*male*)
die **Autofahrerin, -nen** 16D motorist (*female*)
der **Automechaniker, -** 6D auto mechanic
die **Autonummer, -n** 4S car license plate
der **Autor, -en** 2S/17L author (*male*)

die **Autoreise, -n** 3L car trip
die **Autorin, -nen** 8D author (*female*)
der **Autoschlüssel, -** 7G car key
der **Autounfall, ⁔e** 14D car accident
das **Avantgardestück, -e** avantgarde play
avantgardistisch 11S avant-garde

B

das **Baby, -s** 7L baby
backen 14L to bake
Baden-Baden 6G *city in the Black Forest, FRG*
Baden-Württemberg 6D *state in the FRG*
die **Bahn, -en** 12L railroad, train
bahnen 11D to pave the way for; to prepare
der **Bahnhof, ⁔e** 3D railroad station
bald 3S/4L soon
die **Banane, -n** 12G banana
der **Band, ⁔e** 14S volume (*book*)
die **Band, -s** 12S band (*music*)
die **Bank, -en** 1L bank
der **Bankdirektor, -en** 5S bank president (*male*)
die **Bankdirektorin, -nen** 5S bank president (*female*)
die **Bank-Kontonummer, -n** 4S bank account number
die **Bar, -s** 10S bar
der **Bär, -en** 1S bear
der **Baron, -e** 12S baron
der **Bart, ⁔e** 9G beard
der **Bartender, -** 10S bartender
das **Baseball** 9S baseball
das **Basketball** 1S basketball
das **Basketballteam, -s** 13L basketball team
der **Bastilletag** 11G Bastille Day (*French national holiday*)
der **Bau** 7L construction

der **Bauch, ⁔e** 4S/17D stomach, belly
bauen 3L to build
der **Bauer, -n** 18L farmer, peasant
die **Baufirma, die Baufirmen** 13L construction company
der **Baum, ⁔e** 6D tree
der **Bayer, -n** 16W/17D Bavarian
Bayern 2L Bavaria
die **Bayreuther Festspiele** 14L The Bayreuth Festivals
beachten 16D to pay attention to; to heed
der **Beamte(r), -n** 16L civil servant, official
beantworten 14G to answer
bedeuten 3L to mean
die **Bedeutung, -en** 14L meaning
sich **beeilen** 9G to hurry
beeindruckend 18L impressive
beeinflussen 13L to influence
befehlen (ie), a, o 14G to order, command
befreien 17L to liberate
sich **begeben (i), a, e** 13S to go into
begeistert 13L enthusiastic
beginnen, a, o 4G/7L to begin, start
die **Begrüßung, -en** 2D greeting
behalten (ä), ie, a 15L to keep
behaupten 16D to claim, assert
bei 4G with; at; near
  bei euch 5D in your country; at your home
  bei uns 3S/5D in our country; at our home
beide 8G/11D both
das **Bein, -e** 4S/15L leg
das **Beispiel, -e** 1L example
  zum Beispiel 4L for instance, for example
bekommen, bekam, bekommen 3D to get, receive
beleidigt *adj* 11L offended
Belgien 1S Belgium
Belgrad 4G Belgrade (*capital of Yugoslavia*)

benutzen 12D to use

das **Benzin** 3S/4L gasoline

der **Benzinmotor, -en** 14L gasoline engine

beobachten 14S to observe

Berchtesgaden 5S *town and region in Bavaria*

bereit 18D ready, willing

bereit sein 18D to be ready

der **Berg, -e** 2L mountain

das **Bergsteigen** 9S mountain climbing

die **Bergtour, -en** 13G/15L mountain back-packing trip

die **Bergwacht** 15L mountain patrol

der **Bericht, -e** 16D report

die **Berliner Mauer** 7L The Berlin Wall

die **Berlinerin, -nen** 11G Berliner (*female*)

Bern 3G/17L Bern (*capital of Switzerland*)

der **Beruf, -e** 5L profession, job

der **Berufssport** 9S professional sport

der **Berufssportler, -** 9L professional athlete

das **Berufsverbot** 18L nonadmission to a job

berühmt 8D famous

die **Besatzungszone, -n** 18L occupation zone

beschränken 18L to limit

beschreiben, ie, ie 8L to describe

besetzen 18L to occupy

besiegen 17S to defeat

besitzen, besaß, besessen 14G to own

besonders 2L especially

besorgen 13S to do, take care of

besprechen (i), a, o 14G to discuss

besser 3S/10D better

der **Besserwisser, -** 4S smart aleck, know-it-all

best 4D best

die **Beständigkeit** 6W stability, constancy

bestehen, bestand, bestanden 18L to consist of; to pass (*an exam*)

bestehend 18L existing, consisting of

bestimmen 18L to determine

bestrahlen 15L to irradiate

der **Besuch, -e** 2L visit

besuchen 2G/3L to visit; 13L to attend

betonen 18L to emphasize

betreten (betritt), a, e 16L to set foot on, to step on

der **Betrieb, -e** 18L company, plant, business

das **Bett, -en** 6S/15D bed

die **Bevölkerung** 7D population

die **Bevölkerungsexplosion** 7L population explosion

das **Bevölkerungsproblem** 7L problem of population growth

bevor *conj* 4G/9D before

beweisen, ie, ie 8L to prove

sich bewerben (bewirbt), a, o 13D to apply

die **Bewerbung, -en** 13D application

bewundernswert 18L admirable

bezahlen 3L to pay (for)

bezeichnen 18L to call, to designate

die **Beziehung, -en** 18L relation

die **Bibel, -n** 14W Bible

die **Bibliothek, -en** 9G library

das **Bier, -e** 1L beer

die **Bierdose, -n** 6S beer can

das **Bierzelt, -e** beer tent

das **Bild, -er** 7L picture

der **Bildschirm, -e** 14D monitor (*computer*)

die **Bildzuschrift, -en** 5L response to an ad (with photo)

billig 2L inexpensive, cheap

die **Biologie** 1D biology

die **Biologielehrerin, -nen** 13L biology teacher (*female*)

bis C/2D up to, as far as; until, to

bis heute 9L up to now, until today

bis jetzt 18D until now

bis morgen C till tomorrow

bis zu 9L up to, as many as

bitte C/3D please; pardon, excuse me

bitten, bat, gebeten 4G/15L to ask, request

das **Blatt, ¨er** 6L leaf

blau 2L blue

bleiben*, ie, ie 5L to remain, to stay

bleifrei 6S lead-free

der **Bleistift, -e** C/8S pencil

der **Blick -e** 13L sight, view

auf den ersten Blick 13L at first sight

blind 3D blind

der **Blitzkrieg, -e** 14L blitzkrieg, lightning war(fare)

blöd 11S stupid

blond 12G blond

blühen 13S to bloom

BMW (Bayrische Motoren Werke) 2S/7G BMW (*German car or motorcycle*)

der **Bodensee** 17L Lake of Constance

die **Bombe, -n** 18L bomb

Bonn 18L Bonn (*capital of the FRG*)

der **Borkenkäfer** 6G bark beetle

bös(e) 16G bad, angry

das **Boxen** 9S boxing

der **Boxer, -** 14D boxer

der **Brand, ¨e** 8L fire

die **Bratwurst, ¨e** 13S fried sausage

brauchbar 13G useful

brauchen 2S/3L to need

brauen 13S to brew

braun 4G/6L brown; tanned

die **Braut, ¨e** bride

brav 14G good

brechen (i), a, o 14G/15L to break

Bremen 10D Bremen (*city in the FRG*)

brennen, brannte, gebrannt 7G to burn

    brennend 8L burning

Breughel, Pieter 13S Breughel (*Dutch painter*)

der **Brief, -e** 3L letter

die **Briefmarke, -n** 3L stamp

das **Briefmarkensammeln** 13L stamp collecting

die **Brieftasche, -n** 15L wallet

die **Brille, -n** 13G eyeglasses

bringen, brachte, gebracht 3L to bring, to take

britisch 18L British

das **Brot, -e** 11S/14L bread

die **Brücke, -n** 5S/17L bridge

der **Bruder, ⁻** 1G/8L brother

die **Brust, ⁻e** 4S/11D chest, bosom, breast(s)

das **Buch, ⁻er** C/8D book

die **Buche, -n** 6L beech tree

buchen 3L to book, to reserve

der **Buchladen, ⁻** 9G bookstore

buchstabieren 2G to spell

die **Bühne, -n** 11D stage

das **Bühnenbild, -er** 14L stage setting, decor, staging

Bukarest 6G Bucharest (*capital of Rumania*)

der **Bundeskanzler, -** 17D Federal Chancellor

das **Bundesland, ⁻er** 6D Federal state

die **Bundesrepublik Deutschland (BRD)** 1L The Federal Republic of Germany (FRG)

der **Bundesstaat, -en** 17L (federal) state

die **Bundeswehr** 12L Army of the Federal Republic of Germany

die **Burgruine, -n** castle ruin

das **Büro, -s** 4G/5L office

der **Bus, -se** 1D bus

der **Busfahrer, -** 5S bus driver (*male*)

die **Busfahrerin, -nen** 5S bus driver (*female*)

die **Butter** 7G butter

C

der **Cadillac, -s** 6S Cadillac

campen 3L to camp

das **Camping** 3L camping

der **Campingplatz, ⁻e** 4G campground

der **Campus** 9D campus

Cäsar 14S Caesar

Celsius 4L Celsius (*degree*)

die **Chance, -n** 13D chance

der **Charakter, -e** 2S character

charmant 1G charming

die **Charter, -s** 2L charter

der **Charter-Flug, ⁻e** 2L charter flight

der **Chauvinismus** 5D chauvinism

der **Chauvinist, -en** 5D chauvinist

der **Chef, -s** 8L boss

die **Chemie** 1S/8D chemistry

die **Chemikalien** *pl* 13S chemicals

der **Chemiker, -** 8S chemist (*male*)

die **Chemikerin, -nen** 8S chemist (*female*)

der **Chic** 12L chic thing

China 4D China

Chinesisch 14S Chinese (*language*)

chinesisch 11S Chinese

das **Chromosom, -en** 8D chromosome

der **Clown, -s** 14D clown

die **„Cocacolonisation"** 14D *wordplay on the use of Coca-Cola throughout the world*

das **College, -s** 6S/13L college

das **Comeback, -s** 14D comeback

der **Computer, -** 2S/13D computer

der **Computerprogrammierer, -** 6D computer programmer

das **Computerzentrum** 5S computer center

die **Concorde** 9S Concorde (*supersonic aircraft*)

D

da 3D/6G here, under these circumstances; *conj* since, because

dabei 9D at the same time, along the way; with it

dafür 6W/9D for that, for it

dagegen 9G on the other hand; 6W/18D against it (them)

dahinter 9L behind it

damals 2L (back) then, at that time

die **Dame, -n** 1G/14D lady

die **Damenzigarette, -n** 12L lady's cigarette

damit 9D with it; 6G/12L so that

Dänemark 1S Denmark

dänisch 14S Danish

der **Dank** 13G thanks

    Vielen Dank! 2D Thanks a lot!

dankbar 13G thankful, grateful

die **Dankbarkeit** 14G gratitude

danken *dat* 2D to thank

    Danke, gut. C/1D Fine, thank you.

    nichts zu danken 2D don't mention it

dann 3L then

daran 9L in that, on that, about that

darauf 9G upon it

daraus 9G out of it

darin 9L in it

darüber 9G about that

darum 17D for that (very) reason; therefore

darunter 9L by that, under that; among them

das 1D the, that, this

daß 3D that *conj*

das **Datum, die Daten** 11G date

dauern 14L to last

der **Daumen, -** 10L thumb

davon 9D of it, about it; 9G from it

dazu 9L to that, to it; for it

das **DDR-Wirtschaftswunder** 18L the economic miracle of the DDR

die **Debatte, -n** 7L debate

dein 4G your *fam sing*

der **Dekan, -e** 9G dean

die **Demokratie, -n** 1L democracy

demokratisch 11W democratic

demokratischer Zentralismus 18L democratic centralism

demonstrieren 6S to demonstrate

denkbar 13G thinkable

denken, dachte, gedacht 1L to think

denn 6D for, because

Deutsch 4G German (*language*)

deutsch C/1L German

Auf deutsch, bitte! C In German, please.

der **Deutsche, -n** 1L German (*male*)

die **Deutsche, -n** 1L German (*female*)

die **Deutsche Bundesbahn** 12L German Federal Railway

die **Deutsche Demokratische Republik (DDR)** 1L German Democratic Republic (DDR)

die **Deutsche Forschungsgemeinschaft (DFG)** 18L German Research Council

das **Deutsche Reich** 18L German Empire

das **Deutsche Wirtschaftswunder** 18L the German economic miracle

die **Deutschklasse, -n** 7S German class

Deutschland 1L Germany

der **Deutschlehrer, -** 13L German teacher

deutschsprachig 6L German-speaking

der **Dezember** 8G December

der **Deziliter, -** 4L 100ml

dezimal 4L decimal

d.h. = das heißt 9L that is, that means

der **Dialekt, -e** 17L dialect

der **Dialog, -e** 1D dialog

das **Diät-Bier, -e** 12L low calorie beer

dich 2G you *fam sing acc*

der **Dichter, -** 8L poet, writer

dick 5S/7G overweight, fat

der **Dieb, -e** 15L thief

der **Dienstag, -e** C Tuesday

dies 13G this; these *pron*

dies- 4G/6D this

der **Diesel, -** 14L diesel engine

das **Diktat, -e** 1G dictation

das **Dilemma, -s** 6L dilemma

das **Ding, -e** 11L thing

Dipl. Ing. (Diplomingenieur) 4D certified engineer

der **Diplomat, -en** 9L diplomat

diplomatisch 18L diplomatic

dir C/5G (to) you *fam sing dat*

direkt 5G/7D direct(ly)

der **Direktor, -en** 13S president, director (*male*)

die **Direktorin, -nen** 4D president, director (*female*)

das **Dirndl, -** 1L dirndl (*traditional Austrian or Bavarian woman's costume*)

die **Diskothek, -en** 5G discotheque

die **Diskussion, -en** 14D discussion

diskutieren 6D to discuss

die **Distel, -n** 14G thistle

die **Division, -en** 14L division (*army*)

die **D-Mark (Deutsche Mark), -** 3L German Mark (*currency of the FRG*)

doch 5D just, still, yet; but though; after all

der **Doktor, -en** 2L doctor

das **Doktorat** 6S doctorate

die **Dolmetscherin, -nen** 13L interpreter (*female*)

der **Dom, -e** 16W cathedral

der **Donnerstag** C Thursday

das **Doping, -s** 14L drugging, doping

doppelt 17L twice (*as many*)

das **Dorf, ¨er** 18L village

der **Dorn, -en** 10L thorn

dort 1D there

dorthin 2D to there, that way

Dortmund 12S Dortmund (*city in the FRG*)

die **Dose, -n** 6S/15L can

das **Drachenfliegen** 9S hang-gliding

das **Drama, die Dramen** 11D drama, play

drei C/1L three

dreihundert 4G three hundred

dreimal 7G/9D three times

dreißigst- 11G thirtieth

dreiundzwanzig 4G twenty-three

dreiviertel 11G three quarters

dreizehn C thirteen

dreizehnt - 11G thirteenth

Dresden 9G Dresden (*city in the DDR*)

der **Drink, -s** 2L alcoholic drink

dritt- 11G third

das **Drittel** 11G third, one-third

drittens 11G third(ly)

drohen 18D to threaten

der **Druck** 14S print

drücken 10L to press

du 1D you *fam sing*

duften 15S to smell (sweet)

dumm 2S/4L stupid, dumb

die **Dummheit, -en** 9S/14W stupidity, blunder

der **Dummkopf, ¨e** 2S dummy

durch 3L through; 4G divided by

durchs = durch das 4G

durch·brechen* (i), a, o 14L to break through

durch·fallen* (ä), fiel durch, durchgefallen 7G to fail, flunk (*an exam*)

sich durch·wursteln 17L to muddle through

dürfen (darf), durfte, gedurft 6D to be allowed, may

durstig 14G thirsty
die **Dusche, -n** 6S shower
sich **duschen** 9D to shower
duzen 11L to address with **du**
das **Dynamit** 8D dynamite

E

eben 7G just
echt 14L genuine
egoistisch 15S egotistic
die **Ehe, -n** 7S marriage
das **Ehepaar, -e** 7D married couple
ehren 13S to honor
ehrlich 12W/17L honest
das **Ei, -er** 10S egg
die **Eiche, -n** 6L oak tree
eigen 8L own
   sich zu eigen machen 18L to claim for oneself, to make (*something*) one's own
die **Eigenheit, -en** 16L peculiarity
eigentlich 17W really, actually
das **Eigentum** 14G property
eilig: es eilig haben 3D to be in a hurry
der **Eilzug, ̈e** 3L express train
ein 1L a; one
   ein·bringen, brachte ein, eingebracht to bring in
eineinhalb 11G one and a half
einfach 6G/11L simple; simply
der **Einfluß, ̈sse** influence
ein·führen 4L to introduce
einige 6S/7L some, several
der **Einkauf, ̈e** 2L shopping, purchase
ein·kaufen 3L to shop
ein·laden (ä), u, a 4G/10W to invite
die **Einladung, -en** 10S invitation
einmal 8L once
   auf einmal 16W suddenly, all at once
   noch einmal 8L once more

eins 4G one
ein·steigen*, ie, ie 4G to board, to get in
einundvierzig 4G forty-one
einundzwanzig 4G twenty-one
einundzwanzigst- 10D twenty-first
einverstanden 6W agreed
der **Einwohner, -** 17L inhabitant
einzeln 10L isolated, single
der **Einzelne, -n** 18L individual
das **Eis, -** 3L ice cream; ice
der **Eiswürfel, -** 4D ice cube
die **Elbe** 12G/17D Elbe (*river in Germany*)
der **Elefant, -en** 10S elephant
elegant 6S elegant, plush
elf C eleven
elft- 11G eleventh
der **Ellbogen, -** 4S elbow
die **Eltern** *pl* 2S/6G/13L parents
empfangen (ä), ie, a 14G to receive
empfehlen (ie), a, o 14G to recommend
das **Empfehlungsschreiben, -** 13D letter of recommendation
empfinden, a, u 14G to feel
das **Ende** 7L end
   am Ende 5D finally, at the end
   zu Ende gehen 18D to come to an end
   zu Ende sein 14L to be over
enden 18L to come to an end
endlich 7G/8L finally
endlos 3S/13G endless
die **Energie, -n** 6W/7L energy
die **Energiekrise, -n** 7L energy crisis
eng 17L close, tight, narrow; closely
England 1S England
der **Engländer, -** 1S/18D Englishman
die **Engländerin, -nen** 6D Englishwoman
Englisch 1S/8L English

der **Enkel, -** 7D grandchild
entdecken 8D to discover
die **Entdeckung, -en** 8D discovery
entführen 13G to abduct
enthalten (ä), ie, a 4L to contain
entlassen (ä), ie, a 14D to release, to discharge
entlaufen* (äu), ie, au 14G to run away
(sich) entscheiden, ie, ie 11L to decide
die **Entscheidung, -en** 7L decision
   vor einer Entscheidung stehen 7L to face a decision
(sich) entschuldigen C to excuse
   Entschuldigen Sie! C Excuse me.
(sich) entspannen 15G to relax
entstehen*, entstand, entstanden 14G to arise
enttäuscht 10L disappointed
entweder . . . oder 6G either . . . or
die **Entwicklung, -en** 7L development
er 1D he
erbitten, erbat, erbeten 5L to request
die **Erde** 6L earth
das **Erdgas** 18D natural gas
das **Erdgeschoß, -sse** 9G ground floor
der **Erdmeridian** 11G meridian of the earth
das **Erdöl** 18D (crude) oil
das **Ereignis, -se** 11L event
erfinden, a, u 6S/8L/9L to invent; to make up
der **Erfinder, -** 8D inventor
die **Erfindung, -en** 14G invention
der **Erfolg, -e** 8L success
erfolgreich 9L successful
erforschen 10D to explore
erfreuen 6W to delight, to cheer
erfrieren*, o, o 14G to freeze to death

erfüllen 5L to fulfill, grant
ergänzen 4G to complete
erhalten (ä), ie, a 8D to receive; to preserve, maintain
erinnern (an) 9G to remind
  sich erinnern 9G to remember
sich erkälten 9G to catch a cold
die **Erkältung, -en** 9D cold
erkennen, erkannte, erkannt 8L to recognize
erklären 14L to explain; to declare
  Krieg erklären 14L to declare war
erlauben 12S/13G to permit
erlaubt 10S/15G permitted
erleben 10D to live to see; to experience
ermorden 17S to murder
der **Ernst** 11D seriousness
  War das nicht dein Ernst? 11D Weren't you serious?
ernst 10L serious(ly)
ernten 13S to reap, harvest
der **Erpresser, -** 18D blackmailer, extortionist
erraten (ä), ie, a 14G to guess correctly
erreichen 7S to reach
der **Ersatz** 14L substitute
erscheinen*, ie, ie 14S to appear; to be published
erschießen, o, erschossen 14G to shoot dead
erst 7L just, for the first time, only now
erst- 8D first
  der Erste Weltkrieg 17L the First World War
ersteigen, ie, ie 14G to climb
erstens 11G first(ly)
ertragen (ä), u, a 17S to bear
ertrinken*, a, u 14G to drown
erwachen 14G to wake up
der(die) **Erwachsene, -n** 11L adult, grown-up
erweitern 2S to increase, expand
erzählen 8L to tell, narrate

erziehen, erzog, erzogen 14G to educate
die **Erziehung** 9L education
es 1L it
  es eilig haben 3D to be in a hurry
  es gibt 1L there is, there are
  es gibt sie schon 5D we have them, too
  es tut mir leid 3D I am sorry
der **Esel, -** 11S ass, donkey
der **Eskimo, -s** 14S Eskimo
eßbar 13G edible
essen (ißt), aß, gegessen 2G/3L to eat
  zum Essen 7L to/for dinner, to eat
ethisch 7L ethical
etwa 4S/7L approximately, about
etwas 3L something; 12L somewhat
euch 5S you *fam pl*
euer 4G your *fam pl*
der **Eurailpaß, -sse** 3W Eurail pass (*train ticket*)
Europa 3G/8L Europe
europäisch 11G/17L European
die **Europäische Wirtschaftsgemeinschaft** 18L the European Common Market
ev. = evangelisch 5L Protestant
die **Evangelische Kirche** 18L Protestant (Lutheran) Church
die **Existenz** 17L existence
existieren 12L to exist
das **Experiment, -e** 7G experiment
der **Experte, -n** 9L expert
die **Explosion, -en** 7L explosion
der **Export, -e** 4D export
exportieren 4D to export

F

die **Fabrik, -en** 6D factory
das **Fach, -er** 13L subject

fahren* (ä), u, a 2D to drive, to go
Fahrenheit 14S Fahrenheit (*degree*)
der **Fahrer, -** 5G driver
die **Fahrkarte, -n** 12G/17D ticket
der **Fahrplan, -e** 3D schedule, timetable
das **Fahrrad, -er** 5S bicycle
die **Fahrschule, -n** 16L driving school
die **Fahrt, -en** 12L trip, journey
fallen* (ä), fiel, gefallen 14G to fall
fällen 6S to fell, cut down
falsch 1L false, wrong, incorrect
falten 5S to fold
die **Familie, -n** 7D family
der **Familienname, -n** 11W family name
fangen (ä), i, a 11G/17D to catch
das **Fantasieland** 13S fantasy land
die **Farbe, -n** 4G color
der **Farbstoff, -e** 13S artificial color
der **Faschismus** 9L fascism
fast 2L almost
faszinieren 8L to fascinate
faul 9S lazy
die (das) **F.B.I.** 4S Federal Bureau of Investigation
der **Februar** 8G February
das **Fechten** 9S fencing
die **Fee, -n** 15S fairy
der **Fehler, -** 5G/13D mistake
feiern 9L to celebrate
der **Feiertag, -e** 9G holiday
der **Feind, -e** 6L enemy
das **Feld, -er** 7L field
der **Feldberg** 6D *mountain in the Black Forest*
das **Fenster, -** C/3G window
die **Ferien** *pl* 2L vacation
das **Ferngespräch, -e** 7S long-distance call
fern•sehen (ie), a, e 6S/10D to watch television

das **Fernsehen** 4S/7L television
  im Fernsehen 7L on TV
der **Fernseher** 2S/5G television
  set
der **Fernsehturm, ̈e** 12G TV
  tower
fertig 10G finished, done
fett 11S fat
das **Feuer, -** 15L fire; light
der **Fiat, -s** 1S Fiat (*Italian car*)
das **Fieber, -** 4L fever
der **Film, -e** 3S film, movie
der **Filter, -** 6D filter
die **Filterzigarette, -n** 12L filter
  cigarette
finanziell 6D financial(ly)
finanzieren 9L to finance
finden, a, u 1L to find
der **Finger, -** 4S/10L finger
die **Firma, die Firmen** 4D firm,
  company
der **Fisch, -e** 3S/4G/17D fish
fischen 3S/17D to fish
fit 12W/14D fit
die **Flak (Fliegerabwehrkanone)**
  14L antiaircraft gun
die **Flasche, -n** 4L bottle
das **Fleisch** 7S meat
fleißig 12S diligently; 17L industrious, hardworking
Flensburg 13G Flensburg (*city in
  the FRG*)
die **Fliege, -n** 14G fly
fliegen*, o, o 3D to fly
fliehen*, o, o 7G/8L to flee,
  escape
der **Fliehende, -n** 18L fugitive
fließen*, o, geflossen 13S to flow
die **Flucht** 7L flight, escape
flüchten 18L to flee, escape
der **Flüchtling, -e** 7L refugee
der **Flug, ̈e** 2L flight
  Guten Flug! 3D Have a good
  flight!
der **Flughafen, ̈** 3D airport
das **Flugzeug, -e** 3L airplane
der **Fluß, ̈sse** 6D river

der **Flüsterwitz, -e** 17D ''whis-
  pered joke''
folgen 8L to follow
  folgend 13D the following
fordern 12L to demand, ask
fördern 9L to encourage, pro-
  mote
die **Formel, -n** 7L formula
formell 11L formal
der **Förster, -** 6L forester, ranger
  (*male*)
die **Försterin, -nen** 6S forester,
  ranger (*female*)
der **Forstschädling** 6G forest pest
**fort·gehen*, ging fort, fortge-
  gangen** 7G/15L to go away
die **Fortsetzung, -en** 10S continuation, completion
das **Foto, -s** 3S/5L photo, picture
die **Frage, -n** C/1L question
  ein Frage stellen 7L to ask a
  question
fragen 1L to ask
das **Fragezeichen** question mark
das **Franglais** 14D mixture of
  French and English
der **Franken, -** 3L Swiss franc
Frankfurt am Main 3L Frankfurt
  a.M. (*city in the FRG*)
Frankreich 1S/6D France
der **Franzose, -n** 1S/6D Frenchman
die **Französin, -nen** 6G French-
  woman
Französisch 8L French (*language*)
französisch 11S French
die **Frau, -en** C/1L woman; Mrs.;
  wife
die **Frauenkirche** 5S *church in
  Munich*
die **Frauenrechtsbewegung** 15S
  women's liberation movement
die **Frauenrechtlerin, -nen** 9S
  women's liberationist
das **Fräulein, -** (*or* **-s**) C/1D Miss;
  young woman

frech 14G/17D fresh
frei 9D free
die **Freiheit, -en** 1L freedom,
  liberty
der **Freitag, -e** C Friday
freiwillig 6L voluntary; voluntarily
die **Freizeit** 4G/5L leisure time
fremd 4L strange, alien
das **Fremde** 3L the foreign, unknown
die **Fremdsprache, -n** 8L foreign
  language
das **Fremdwort, ̈er** 14D foreign
  word
fressen (frißt), fraß, gefressen
  7G/15L to eat (*said of animals*)
Freud, Sigmund 6S *Austrian
  psychiatrist*
die **Freude, -n** 14L joy, pleasure
freuen 13L to please
sich freuen 9G (**auf** + *acc*) to look
  forward to; 9G (**über** + *acc*) to
  be happy about
der **Freund, -e** 2S/3L friend (*male*)
die **Freundin, -nen** 2S/15L friend
  (*female*); 5L girlfriend
freundlich 5L friendly; 14L in a
  friendly way
die **Freundschaft, -en** 5L friendship
der **Frieden** (der **Friede**) 8D
  peace
der **Friedensnobelpreis, -e** 8D
  Nobel Peace Prize
friedlich 17L peaceful
frieren, o, o 4S/14G/18L to
  freeze, to be cold
frisch 3S/11G vigorous, fresh
der **Friseur** 12G hairdresser
froh 10S/14G cheerful; 15D
  happy
der **Fruchtsaft, ̈e** 5G fruit juice
früh 3S/9D early
früher 2L earlier; former(ly)
der **Frühling, -e** 8G spring

die **Frühlingsmonate** *pl* 8G months of spring
das **Frühstück, -e** 6S breakfast
(sich) fühlen 9G/10L to feel; to touch
führen 7L to lead
der **Führer, -** 14L leader
der **Führerschein, -e** 16D driver's license
die **Führung** 18L leadership
das **Fundbüro, -s** 5S Lost and Found Office
fünf C five
fünft- 11G fifth
fünfzehn C fifteen
fünfzig 4G fifty
die **Funktion, -en** 18L function
funktionieren 9L to function, work
für 2D for
  fürs = für das 4G
der **Fürst, -en** 17L prince
das **Fürstentum, ̈er** 17L principality
der **Fuß, ̈e** 2D foot
  am Fuß(e) 6D at the foot, at the bottom
  zu Fuß gehen 2D to walk, go on foot
das **Fußball** 1S soccer
der **Fußballplatz, ̈e** 5S soccer field
die **Fußballmannschaft, -en** 4S soccer team
die **Fußballspiel, -e** 10L soccer match
der **Fußballspieler, -** 17D soccer player
das **Futter** 14G feed, fodder
füttern 17S to feed

G

die **Gabel, -n** 1G fork
gähnen 14G to yawn

die **Gallone, -n** 4L gallon
der **Gangster, -** 14D gangster
die **Gans, ̈e** 11S goose
ganz 2D quite, complete(ly), all
  ganz wie Seide 11D just like silk
das **Ganze** 10L whole
  als Ganzes 10L as a whole
gar keine 5D no, none at all
gar nicht 9S/11W/12D not at all
die **Garage, -n** 5G garage
der **Garten, ̈** 7S yard, garden
das **Gas, -e** 6L gas
die **Gasse, -n** 16D alley, small street, lane
der **Gast, ̈e** 7L guest
der **Gastarbeiter, -** 7L foreign worker
das **Gebäude, -** 9G building
geben (i), a, e 2D to give
  es gibt 1L there is, there are
das **Gebiet, -e** 7L area, region
gebildet 5L educated
geboren 8S/13L born
gebraten 13S fried
gebrauchen 4D to use
gebraucht 11G used
das **Geburtendefizit, -e** 7L negative birth rate
der **Geburtenüberschuß** 7L surplus of births
die **Geburtsstadt** 18L native town
der **Geburtstag, -e** 7G birthday
die **Geburtstagskarte, -n** 13S birthday card
das **Gedicht, -e** 7L poem
geduldig 5D patient(ly)
die **Gefahr, -en** 7L danger
gefährlich 9S/12G dangerous
gefahrlos 13G safe
gefallen (ä), gefiel, gefallen *dat* 5L to like, to please
  Das gefällt mir. 5L I like that.
der (die) **Gefangene, -n** 11G prisoner
gefrieren*, o, o 4S to freeze
das **Gefühl, -e** 14L feeling

gegen 4G/7L against
das **Gegenstück, -e** 18L counterpart
das **Gegenteil, -e** 5S/18L opposite
  im Gegenteil 18L on the contrary
der **Gegner, -** 9G opponent
gegründet 18L founded
das **Gehalt, ̈er** 13D salary
geheim 14L secret
die **Geheime Staatspolizei (Gestapo)** 14L secret police (*in Nazi Germany*)
gehen*, ging, gegangen C/2D to go, walk
  es geht um 7L it concerns
  Geht es ihm wie mir? 5L Does he feel the same as I do?
gehören *dat* 5D to belong to
gelb 3L yellow
der **,,Gelbwald''** 6D forest turned yellow, dying forest
das **Geld** 1L money
  an Geld denken 1L to think of money
geleitet 18L directed
der (die) **Geliebte, -n** 11G lover
gelingen*, a, u *dat* 6L to succeed
gemeinsam 14S/18L common, united, joint
der **gemischte Chor** 13L mixed choir
gemütlich 1L comfortable, cozy
die **Gemütlichkeit** 7S coziness
genau 13L close, precise
  genau wie 4G/8L exactly like, just as
  genau . . . wie 8S exactly . . . as
die **Generation, -en** 6S generation
die **Genetikerin, -nen** 8D geneticist (*female*)
Genf 8S Geneva
genug 5L enough
genügen 12L to suffice; to be enough
der **Genuß, ̈sse** 12L enjoyment

die **Geographie** 1L geography
gerade 4G even; 16L just
geradeaus 13D straight ahead
das **Gericht, -e** 16D court
germanisch 14S Germanic
gern + *verb* 1D to like
  gern haben 1G to like
gesamt 18L complete
die **Gesamtbevölkerung** 7L total
  population
das **Gesamtkunstwerk** 14L total
  piece of art (*synthesis of
  different art forms*)
der **Gesang, ̈e** 13S song
das **Gesäß, -e** 4S buttock, "seat"
das **Geschäft, -e** 2L shop, store,
  business
die **Geschäftszeit** 4G business
  hours
geschehen* (ie), a, e 15L to
  happen
das **Geschenk, -e** 9S gift
die **Geschichte, -n** 8L story;
  history
geschichtlich 8L historical
geschickt 13D skillful
geschieden 5L divorced
die **Geschwindigkeit, -en** 14L
  speed
die **Geschwister** 5S/13L siblings
die **Gesellschaft, -en** 4D company; society
das **Gesetz, -e** 6S law; 14S rule
das **Gesicht, -er** 10L face
die **Gestalt, -en** 14L shape, form,
  figure
das **Geständnis, -se** 8S confession
die **Gestapo (Geheime Staatspolizei)** 14L secret police (*of
  Nazi Germany*)
gestern C/7G yesterday
gesund 2G/12D healthy
die **Gesundheit** 6S/9L health
der **Gesundheitsschaden, ̈** 6L
  health hazard
geteilt 18L divided
das **Getränk, -e** 5G/12L beverage
die **Gewähr** 13S guarantee

das **Gewichtheben** 9S weight
  lifting
der **Gewinn, -e** 12L profit
gewinnen, a, o 13L to win, gain
gewiß 14S/18D certain(ly)
die **Gewohnheit, -en** 4L habit
gewöhnlich 3L usual(ly)
das **Gift, -e** poison
die **Giftküche** 6L place where
  poison is "cooked"
die **Gitarre, -n** 1S guitar
glänzen 13G to glitter
das **Glas, ̈er** 10S/11L glass
glauben *dat* 1D to believe
gleich 2L the same, equal; 3L
  equals; at once
die **Gleichberechtigung** 18L
  equal rights, equality
das **Gleis, -e** 3D track, rail
das **Glockenspiel** chimes
das **Glück** 10D good luck, happi-
  ness
  Glück haben 10D to be lucky,
  to be fortunate
glücklich 3G/17L happy
das **Goethe-Institut, -e** 6D *German cultural center in the
  FRG and abroad*
das **Gold** 3S/8L gold
der **Goldgräber, -** 2L gold pros-
  pector, digger
der **Goldring, -e** 12G gold ring
das **Golf** 1S golf
der **Gott, ̈er** God; god
  Gott sei Dank 2S/7G Thank
  God
graben (ä), u, a 8L to dig
der **Grad, -e** 4L degree(s) (*temperature*)
Graf Bobby 17D Count Bobby
  (*fictitious Austrian aristocrat*)
das **Gramm, -** 4D gram
die **Grammatik, -en** 1G grammar
gratulieren 13D to congratulate
  Gratuliere! 13D Congratulations!
Graubünden 17L *canton in
  Switzerland*

Graz 7G/13L Graz (*city in Austria*)
die **Grenze, -n** 14L border
grenzen an 17L to border on
der **Grieche, -n** 8L Greek (*male*)
Griechenland 1S/2L Greece
die **Griechin, -nen** 8W Greek
  (*female*)
griechisch 8L Greek
Grimm, Jakob und Wilhelm 14S
  German scholars
die **Grippe, -n** 4G influenza
die **Grippezeit** 2D influenza
  season
grob 17D blunt, coarse
groß 2L large, big; great; tall, high
größer 6L greater, higher, larger,
  bigger
die **Großmacht, ̈e** 9L major
  power
die **Großmutter, ̈** 7S grand-
  mother
größte 6L greatest, biggest, larg-
  est
der **Großvater, ̈** 13G grandfather
grün 3L green
der **Grund, ̈e** 7L reason
gründen 8L/14L to found, establish
das **Grundgesetz** 18L Basic Law
  (*constitution of the FRG*)
die **Gründlichkeit** 9L thoroughness
der **Grundstücksmakler, -** 16L
  real estate agent
die **Gründung, -en** 18L founding,
  creation
der **Grundvertrag, ̈e** 18L *treaty
  between the FRG and the
  DDR*
grünen 6W to be green
die **„Grünen"** 6L *members of the
  environmental party in the
  FRG*
die **Gruppe, -n** 9L group
grüßen 12G to greet
Grüß Gott! 2D Good day!
günstig 4D favorable, good

sich gurten 16D to buckle up
gut C/1D good, well
   Gute Nacht! 2D Good night!
   Guten Abend! C/14D Good
     evening!
   Guten Flug! 3D Have a good
     flight!
   Guten Morgen! C Good morn-
     ing!
   Guten Tag! C/1D Hello!, Good
     day!
das Gymnasium, die Gymnasien
   13D German secondary
   school (*grades 5–13*)

H

das Haar, -e 4S/10L hair
haben (hat), hatte, gehabt 1D to
   have
das Hähnchen, - 13S young
   rooster
der Haifisch, -e 9S shark
das Hakenkreuz 14W swastika
halb 1L half
die Hälfte 11G half
Hallo! 14W Hello!
der Hals, ̈e 4S/10L neck; throat
   sich jemand an den Hals wer-
    fen 11D to throw oneself at
    somebody
halt 2D stop, wait a minute
halten (ä), ie, a 3L to stop; to
   hold, keep; to stick to
   halten für 11D to think of
die Haltestelle, -n 3L bus *or*
   streetcar stop
der Hamburger, - 6S hamburger
Hameln 13G Hamelin (*city in the*
   FRG)
die Hand, ̈e 4S/9L hand
   Hand in Hand gehen 9L to go
    hand in hand
der Handel 8L trade
die Handschrift, -en 8L handwriting

der Hang 18L tendency
hängen, i, a 5S to hang; to attach
das Happening, -s 14D happening
hart 2L hard
der Hase, -n 10S hare, rabbit
hassen 2S to hate
hauen 10L to strike, to hit
das Haupt, ̈er 14G head
das Hauptfach, ̈er 4D major (*in*
   college)
die Hauptidee, -n 14L main idea,
   theme
das Hauptquartier, -e 17L head-
   quarters
die Hauptstadt, ̈e 17L capital
   city
die Hauptstraße, -n 13L main
   street
die Hauptursache, -n 16D main
   cause
das Haus, ̈er 1L house
   nach Haus(e) 3L (to) home
   nach Haus(e) fahren 2G to go
    home
   zu Haus(e) 3L at home
die Hausaufgabe, -n C homework
das Häusermeer sea of houses
die Hausfrau, -en 1L housewife
der Hausmann, ̈er 8S househus-
   band
die Hausnummer, -n 4S street
   number
das Heft, -e C notebook
Heidelberg 1W/7G Heidelberg
   (*city in the FRG*)
heilig 11G holy
   der Heilige Abend 11G Christ-
    mas Eve
die Heimat 13S homeland
das Heimatland 15S homeland
heimlich 17D secret(ly)
Heinrich der Achte 4S Henry VIII
die Heirat, -en 5L marriage
heiraten 1L to marry
der Heiratswunsch, ̈e 5D matrimonial ad
heiß 2G/4L hot

heißen, ie, ei 1D to be called; to
   mean
   das heißt (d.h.) 9L that is (i.e.)
   so heißt das 3L that's what it's
    called
der Held, -en 9L hero
die Heldin, -nen 13G heroine
helfen (i), a, o *dat* 5D to help
her 4G (to) here
der Herausgeber, - 14S editor,
   publisher
der Herbst, -e 7D autumn; 14G
   harvest
die Herbstmonate *pl* 8G autumn
   months
der Herd, -e 14G hearth
her·kommen*, kam her, herge-
   kommen 4G to come here
der Herr, -en C/1D Mr.; gentleman
das Herz, -en 6G/10L heart; soul
herzlich 12G hearty, cordial(ly)
heute C1D today
   heute abend 1D tonight
   heute nachmittag 10G this
    afternoon
   von heute auf morgen 4L
    overnight, all of a sudden
   Der wievielte ist heute? 11G
    What is today's date?
hier 1D here
die Hilfe 4G/13L help
   laut um Hilfe rufen 15L to call
    out loudly for help
hilflos 13G helpless
der Hilfsarbeiter, - 13L unskilled
   worker
der Himmel, - 12S sky; heaven
hin 4G (to) there
hinaus·gehen*, ging hinaus,
   hinausgegangen 6S to go out
hindustanisch 14S Hindustani
hinein·fallen* (ä), ie, a 14L to fall
   into
hinein·gehen*, ging hinein,
   hineingegangen 6S to go into
hin·fahren* (ä), u, a 4G to drive
   there, go there

hinter 5G/13D behind
der Hirsch, -e stag
historisch 14S historical
die Hitlerzeit 14L Hitler period
(1933–1945)
die Hitrecord, -s 14D hit record
das Hobby, -s 9L hobby
hoch (hoh) 4L high
Hochdeutsch 17L standard German, High German
die Hochschule, -n 13L institution of higher learning, university
höchstens 16D at most
der Hochzeitstag, -e 11S wedding day
das Hofbräuhaus 5S/17D Hofbräu Tavern (in Munich)
hoffen 3L to hope
hoffentlich 2D it is to be hoped, I hope, hopefully
die Hoffnung, -en 6W hope
höflich 12W/14G polite
die Höflichkeit 14G politeness
die Hofreitschule 17L royal riding school
Hohenlimburg 6G Hohenlimburg (town in the FRG)
holen 15L to get, fetch
Holland 17S Holland, the Netherlands
Homer 8L Greek poet
der Hopfen 13S hops
hören 1G/3L to hear, listen (to)
der Hörer, - 14D listener
die Hörübung, -en 11S listening exercise
die Hose, -n 2L pants, trousers
das Hotel, -s 2G/6D hotel
der Hotelportier, -s 3L hotel clerk
das H-Schild, -er (H = Haltestelle) 3L sign for bus stop
hübsch 11D lovely, pretty
der Hügel, - 8L hill
der Humor 1S/17D humor
humorvoll 12W humorous
der Hund, -e 5S/15D dog
die Hundemarke, -n 15L dog tag

hundert 4G/8L hundred
hundertdrei 4G one hundred and three
hunderteins 4G one hundred and one
hundertfünfundvierzig 4G one hundred and forty-five
hundertst- 11G hundredth
das Hundertstel 11G one hundredth
hundertzwei 4G one hundred and two
hungern 18L to be hungry, to starve
hungrig 12G hungry
der Hut, ¨e 17D hat
die Hypothese, -n 15L hypothesis

I

ich 1D I
   Ich auch! 9S Me, too!
ideal 5S ideal
das Ideal, -e 11S ideal
die Idee, -n 4L idea
die Identifikation, -en 9L identification
(sich) identifizieren 7G to identify (oneself)
die Identität, -en identity
die Ideologie, -n 18L ideology
der Idiot, -en 6G idiot
ignorieren 6L to ignore
ihm 5L (to) him dat
ihn 2L him, it
ihnen 5D (to) them dat
Ihnen 5G you form sing/pl
ihr 4G/5D to her, her; their
Ihr C/3D/4G your form sing/pl
(die) Ilias 8L The Iliad
die Illustration, -en 10S illustration
illustriert (pp of illustrieren) 10S illustrated
im – in dem 3D in the

imaginär 13S imaginary
imitieren 14D to imitate
die Immatrikulationsnummer, -n 4S registration number
(sich) immatrikulieren 13L to register, enroll
immer 1L always
   immer mehr 7L more and more
   immer noch 5G still
   immer tiefer 8L deeper and deeper
improvisieren 17L to improvise
in 1D/2L in, into, to
inbegriffen 3L included
indianisch 14S Indian (American)
Indien 7L India
das Indigo 8L indigo
indisch 14S Indian
indoeuropäisch 14S Indo-European
die Industrie, -n 6D industry
das Industrieland, ¨er 6L industrialized nation
die Infanterie 14L infantry
die Inflation 7G/15D inflation
die Informatik 1W/6D computer science
der Informatiker, - 5S computer scientist (male)
die Informatikerin, -nen 5S computer scientist (female)
die Information, -en 3L information
das Informationsblatt, ¨er 13D information sheet
informell 11L informal, familiar
der Ingenieur, -e 6D engineer
das Inhaltsverzeichnis table of contents
inmitten von in the middle of
innen 9L inside
   nach innen 9L inward
ins = in das 1D
das Insekt, -en 6L insect
die Insel, -n 13G island
das Institut, -e 6D institute
das Instrument, -e 17L instrument

die **Integration** 9L integration
intelligent 1S intelligent
die **Intelligenz** 7S intelligence
der **Intelligenz-Quiz, -ze** 4S
    intelligence quiz
interessant 1L interesting
das **Interesse, -n** 7L interest
sich interessieren für 9L to be
    interested in
international 3L international
das **Interview, -s** 13D interview
interviewen 17D to interview
intolerant 5S intolerant
Irland 1S Ireland
ironisch 2S ironical, ironic
(sich) irren 9D to be mistaken; to
    err
der **Irrtum, ̈er** 14G error
isoliert 18L isolated
das **Isotop** 18G isotope
Israel 3S Israel
Italien 1S/2L Italy
der **Italiener, -** 6S/17L Italian
    (*male*)
die **Italienerin, -nen** 6D Italian
    (*female*)
Italienisch 17L Italian (*language*)
italienisch 1S/17L Italian

J

ja 1D yes; indeed
der **Jäger, -** 16S hunter
das **Jahr, -e** 1L year
    vor ein paar Jahren 9D a few
    years ago
jahrelang 14D for years
das **Jahrhundert, -e** 10D century
das **Jahrzehnt, -e** 9L decade
der **Januar** 8G January
Japan 3S Japan
der **Jazz** 13L jazz
je . . . desto 12D the . . . the
je . . . je (je . . . umso) 12G the
    . . . the

die **Jeans** *pl* 2L (blue) jeans
jedenfalls 13L at any rate, in any
    case
jeder (jede, jedes) 6D every, each
jedermann 6L everybody, every-
    one, anyone
jedoch 11L however
jemand 10L somebody, someone
jen- 7G that, these
Jesus Christus 17S Jesus Christ
der **Jet, -s** 14L jet
das **Jet-Set** 14D jet set
jetzt 1L now
jiddisch 14S Yiddish
der **Job, -s** 3S/12L job
das **Joghurt, -s** 12W yogurt
der **Journalist, -en** 5S journalist
    (*male*)
die **Journalistin, -nen** 5S journal-
    ist (*female*)
der **Jude, -n** 18L Jew
jüdisch 5S Jewish
die **Jugend** 14D youth
die **Jugendherberge, -n** 3L youth
    hostel
der **Jugoslawe, -n** 7L Yugoslav
Jugoslawien 4G Yugoslavia
der **Juli** 8G July
jung 1L young
der **Junge, -n** 2L boy
der **Juni** 6G June

K

der **Kaffee** 1S/3L coffee
das **Kaffeehaus, ̈er** 1L coffee
    house
Kafka, Franz 9S *German writer*
kahl 14G bald
der **Kalauer, -** 4G *a type of Ger-
    man joke*
das **Kalb, ̈er** 14S calf; veal
Kalifornien 2L California
die **Kalorie, -n** 12L calorie, ca-
    loric unit

kalt 1L cold
(sich) kämmen 9G to comb (one's
    hair)
der **Kampf, ̈e** 18L fight, battle
kämpfen 6S/13L to fight
Kanada 1S/6D Canada
der **Kanadier, -** 6D Canadian
    (*male*)
die **Kanone, -n** 12L gun, cannon
der **Kanton, -e** 17L canton (*Swit-
    zerland*)
der **Kapitalist, -en** 6S capitalist
kapitalistisch 18L capitalistic
das **Kapitel, -** 1D chapter
kaputt 4G kaput, busted, broken
    (down)
das **Karate** 1D karate
die **Karikatur, -en** 7S caricature
die **Karte, -n** C/1L map; 3S ticket
der **Käse, -** 1L cheese
die **Kassette, -n** 5S cassette
der **Katalysator, -en** 6L catalytic
    converter
der **Kater, -** 10L tomcat
    einen Kater haben 10L to have
    a hangover
der **Katholik, -en** 18L Catholic
katholisch 5L Catholic
die **Katze, -n** 4S/10L cat
kauen 10S/12W to chew
kaufen 1L to buy
    sich kaufen 9G to buy for
    oneself
der **Käufer, -** 12D buyer
das **Kaufhaus, ̈er** 13D depart-
    ment store
der **Kaugummi** 4S/10G chewing
    gum
kaum 16L scarcely
kein 1D no, not a
der **Kellner, -** 5S/15L waiter
die **Kellnerin, -nen** 5S waitress
kennen, kannte, gekannt 1D to
    know, to be acquainted with
kennen·lernen 5L to become
    acquainted with, to get to
    know
das **Kennzeichen** 1S sign

der **Kerl, -e** 5L guy, fellow

das **Kernkraftwerk, -e** 15L nuclear power plant

die **Kernspaltung** 15L nuclear fission

das **Kilo(gramm), -** 4D kilogram

der **Kilometer, -** 4L kilometer

das **Kind, -er** 1G/7D child

kinderfreundlich 18L supportive of children

der **Kindergarten, -̈** 14L nursery school, kindergarten

die **Kinder- und Hausmärchen** 14S fairy tales for children and the home

die **Kindheit** 14G childhood

das **Kino, -s** 4S movie theater

die **Kirche, -n** 3S/18L church

das **Kirchenkonzert, -e** 13L church concert

der **Kitsch** 14L trashy piece of art

Klagenfurt 13L Klagenfurt (*city in Austria*)

klar 4L clear; 4G sure!

die **Klarinette, -n** 13L clarinet

die **Klasse, -n** 13L class; grade

der **Klassenkamerad, -en** 4S classmate

das **Klassenzimmer, -** C classroom

klassisch 13L classical

der **Klatsch** 13S gossip

das **Klavier, -e** 1S piano

das **Kleid, -er** 6W/16L dress

klein 2L small, little

Kleinasien 8L Asia Minor

der **Kletterkurs, -e** 13L mountain-climbing class

das **Klima** climate

das **Klischee, -s** 1L cliché

der **Klub, -s** 9D club

das **Knie, -** 4S/11D knee

die **Kniebeuge, -n** 9D knee-bend

kochen 4S to cook, to boil

die **Kohle, -n** 6L coal

kollektiviert 18L collectivized

Köln 3D Cologne (*city in the FRG*)

Kolumbus 8G Columbus

komisch 11L funny, comical, strange

das **Komma** comma

kommandieren 5S to command, give the orders

der **Komet, -en** 13G comet

kommen*, kam, gekommen 1D to come

Wie kommt es, daß . . .? 7G How is it that . . .?

kommerziell 14L commercial(ly)

der **Kommunismus** 15S communism

der **Kommunist, -en** 16S communist

kommunistisch 18L communist

der **Komparativ, -e** 12L comparative

der **Komplex, -e** 5D complex

das **Kompliment, -e** 16L compliment

komponieren 13G to compose

der **Komponist, -en** 13G composer

die **Konditorei, -en** 3L pastry shop

der **Konflikt, -e** 17L conflict

der **Konformismus** 18L conformism

konfrontieren 6L to confront

der **König, -e** 8L king

die **Königin, -nen** 8G queen

das **Königtum, -̈er** 14G kingdom

der **Konjunktiv, -e** 15L subjunctive

die **Konkurrenz** 14L competition

können (kann), konnte, gekonnt 6D can, to be able to

konservativ 17L conservative

konstant 7L constant, stable, persistent

der **Kontakt, -e** 5D contact

der **Kontinent, -e** 14W continent

kontra 7L versus

die **Konversation, -en** 16S conversation

das **Konzert, -e** 1D concert

der **Kopf, -̈e** 4S/5D head

die **Kopfschmerzen** *pl only* 7S/10L headache

der **Körper, -** 10L body

die **Körperteile** *pl* 4S/10L parts of the body

die **Körpertemperatur** 4S body temperature

der **Kosename, -n** 13S nickname

kosten 3D to cost

kostenlos 13G free, gratis

die **Kraft, -̈e** 6W/7S strength

krank 3L sick, ill

der (die) **Kranke, -n** 11G sick man (woman), patient

das **Krankenhaus, -̈er** 5S/14D hospital

die **Krankheit, -en** 14G sickness

der **Kredit, -e** 18L credit

die **Kreditkarte, -n** 15W credit card

die **Kreide** C/2S chalk

die **Kreuzung, -en** 16D intersection

der **Krieg, -e** 1L war

Krieg erklären 14L to declare war

der **Krimi, -s** 8S detective novel

die **Krise, -n** 3D crisis

kritisch 7L critical

kritisieren 6S/10L to criticize

der **Krug, -̈e** 8L jug

die **Küche, -n** 18L kitchen

der **Kuchen, -** 2S/3L cake, pastry

die **Kuckucksuhr, -en** 14S cuckoo clock

die **Kugel, -n** 14G ball; bullet

das **Kugellager, -** 4D ball bearing

der **Kugelschreiber, -** C/12G ballpoint pen

die **Kuh, -̈e** 11S cow

der **Kühlturm, -̈e** 18D cooling tower

die **Kultur** 10S culture

kulturell 16L cultured

der **Kunde, -n** 2L customer (*male*)

der **Kundendienst** 13D customer service

die **Kundin, -nen** 2L customer
(*female*)
die **Kunst, ⁻e** 3W/14L art
die **Kunstausstellung, -en** art
exhibit
der **Kunstdünger** 7L artificial
fertilizer
der **Künstler, -** 10S artist
künstlich 13S artificial
das **Kunstmuseum** 3W art museum
die **Kunstseide** 14L artificial silk
der **Kurort, -e** 17L spa
der **Kurs, -e** 13D course, class
kurz 4G/11D short
vor kurzer Zeit 11L a short
time ago
kürzlich 14D not long ago, recently
der **Kuß, ⁻sse** 11D kiss
küssen 10S/11D to kiss

L

das **Laboratorium,** die **Laborato-
rien** 5S/8G laboratory
lächeln 8L to smile
lachen 7S to laugh
das **Land, ⁻er** 1S/5D land, country
landen 3L to land
die **Landsleute** *pl* 18L fellow
citizens, countrymen
die **Landung, -en** 14G landing
der **Landwirt, -e** 14G farmer
die **Landwirtschaft** 14G/18L
agriculture
lang 1G/4L long
fünf Jahre lang 8L for five years
langsam C slow(ly)
langweilig 9D boring
(sich) lassen (läßt), ließ, gelassen
8G/12D to let (oneself); to
leave, to make, can, to have
done
es läßt sich nichts ändern 12D
nothing can be changed

Latein 14S Latin
lateinisch 14W Latin
die **Laube, -n** 11D gazebo, arbor
der **Lauf, ⁻e** 14G course, career
laufen* (äu), ie, au 7G/9D to run,
to jog
ich laufe lieber 9D I'd rather
jog
das **Laufen** 9D running, jogging
laut 1S/5G/11D loud(ly), aloud
Lauter, bitte! C Louder, please!
der **Laut, -e** 14S sound
die **Lautstärke** 12L noise, volume
die **Lautverschiebung, -en** 14S
sound shift
leben 1L to live, reside
das **Leben** 4S/10D life
ins Leben rufen 14L to bring
into existence
die **Lebenden** *pl* 11G the living
lebendig 10L alive, lively
das **Lebensjahr, -e** 11S year of
one's life
der **Lebenskünstler, -** 17L expert
in the art of survival
die **Lebenskurve** 7L longevity
curve, population statistics
der **Lebenslauf, ⁻e** 13D curriculum vitae, résumé
die **Lebensqualität** 7L quality of
life
der **Lebensstandard** 7L standard
of living
der **Lebensstil, -e** 6L lifestyle
leblos 13G lifeless
das **Leder, -** 14L leather
die **Lederhose, -n** 1L leather pants
ledig 5L single
leer 6S empty
legen 5G to lay, to put
legendär 8L legendary
das **Lehrbuch, ⁻er** 11L textbook
lehren 6W/8D to teach
der **Lehrer, -** 1G/11L teacher
(*male*)
die **Lehrerin, -nen** 5L teacher
(*female*)

leicht 4L easy, simple; easily;
12G/14L light, small, less
serious
leicht·machen 17L to make easy
leider 1D unfortunately
leid tun *dat* 3D to be sorry
es tut mir leid 3D I am sorry
leihen, ie, ie 12G to lend; 15L to
borrow
Leipzig 9L Leipzig (*city in the
DDR*)
leise 3L quiet(ly)
leisten 14G/18L to accomplish,
achieve
sich leisten 9D to afford
ich kann es mir nicht leisten
9D I can't afford it
die **Leistung, -en** 14G/18L
achievement
das **Leistungsprinzip** 9L achievement principle
leiten 18L to lead, direct
der **Leiter, -** 13W director (*male*)
die **Leiterin, -nen** 13D head,
director (*female*)
die **Lektüre, -n** 14G reading
matter
der **Leninismus** 18L Leninism
die **Lerche, -n** 14G lark
lernen 1D to learn
lesbar 13G readable
lesen (ie), a, e 2G/3D to read
Lesen Sie, bitte! C Read,
please.
der **Leser, -** 11L reader
das **Lesestück, -e** 1L reading
selection
letzt- 7D last
die **Leute** *pl* 2L people
der **Leutnant, -s** 14L lieutenant
das **Licht, -er** C/16G light
lieb 6L dear
die **Liebe** 3L love
lieben 1L to love
sich lieben 11L to love one
another
lieber 9D rather
lieber haben 11W to prefer

ich laufe lieber 9D I'd rather jog

die **Liebesaffäre, -n** 6L love affair

die **Liebesszene, -n** 11D love scene

die **Liebfrauenmilch** 1S *Rhine wine*

lieb·haben 13S to like

der **Liebhaber, -** 16S lover

lieblich 15S sweet

der **Liebling, -e** 14G darling, favorite

der **Lieblingsplatz, ⸚e** 11D favorite spot

die **Lieblingsreklame, -n** 12S favorite advertisement

der **Lieblingssport** 13L favorite sport

die **Lieblingszigarette, -n** 12S favorite cigarette

der (die) **Liebste, -n** 11D beloved, dearest

Liechtenstein 1S/17L Liechtenstein

der **Liechtensteiner, -** 17L person from Liechtenstein

das **Lied, -er** 6L song

das **Liedchen, -** 2S little song, ditty

der **Liederkranz** 14S choral society

der **Liedermacher, -** 13S/18L songwriter

liefern 4D to deliver, to furnish

liegen, a, e 5G/6D to lie, to be located

der **Liegestütz, -e** 9D push-up

die **Limonade, -n** 4L lemonade, soft drink

die **Linie, -n** 12L line
    schlanke Linie 12L slim figure

links 3D (to the) left

Linz 13L Linz (*city in Austria*)

der **Lippenstift, -e** 1L lipstick

der **Liter, -** 4L liter

die **Literatur, -en** 8D literature

die **Litfaßsäule, -n** 12L advertising pillar

der **Löffel, -** 1G spoon

der **Lokomotivführer, -** 17D engineer (*railroad*)

lösen 8G/18D to solve

los·fahren* (ä), u, a 16D to drive on, proceed; to ''gun'' a car

los·machen 11D to untie, undo

los·sein*, war los, losgewesen 5G to take place, to go on
    Was ist los? 5D What's the matter?, What's going on?

die **Lösung, -en** 7L solution

(das) **Löwenbräu** 1S/14L *German beer*

die **Luft** 6D air

der **Luftballon, -s** 4W hot air balloon

die **Luftpost** 3L airmail

der **Luftpostbrief, -e** 3L aerogram

die **Luftpostmarke, -n** 3L airmail stamp

die **Luftverschmutzung** 6D air pollution

lügen, o, o 13S/14L to lie (tell a falsehood)

die **Lust, ⸚e** 14G appetite, desire

lustig 17D funny
    sich lustig machen über (+ *acc*) 17D to make fun of

Luxemburg 1S Luxembourg

M

das **Mach, -s** 14L mach (*measurement of the speed of sound*)

machen 2D to make, to do
    das macht nichts 2D that doesn't matter

die **Macht, ⸚e** 12D power, might

mächtig 18L powerful

das **Mädchen, -** 1D girl

die **Mafia** 6S Mafia

mahlen 13S to grind

der **Mai** 8G/18L May

der **Mais** 8D corn, maize

das **Mais-Chromosom, -en** 8D maize chromosome

mal = einmal 4G times (*math*); 11D once

das **Mal, -e** 8L time
    zum ersten Mal 8L for the first time

malen 13S to paint

die **Malerei** 14L art of painting

die **Malerin, -nen** 2S painter (*female*)

das **Malz** 13S malt

man C/1L one, you, they, people

der **Manager, -** 14G/15L manager (*male*)

die **Managerin, -nen** 6D manager (*female*)

manch- 7L many a, some

manchmal 3S/5L sometimes

manipulieren 12D to manipulate

der **Mann, ⸚er** 1G/2L man; husband

der **Männer-Chauvinismus** 5D male chauvinism

Mannheim 14S Mannheim (*city in the FRG*)

der **Marathon** 10S marathon

das **Märchen, -** 14S fairy tale

das **Märchenland** 13S fairy-tale land

der **Märchensammler, -** 14S collector of fairy tales

die **Margarine, -n** 7G margarine

das **Marihuana** 6S marijuana, pot

die **Mark, -** 3L Mark (*currency of the DDR*)

die **Marke, -n** 12D brand (*of merchandise*)

der **Markt, ⸚e** 4D market

der **Marshall-Plan** 18L Marshall Plan

der **Marxismus** 18L Marxism

der **Marxismus-Leninismus** 18L Marxism-Leninism

marxistisch-leninistisch 9L Marxist-Leninist

der **März** 8G March

die **Maschine, -n** 14G machine

das **Maß, -e** 4D measurement
mäßig 2L moderate(ly)
das **Match, -e** 9G match (*tennis*)
das **Material, die Materialien** 10S material
der **Materialismus** 18L materialism
der **Materialschaden, -̈** 6L material damage
die **Mathematik** 1S/10G mathematics
das **Matterhorn** 12G Matterhorn (*mountain in Switzerland*)
die **Mauer, -n** 7L wall
die **Maus, -̈e** 10S mouse
die **Medaille, -n** 9L medal
das **Medikament, -e** 3L medicine, drug
die **Medizin** 1D medicine
das **Meer, -e** 2L sea; ocean
mehr 3S/4L more
  mehr als 8D more than
mehrere 13L several
die **Mehrwertsteuer, -n** 3L value-added tax
die **Meile, -n** 4L mile
meilenweit 12L for miles
mein 4G my
meinen 4D to mean; 15D to think, be of the opinion
die **Meinung, -en** 2L opinion
  meiner Meinung nach 12S in my opinion
die **Meinungsfreiheit** 15S freedom of opinion
meist 11G most
die **meisten** 11L most (*people*)
meistens 2L mostly
die **Menge, -n** 18D quantity, amount
die **Mensa, die Mensen** 9G university cafeteria
der **Mensch, -en** 3L person; *pl* people
menschlich 10L human
der **Mercedes, -** 10G Mercedes (*German car*)

messen (mißt), maß, gemessen 4D to measure
das **Messer, -** 1G knife
das **Metall, -e** 17L metal
der **Meter, -** 4D meter
metrisch 4D metric
der **Mexikaner, -** 6S Mexican
mexikanisch 11S Mexican
Mexiko 1S Mexico
mich 2D me
Michel 1S Germany's ''Uncle Sam''
die **Miete, -n** 15D rent
die **Milch** 1G milk
die **Milliarde, -n** 12S billion
der **Millimeter, -** 11G millimeter
die **Million, -en** 6L million
der **Millionär, -e** 6G/8L millionaire
millionst- 11G millionth
der **Minderwertigkeitskomplex, -e** 10S inferiority complex
das **Minenfeld, -er** 18L minefield
das **Mineralwasser, -** 4D mineral water
das **Miniporträt, -s** 17L miniportrait
mir 5D (to) me
die **Mischung, -en** 9L mixture
mit 1L with
mit·bringen, brachte mit, mitgebracht 12D to bring along
miteinander 2L/11L with each other
das **Mitglied, -er** 13L member
mit·kommen*, kam mit, mitgekommen 3G to come along
mit·nehmen (nimmt mit), nahm mit, mitgenommen 3L to take along
der **Mittag** 6S noon, midday
das **Mittagessen, -** 8S/12G lunch
die **Mitte** 6S middle
das **Mittel, -** 9L means
das **Mittelalter** 6L Middle Ages
die **Mitternacht** 16S midnight
der **Mittwoch, -e** C Wednesday

mit·verdienen 7D to earn (*additional income*), co-earn
das **Möbel, -** 14S piece of furniture
mobilisieren 17L to mobilize
möcht- 5L would like to
  ich (er, sie) möchte 5L I (he, she) would like to
die **Moderatorin, -nen** 14D moderator (*female*)
modern 2S/9L modern
das **Mofa = Motorfahrrad** 5S/12G motorbicycle
mögen (mag), mochte, gemocht 6D to like to
möglich 2L possible
die **Möglichkeit, -en** 14G/15L possibility
Moment mal 3D just a moment; hold it
die **Monarchie, -n** 9L monarchy
der **Monat, -e** 5S/7G/8L month
der **Mond, -e** 13G moon
der **Montag, -e** C Monday
der **Montblanc** 12G Mont Blanc (*mountain in France*)
Monte Carlo 13S Monte Carlo (*European principality*)
das **Moped, -s** 5S moped
die **Moral** 11G morals
moralisch 15S moral
morgen C/3L tomorrow
der **Morgen, -** C morning
  eines Morgens 8L one morning, some morning
  Guten Morgen! C/9D Good morning!
morgens 9D in the morning
die **Moschee, -n** 3S mosque
Moskau 9L Moscow
das **Motelzimmer, -** 12G motel room
der **Motor, -en** 12G/14L motor
das **Motorrad, -̈er** 4G motorcycle
der **Motorradfahrer, -** 4G motorcycle rider
das **Motto, -s** 6L motto
müde 7G/9S tired

die **Mühe, -n** 12S effort
München 2S/5L Munich (*city in the FRG*)
der **Mund, ̈er** 4S/10L mouth
mündlich 1L orally
das **Museum, die Museen** 3L museum
die **Musik** 4G/13L music
das **Musikdrama, die Musikdramen** 14L music drama
der **Musiker, -** 6L musician (*male*)
die **Musikerin, -nen** 6D musician (*female*)
müssen (muß), mußte, gemußt 3G/6D must, to have to
mutig 14G brave, courageous
die **Mutter, ̈** 1G/5L mother
die **Mutti** 5L *diminutive of* **Mutter**
die **Mütze, -n** 17S hat
mythologisch 9S mythological

N

na 2D well (*interjection*)
 na, und? 17D so what?
nach 2L after; to; according to
 nach außen 9L outward
 nach innen 9L inward
der **Nachbar, -n** 12D/17D neighbor (*male*)
die **Nachbarin, -nen** 12D neighbor (*female*)
nachdem 14G after
nach·denken, dachte nach, nachgedacht 10L to reflect, to ponder
der **Nachdruck** 14S reprint
die **Nachkriegsgeburten** *pl* 7L postwar births
nach·laufen* (äu), ie, au 15L to follow
nach·machen 14D to imitate
der **Nachmittag, -e** 9G afternoon
 heute nachmittag 10G this afternoon

nachmittags 6G/9L in the afternoon
die **Nachricht, -en** 3L news
nach·schlagen (ä), u, a 14S to look up
nächst- 9G/10D next
die **Nacht, ̈e** 1L night
 nachts 9S/16L at night
der **Nachtklub, -s** 13L nightclub
das **Nachtleben** 13S nightlife
die **Nadel, -n** 6L needle
der **Nadelbaum, ̈e** 14G coniferous tree
nah 12G/14D near
näher 14D closer
sich näher·kommen*, a, o 14D to become better acquainted with
der **Nährstoff, -e** 6L nutrient
der **Name, -n** 1G/8D name
der **Narr, -en** 13S fool
die **Nase, -n** 4S/10L nose
naß 2D wet
die **Nation, -en** 9L nation
national 9L national
der **Nationalfeiertag, -e** national holiday
die **Nationalflagge, -n** 16L national flag
der **Nationalismus** 9L nationalism
die **Nationalität, -en** 1S/17L nationality
nationalsozialistisch 9L National Socialist (Nazi)
die **Natur** 5W/13L nature
der **Naturalismus** 11D naturalism
natürlich 2L naturally, of course
naturwissenschaftlich 18L scientific
die **Nazizeit** 17D period of the Nazi regime in Germany (*1933–1945*)
neben 5G/13L next to, in addition to
das **Nebenfach, ̈er** 4D minor (*in college*)
der **Neffe, -n** 8S nephew
nehmen (nimmt), nahm, genommen 2D to take

Nehmen Sie Platz! 13D Have a seat!
nein 1D no
nennen, nannte, genannt 1L to call, name
der **Nerv, -en** 5L nerve
 auf die Nerven gehen 5L to get on one's nerves
nett 1D nice (*of people*)
neu 2G/4D new
neugierig 1S curious
neun C nine
neunt- 11G ninth
neunzehn C nineteen
neunzehnjährig 11S nineteen-year-old
neunzig 4G ninety
neutral 1L neutral
das **Neutron, -en** 15L neutron
nicht C/1D not
 nicht wahr? 3D isn't it?, right?
die **Nichte, -n** 8S niece
der **Nichtraucher, -** 3L nonsmoker
das **Nichtraucherabteil, -e** 3L nonsmoker compartment
nichts 2D nothing
 das macht nichts 2D that doesn't matter
 nichts zu danken 2D don't mention it
nie 1L never
nieder 8D down
die **Niederlande** 1S Netherlands
niedrig 17L low
niemand 8L nobody
niesen 14L to sneeze
Nietzsche, Friedrich 9S *German philosopher*
nikotinarm 12L low in nicotine
der **Nobelpreis, -e** 8D Nobel Prize
noch 3D still, yet
 noch einmal 8L once more
 Noch einmal, bitte! C Again, please.
 noch mehr 7S/8L even more
 noch nicht 7G/11L not yet
 noch nie 10D never (before)

der **Norden** 14S the North
der **Nordpol** 12G North Pole
die **Nordsee** North Sea
normal 4S normal
normalisieren 18L to normalize
die **Note, -n** 3S/7G/13D grade
notwendig 18L necessary
der **November** 8D November
nuklear 6S nuclear
null C/4G zero
das **Nullwachstum** 7D zero population growth
der **numerus clausus** 18L limited enrollment
die **Nummer, -n** 4S/6L number
nun 8L now
nur 1L only
Nürnberg 3D Nuremberg (*city in the FRG*)

O

ob 6G/9L whether, if
oben 9L top; above
  von oben bis unten 9L from top to bottom
der **Ober, -** 16G (head)waiter
  Herr Ober! 16S Waiter!
Oberammergau 2G Oberammergau (*village in Bavaria*)
die **Oberschule, -n** 13L high school
das **Obst** 11S fruit
obwohl 6G/14W/17L although
der **Ochse, -n** 11S ox; blockhead
oder 1L or
die **Odyssee** 13G *The Odyssey*
offen 3L open
öffentlich 9D public
offiziell 4L official(ly)
öffnen C/7G to open
oft 1L often
öfter 9G/15D more often
ohne 4G/12L without
das **Ohr, -en** 10L ear
die **Ökonomie** 1S economy

der **Oktober** 8G/18L October
das **Öl, -e** 10L oil
die **Ölheizung, -en** 18D oil heating
die **Ölreserven** *pl* 12G oil reserves
die **Olympiade, -n** 9L Olympic Games
die **Olympiasiegerin, -nen** 9L Olympic champion (*female*)
die **Olympischen Spiele** 9L Olympic Games
der **Onkel, -** 1S/8G uncle
die **Oper, -n** 3L opera, opera house
die **Operette, -n** 17L operetta
der **Opernsänger, -** 5S opera singer (*male*)
die **Opernsängerin, -nen** 5S opera singer (*female*)
die **Optikerin, -nen** 13L optometrist (*female*)
optimistisch 10D optimistic
die **Orange, -n** 12G orange
der **Orangensaft, ⁻e** 1S orange juice
das **Orchesterkonzert** 13L orchestra concert
ordentlich 17L proper, neat
die **Organisation, -en** 6L organization
der **Orientexpreß** 6G Orient Express
der **Ort, -e** 3D place
Ostberlin 3L East Berlin
ostdeutsch 11G East German
der **Ostdeutsche, -n** 17D East German (*male*)
Ostdeutschland 1L East Germany
der **Osten** 17L the East
Ostern 11S Easter
Österreich 1L Austria
der **Österreicher, -** 1L Austrian (*male*)
die **Österreicherin, -nen** 1L Austrian (*female*)
österreichisch 1S/10W Austrian
der **Österreichische Alpenverein** 13L Austrian Alpine Club

Osteuropa 18L Eastern Europe
der **Ostfriese, -n** 17D East Frisian
ostfriesisch 17D East Frisian
östlich 18L eastern
die **Ostmark** 17L name for Austria during the Nazi occupation (*1938–1945*)
die **Ouvertüre, -n** 17S overture

P

das **Paar, -e** 17D pair
(ein) paar 1L a few
  vor ein paar Jahren 9D a few years ago
der **Panzer, -** 14L tank
der **Papierkorb, ⁻e** C wastepaper basket
das **Paradies** 13S paradise
paradiesisch 13S heavenly, delightful
das **Parfüm, -s** 12S perfume
der **Park, -s** 4G/9D park
parken 17S to park
der **Parkplatz, ⁻e** 9G parking lot
die **Partei, -en** 6L (political) party
die **Parteihauptstadt** 14W party capital (*during Nazi period*)
der **Partner, -** 4S/5D partner (*male*)
die **Partnerin, -nen** 4S/10G/11D partner (*female*)
die **Party, -s** 2S/5G party
der **Paß, ⁻sse** 14S/17L passport; pass
der **Passant, -en** 3D passer-by
passen *dat* 5L to suit, fit
  das paßt mir that suits me
  passen zu 5L to be compatible with
passieren 7G to happen
die **Pause, -n** C intermission, break
die **Pazifistin, -nen** 13G pacifist (*female*)
pensioniert 15D retired

per 3L per
  per „du" (sein) 11L (to be) on a **du** basis
perfekt 10S perfect
die **Person, -en** 3D character, person
die **Personalabteilung, -en** 13D personnel department
pessimistisch 10D pessimistic
Pestalozzi, Heinrich 6L *Swiss educator*
der **Pfennig, -e** 6G penny (100 Pf. = 1 Mark)
das **Pferd, -e** 17L horse
die **Pferdekutsche, -n** horse carriage
die **Pflanze, -n** 14G plant
pflanzen 6D to plant, grow
die **Pflaume, -n** 14G plum
das **Pflichtfach, ∸er** 18L required subject
der **Pflug, ∸e** 14G plow
das **Pfund, -e** 4S/11G pound
der **Philosoph, -en** 7L philosopher
die **Philosophie, -n** 6G/9L philosophy
photo-mechanisch 14S photomechanical
die **Physik** 1G/8D physics
der **Physiker, -** 11G/14L physicist (*male*)
die **Physikerin, -nen** 17W physicist (*female*)
das **Pi** 4S pi
die **Pille, -n** 7L pill, birth-control pill
der **Pillenknick** 7L descending curve in population growth caused by the birth-control pill
der **Pilot, -en** 5S pilot (*male*)
die **Pilotin, -nen** 5S/6D pilot (*female*)
das **Pingpong** 9S ping-pong
plädieren 6L to plead
das **Plakat, -e** 9L/12L poster
der **Plan, ∸e** 7D plan

planen 9L to plan
der **Planet, -en** 10D planet
die **Planwirtschaft** 9L planned economy
das **Plastik** 14L plastic
die **Plastiktüte, -n** 6S plastic bag
die **Plastiktütenfabrik, -en** 6W plastic shopping bag factory
die **Platte, -n** 1D record
der **Platz, ∸e** 3D place; seat; 9D (tennis) court; square
  Nehmen Sie Platz! 13D Have a seat!
plötzlich 15W suddenly, all at once
der **Poet, -en** 6L poet, writer
der **Pole, -n** 17L Pole
Polen 1S/14L Poland
das **Politbüro** 18L politburo
die **Politik** 1W/9L politics; policy
der **Politiker, -** 5S/6L politician (*male*)
die **Politikerin, -nen** 17G politician (*female*)
politisch 17D political
die **Polizei** 4S/16L police
  auf der Polizei 16L at the police station
der **Polizist, -en** 5G/16D policeman
die **Polizistin, -nen** 6D policewoman
polnisch 14L Polish
populär 1S/2L popular
pornographisch 17S pornographic
der **Porsche, -** 2S Porsche (*German car*)
Portugal 1S Portugal
portugiesisch 8L Portuguese
die **Post** 3L post office; mail
die **Postkarte, -n** 3L postcard
Prag 12G Prague
praktisch 2L practical
präservieren 13S to preserve
der **Präsident, -en** 9S president
präzis 4L precise
der **Preis, -e** 4D price; 8D prize

das **Prestige** 9L prestige
der **Preuße, -n** 17D Prussian
Priamus 8L Priam (*king of Troy*)
prima 2G/4D excellent, first-rate, super
der **Prinz, -en** 5D prince
das **Prinzip, -ien** 18L principle
  im Prinzip 17S in principle
privat 9L private
pro 4L per; 18D in favor of, for, pro
das **Problem, -e** 3D problem
problematisch 1L problematic
das **Produkt, -e** 4S/12L product
produzieren 1L to produce
der **Professor, -en** 2G professor (*male*)
die **Professorin, -nen** 8S professor (*female*)
das **Profil, -e** 6S profile
die **Prognose, -n** 10D prognosis, forecast
das **Programm, -e** 2S/5G/9L program
proklamieren 18L to proclaim
Prost! Cheers!, To your health!
der **Protest, -e** 8D protest
der **Protestant, -en** 18L Protestant
protestantisch 18L Protestant
protestieren 6W/8G to protest
das **Provisorium** 18L temporary arrangement
das **Prozent, -e** 6L percent, percentage
der **Prozentsatz, ∸e** 6L percentage
die **Prüfung, -en** C/3S/15D examination
der **Psychologe, -n** 14L psychologist
die **Psychologie** 8D psychology
psychologisch 6S psychological
der **Pudel, -** 16W poodle
der **Pullover, -** 9G pullover
der **Punkt, -e** 7L point; period
pünktlich 1L punctual(ly), on time
(sich) putzen 9G to brush, clean

Q

der **Quadratkilometer, -** 4L square kilometer
die **Qualität, -en** 4D quality
der **Quatsch** 12S/16D nonsense, baloney, "bull"
die **Quittung, -en** 3L receipt
der **Quiz, -ze** 8D quiz

R

rächen 14G to avenge, revenge
das **Radfahren** 9S bicycling
das **Radio, -s** 2S radio
radioaktiv 18G radioactive
die **Radiostation, -en** 15S radio station
das **Radium** 13G radium
das **Radrennen, -** 9S bicycle racing
die **Rakete, -n** 18G rocket
der **Rasen, -** 16L lawn, grass
sich **rasieren** 9D to shave
raten (ä), ie, a 14G to guess
das **Rathaus, ̈er** 14G city hall
Rätoromanisch 17L Romansch (language)
das **Rätsel, -** 3S riddle
der **Ratskeller, -** 14G City Hall Inn
die **Ratte, -n** 14G rat
der **Rattenfänger** 13G rat-catcher, Pied Piper (of Hameln)
der **Rauch** 12L smoke
rauchen 3L to smoke
das **Rauchen** 3L smoking
die **Raumfähre, -n** 14L space shuttle
das **Rauschgift, -e** 2S drug
das **Realgymnasium, die Real-gymnasien** 13L German (Austrian) secondary school
die **Realität, -en** 6L reality

realisieren 14L to create; to realize; to materialize
rechnen 4G to figure, calculate; 14G to reckon
die **Rechnung, -en** 3L bill
das **Recht, -e** 18L right
recht 2D right; *adv* really, quite
recht haben 2D to be right
rechtfertigen 18L to justify
rechts 3D (to the) right
der **Rechtsstaat** 18L constitutional state
die **Rechtswissenschaft** 6D law, jurisprudence
das **Recycling** 14D recycling
reden 6D to talk
die **Redensart, -en** 10L saying, idiom, expression
reduzieren 6L to reduce
die **Regel, -n** 11L rule
regelmäßig 2L regular(ly)
der **Regen** 2D rain
  der **„saure Regen"** 6D acid rain
der **Regenmantel, ̈** 2D raincoat
der **Regenschirm, -e** 2D umbrella
das **Regenwasser, -** 6L rainwater
regieren 17L to govern
die **Regierung, -en** 6D government
das **Regime, -s** 9L regime, government
regional 17D regional
registrieren 17L to register
regnen 2D to rain
der **Reh(bock)** 14G deer, (roe)-buck
reich 6S/11D rich
das **Reich, -e** 17L empire
der **Reichtum, ̈er** 14G wealth
die **Reife** 17D maturity
die **Reihe, -n** 14S column, row
rein 13S/16D pure
das **Reinheitsgebot** law on purity (*of beer*)
die **Reise, -n** 7W trip
das **Reisebüro, -s** 3L travel agency

reisen 2L to travel
der (die) **Reisende, -n** 11G traveler
der **Reiswein** 13S sake (*Japanese rice wine*)
das **Reiten** 9S horseback riding
die **Reklame, -n** 2L advertisement
relativ 13S relative
die **Religion, -en** 14L religion
der **Religionsunterricht** 16S religious instruction
das **Rendezvous, -** 11D rendez-vous
die **Rennbahn, -en** 16D racetrack
rennen*, rannte gerannt 7G to run
der **Rentner, -** 7L pensioner, retired person
reparieren 9S to repair
der **Reporter, -** 9D reporter
die **Republik, -en** 17L republic
reservieren 3L to reserve
resigniert 9L resigned(ly), with resignation
das **Restaurant, -s** 5D/15L restaurant
das **Resultat, -e** 11G result
die **Revolution, -en** 9L revolution
der **Revolver, -** 5S revolver
der **Rhein** 6D Rhine (*river in Germany*)
der **Richter, -** 16D judge
richtig 1L right, correct
die **Richtung, -en** 17D direction
riechen, o, o 10S to smell
der **Riese, -n** 12S giant
das **Rindvieh, -er** 11S cow; blockhead
der **Roboter, -** 10D robot
der **Rock, ̈e** 14G skirt
der **Rohstoff, -e** 7L raw material
das **Rollbrett, -er** 5S skateboard
das **Rollbrettfahren** 13L skate-boarding
die **Rolle, -n** 3L role
das **Rollschuhfahren** 9S roller-skating
Rom 17S Rome

romanisch 14S Romanesque
der **Römer, -** 18L Roman
Röntgen, Wilhelm 9D Röntgen (*German professor and scientist*)
rosa 4G pink
rot 3L red
  rot werden 11D to blush
das **Rotkäppchen** 14S Little Red Riding Hood
das **Rotlicht, -er** 16D red light (*traffic*)
das **Roulette** 3S roulette
die **Rübe, -n** 1G/10S turnip
der **Rücken** 4S/14L back
der **Rucksack, -̈e** 2S/14L knapsack
rückwärts 4G backwards
das **Rudern** rowing
der **Ruf** 14L reputation
rufen, ie, u 7G/14L to call, yell
  ins Leben rufen 14L to bring into existence
ruhen 16G to rest
rühren 10L to move, to lift
die **Ruine, -n** 8L ruin
der **Rundfunk** 14D radio
der **Russe, -n** 1S/18L Russian
Russisch 8L Russian (*language*)
russisch 10G Russian
Rußland 8L Russia

S

die **Sabotage** 18D sabotage
der **Saboteur, -e** 18L saboteur
die **Sache, -n** 10L matter, thing; development
das **Sachregister** subject index
der **Sack, -̈e** 14L bag
saftig 13S juicy
die **Sage, -n** 8L saga, legend
sagen C/1L to say, tell
  sag' mal 17D tell me
sähen 13S to sow

die **Salatsauce, -n** 12L salad dressing
Salzburg 13L Salzburg (*city in Austria*)
die **Salzburger Festspiele** 13L Salzburg Festival
Die Salzburger Nachrichten 5D *Austrian newspaper*
salzig 14G salty
sammeln 13L to gather, collect
der **Sammler, -** 14S collector
der **Samstag, -e** C Saturday
der **Sand** sand
das **Sandwich, -es** 8S sandwich
der **Sänger, -** 12S singer (*male*)
die **Sängerin, -nen** 12S singer (*female*)
Sangria 13S sangria
Sankt 8L saint
das **Sanskrit** 14S Sanskrit
der **Satz, -̈e** 17L sentence
sauber 6D clean
der **Sauerbraten** 7S sauerbraten
das **Sauerkraut** 2G sauerkraut
der **Sauger, -** 14G sucker
die **Saugstärke** 12L suction, power
das **Schach** 16L chess
schade . . . 5L too bad . . .
der **Schaden, -̈** 6L damage, injury
der **Schäfer, -** 16G shepherd
der **Schäferhund, -e** 13L German shepherd
schaffen 14D to accomplish
der **Schaffner, -** 14S/17D conductor
der **Schall** 14L sound
der **Schalter, -** 16W window (*clerk's, etc.*)
sich schämen 9S/11D to be ashamed
  Schämen Sie sich! 15L Shame on you!, You ought to be ashamed of yourself!
scharf 11S sharp
der **Scharm (Charme)** 7S charm
der **Schatz, -̈e** 8L treasure

die *Schatzinsel* 8S *Treasure Island*
schauen 15L to check, look
der **Scheck, -s** 8G check
die **Scheckkarte, -n** 15L credit card
die **Scheidung, -en** 7S divorce
scheinen 3L to shine; *dat* 5D to seem
die **Scheinkunst** 14L pseudoart
schenken 8S to give (*a present*)
schicken 5L to send
das **Schicksal, -e** 18L fate, destiny
schießen, schoß, geschossen 12L to shoot
das **Schießen** 9S/18L shooting
das **Schiff, -e** 13G ship
der **Schikurs, -e** 13L skiing class
der **Schilauf** 17L skiing
das **Schilaufen** 9S skiing
schi·laufen* (äu), ie, au 6S/16G to go skiing
der **Schiläufer, -** 14L skier (*male*)
die **Schiläuferin, -nen** 13L skier (*female*)
das **Schild, -er** 3D sign
der **Schilling, -e** 3L shilling (*currency of Austria*)
schimpfen 10L to complain; to scold; to swear
schlafen (ä), ie, a 3G/9D to sleep
der **Schlafende, -n** 11G the sleeping one
der **Schläger, -** 9D racket (*tennis*)
die **Schlagzeile, -n** 6L headline
schlank 5L slender
  die **schlanke Linie** 12L slim figure
das **Schlaraffenland** 13S life of idleness, ''paradise''
schlecht 1L bad, poor
der **Schlesier, -** 13L Silesian (native of Silesia)
schließen, schloß, geschlossen C/3L to shut, to close; to lock
schließlich 8L finally
schlimm 12D bad

schlimmer 12D worse
der **Schloß, -sser** castle
der **Schlüssel, -** 5G/10S key
schmecken 3L to taste; 5S to taste good
der **Schmerz, -en** 9G pain, ache
der **Schmutz** 6D dirt; pollution
der **Schmutzfink, -e** 6S litterbug
schmutzig 6S/9G/10L dirty
der **Schnaps, -e** 5G liquor, brandy
der **Schnee** 9S snow
das **Schneewittchen** 14S Snow White
schneiden, schnitt, geschnitten 10S to cut
schneien 6W to snow
schnell 3D fast, quick(ly)
der **Schnellzug, -e** 3D express train
das **Schnitzel, -** 14G cutlet
der **Schnupfen** 12L head cold, sniffles
der **Schnurrbart, -e** 14S mustache
schockieren 11G to shock
die **Schokolade, -n** 12S chocolate
schon 2D already
   schon lange 4L for a long time
schön 3G/3L beautiful, nice, pretty
die **Schönheit, -en** 17L beauty
die **Schönheitskönigin, -nen** 4L beauty queen
der **Schornstein, -e** 6D smokestack, chimney
schrecklich 11D terrible, awful; terribly
schreiben, ie, ie 1G/3L to write
der **Schreiber, -** 8L clerk
der **Schreibtisch, -e** 13D desk
schriftlich C/1L in writing
der **Schritt, -e** 11D step
der **Schuh, -e** 17D shoe
die **Schuhgröße, -n** 13S shoe size
schuld sein an (+ dat) 16D to be guilty of
schuldig 16D guilty

die **Schule, -n** 7S/8L school
   die Schule schwänzen 7S to skip school
der **Schüler, -** 9L pupil (male)
die **Schülerin, -nen** 9L pupil (female)
die **Schulkapelle, -n** 13L school band
das **Schulkind, -er** 4L school child
die **Schulmeisterschaft, -en** 13L high-school district championship
die **Schulter, -n** 4S/10L shoulder
schussen 14L to ski fast (straight downhill)
schütteln 5D to shake
schütten 9S to pour
der **Schutz** 13L protection
schützen 18D to protect
schwanger 5L pregnant
schwarz 4G/17D black
das **Schwarze** 9G bull's-eye
der **Schwarzwald** 6D Black Forest
der **Schwede, -n** 6D Swede (male)
Schweden 1S Sweden
der **Schwefel** 6L sulphur
das **Schweigen** 11D silence
das **Schwein, -e** 16S pig
die **Schweiz** 1L Switzerland
der **Schweizer, -** 1L Swiss (male)
Schweizerdeutsch 17L Swiss German (dialect)
die **Schweizerin, -nen** 1L Swiss (female)
schwer 2S/3L difficult; heavy; serious
die **Schwester, -n** 1G/13L sister
das **Schwesterlein, -** 13L little sister
schwierig 6S difficult
das **Schwimmbad, -er** 9G swimming pool
schwimmen*, a, o 9D to swim

die **Schwimmerin, -nen** 9L swimmer (female)
sechs C six
sechst- 11G sixth
sechzehn C sixteen
sechzig 4G sixty
die **sechziger Jahre** 7L the sixties
der **See, -n** lake
die **See, -n** sea
die **Seele, -n** 6L soul
das **Segeln** 9S sailing
sehen (ie), a, e 2D to see
sehr 1D very, very much
die **Seide, -n** 11D silk
   ganz wie Seide 11D just like silk
die **Seife, -n** 12D soap
sein* (ist), war, gewesen C/1D to be
sein pron 4G his; its
seit 5G/6L since, for
   seit einem halben Jahr 9D for half a year
seitdem 6G since
die **Seite, -n** C page; 14L side
   auf Seite zehn C on page ten
der **Sekretär, -e** secretary (male)
die **Sekretärin, -nen** 6S/13D secretary (female)
selbst (selber) 9L self; even
die **Selbstironie** 17D self-irony
die **Selbstkritik** 17L self-criticism
selbstsicher 6S self-assured, self-confident
selig 13S blessed
das **Semester, -** 4G semester
senden 3L to send
senil 117D senile
der **September** 8G/18L September
seriös 5D decent, proper; reliable
sich setzen C/11D to sit down
der **Sex** 5L sex
der **Sex-Appeal** 14D sex appeal
das **Sex-Magazin, -e** 5D sex magazine
sexuell 15S sexual

sexy 5S sexy

Sibirien 12G Siberia

sicher 2D for sure, sure; surely; safe; certainly

die Sicherheit 7S/18D security

sichtbar 18L visible

sie 1D she; they; it

Sie C/1D you *form sing/pl*

das Sieb, -e 14G sieve

sieben C seven

die Sieben 2D number seven streetcar

siebt- 11G seventh

siebzehn C seventeen

siebzig 4G seventy

die siebziger Jahre 6L the seventies

sieden, sott, gesotten 14G to seethe

der Sieg, -e 9G victory

der Sieger, - 9L victor, winner, champion

siezen 11L to address someone with Sie

die Silbe, -n 17S syllable

das Silber 14G silver

der Silberring, -e 12G silver ring

der Silvester 11G New Year's Eve

die Sinfonie, -n 4S symphony

singen, a, u 2S/13L to sing

der Sit-in 14D sit-in

die Sitte, -n 5D custom

die Situation, -en 1W situation

sitzen, saß, gesessen 3L to sit

das Sitzmark, -s 14L depression on a ski slope

der Skandal, -e 11D scandal

das Skateboardfahren 13L skateboarding

die Skizze, -n 16D sketch

der Smog 13S smog

so 1L so; like that
  so heißt das 3L that's what it's called
  so-so 9G so-so
  so tun (als) 15L to act as if, "act like"

so tun (als ob) 16D to act like, to do as if

so . . . wie 2L as . . . as

sobald 6G/14D as soon as

das Sofa, -s 5G couch

sofort 11G at once, immediately

sogar 5L even

sogenannt 14D so-called

der Sohn, ̈e 1G son

Sokrates 6G Socrates

solange 6G/12D as long as

solch- 3L such

der Soldat, -en 1L soldier (*male*)

die Soldatin, -nen 8S soldier (*female*)

solid 5L solid, steady, respectable

sollen 6D should, ought, be supposed to

der Sommer, - 7G/13L summer

die Sommermonate *pl* 8G summer months

sondern 4G/6D but on the contrary, but instead, but rather

der Song, -s song

der Sonnabend, -e C Saturday

die Sonne, -n 2L sun

der Sonnenaufgang, ̈e 11D sunrise

die Sonnenbrille, -n 12L sunglasses

der Sonntag, -e C/3D Sunday

sonntags 9S on Sunday(s)

sonst 13D otherwise

die Sorge, -n 7G worry, concern
  Mach' dir keine Sorge! 7G Don't worry!

das Souvenir, -s 3S souvenir

soviel 6D so much; so far as

sowjetisch 17S/18L Soviet

die Sowjetunion 9S Soviet Union

sozial 18L social

der Sozialismus 9L socialism

der Sozialist, -en 6S socialist

sozialistisch 13S/18L socialist

die Sozialistische Einheitspartei Deutschlands (SED) 18L Socialist Unity Party (*of the DDR*)

der Sozialstaat 18L state emphasizing social welfare

die Sozialversicherungsnummer, -n 4S Social Security number

der Soziologe, -n 9L sociologist

die Soziologie 1S/9L sociology

die Spaghetti *pl* 17S spaghetti

spalten 14G/15L to split

die Spaltung, -en 14G fission

das Spanglish 14D mixture of Spanish and English

Spanien 1S Spain

der Spanier, - 16S Spanish person

Spanisch 8L Spanish (*language*)

spanisch 14S Spanish

die Spannung, -en 17D tension

sparen 1L to save

der Sparringpartner, - 14D sparring partner

sparsam 17L thrifty

die Spartakiade, -n 9L *sports games in the DDR*

der Spaß, ̈e 2G/5D fun, prank
  Spaß machen 2G/5D to kid, to have fun, to be fun
  Macht Spaß! 9D It's great fun!

spät 5L late

später 5L later (on)

spazieren•gehen*, ging spazieren, spazierengegangen 16L to take a walk

das Speerwerfen 9S javelin throwing

die Speise, -n 12L food

die Spezialität, -en 17L specialty

speziell 9L special

das Spiel, -e 9L game; match

spielen 1D to play

der Spieler, - 4S player

das Spielkasino, -s 13S gambling casino

der Spitzensportler, - 9L top athlete

der Sport, -e 9D sport

der Sportklub, -s 9D sports club

der Sportlehrer, - 5S/9L physical education instructor (*male*) die **Sportlehrerin, -nen** 5S physical education instructor (*female*)

der **Sportler, -** 9L person engaging in sports

der **Sportplatz, ¨e** 5S/9G sports field

die **Sportreportage, -n** 14D sports commentary

der **Sportreporter, -** 14D sportswriter

die **Sportschule, -n** 9L physical education school

der **Sportteil** 14D sports section (*newspaper*)

die **Sprache, -n** 1L language

die **Sprachkrise, -n** 3S linguistic crisis

die **Sprachwissenschaft** 14S linguistics

der **Sprachwissenschaftler, -** 14S linguist

sprechen (i), a, o C/2L to speak, talk

sprechend 11L speaking

der **Sprecher, -** 6S/14D host (*of a show*), announcer, speaker, spokesperson (*male*)

die **Sprecherin, -nen** 6S/14D host (*of a show*), announcer, speaker, spokesperson (*female*)

die **Sprechstunde, -n** 9G office hour

das **Sprichwort, ¨er** 1L/7D proverb, saying

spülen 14G to rinse

die **Spur, -en** trace, track

der **Staat, -en** 1L state

staatlich 9L state-owned, governmental

der **Staatsamateur, -e** 9L amateur supported by the state

der **Staatsbürger, -** 8L citizen

die **Staatsbürgerschaft, -en** 17L citizenship

die **Staatsoper** 3L State Opera (*in Vienna*)

die **Staatsuniversität, -en** 13L state university

stabil 17L stable

der **Stacheldraht, ¨e** 18L barbed wire

die **Stadt, ¨e** 2L city

der **Stadtbezirk, -e** 16L urban district

das **Städtchen, -** 13L small town

der **Stadtplan, ¨e** 3L city map

die **Stadtverordnetenversammlung, -en** 4G city council meeting

Stalag (Stammlager) 14L prisoner of war camp in World War II

stammen (aus) 13L to come from; to be descended from

stark 13L strong(ly), greatly

die **Statistik, -en** 6L statistics

statt = anstatt 7G instead of

statt·finden, a, u 4L to take place

der **Staub** 14G dust

staubsaugen 12L to vacuum

der **Staubsauger, -** 12L vacuum cleaner

Staufen 6D *town in the Black Forest region*

stecken 15L to put, place; to stick

stehen*, stand, gestanden 3D to stand

was steht in . . .? 5L what is written in . . .?

wie steht es mit . . .? 18L what about . . .?

stehen·bleiben*, ie, ie 15L to stop, remain standing

stehlen (ie), a, o 16S to steal

steigen*, ie, ie 5S/7L to climb, to rise

der **Stein, -e** 14S stone; stein, beer mug

die **Stelle, -n** 13D position, job; spot

stellen 7L to put; to place

die **Stellung, -en** 18L position, status

sterben* (i), a, o 6D to die

sterbend 7L dying

das **Sternenbanner** 4S Stars and Stripes

die **Steuer, -n** 12G/17L tax

das **Stickoxyd, -e** 6L nitric oxide

still 10L quiet, still

stimmen 17L to be correct; to vote

das stimmt 8D that's right

stinken 14S to stink, smell bad

das **Stipendium, die Stipendien** 13L scholarship; grant, stipend

der **Stock, die Stockwerke** 9G floor, story

stolz 6S/13L proud

der **Stolz** 9L pride

stoppen 6L to stop

stören 2D to disturb, bother

die **Strafe, -n** 7S penalty

der **Strafzettel, -** 7S traffic ticket

der **Strahl, -en** 8D ray

der **Strand, -e** 12S beach

der **Strandkorb, ¨e** beachbasket

die **Straße, -n** 2D street

die **Straßenbahn, -en** 2D streetcar

das **Straßenkafé, -s** sidewalk café

die **Straßenkarte, -n** 3L road map

Strauß, Johann 6G *Austrian composer*

der **Streifen, -** 17D stripe

streiken 13S to strike (*labor*)

streng 15S strict

der **Stress** 14D stress

die **Struktur, -en** 18L structure

das **Stück, -e** 11D play; piece

der **Student, -en** 1D student (*male*)

das **Studentenheim, -e** 5G/9D dormitory

die **Studentin, -nen** 1D student (*female*)

die **Studie, -n** 14S study, research

der **Studienplatz, ¨e** 18L opening for registration at a university

studieren 1D to study

das **Studium, die Studien** 4D study, studies

der **Stuhl, ̈e** C chair
der **Stuka (Sturzkampfflieger)**
14L dive-bomber
die **Stunde, -n** 8L hour
der **Stundenkilometer, -** 4L kilometers per hour
der **Sturm, ̈e** 13S storm
suchen 1L to look for, seek; to
search
Südamerika 3L South America
der **Süden** 13L the South
die **Summe, -n** 14L sum
der **Superlativ, -e** 12L superlative
der **Supermarkt, ̈e** 12L supermarket
superschlank 12L especially slim
die **Suppe, -n** 10L soup
surfen 6S to go surfing
das **Surfen** 9S surfing
süß 11S sweet
das **Symbol, -e** 1S/18L symbol
sympathisch 5L likable
die **Synagoge, -n** 3S synagogue
die **Synthese, -n** 14L synthesis
das **System, -e** 4D system
die **Szene, -n** 11D scene

T

die **Tabaktrafik, -en** 3L state
tobacco shop (*in Austria*)
die **Tafel, -n** C chalkboard, blackboard
der **Tag, -e** C/1D day
  eines Tages 8L someday, one
  day
  Guten Tag! 1D Hello!, Good
  day!
  jeden Tag 9D every day
Der Tagesspiegel 5D *Berlin
newspaper*
die **Tagestemperatur, -en** 4L
today's temperature
täglich 3K daily
das **Tal, ̈er** 8S/15L valley, dale

der **Taler, -** 13S Taler (*old German
currency*)
die **Talkshow, -s** 14D talk show,
interview program
der **Tango, -s** 12G tango
tanken 6S to fill up (with)
die **Tankstelle, -n** 4S gas station
der **Tannenbaum, ̈e** 6W fir-tree
die **Tante, -n** 8S aunt
tanzen 1D to dance
die **Tasche, -n** 15L pocket
das **Taschenbuch, ̈er** 14S pocket
book
der **Taschenrechner, -** 5S pocket
calculator
die **Tasse, -n** 14S cup
die **Tat, -en** 17L action, deed,
exploit
  in der Tat 17L indeed
die **Tatsache, -n** 1L fact
taub 14G deaf
das **Tauchen** 9S diving
tausend 4G thousand
tausendst- 11G thousandth
das **Taxi, -s** 3D taxi, cab
das **Team, -s** 13L/14D team
die **Technik, -en** 18D technology;
technique
technisch 4D technical(ly)
der **Tee, -s** 1S tea
der **Teelöffel, -** 4G teaspoon
der **Teenager, -** 12G teenager
der **Teil, -e** 10L part
teilen 8D to share; to divide
**teil·nehmen an (nimmt teil),
nahm teil, teilgenommen** 9L
to participate, take part in
die **Teilung, -en** 18L division
das **Telefon, -e** 7G/10D telephone
telefonieren 3D to phone
die **Telefonnummer, -n** 4S/14D
telephone number
telegrafieren 3L to telegraph
das **Telegramm, -e** 4G telegram
der **Teller, -** 16W plate, dish
die **Temperatur, -en** 4L temperature

das **Tempolimit, -s** 4L speed limit
(das) **Tennis** 1D tennis
der **Tennisball, ̈e** 4G/9D tennis
ball
der **Tennismeister, -** 9G tennis
master
der **Tennisplatz, ̈e** 5S/9D tennis
court
der **Tennisschläger, -** 5S tennis
racket
das **Tennisspielen** 9D tennis
playing
der **Terrorismus** 18L terrorism
der **Terrorist, -en** 4S/18D terrorist
Tessin 17L *canton in Switzerland*
der **Test, -s** 6G/10W test
testen 14D to test, probe
teuer 3L expensive
das **Theater, -** 11D theater
der **Theaterskandal, -e** 11D
theater scandal
das **Thema, die Themen** 7D
theme, topic
der **Theologe, -n** 7L theologian
die **Theorie, -n** 8L theory
der **Thunfisch, -e** 15L tuna fish
tief 8L deep
  immer tiefer 8L deeper and
  deeper
das **Tier, -e** 7G/10L animal
der **Tierschutzverein, -e** 15L
society for the prevention of
cruelty to animals, humane
society
der **Tip, -s** 8D hint
tippen 13D to type
Tirol 13L Tyrol
der **Tisch, -e** C/5D table
(das) **Tischtennis** 13S table tennis
der **Titel, -** 6G/8D title
die **Tochter, ̈** 1G/7D daughter
die **Toilette, -n** 3S toilet
das **Toilettenpapier** 10L toilet
paper
Tokio 2L Tokyo
tolerant 5L tolerant
tolerieren 18L to tolerate
toll 13G cool, great, really super

die **Tomate, -n** 14G tomato
die **Tomatensauce** 9S tomato sauce
die **Tonne, -n** 6L ton
der **Topf, ̈e** 8L pot
die **Topform** 14D top condition
der **Topsprinter, -** 14D top sprinter
tot 6S dead
töten 6D to kill
der **Tourismus** 17L tourism
der **Tourist, -en** 2L tourist (male)
die **Touristin, -nen** 2L tourist (female)
die **Tradition, -en** 1L tradition
tragbar 13G bearable
tragen (ä), u, a 2L to wear; to carry
der **Trainer, -** 9L coach
trainieren 9L to train
das **Training** 9L training, practice
der **Traum, ̈e** 8S dream
träumen 7S to dream
treffen (i), traf, getroffen 2L to meet; 9G to hit
  sich treffen 9G/14L to meet each other
der **Trend, -s** 14D trend
trennen 18L to separate
treu 5S loyal, faithful
die **Treue** 7S loyalty, faithfulness
der **Trimm-dich-Pfad, -e** 9D physical fitness trail
sich trimmen 9D to keep fit
der **Trimm-Trab** 12G jogging
trinken, a, u 1L to drink
der **Trinker, -** 2L alcoholic (male)
die **Trinkerin, -nen** 2L alcoholic (female)
das **Trinkgeld, -er** 3L tip
Troja 8L Troy
der **Trojaner, -** 8L Trojan
der **Tropfen, -** 12L drop
der **Trost** 6W comfort
trotz 7G/18L in spite of
trotzdem 18L nevertheless
der **Tscheche, -n** 17L Czech
tschechisch 9L Czech

Tschernobyl 18D Chernobyl (city in USSR)
Tschüß! 2D 'Bye now!, So long!, Ciao!
tüchtig 18L capable
tun (tut), tat, getan 5D to do
  leid tun dat 3D to be sorry
  tun als (ob) 16D to act as though
  so tun (als) 15L to act as if, "act like"
die **Tür, -en** C/13D door
der **Türke, -n** 7L Turk
die **Türkei** 1S Turkey
türkisch 11G Turkish
turnen 9D to do gymnastics; to exercise
das **Turnen** 9S gymnastics
die **Turnerin, -nen** 9S gymnast (female)
die **Turnhalle, -n** 9G gym
das **Turnier, -e** 13L tournament
der **Turnsaal, ̈e** 9L gym(nasium)
die **Turnübung, -en** 9D gymnastic exercise
der **Typ, -en** 5L type, character
typisch 5D typical

U

das **Übel** 14G evil
über 1L over; around; 2L about, concerning
überall 2L everywhere
die „**Überfremdung"** 17L foreign infiltration
überlassen (überläßt), überließ, überlassen 12S to leave to
überleben 17L to survive
übermorgen 11G the day after tomorrow
übernehmen (übernimmt), übernahm, übernommen 8L to assume; to take over

überrascht 16L surprised
überschreiten*, überschritt, überschritten 14L to cross over
übersetzen 14W/17G to translate
die **Übersetzung, -en** 14S translation
übervölkert 7L overpopulated
übrigens 13D by the way, incidentally
die **Übung, -en** 12G exercise
UFO = unbekanntes Flugobjekt 15S unidentified flying object
die **Uhr, -en** 3D clock, watch
  um 20 Uhr 3D at 8 P.M.
  Wieviel Uhr ist es? 6G What time is it?
die **Uhrzeit** 13G time as shown by the clock
um 4G around; about; in order to; at
  ums = um das 4G around the
  um . . . zu + inf 12G in order to + inf
um·drehen C to turn over
um·kommen*, a, o 13S to perish
die **Umwelt** 13L environment
umweltfreundlich 3L friendly toward the environment
die **Umweltkatastrophe, -n** 6L environmental catastrophe
das **Umweltproblem, -e** 6L environmental problem
der **Umweltschmutz** 5S/6D environmental pollution
der **Umweltschutz** 5S/6D environmental protection
der **Umweltschützer, -** 6L environmentalist (male)
die **Umweltschützerin, -nen** 6S environmentalist (female)
um·ziehen*, zog um, umgezogen 9G to move, relocate
  sich um·ziehen 9G to change clothes
unabhängig 12S/17L independent

unangenehm 16L unpleasant, embarrassing
unanständig 13G indecent
unbekannt 8D unknown
und 1D and
 und so weiter (usw.) 1G/3L and so forth, etc.
unehrlich 13G dishonest
unerfüllt 18G unfulfilled
unfair 5G unfair(ly)
der **Unfall, ̈e** 12S/16D accident
unfreundlich 5L unfriendly
der **Ungar, -n** 17L Hungarian
Ungarn 1S Hungary
ungefähr 4S/17L approximately
ungekämmt 9G uncombed
ungemütlich 2L uncomfortable, unpleasant
ungerade 4G uneven
ungeschickt 13D clumsy
ungestört 11D undisturbed, not interrupted
unglaublich 5D unbelievable
ungleich 13G unequal
das **Unglück, -e** 13G misfortune, accident
unglücklich 10S/14G unhappy
die **Unglückszahl, -en** 4S unlucky number
unhöflich 13D impolite
die **Uni = Universität, -en** 9D university
die **Uniform, -en** 17D uniform
uninteressant 1L uninteresting
universal 14L universal
die **Universität, -en** 5S/8D university
unmenschlich 13G inhumane
unmöglich 13G impossible
unmoralisch 6G immoral
unnatürlich 11L unnatural
unpersönlich 2L impersonal
unrealistisch 6W unrealistic
unrecht 5D unjust, unfair
 unrecht tun 5D to do an injustice
die **Unruhe, -n** 18L unrest
uns 4L us

unschuldig 16D innocent, not guilty
unser 4G our
unsicher 13G unsafe
der **Unsinn** 12S nonsense
unsympathisch 5L unpleasant, unappealing
unten 9L below; at the bottom
unter 5G below; under; among
das **Unterbewußtsein** 6S subconsciousness
die **Untergrundbahn, -en** 3L subway
die **Unterhaltung, -en** 6S conversation; entertainment
der **Unterricht** 7S/13L instruction; classes; teaching
unterrichten 13L to teach
unterscheiden von (+ dat), ie, ie 9L to distinguish, differ from; to differentiate
der **Unterschied, -e** 13L difference
unterstützen 18L to support
untersuchen 17S to examine
die **Untertasse, -n** 11G saucer
Unterüberlingen 6G village in the FRG
untreu 5G disloyal, unfaithful
das **Unverständnis** 13G lack of understanding
die **Unzahl** 13G great amount
der **Uppercut, -s** 14D uppercut
uralt 13G very old
das **Uran** 15L uranium
die **Urgroßmutter, ̈** 13G great-grandmother
der **Urgroßvater, ̈** 13G great-grandfather
der **Urlaub** 13D vacation
die **Ursprache** 13G primitive language
der **Urwald, ̈er** 13G primeval forest
die **Urzeit** 13G primeval time
usw. = und so weiter 1G/3L and so forth
das **Utopia, -ien** 12S utopia

V

Vaduz 17L Vaduz (capital of Liechtenstein)
die **Vase, -n** 1G/8L vase
der **Vater, ̈** 1G 8L father
veraltet 18L obsolete
das **Verb, -en** 15G verb
verbessern 12L to improve
die **Verbesserung, -en** 13L correction
verbieten, o, o 16L to forbid
(sich) verbinden, a, u 9L to combine; to connect
die **Verbindung, -en** 9S connection
das **Verbot, -e** 7S ban
verboten 3L prohibited
verbrennen, verbrannte, verbrannt 6L to burn
verbringen, verbrachte, verbracht 13L to spend (time)
verdienen 5L to earn
sich verdoppeln 18L to double
der **Verein, -e** 13L club, association
vereinen 18W to unite
die **Vereinigten Staaten** 1L The United States
die **Verfassung, -en** 18L constitution
verführen 14G to lead astray; to seduce
der **Verführer, -** 14L seducer; misleader
vergehen*, verging, vergangen 7D to pass (by)
vergessen (vergißt), vergaß, vergessen 3L to forget
der **Vergleich, -e** 1G/1L comparison
vergleichen, i, i 1L to compare
vergleichend 14S comparative
verhaften 17D to arrest
das **Verhältnis, -se** 17D relationship

die **Verhandlung, -en** 18L negotiation

verheiratet 5L married

verhindern 16D to prevent

verkaufen 3L to sell

der **Verkäufer, -** 2L salesman

die **Verkäuferin, -nen** 2L saleswoman

der **Verkehr** 3L traffic

die **Verkehrsampel, -n** 3L traffic light

der **Verkehrsstau, -e** 3L traffic jam

der **Verkehrsunfall, ¨e** 16D traffic accident

der **Verlag, -e** 14S publishing house

verlangen 17L to demand, require

verlassen (verläßt), verließ, verlassen 8L to leave

verliebt 15D in love

verlieren, o, o 10S/11L to lose

sich verloben 11G to get engaged

der (die) **Verlobte, -n** 11G fiancé(e)

veröffentlichen 10S to publish

verrückt 16S crazy

verschieben, o, o 13S to postpone, put off; to shift

die **Verschiebung, -en** 14S shift

verschieden 1L various, different

verschlafen, ie, a 14G to oversleep

die **Verschmutzung** 14G pollution

verschwinden*, a, u 18L to disappear

versichern 16S to assure

die **Versicherung, -en** 13D insurance

verstaatlicht 9L state-owned, nationalized

verstehen, verstand, verstanden C/1L to understand

die **Verstopfung** 12S constipation

versuchen 14L to try

der **Verteidigungsbund, ¨e** 18L defense alliance

der **Vertreter, -** 4D representative

verursachen 6L to cause

verwandt 14G related

der **Verwandte, -n** 8S/18L relative

die **Verwandtschaft, -en** 14G relationship

verwenden, verwandte, verwandt 1L to use

viel 1D much

  viele 1D many

  Vielen Dank! 3D Thanks a lot!

vieldiskutiert 11G much-discussed

vielleicht 3D perhaps, maybe

vier C four

viert- 11G fourth

das **Viertel, -** 6G/17L quarter, one-fourth

viertens 11G fourth(ly)

vierzehn C fourteen

vierzehnt- 11G fourteenth

vierzig 4G forty

vierzigst- 11G fortieth

das **Vitamin, -e** 8S vitamin

der **Vogel, ¨** 10S bird

das **Vokabular, -e** 14L vocabulary

das **Volk, ¨er** 1L people, nation

die **Volksarmee** 18L People's Army (of the DDR)

die **Volksdemokratie, -n** 18L People's Democracy

volkseigen 9L publicly owned, owned by the people

die **Volksgesundheit** 9L health of the people

das **Volkslied, -er** 14S folk song

die **Volksschule, -n** 13L elementary school

der **Volkswagen (VW), -** 2S/9G Volkswagen (VW)

voll 3S/12L full

von 2D from; 3L of

  von wem 5D about, of whom

vor 1L/5G before; in front of; for; 9D ago

  vor allem 10D above all

  vor ein paar Jahren 9D a few years ago

vorbei·gehen*, i, a 14L to pass by

vorgestern 11G the day before yesterday

vorhin 11D before

vor·lesen (ie), a, e 4G/14D to read aloud

die **Vorlesung, -en** 6S/9G lecture

vormittags 6G in the morning

der **Vorname, -n** 11W first name

vor·schlagen, u, a 4G/13L to suggest

die **Vorsicht** 1G/3L caution

vorsichtig 15D careful

vor·stellen 4G to introduce

  sich vor·stellen (+ dat) 17D to imagine

die **Vorwahl** 14D area code (phone)

vorwärts 4G forwards

das **Vorwort** preface

vulgär 12D vulgar

W

wachen 14G to guard, keep watch

wachsen* (ä), u, a 13S to grow

das **Wachstum** 14G growth

der **Wachtmeister, -** 16D sergeant

die **Waffe, -n** 8D weapon, arm(s)

die **Waffenstillstandsunterhandlungen** 4G cease-fire negotiations

der **Wagen, -** 12G car

der **Wagnerianer, -** 14L fan of Wagnerian music

die **Wahl, -en** 6L choice

wählen 6L to choose, select; 17L to vote; to elect

das **Wahlrecht** 1L right to vote

wahr 14G true

  nicht wahr? 3D isn't it?, right?

während 6G/7L while, whereas; 7G/9L during

die **Wahrheit** 1L truth

wahrscheinlich 13D probably, likely

die **Währung, -en** 13G/17L currency

das **Waisenkind, -er** 13G orphan

der **Wald, ⸚er** 6D woods, forest

das **Waldsterben** 6L dying of the woods

der **Walzer, -** 1L waltz

die **Wand, ⸚e** C/5S wall

die **Wanderlust** 14L wanderlust, enjoyment of traveling

wandern* 1L to hike

wann 1G when

die **Wanze, -n** 4S bug

die **Ware, -n** 12L merchandise, goods

warm 3L warm

warnen 16D to warn

der **Warschauer Pakt** 18L Warsaw Pact

warten (auf) 5D to wait (for)

warum 1L why

was 1D what

was für 13S/18D what kind of

Was ist los? 5D What's the matter?, What's going on?

(sich) waschen 9G/10L to wash

das **Waschmittel, -** 10L detergent

das **Wasser, -** 1S/9G water

die **Wasserpfeife, -n** 13S water pipe, hookah

der **Wechsel, -** 4L change

wechseln 9W to change

weder . . . noch 5L neither . . . nor

der **Weg, -e** 11D way

wegen 6D because of

weg·gehen*, ging weg, weggegangen** 8G to leave

weg·laufen* (äu), ie, au 10S to run away

weg·werfen* (i), a, o 6D to throw away

die **Wehrpflicht** 17L military service, draft

das **Weib, -er** 13S woman

Weihnachten 15G Christmas

der **Weihnachtsabend** 11G Christmas Eve

der **Weihnachtsbaum, ⸚e** 6S Christmas tree

die **Weihnachtsfeier, -n** 6W Christmas celebration

die **Weihnachtszeit, -en** 6W Christmastime

weil 3L because, since

der **Wein, -e** 1G/2L wine

der **Weinberg, -e** vineyard

weiß 4G/12D white

der **Weißwein, -e** 13S white wine

weit 2D far; wide

weiter·gehen*, ging weiter, weitergegangen** 6D to go on, to continue

weiter·laufen* (äu), ie, au 3D to keep on running, going

welch- 2L which

die **Welt** 8L world

Die Welt 5D German newspaper

die **Weltanschauung, -en** 14L philosophy of life

der **Welthandel** 4D international trade

der **Weltkrieg, -e** 15L world war

der **Erste Weltkrieg** 17L First World War

der **Zweite Weltkrieg** 15L Second World War

wem 5G to whom

von wem 5D about, of whom

wen 2G whom

wenig 3L few, little, not much

weniger 6D fewer; less

wenn 3D if, when, whenever

wer 1D who; 1L whoever

werden* (wird), wurde, geworden 2D to become, to get

werfen* (i), a, o 11D to throw

das **Werk, -e** 14G work

wert (+ *gen*) 13S worth, worthy

der **Wert, -e** 11G/17L value, worth

wessen 6G whose

Westberlin 18L West Berlin

westdeutsch 14D West German

der **Westdeutsche, -n** 17D West German (*male*)

Westdeutschland 1L West Germany

der **Westen** 7L the West

das **Wetter** 1G/1L weather

der **Wetterbericht, -e** 3L weather report

der **Wettkampf, ⸚e** 9L competition

das **Wettrüsten** 10D arms race

der **Whisky** 1L whiskey

wichtig 2L important

etwas sehr Wichtiges 6D something very important

die **Wichtigkeit** 14G importance

wie 1L how; as; 3L like

Wie bitte? C What was that?

Wie geht es Ihnen? C How are you?

Wie geht's? 1D How are you?

Wie heißt sie? 1D What's her name?

wie lange 7D how long

Und wie! 7G And how!

wieder 2D again

wiederholen C to repeat

Auf Wiederhören! 2D 'Bye now! (*telephone*)

wieder·kommen*, kam wieder, wiedergekommen** 3G to come back

wieder·sehen* (ie), a, e C/3G to see again

das **Wiedersehen** C reunion

Auf Wiedersehen C/1D Good-bye!

die **Wiedervereinigung** 18L reunification

wiegen, o, o 4D to weigh

Wien 3L Vienna

der **Wiener, -** 14G Viennese

das **Wienerschnitzel, -** 5S/10G/17L Viennese veal cutlet

wieviel 3D how much

Wieviel Uhr ist es? 6G What time is it?

Der wievielte ist heute? 11G What is today's date?

der **Wikinger, -** 14W Viking

der **Wille** 18L will

willkommen sein 16L to be welcome

der **Wind, -e** 4G wind

die **Windmaschine, -n** 4D wind machine

das **Windsurfen** 9S wind surfing

der **Winter, -** 8G winter

die **Wintermonate** *pl* 8G winter months

wir 1L we

wirklich 3S/4L really; 9L true, genuine

die **Wirklichkeit** 7L reality

die **Wirtschaft** 17L economy

wirtschaftlich 18L economic

das **Wirtschaftswunder** 18L economic miracle

wissen (weiß), wußte, gewußt C/2D to know

die **Wissenschaft, -en** 14G/15L science

der **Wissenschaftler, -** 4L scientist (*male*)

die **Wissenschaftlerin, -nen** 5S scientist (*female*)

der **Witz, -e** 17D joke

wo 1L where

die **Woche, -n** C/9D week

das **Wochenende, -** C/1L weekend

  am Wochenende 1L on the weekend

der **Wochentag, -e** 3D weekday

  an Wochentagen 3D on weekdays

der **Wodka, -s** 13S vodka

wodurch 9L whereby; through what, how

wofür 9G why, for what

wogegen 8G/9G against what

woher 2L from where

wohin 2L where (to)

wohl 7D probably, apparently; 9G/10L well, healthy

sich wohl fühlen 9G/10L to feel well

wohlgetan 13S done well

wohnen 3L to live, reside

die **Wohnung, -en** 5S/6G/15L apartment

der **Wohnwagen, -** 5G van, camper

der **Wolf, ⸚e** 10S wolf

Wolfsburg 12G Wolfsburg (*town in the FRG*)

die **Wolga** 12G Volga (*river in the Soviet Union*)

die **Wolke, -n** 18G cloud

wollen (will), wollte, gewollt 6D to want to, wish

  wollen Sie schon 17D do you already want to

womit 9L with what

wonach 9G about what; whereafter; according to which

woran 9G of, at what

worauf 9G for what

woraus 9G from what

das **Wort, -e** *or* **⸚er** 3L word

das **Wörterbuch, ⸚er** 13G dictionary

das **Wörterverzeichnis** vocabulary

der **Wortschatz** 1D vocabulary

worüber 9G about what

wovon 9G of, from what

wovor 17L of what

wozu 18D for what (purpose)

das **Wunder, -** 17L miracle

  kein Wunder 17L no wonder

wunderbar 8L wonderful

(sich) wundern 17D to be surprised

der **Wunsch, ⸚e** 5D wish, request

  auf Wunsch 13L upon request

wünschen 10L to wish, desire

die **Wunschliste, -n** 15D request list

würde 4G would

die **Wurst, ⸚e** 14S sausage

Würzburg 8D Würzburg (*city in the FRG*)

X

xenophil 3L a liking for what is foreign

Y

der **Yankee, -s** 3L Yankee

Z

die **Zahl, -en** C/4G/7L number, figure, amount

  eine gerade Zahl 4G an even number

  eine ungerade Zahl 4G an uneven number

zahlen 5S/6D to pay

zählen 4G to count

  sich zählen zu 18L to count oneself among

der **Zahn, ⸚e** 4S/9G/12L tooth

der **Zahnarzt, ⸚e** 17L dentist

die **Zahnpaste** (*or* **-pasta**) 12D toothpaste

die **Zärtlichkeit** 7S tenderness

die **Zehe, -n** 4S toe

zehn C ten

zehnmal 9S ten times

zehnt- 11G tenth

zehntausendst- 11G tenthousandth

das **Zehntel** 11G tenth

das **Zeichen, -** 17D sign, indication

die **Zeichnung, -en** 10S drawing

der **Zeigefinger, -** 8S index finger

zeigen 1L to show; to point out

  es zeigt sich 9L it appears

die **Zeile, -n** C line

die **Zeit, -en** 1D time

  unsere Zeit ist ab 14D we are out of time

vor kurzer Zeit 11L a short time ago
zeitlos 13G timeless
die **Zeitschrift, -en** 12L magazine
die **Zeitung, -en** 3L newspaper
das **Zelt, -e** 3L tent
der **Zentimeter, -** 4D centimeter
das **Zentrum,** die **Zentren** 3L center
der **Zeppelin, -e** 5S zeppelin
zerbrechen* (i), a, o 14G to break to pieces
zerfallen* (ä), ie, a 14G to fall apart
zerreißen, zerriß, zerrissen 16S to tear up
zerschlagen (ä), u, a 17L to smash to pieces
zerstören 7G/18L to destroy
der **Zettel, -** 7S piece of paper
der **Zeuge, -n** 16D witness (*male*)
die **Zeugin, -nen** 16D witness (*female*)
ziehen*, zog, gezogen 18G to spread; to move
ziemlich 2D quite, fairly, rather
die **Zigarette, -n** 3S/6D cigarette
das **Zimmer, -** 4S/8G/16L room
die **Zimmertemperatur, -en** 4S room temperature
die **Zitrone, -n** 13S lemon
das **Zivil** 14S civilian clothes
der **Zoll, ⁻e** 14G customs, toll
zollfrei 1S duty-free, tax-exempt
der **Zoo, -s** 3L zoo
zu 1L to; at; too; 7G regarding
zum Beispiel 4L for example
der **Zucker** 7G sugar
zuerst 8L at first, first
der **Zufall, ⁻e** 8D coincidence, chance

zu•fügen 13S to do to someone
der **Zug, ⁻e** 1L train
zu•geben (i), a, e 6D to admit
die **Zugspitze** 4L *highest mountain in the FRG*
zu•hören C/4G/6D to listen
die **Zukunft** 6S/10D future
die **Zulassung, -en** 13L admission
zuliebe 6L for the sake of
zum = zu dem 4L to the
zu•machen C/3G to close, shut
die **Zunahme, -n** 7L increase
zu•nehmen (nimmt zu), nahm zu, zugenommen 3L to gain weight; to increase
die **Zuneigung** 5L affection, (mutual) inclination
die **Zunge, -n** 14G tongue
Zürich 5G Zurich (*city in Switzerland*)
zurück•fliegen*, o, o 4G to fly back
zurück•geben (i), a, e 11D to give back, return
zurück•gehen*, ging zurück, zurückgegangen 4G to go back; to trace
zurück•kommen*, kam zurück, zurückgekommen 8L to come back
zurück•legen 15L to put back, give back
zurück•schauen 8G to look back
zusammen C/18L together
die **Zusammenarbeit** 4D cooperation
zusammen•arbeiten 11G/18L to work together
zusammen•gehören 9W to belong together

zusammen•leben 17L to live together
zusammen•passen 1S to fit together, to be compatible, to go together
zuviel(e) 1S/7L too much; too many
die **Zuwanderung** 7L immigration
zwanzig C twenty
zwanzigst- 11G twentieth
der **Zweck, -e** 12L purpose, object
zwei C two
der **Zweifel, -** 8L doubt
zweifellos 13G doubtless
zweifeln 9L to doubt
der **Zweig, -e** 14G twig
zweihundert 4G two hundred
zweihundertzwanzig 4G two hundred twenty
zweihundertzweiundzwanzig 4G two hundred and twenty-two
zweimal 4G/14L twice
zweit- 11G second
    der **Zweite Weltkrieg** 15L the Second World War
zweitens 11G second(ly)
zweiundzwanzig 4G twenty-two
zweiundzwanzigst- 11G twenty-second
zweizweidrittel 11G two and two-thirds
der **Zwerg, -e** 14S dwarf
der **Zwieback, ⁻e** 14L zwieback
der **Zwiebelturm, ⁻e** 5S onion-shaped spire
zwischen 4L between
zwölf C twelve
zwölft- 11G twelfth

WÖRTERVERZEICHNIS: ENGLISCH-DEUTSCH[1]

This vocabulary includes equivalents for the active vocabulary and for the translation exercises in the textbook. An asterisk (*) indicates that a verb is conjugated with **sein** as the auxiliary verb in the perfect tenses. The forms of irregular verbs are given in full. Verbs with a separable prefix are listed with a dot between the prefix and the stem.

The following abbreviations are used:

acc	accusative	*f*	female	*nom*	nominative
adj	adjective	*gen*	genitive	*pl*	plural
conj	conjunction	*inf*	infinitive	*poss*	possessive
dat	dative	*m*	male	*prep*	preposition

A

about über
above oben
  above all vor allem
abroad das Ausland
accident der Unfall, ⸚e
to accomplish schaffen
achievement die Leistung, -en
acid rain der ,,saure Regen''
to be acquainted with kennen, kannte, gekannt
  to become acquainted with kennen•lernen
  to become better acquainted with each other sich näher•kommen
across über
to act as if so tun als ob
action die Tat, -en
ad, advertisement die Annonce, -n; die Reklame, -n
to address an•reden
  to address with *du* duzen
  to address with *Sie* siezen

to admit zu•geben (i), a, e
to adopt adoptieren
adult der (die) Erwachsene, -n
to afford sich leisten *dat*
after nach; nachdem
afternoon der Nachmittag, -e
  in the afternoon nachmittags
again wieder
against gegen
  against it (them) dagegen
age das Alter
agriculture die Landwirtschaft
air die Luft
  air pollution die Luftverschmutzung
airplane das Flugzeug, -e
airport der Flughafen, ⸚
alcoholic der Alkoholiker, -
alien fremd
(a)like ähnlich
alive lebendig
all alle; ganz
alleged(ly) angeblich
almost fast
alone allein
Alps die Alpen *pl*

already schon
also auch
to alter (sich) ändern
although obwohl
always immer
America Amerika
American *m* der Amerikaner, -; *f* die Amerikanerin, -nen; *adj* amerikanisch
among unter
amount die Menge, -n
and und
animal das Tier, -e
to annex annektieren
annexation der Anschluß, ⸚sse
announcer der Sprecher, -
to be annoyed about sich ärgern über + *acc*
answer die Antwort, -en; die Lösung, -en
to answer antworten *dat*
apartment die Wohnung, -en
apparently wohl
to appear aus•sehen (ie), a, e; sich zeigen
apple der Apfel, ⸚

[1]Words may have many meanings, depending on context. The equivalents suggested here reflect the context in which the words are used in this beginning German text. Students should also acquire or consult a German dictionary.

application die Bewerbung, -en
to apply sich bewerben (i), a, o
approximately etwa, ungefähr
area das Gebiet, -e
    area code die Vorwahl (*phone*)
arm der Arm, -e; die Waffe, -n
    arms race das Wettrüsten
army die Armee, -n
to arrest verhaften
to arrive an•kommen*, kam an,
    angekommen
art die Kunst, ̈e
    trashy piece of art der Kitsch
article der Artikel, -
as als; wie
    as . . . as so . . . wie
    as if als ob; als wenn
    as long as solange
    as soon as sobald
to ask fragen; bitten, a, e
to assert behaupten
assignment die Aufgabe, -n
at an
    at eight o'clock um acht Uhr
athlete *m* der Athlet, -en; der
    Sportler, -; *f* die Sportlerin,
    -nen
atom das Atom, -e
atomic bomb die Atombombe, -n
to attempt versuchen
to attend besuchen
attendance der Besuch, -e
Attention! Achtung!
Austria Österreich
Austrian *m* der Österreicher, -; *f*
    die Österreicherin, -nen; *adj*
    österreichisch
autumn der Herbst, -e

B

back der Rücken, -; *adv* zurück
bad schlecht, schlimm
    too bad .·. . schade . . .
bag der Sack, ̈e

to bake backen, u, a
bald kahl
ball-point pen der Kugel-
    schreiber, -
baloney der Quatsch
bank die Bank, -en
battle der Kampf, ̈e
Bavaria Bayern
to be sein* (ist), war, gewesen
    to be able to können (kann),
        konnte, gekonnt
    to be afraid Angst haben
    to be allowed to dürfen (darf),
        durfte, gedurft
    to be annoyed about sich
        ärgern über + *acc*
    to be ashamed sich schämen
    to be called heißen, ie, ei
    to be compatible with passen
        (zu)
    to be correct stimmen
    to be enough genügen
    to be guilty of schuld sein
        an + *dat*
    to be happy (about) sich freuen
        (über)
    to be hungry hungern
    to be in a hurry es eilig haben
    to be in love verliebt sein
    to be interested in sich interes-
        sieren für
    to be located liegen, a, e
    to be lucky Glück haben
    to be mistaken sich irren
    to be of the opinion meinen
    to be over zu Ende sein
    to be sorry leid tun, tat, getan
    to be supposed to sollen (soll)
    to be surprised (sich) wundern
    to be welcome willkommen
        sein
beautiful schön
beauty die Schönheit, -en
because weil; denn; da
    because of wegen + *gen*
to become werden* (i), u, o
    to become acquainted with
        kennen•lernen

to become better acquainted
    with each other sich nä-
    her•kommen
bed das Bett, -en
beer das Bier, -e
before (in front of) vor; *conj*
    bevor
to begin beginnen, a, o;
    an•fangen (ä), i, a
beginner der Anfänger, -
beginning der Anfang, ̈e
behind hinter
to believe glauben *dat*
to belong to gehören *dat*
below unten
besides außerdem
best best-; *adv* am besten
better besser
between zwischen
beverage das Getränk, -e
bicycle das Fahrrad, ̈er
big groß
bill die Rechnung, -en
biology die Biologie
black schwarz
    Black Forest der Schwarzwald
blackboard die Tafel, -n
to blush rot werden
body der Körper, -
bomb die Bombe, -n
book das Buch, ̈er
border die Grenze, -n
to border on grenzen an
boring langweilig
born geboren
to borrow leihen, ie, ie
boss der Chef, -s
both beide
to bother stören
bottle die Flasche, -n
bottom: at the bottom unten; am
    Fuß(e)
boy der Junge, -n
brand (*of merchandise*) die
    Marke, -n
brave mutig
bread das Brot, -e
to break brechen (i), a, o

bridge die Brücke, -n
to bring bringen, brachte, gebracht
 to bring along mit•bringen, brachte mit, mitgebracht
 to bring into existence ins Leben rufen
brother der Bruder, ⸚
brown braun
to buckle up (sich) an•gurten
to build bauen
"bull" der Quatsch
to burn verbrennen, verbrannte, verbrannt
bus der Bus, -se
business das Geschäft, -e; der Betrieb, -e
but aber
 but on the contrary, but instead, but rather sondern
to buy kaufen
 to buy for oneself sich kaufen
buyer der Käufer, -
by the way übrigens; apropos

C

cab das Taxi, -s
cake der Kuchen, -
call der Anruf, -e
to call rufen, rief, gerufen; nennen
 to call up (*phone*) an•rufen, ie, u
 to be called heißen, ie, ei
caller *m* der Anrufer, -; *f* die Anruferin, -nen
can die Dose, -n
capital city die Hauptstadt, ⸚e
car das Auto, -s; der Wagen, -
 car accident der Autounfall, ⸚e
 car driver der Autofahrer, -
case der Fall, ⸚e
cat die Katze, -n
to catch fangen (ä), i, a
 to catch a cold sich erkälten

Catholic der Katholik, -en; *adj* katholisch
to cause versursachen
to celebrate feiern
Celsius Celsius
centimeter der Zentimeter, -
century das Jahrhundert, -e
certain(ly) gewiß; sicher
chair der Stuhl, ⸚e
chalk die Kreide
chalkboard die Tafel, -n
champion der Sieger, -
chance event der Zufall, ⸚e
change die Änderung, -en; der Wechsel, -
to change (sich) ändern; wechseln
character die Person, -en
cheap billig
to check schauen
cheese der Käse, -
child das Kind, -er
choice die Wahl, -en
to choose wählen, aus•suchen
church die Kirche, -n
cigarette die Zigarette, -n
citizen der Staatsbürger, -
city die Stadt, ⸚e
 city hall das Rathaus, ⸚er
 City Hall Inn der Ratskeller, -
 city map der Stadtplan, ⸚e
to claim behaupten
 to claim for oneself sich zu eigen machen
class der Kurs, -e; die Klasse, -n
 classes der Unterricht
classroom das Klassenzimmer, -
to clean säubern, sauber machen
cleaning die Säuberung, -en
clear klar
climate das Klima
to climb steigen*, ie, ie
clock die Uhr, -en
close genau; eng
closely eng
closer näher
club der Klub, -s; der Verein, -e
coal die Kohle, -n

coffee der Kaffee
 coffee shop das Kaffeehaus, ⸚er
coincidence der Zufall, ⸚e
cold die Erkältung, -en; *adj* kalt
 to catch a cold sich erkälten
to collect sammeln
college die Hochschule
to combine (sich) verbinden, a, u
to come kommen*, kam, gekommen
 to come along mit•kommen*, kam mit, mitgekommen
 to come back zurück•kommen*, kam zurück, zurückgekommen
 to come from stammen (aus)
 to come to an end enden; zu Ende gehen
comfortable gemütlich
commercial(ly) kommerziell
common gemeinsam
company der Betrieb, -e; die Firma, die Firmen; die Gesellschaft, -en
to compare vergleichen, i, i
comparison der Vergleich, -e
to be compatible with passen (zu)
competition der Wettkampf, ⸚e (*sports*); die Konkurrenz (*business*)
complete(ly) ganz
to compute aus•rechnen
computer der Computer, -
concerning über
concert das Konzert, -e
to conclude (*a deal*) ab•schließen, o, o
conductor der Schaffner, -; der Dirigent, -en (*orchestra*)
to confront konfrontieren
to congratulate gratulieren
 Congratulations! Gratuliere!
conservative konservativ
to consist of bestehen, bestand, bestanden + *dat*
constitution die Verfassung, -en

constitutional state der Rechtsstaat
to contain enthalten (ä), ie, a
to continue weiter•gehen*, i, a
on the contrary im Gegenteil
cooperation die Zusammenarbeit
correct richtig, korrekt
  to be correct stimmen
correction die Verbesserung, -en
cost die Kosten *pl*
to cost kosten
to count oneself among sich
  zählen zu
country das Land, ̈er
  in our (your) country bei uns
  (euch)
course der Kurs, -e; die Klasse, -n
court das Gericht, -e
cozy gemütlich
to create realisieren
credit card die Scheckkarte, -n;
  die Kreditkarte, -n
crisis die Krise, -n
to criticize kritisieren
to cross over überschreiten*,
  überschritt, überschritten
crude oil das Erdöl
currency die Währung, -en
curriculum vitae der Lebenslauf, ̈e
custom die Sitte, -n
customer *m* der Kunde, -n; *f* die
  Kundin, -nen

D

daily täglich
damage der Schaden, ̈
to dance tanzen
danger die Gefahr, -en
daughter die Tochter, ̈
day der Tag, -e
  every day jeden Tag
  one day, someday eines Tages
dear lieb; teuer

decade das Jahrzehnt, -e
decent seriös
to decide (sich) entscheiden,
  ie, ie
decision die Entscheidung, -en
  to face a decision vor einer
  Entscheidung stehen
to declare erklären
  to declare war Krieg erklären
to decrease ab•nehmen (nimmt
  ab), nahm ab, ab3enommen
deed die Tat, -en
deep tief
  deeper and deeper immer
  tiefer
defendant der Angeklagte, -n
degree(s) (*temperature*) der
  Grad, -e
to deliver liefern
to demand fordern, verlangen
dentist der Zahnarzt, ̈e
department die Abteilung, -en
  department store das
  Kaufhaus, ̈er
to depart ab•fahren* (ä), u, a
departure die Abfahrt, -en
to depend (on) ab•hängen (von),
  ie, a
dependent abhängig
to describe beschreiben, ie, ie
desire die Lust, ̈e
to desire wünschen
desk der Schreibtisch, -e
destiny das Schicksal, -e
to destroy zerstören
detergent das Waschmittel, -
to determine bestimmen
to develop entwickeln
to die sterben* (i), a, o
diesel engine der Diesel, -
to differ from sich unterscheiden
  von, ie, ie + *dat*
difference der Unterschied, -e
different ander-
difficult schwer, schwierig
to dig graben (ä), u, a
  to dig out aus•graben
direct(ly) direkt

direction die Richtung, -en
director *m* der Leiter, -; *f* die
  Leiterin, -nen; *m* der Direktor, -en; *f* die Direktorin, -nen
dirndl das Dirndl, -
dirt der Schmutz
dirty schmutzig
to disappear verschwinden*, a, u
disappointed enttäuscht
to discharge entlassen (entläßt),
  ie, a
to discover entdecken
discovery die Entdeckung, -en
to discuss diskutieren
discussion die Diskussion, -en
to dismiss entlassen (entläßt), ie, a
to distinguish from (sich) unterscheiden von, ie, ie + *dat*
to disturb stören
to divide teilen
division die Teilung; die Division
  (*military*)
divorced geschieden
to do tun, tat, getan; machen
  to do an injustice unrecht tun
  to do gymnastics turnen
doctor *m* der Arzt, ̈e; *f* die Ärztin, -nen
dog der Hund, -e
door die Tür, -en
dormitory das Studentenheim, -e
doubt der Zweifel, -
  to doubt something zweifeln
  an + *dat*
doubtless zweifellos
down nieder; unten
draft (*military*) die Wehrpflicht
dress das Kleid, -er
drink das Getränk, -e
to drink trinken, a, u
to drive fahren* (ä), u, a
  to drive on los•fahren* (ä), u, a
driver der Fahrer, -
  driver's license der Führerschein, -e
driving school die Fahrschule, -n
drop der Tropfen, -
to drop fallen•lassen (läßt fallen),

ließ fallen, fallen(ge)lassen;
ab•fallen* (ä), ie, a
drug das Medikament, -e; das
Rauschgift, -e
dumb dumm
during während + *gen*
dying of the forest das Waldsterben

E

ear das Ohr, -en
earlier früher
early früh
to earn verdienen; (*additional
family income*) mit•ver-
dienen
earth die Erde
East der Osten
eastern östlich
easy leicht
to make easy leicht•machen
to eat essen (ißt), aß, gegessen;
(*of animals*) fressen (frißt),
fraß, gefressen; zum Essen
economic(ally) wirtschaftlich
economic miracle das Wirtschaftswunder
economy die Wirtschaft
edible eßbar
education die Erziehung
either . . . or entweder . . . oder
to elect wählen
elementary school die Volksschule, -n
embarrassing unangenehm
to emphasize betonen
empire das Reich, -e
end das Ende
to come to an end zu Ende
gehen; enden
enemy der Feind, -e
enough genug
to be enough genügen
energy crisis die Energiekrise, -n
engineer der Ingenieur, -e

English Englisch
enjoyment der Genuß, ̈-sse
to enter into (*a deal*)
ab•schließen, o, o
environment die Umwelt
environmental pollution der
Umweltschmutz, die Um-
weltverschmutzung
environmental problem das
Umweltproblem, -e
environmental protection der
Umweltschutz
to err sich irren
to escape flüchten*
to establish gründen
European europäisch
the European Common Market
die Europäische Wirt-
schaftsgemeinschaft (EWG)
even *adj* gerade
even though obwohl
evening der Abend, -e
evening class der Abendkurs, -e
Good evening! Guten Abend!
event das Ereignis, -se
every jeder, jede, jedes; alle
every day jeden Tag
everybody jedermann
everything alles
everywhere überall
exactly like genau wie
examination die Prüfung, -en
example das Beispiel, -e
for example zum Beispiel
to excavate aus•graben (ä), u, a
excellent prima
to excuse entschuldigen
excuse me entschuldigen Sie
(mich)
to exercise turnen
exhaust fumes die Abgase
to exist existieren
expensive teuer
to experience erleben
to explain erklären
exploit die Tat, -en
to explore erforschen
export der Export, -e

to export exportieren
express train der Schnellzug, ̈-e;
der Eilzug, ̈-e
eye das Auge, -n

F

face das Gesicht, -er
fact die Tatsache, -n
factory die Fabrik, -en
to fail durch•fallen* (ä), ie, a
to fall fallen* (ä), ie, a
to fall into hinein•fallen* (ä),
ie, a
to fall off ab•fallen* (ä), ie, a
false falsch
familiar informell
family die Familie, -n
famous berühmt
far weit
fast schnell
fate das Schicksal, -e
father der Vater, ̈-
favorable günstig
favorite spot der Lieblingsplatz, ̈-e
fear die Angst, ̈-e
to fear fürchten; Angst haben
Federal Chancellor der Bundeskanzler, -
**The Federal Republic of Ger-
many (FRG)** die Bundesrepublik Deutschland (BRD)
to feel (sich) fühlen
to feel well sich wohl fühlen
fertilizer der Kunstdünger, -
to fetch holen
fever das Fieber
few wenig
a few (ein) paar
fewer weniger
fiancé(e) der (die) Verlobte, -n
fight der Kampf, ̈-e
figure die Zahl, -en
filter der Filter, -
finally schließlich, endlich

to finance finanzieren
financial(ly) finanziell
to find finden, a, u
fire das Feuer, -
firm die Firma, die Firmen
first-rate prima
fish der Fisch, -e
to fish fischen
fission die Spaltung, -en
fit fit
   to keep fit sich trimmen
to flee flüchten*
flight der Flug, ⸚e
flu die Grippe
to fly fliegen*, o, o
to fly back zurück•fliegen*, o, o
to follow folgen
food die Speise, -n; das Essen
foot der Fuß, ⸚e
   at the foot am Fuß(e)
   to set foot on betreten (i), a, e
for für; *conj* denn; seit + *time*; pro
   for the sake of zuliebe
   for what (purpose) wofür
     (wozu)
to forbid verbieten, o, o
forecast die Prognose, -n
foreign countries das Ausland
foreign language die Fremdsprache, -n
foreign word das Fremdwort, ⸚er
foreign worker (*in the FRG*) der
   Gastarbeiter, -
forest der Wald, ⸚er
   primeval forest der Urwald, ⸚er
forester der Förster, -
to forget vergessen (vergißt), a, e
formal formell
fortune: good fortune das Glück
France Frankreich
free frei; kostenlos
French (*language*) Französisch
Frenchman der Franzose, -n
fresh frisch; frech
FRG (Federal Republic of Ger-
   many) BRD (Bundesrepublik
   Deutschland)
Friday Freitag

friend *m* der Freund, -e; *f* die
   Freundin, -nen
friendly freundlich
friendship die Freundschaft, -en
from aus
   from where woher
in front of vor
full voll
fun der Spaß, ⸚e
   to make fun of sich lustig machen über + *acc*
to function funktionieren
to furnish liefern
future die Zukunft

G

to gain gewinnen, a, o
   to gain weight zu•nehmen
   (nimmt zu), nahm zu, zugenommen
game das Spiel, -e
   Olympic Games die Olympiade, -n
gasoline das Benzin
geneticist *f* die Genetikerin, -nen
gentleman der Herr, -en
genuine echt
German *m* der Deutsche, -n; *f* die
   Deutsche, -n; *f* die Deutsche,
   -n; *adj* deutsch; (*language*)
   Deutsch
   The German Democratic
   Republic (DDR) Die
   Deutsche Demokratische
   Republik (DDR)
   the German Empire das
   Deutsche Reich
   German shepherd der Schäferhund
   High German das Hoch-
   deutsch
German-speaking deutschspra-
   chig

to get bekommen, bekam, bekommen; holen
   to get up auf•stehen*, stand
   auf, aufgestanden
gift das Geschenk, -e
girl das Mädchen, -
girlfriend die Freundin, -nen
to give geben (i), a, e
   to give a present schenken
   to give back zurück•geben (i),
   a, e
gladly gern
glass das Glas, ⸚er
to go gehen*, ging, gegangen
   to go away fort•gehen*, i, a
   to go on weiter•gehen*, i, a
goal das Ziel, -e
God der Gott, ⸚er
good gut; brav; günstig
   Good-bye! Auf Wiedersehen!
to govern regieren
government die Regierung, -en
governmental staatlich
grade die Note, -n; die Klasse, -n
gram das Gramm, -
grandchild *m* der Enkel, -
grant das Stipendium, die Stipendien
grass der Rasen, -
gratis kostenlos
gratitude die Dankbarkeit
great-grandfather der Urgroßvater, -
greatly stark; sehr
Greek griechisch
green grün
   the "Greens" die „Grünen"
group die Gruppe, -n
to grow pflanzen
grown-up der (die) Erwachsene,
   -n
to guess raten (ä), ie, a
guest der Gast, ⸚e
guilty schuldig
   not guilty unschuldig
   to be guilty of schuld sein
   an + *dat*
to "gun" a car los•fahren* (ä), u, a

H

habit die Gewohnheit, -en
hair das Haar, -e
    to comb one's hair sich (die
      Haare) kämmen
half halb
    half past five halb sechs
hand die Hand, ¨e
handwriting die Handschrift, -en
to happen geschehen* (ie), a, e
happy glücklich, froh
    to be happy (about) sich freuen
      (über)
hardworking fleißig
hat der Hut, ¨e
to have haben, hatte, gehabt
    to have on an•haben
    to have to müssen (muß),
      mußte, gemußt
he er
head der Kopf, ¨e; *m* der Leiter, -; *f*
    die Leiterin, -nen; *m* der
    Direktor, -en; *f* die
    Direktorin, -nen
headache die Kopfschmerzen *pl*
    only
headline die Schlagzeile, -n
health die Gesundheit
healthy gesund, wohl
to hear hören
heart das Herz, -en
to heed beachten
Hello (Good Day)! Guten Tag!
help die Hilfe
to help helfen (i), a, o *dat*
her *acc* sie; *poss* ihr
    to her ihr
herself sich; selbst (selber)
here hier; da
    (to) here her
high hoch (hoh)
higher höher
highest höchst-
high school (*American*) die
    Oberschule, -n
to hike wandern*

him *acc* ihn
    to him ihm
himself sich; selbst (selber)
hint der Tip, -s
his *poss* sein
history die Geschichte, -n
to hit hauen; an•fahren (ä), u, a
Hitler Era die Nazizeit
home: (at) home zu Haus(e)
    (to) home nach Haus(e)
honest ehrlich
to hope hoffen
hopefully hoffentlich
hospital das Krankenhaus, ¨er
host (*talk show*) *m* der Sprecher, -
hot heiß
hotel das Hotel, -s
hour die Stunde, -n
house das Haus, ¨er
housewife die Hausfrau, -en
how wie
    How are you? Wie geht's?
    how long wie lange
    how much (many) wieviel(e)
however jedoch
human menschlich
    human being der Mensch, -en
hundred hundert
hunger der Hunger
hungry hungrig
    to be hungry hungern
to hurry sich beeilen
husband mein Mann, ¨er (*always
    used with a poss adj*)

I

I ich
ice das Eis, -
    ice cream das Eis, -
    ice cube der Eiswürfel, -
idea die Idee, -n
identification die Identifika-
    tion, -en
idiom die Redensart, -en

if wenn; ob
    as if als ob, als wenn
to ignore ignorieren
ill krank
to imagine sich vor•stellen *dat*
to imitate imitieren; nach•ma-
    chen
impolite unhöflich
importance die Wichtigkeit
important wichtig
impossible unmöglich
to improve verbessern
in in
    in order to um; um . . . zu
    in spite of trotz + *gen*
incidentally übrigens
to increase (*weight*) zu•nehmen
    (nimmt zu), nahm zu, zu-
    genommen
indecent unanständig
indeed in der Tat
independent unabhängig
indication das Zeichen, -
industrious fleißig
industry die Industrie, -n
inflation die Inflation
to influence beeinflussen
informal informell
information die Auskunft, ¨e; die
    Information, -en
    information sheet das Informa-
    tionsblatt, ¨er
inhabitant der Einwohner, -
inhumane unmenschlich
injury der Schaden, ¨
innocent unschuldig
instead of (an)statt + *gen*
instruction der Unterricht
insurance die Versicherung, -en
interest das Interesse, -n
to interest interessieren
interesting interessant
intersection die Kreuzung, -en
interstate highway die Auto-
    bahn, -en
to interview interviewen
into in
to introduce ein•führen

to invent erfinden, a, u
inventor der Erfinder, -
inward nach innen
isn't it? nicht wahr?
isolated einzeln
it es
Italian der Italiener, -

J

Jew der Jude, -n
job der Job, -s; die Stelle, -n; der
    Beruf, -e
to jog laufen* (äu), ie, au
    I'd rather jog ich laufe lieber
joint gemeinsam
joke der Witz, -e
journey die Fahrt, -en
joy die Freude, -n
just *adv* gerade
    just as genau wie
    just like ganz wie

K

to keep behalten (ä), ie, a
    to keep fit sich trimmen
    to keep on running
        weiter•laufen* (äu), ie, au
to kid Spaß machen
to kill töten
kilogram das Kilo(gramm), -
kilometer der Kilometer, -
    kilometers per hour Stunden-
        kilometer
kindergarten der Kindergarten, ¨
kiss der Kuß, die Küsse
to kiss küssen
kitchen die Küche, -n
knapsack der Rucksack, ¨e
knee das Knie, -
kneebend die Kniebeuge, -n

to know (*a thing*) wissen, wußte,
    gewußt; (*a person*) kennen,
    kannte, gekannt

L

lady die Dame, -n
lake der See, -n
land das Land, ¨er
language die Sprache, -n
large groß
last letzt-
to last dauern
late spät
later (on) später
lawn der Rasen, -
to lead führen
leader der Führer, -
leaf das Blatt, ¨er
to learn lernen
leather das Leder, -
to leave lassen (ä), ie, a; verlassen
    (ä), ie, a; ab•fahren* (ä), u, a
lecture die Vorlesung, -en
(to the) left links
leg das Bein, -e
leisure time die Freizeit
lemonade die Limonade, -n
to let (oneself) (sich) lassen (ä),
    ie, a
letter der Brief, -e
    letter of recommendation das
        Empfehlungsschreiben, -
liberty die Freiheit
to lie lügen, log, gelogen; (*in
    bed*) liegen, a, e
life das Leben
lifeless leblos
lifestyle der Lebensstil, -e
light das Licht, -er; *adj* leicht
to like gern + *verb*; gefallen (ä),
    gefiel, gefallen + *dat*
    to like to mögen
    would like to möcht-
lipstick der Lippenstift, -e
to listen zu•hören, an•hören

listener der Hörer, -
liter der Liter, -
literature die Literatur
little klein, wenig
to live leben; wohnen
    to live to see erleben
lively lebendig
long lang
    how long wie lange
to look schauen; sehen (ie), a, e
    to look at an•schauen
    to look for suchen
    to look forward to sich freuen
        auf + *acc*
    to lose verlieren, o, o
lot: a lot viel
loud(ly) laut
love die Liebe
    (to be) in love verliebt (sein)
to love lieben
lovely hübsch
luck das Glück
Lutheran Church die Evange-
    lische Kirche

M

mail die Post
major (*in college*) das Haupt-
    fach, ¨er
to make machen; tun, tat, getan
man der Mann, ¨er
to manipulate manipulieren
many viele
    many a manch-
    too many zuviele
map die Karte, -n
market der Markt, ¨e
married verheiratet
to marry heiraten
matrimonial ad der
    Heiratswunsch, ¨e
matter die Sache, -n
May der Mai
maybe vielleicht

me mich
  to me mir
to mean meinen, bedeuten
meaning die Bedeutung, -en
means das Mittel, -
to measure messen (i), a, e
measurement das Maß, -e
medicine das Medikament, -e
to meet treffen (i), traf, getroffen
  to meet each other sich treffen
member das Mitglied, -er
meter der Meter, -
metric metrisch
might die Macht, ⁻e
mile die Meile, -n
military service die Wehrpflicht
million die Million, -en
minor (*in college*) das Nebenfach, ⁻er
minute die Minute, -n
Miss das Fräulein, -
mistake der Fehler, -
to be mistaken sich irren
moment der Augenblick, -e; der
  Moment, -e
Monday Montag
money das Geld, -er
monitor (*computer*) der Bildschirm, -e
month der Monat, -e
more mehr
  even more noch mehr
  more and more immer mehr
  more often öfter
  more than mehr als
  once more noch einmal
morning der Morgen, -
  every morning jeden Morgen
  in the morning morgens
  one morning eines Morgens
most (people) die meisten
  at most höchstens
mother die Mutter, ⁻
motorist *m* der Autofahrer, -; *f* die
  Autofahrerin, -nen
mountain der Berg, -e
  mountain excursion die
    Bergtour, -en

mouth der Mund, ⁻er
to move um•ziehen*, o, o;
  rühren
Mr. Herr
Mrs. Frau
much viel
  too much zuviel
music die Musik
musician *m* der Musiker, -
must, to have to müssen (muß),
  mußte, gemußt
myself mich

N

name der Name, -n
to narrate erzählen
native town die Geburtsstadt
natural gas das Erdgas
naturally natürlich
neat ordentlich
neck der Hals, ⁻e
to need brauchen
needle die Nadel, -n
neighbor der Nachbar, -n
neither . . . nor weder . . . noch
never nie
  never before noch nie
nevertheless trotzdem
new neu
news die Nachricht, -en
newspaper die Zeitung, -en
next nächst-
  next to neben
nice schön
night die Nacht, ⁻e
  at night nachts
no nein; *adj* kein(e)
  no one niemand
  no wonder kein Wunder
Nobel Prize der Nobelpreis
none kein(e)
nonsense der Quatsch
nonsmoker der Nichtraucher, -
nose die Nase, -n

not nicht
  not at all gar nicht
  not long ago kürzlich
  not yet noch nicht
notebook das Heft, -e
nothing nichts
  nothing at all gar nichts
November der November
now jetzt, nun
nuclear power plant das
  Kernkraftwerk, -e
number die Nummer, -n; die
  Zahl, -en
  telephone number die Telefon-
    nummer, -n

O

to occupy besetzen
October der Oktober
of von
  of course natürlich
to offend beleidigen
offended beleidigt
to offer an•bieten, o, o
official(ly) offiziell
often oft
  more often öfter
oil heating die Ölheizung, -en
old alt
Olympic champion der Olympia-
  sieger, - (*male*); die Olympiasiegerin, -nen (*female*)
Olympic Games die Olympiade,
  -n; die Olympischen Spiele
on auf
once einmal
one man
  one day eines Tages; einmal
only nur
open offen
to open auf•machen, öffnen
opera die Oper, -n
opinion die Meinung, -en
  to be of the opinion meinen

optimistic optimistisch
or oder
   either . . . or entweder . . . oder
other ander-
otherwise sonst
ought sollen (soll)
our unser
ourselves uns
outward nach außen
over über
overnight von heute auf morgen

P

pair das Paar, -e
pants die Hose, -n
pardon bitte
parents die Eltern *pl*
park der Park, -s
to park parken
part der Teil, -e
to participate in teil•nehmen
   an + *dat* (nimmt teil), nahm
   teil, teilgenommen
partner der Partner, -
party (*political*) die Partei, -en
to pass (by) (*time*) vergehen*,
   verging, vergangen
   to pass by vorbei•gehen*, ging
   vorbei, vorbeigegangen
passport der Paß, ⸚sse
past (*time*) nach
to pay (for) bezahlen; zahlen
   to pay attention to beachten;
   auf•passen
peace der Frieden
pencil der Bleistift, -e
people die Leute *pl only*; die
   Menschen
per pro
perhaps vielleicht
person die Person, -en; der
   Mensch
pessimistic pessimistisch
phone das Telefon, -e; der Fernsprecher, -

to phone telefonieren
photo das Foto, -s
physical education instructor
   der Sportlehrer, -
physician *m* der Arzt, ⸚e; *f* die
   Ärztin, -nen
physicist *m* der Physiker, -; *f* die
   Physikerin, -nen
picture das Bild, -er; das Foto, -s
piece das Stück, -e
pill die Pille, -n
to place stellen; stecken
plan der Plan, ⸚e
to plan planen
planet der Planet, -en
to plant pflanzen
plastic das Plastik
play das Spiel, -e; das Stück, -e
to plead plädieren
please bitte
to please gefallen (gefällt), gefiel,
   a + *dat*; freuen
pleasure die Freude, -n
pocket die Tasche, -n
   pocket calculator der Taschenrechner, -
poem das Gedicht, -e
poet der Dichter, -
point der Punkt, -e
to point out zeigen
poison das Gift, -e
poisonous giftig
Pole der Pole, -n
police die Polizei
   at the police station auf der
   Polizei
policeman der Polizist, -en
Polish polnisch
politeness die Höflichkeit
political politisch
politics die Politik
pollution der Schmutz, die
   Verschmutzung
to ponder nach•denken
   über + *acc*, dachte nach,
   nachgedacht
poor arm; schlecht
population die Bevölkerung

position die Stelle, -n; die Stellung, -en; der Job, -s
to possess haben; besitzen, a, e
possibility die Möglichkeit, -en
possible möglich
postcard die Postkarte, -n
poster das Plakat, -e
post office die Post
power die Macht, ⸚e
practice die Praxis
to practice trainieren
prank der Spaß, ⸚e
precise präzis; genau
to prefer lieber haben
present das Geschenk, -e
to press drücken
pretty hübsch, schön
to prevent verhindern
price der Preis, -e
primeval forest der Urwald, ⸚er
primeval time die Urzeit, -en
prince der Fürst, -en
pro pro
probably wohl; wahrscheinlich
problem das Problem, -e
to proceed los•fahren* (ä), u, a
to produce produzieren
product das Produkt, -e
profession der Beruf, -e
to profit profitieren
prognosis die Prognose, -n
program das Programm, -e
prohibited verboten
proper ordentlich, seriös
to protect schützen
protection der Schutz
protest der Protest, -e
to protest protestieren
Protestant der Protestant, -en; *adj*
   evangelisch, protestantisch
proud stolz
to prove beweisen, ie, ie
psychologist der Psychologe, -n
public öffentlich
pupil *m* der Schüler, -; *f* die Schülerin, -nen
pure rein
purpose der Zweck, -e

to put stellen; setzen; legen (ie), a, e; stecken
  to put on sich an•ziehen, o, o

Q

quality die Qualität, -en
quantity die Menge, -n
quarter das Viertel, -
  a quarter to five viertel vor fünf
question die Frage, -n
  to ask a question eine Frage stellen
quick(ly) schnell
quiet leise, still
quite ziemlich

R

racket der Schläger, -
radioactive waste der Atommüll
railroad die Bahn, -en
  railroad station der Bahnhof, ̈e
rain der Regen, -
  acid rain der „saure Regen''
to rain regnen
raincoat der Regenmantel, ̈
rat die Ratte, -n
rather lieber; ziemlich
ray der Strahl, -en
to reach erreichen
to read lesen (ie), a, e
  to read aloud vor•lesen (ie), a, e
readable lesbar
reader der Leser, -
reading matter die Lektüre, -n
ready bereit
real wirklich
reality die Realität, -en; die Wirklichkeit
to realize realisieren

really wirklich
reason der Grund, ̈e
  for that (very) reason darum
receipt die Quittung, -en
to receive bekommen, a, o; erhalten (ä), ie, a
recently kürzlich
to recognize erkennen, erkannte, erkannt
record die Platte, -n
red light (*traffic*) das Rotlicht, -er
to reduce reduzieren
to reflect upon nach•denken über + acc, dachte nach, nachgedacht
refugee der Flüchtling, -e
regards: He sends his regards (to you). Er läßt Sie herzlich grüßen.
region das Gebiet, -e
to register (sich) immatrikulieren
regular regelmäßig
relationship die Verwandtschaft, -en; das Verhältnis, -se
to release entlassen (entläßt), ie, a
religion die Religion, -en
to remain bleiben*, ie, ie
to remember sich erinnern
rent die Miete, -n
report der Bericht, -e
to report berichten
request der Wunsch, ̈e
  request list die Wunschliste, -n
  upon request auf Wunsch
to request wünschen; bitten, bat, gebeten; fragen
research die Forschung, -en
to research forschen
to reside wohnen
résumé der Lebenslauf, ̈e
restaurant das Restaurant, -s
to retain behalten (ä), ie, a
retired pensioniert
to return zurück•geben (i), a, e
reunification die Wiedervereinigung
rich reich

right das Recht, -e; *adj* richtig; recht; (*direction*) rechts
  (that's) right (das) stimmt
  right? nicht wahr?
to rise steigen*, ie, ie
river der Fluß, ̈sse
road die Straße, -n
robot der Roboter, -
rule die Regel, -n
to run laufen* (äu), ie, au; rennen, rannte, gerannt
  to run into an•fahren (ä), u, a
  to keep on running weiter•laufen* (ä), ie, au
Russia Rußland
Russian der Russe, -n

S

safe gefahrlos
salary das Gehalt, ̈er
salesman der Verkäufer, -
saleswoman die Verkäuferin, -nen
Saturday Samstag (*or* Sonnabend)
to save sparen
to say sagen
saying die Redensart, -en
scarcely kaum
schedule der Fahrplan, ̈e
scholarship das Stipendium, die Stipendien
school die Schule, -n
  school child das Schulkind, -er
science die Wissenschaft, -en
scientist der Wissenschaftler, -
to scold schimpfen
sea das Meer, -e
seat der Platz, ̈e
  Have a seat! Nehmen Sie Platz!
secret geheim
secretary *m* der Sekretär, -e; *f* die Sekretärin, -nen
security die Sicherheit
to see sehen (ie), a, e
to seek suchen

to seem scheinen, ie, ie *dat*
self selbst (selber)
to select aus•suchen; wählen
to sell verkaufen
to send schicken
to separate trennen
serious(ly) ernst
   Weren't you serious? War das
     nicht dein Ernst?
the seventies die siebziger Jahre
several mehrere; einige
to share teilen
to shave sich rasieren
she sie
to shine scheinen
shoe der Schuh, -e
to shoot schießen, schoß, geschossen
shop das Geschäft, -e
to shop ein•kaufen
shopping der Einkauf, ⸚e
short kurz
should sollen (soll)
shoulder die Schulter, -n
to shout rufen, ie, u
to show zeigen
to shower sich duschen
sick krank
sickness die Krankheit, -en
side die Seite, -n
sign das Zeichen, -
similar ähnlich
simple einfach
simply einfach
since seit, seitdem (*temporal*); da
   (*causal*)
to sing singen, a, u
sister die Schwester, -n
to sit sitzen, saß, gesessen
  to sit down sich setzen
the sixties die sechziger Jahre
ski der Schi, -
to ski fast (*straight downhill*)
   schussen
skier *m* der Schiläufer, -; *f* die
   Schiläuferin, -nen
skirt der Rock, ⸚e

to sleep schlafen (ä), ie, a
slender schlank
slow(ly) langsam
small klein
to smoke rauchen
smokestack der Schornstein, -e
to sneeze niesen
so so; also
  so much soviel
  so that damit
  so what? na, und?
so-called sogenannt
solution die Lösung, -en
to solve lösen
some einige; manch-
somebody jemand
someday eines Tages
something etwas
  something very important
   etwas sehr Wichtiges
sometimes manchmal
somewhat etwas
song das Lied, -er
soon bald
soul die Seele, -n
soup die Suppe, -n
the South der Süden
to speak sprechen (i), a, o
speaker *m* der Sprecher, -
speed die Geschwindigkeit, -en;
   das Tempo, -s
  speed limit das Tempolimit, -s
to spend aus•geben (i), a, e;
   (*time*) verbringen,
   verbrachte, verbracht
spokesperson *m* der Sprecher, -
sport(s) der Sport, -e
  sports person der Sportler, -
spot die Stelle, -n
stamp die Briefmarke, -n
to stand stehen, stand, gestanden
to starve hungern
state der Staat, -en
state-owned staatlich
status die Stellung, -en
to stay bleiben*, ie, ie
step der Schritt, -e

to step on betreten (betritt),
   betrat, betreten
to stick stecken
still noch
stomach der Bauch, ⸚e
to stop stoppen; halten (ä), ie, a
store das Geschäft, -e
story die Geschichte, -n
straight ahead geradeaus
strange fremd; komisch
street die Straße, -n
streetcar die Straßenbahn, -en
strict streng
strong(ly) stark
student *m* der Student, -en; *f* die
   Studentin, -nen
study das Studium, die Studien
to study studieren
stupid dumm
subject das Thema, die Themen
subjunctive der Konjunktiv
subway die Untergrundbahn, -en
   (U-Bahn)
to succeed gelingen*, a, u + *dat*
success der Erfolg, -e
successful erfolgreich
such solch-
to suffice genügen
to suggest vor•schlagen (ä), u, a
to suit passen *dat*
  that suits me das paßt mir
sum die Summe, -n
summer der Sommer, -
sun die Sonne, -n
Sunday Sonntag
sunglasses die Sonnenbrille, -n
supermarket der Supermarkt, ⸚e
sure(ly) sicher
surprised überrascht
  to be surprised (sich) wundern
to swear schimpfen
to swim schwimmen*, a, o
swimmer *m* der Schwimmer, -; *f*
   die Schwimmerin, -nen
Swiss francs Franken
Switzerland die Schweiz
system das System, -e

T

table der Tisch, -e

to take nehmen (nimmt), nahm, genommen

  to take along mit•nehmen (nimmt mit), nahm mit, mitgenommen

  to take a shower sich duschen

  to take a walk spazieren•gehen*, ging spazieren, spazierengegangen

  to take part in teil•nehmen an + *dat* (nimmt teil), nahm teil, teilgenommen

  to take place statt•finden, a, u

  Take your time. Lassen Sie sich Zeit!

to talk reden; sprechen (i), a, o

talk show die Talkshow, -s

task die Aufgabe, -n

to taste schmecken

tax die Steuer, -n

taxi das Taxi, -s

to teach lehren

teacher *m* der Lehrer, -; *f* die Lehrerin, -nen

teaching der Unterricht, das Lehren

team das Team, -s

technical(ly) technisch

telegram das Telegramm, -e

telephone das Telefon, -e; der Fernsprecher, -

  telephone number die Telefonnummer, -n

television das Fernsehen

  on television im Fernsehen

  to watch television fern•sehen (ie), a, e

to tell erzählen; sagen

  tell me sag' mal

temperature die Temperatur, -en

tennis das Tennis

  tennis ball der Tennisball, ̈-e

tennis racket der Tennisschläger, -

tension die Spannung, -en

tent das Zelt, -e

terrible schrecklich

terribly schrecklich

terrorist der Terrorist, -en

to terrorize terrorisieren

test der Test, -s; die Prüfung, -en

to test testen

to thank danken *dat*

thankful dankbar

that das, dies; *conj* daß

the . . . the je . . . mehr; je . . . desto

their *poss* ihr

them sie

  to them ihnen

theme das Thema, die Themen

themselves sich

then dann

there dort; da

  (to) there hin

  there is, there are es gibt

  therefore also; darum

they sie

thief der Dieb, -e

thing das Ding, -e; die Sache, -n

to think denken, dachte, gedacht; meinen

this dies, das

throat der Hals, ̈-e

to threaten drohen

through durch

to throw werfen (i), a, o

  to throw away weg•werfen (i), a, o

  to throw oneself at somebody sich jemand an den Hals werfen

Thursday Donnerstag

ticket die Fahrkarte, -n

tight eng

time die Zeit; das Mal, -e

  a short time ago vor kurzer Zeit

  for a long time schon lange

  for the first time zum ersten Mal

  primeval time die Urzeit, -en

  three times dreimal

  What time is it? Wieviel Uhr ist es?

timeless zeitlos

tip das Trinkgeld, -er

title der Titel, -

to *prep* nach; zu

today heute

tomorrow morgen

  tomorrow morning morgen früh

ton die Tonne, -n

tonight heute abend

too auch

tooth der Zahn, ̈-e

toothpaste die Zahnpaste (*or* -a)

top oben

  from top to bottom von oben bis unten

to touch fühlen

track das Gleis, -e

trade der Handel

traffic der Verkehr

  traffic jam der Verkehrsstau, -e

  traffic light die Verkehrsampel, -n

train der Zug, ̈-e; die Bahn, -en

  express train der Schnellzug, ̈-e; der Eilzug, ̈-e

to train trainieren

to travel reisen

treasure der Schatz, ̈-e

tree der Baum, ̈-e

trip die Fahrt, -en; die Reise, -n

trousers die Hose, -n

Troy Troja

truth die Wahrheit

to try versuchen

Tuesday Dienstag

twenty-first einundzwanzigst-

twice zweimal

to type tippen

typewriter die Schreibmaschine, -n

U

umbrella der Regenschirm, -e
under unter
to understand verstehen, a, a
unemployed arbeitslos
unfortunately leider
unfriendly unfreundlich
united gemeinsam
  the United States die Ver-
    einigten Staaten
university die Universität, -en
  (die Uni, -s)
unknown unbekannt
unnatural unnatürlich
unpleasant unangenehm
until bis
  until now bis jetzt
us uns
  to us uns
to use benutzen; verwenden;
  brauchen; gebrauchen
useful brauchbar
usually gewöhnlich

V

vacation die Ferien *pl only*; der
  Urlaub
valley das Tal, ̈er
value der Wert, -e
very sehr
victor der Sieger, -
visible sichtbar
visit der Besuch, -e
to visit besuchen
vocabulary der Wortschatz
voluntarily freiwillig
voluntary freiwillig
to vote wählen
vulgar vulgär

W

to wait (for) warten (auf) + *acc*
waiter der Kellner, -
waitress die Kellnerin, -nen
to walk gehen*, ging, gegangen;
  zu Fuß gehen
wall die Mauer, -n; die Wand, ̈e
wanderlust die Wanderlust
to want wollen (will)
war der Krieg, -e
  to declare war Krieg erklären
warm warm
to warn warnen
to wash (sich) waschen, u, a
wastepaper basket der Papierkorb, ̈e
watch die Uhr, -en
to watch television fern•sehen
  (ie), a, e
water das Wasser, -
way der Weg, -e
we wir
weapon die Waffe, -n
to wear tragen (ä), u, a; an•haben
weather das Wetter
  weather report der Wetter-
    bericht, -e
Wednesday Mittwoch
week die Woche, -n
weekday der Wochentag, -e
  on weekdays an Wochentagen
weekend das Wochenende, -
  on the weekend am Wo-
    chenende
to weigh wiegen, o, o
to be welcome willkommen sein
well gut; wohl; na (*interjection*)
  to feel well sich wohl fühlen
West German westdeutsch
what was
  What about . . .? Wie steht es
    mit . . .?
when wann; als

whenever wenn
where wo
  where (from) woher
  where (to) wohin
whereas während
whether ob
which welch-
while während
white weiß
who wer *nom*; wen *acc*
whom wen *acc*; wem *dat*
whose wessen *gen*
why warum
wife meine Frau, -en (*always
  used with poss adj*)
willing bereit
to win gewinnen, a, o
window das Fenster, -
wine der Wein, -e
winner der Sieger, -
wish der Wunsch, ̈e
to wish wünschen; wollen (will)
with mit
  with each other miteinander
  with what womit
without ohne
woman die Frau, -en
wonder: no wonder kein Wunder
wonderful wunderbar
woods der Wald, ̈er
word das Wort, ̈er
work die Arbeit, -en
to work arbeiten
  to work together zusam-
    men•arbeiten
worker der Arbeiter, -
working hours die Arbeitszeit, -en
world die Welt
worse schlimmer
worth der Wert, -e
would like to möcht-
to write schreiben, ie, ie
writer der Dichter, -
wrong falsch

Y

year das Jahr, -e
  for years jahrelang
  for five years fünf Jahre lang
  one year ago vor einem Jahr
  this year dieses Jahr

yellow gelb

yes ja

yesterday gestern

yet noch

you *form sing/pl* Sie; *fam sing* du; *fam pl* ihr

young jung

your *form sing/pl* Ihr; *fam sing* dein; *fam pl* euer

yourself *form sing* sich; *fam sing* dich

yourselves *form pl* sich; *fam pl* euch

youth die Jugend
  youth hostel die Jugendherberge, -n

Z

zero population growth das Nullwachstum

PHOTO CREDITS

CHAPTER 1 Opener © Beryl Goldberg. Page 9: Peter Menzel/Stock Boston. Page 13: Hiller/Monkmeyer. Page 25: Ulrike Welsch. Page 26: (top) Swiss National Tourist Office, (bottom) Owen Franken/Stock Boston. Page 32: German Information Center.

CHAPTER 2 Opener: Christa Armstrong/Photo Researchers. Page 40: Christa Armstrong/Kay Reese & Associates. Page 44: Owen Franken/Stock Boston. Page 51: (left) Ulrike Welsch, (right) Peter Menzel. Page 59: German Information Center.

CHAPTER 3 Opener: Owen Franken/Sygma. Page 64: Owen Franken/Stock Boston. Page 76: (top left) Ulrike Welsch, (top right) Werner H. Muller/Peter Arnold, (center) Dagmar Fabricius, (bottom) Austrian Institute. Page 77: (top) Peter Menzel/Stock Boston, (center right) Fredrik D. Bodin, (center left) Peter Arnold, (bottom) Eckhard Supp/Kay Reese & Associates. Page 90: Owen Franken/Stock Boston.

CHAPTER 4 Opener: Patricia Hollander Gross/Stock Boston. Page 111: Cary Wolinsky/ Stock Boston. Page 114: German Information Center.

CHAPTER 5 Opener: Dagmar Fabricius. Page 122: Patricia Hollander Gross/ Stock Boston. Page 144: Owen Franken/Stock Boston. Page 145: Angermayer Munchen/ Photo Researchers.

CHAPTER 6 Opener: Dirk Reinartz/Visum-Woodfin Camp. Page 150: Owen Franken/Stock Boston. Page 192: Photos by Regis Bossu/Sygma.

CHAPTER 7 Opener: Thomas Hopker/Woodfin Camp. Page 186: Margot Granitsas. Page 192: Eckhard Supp/Kay Reese & Associates. Page 196: German Information Center. Page 200: © Beryl Goldberg. Page 207: Regis Bossu/Sygma. Page 208: German Information Center.

CHAPTER 8 Opener: German Information Center. Page 221: (top) Diego Goldberg/Sygma, (left & right, bottom) German Information Center. Page 224: J.L. Atlan/ Sygma. Page 239: German Information Center.

CHAPTER 9 Opener: © Beryl Goldberg. Page 262: Eastfoto. Page 270: Stuart Franklin/Sygma. Page 274: Thomas Hopker/Woodfin Camp.

CHAPTER 10 Opener: German Information Center. Page 286: Gerhard Gscheidle/Peter Arnold. Page 298: Peter Menzel. Page 299: Ulrike Welsch. Page 303: Peter Menzel/Stock Boston.

CHAPTER 11 Opener: © DPA, Courtesy German Information Center. Page 310: The Bettmann Archive. Page 315: Ulrike Welsch/Stock Boston. Page 327: Ulrike Welsch. Page 329: Ulrike Welsch.

CHAPTER 12 Opener: Thomas Hopker/Woodfin Camp. Page 348: Regis Bossu/ Sygma. Page 351: (left) Owen Franken/Stock Boston.

CHAPTER 13 Opener: Ulrike Kment/Inter Nationes/German Information Center. Page 377: German Information Center. Page 378: Lee Snider/Photo Images. Page 380: Fredrik D. Bodin. Page 385: German Information Center. Page 387: German Information Center. Page 389: ''Das Schlaraffenland'' by Pieter Brueghel. Bayer-Staatsgemaldesammlungen.

CHAPTER 14 Opener: Owen Franken. Page 391: (left) Edith Reichmann/ Monkmeyer, (right) Beryl Goldberg. Page 407: German Information Center. Page 408: (top) German Information Center, (bottom) Owen Franken.

CHAPTER 15 Opener: Ulrike Welsch. Page 418: (left) Wolfgang Stech/Visum-Photo Researchers, (right) Owen Franken. Page 421: Regis Bossu/Sygma. Page 429: Ulrike Welsch. Page 434: German Information Center. Page 441: Inter Nationes/German Information Center.

CHAPTER 16 Opener: Owen Franken/Stock Boston. Page 450: Swiss National Tourist Office. Page 460: Regis Bossu/Sygma. Page 461: Margot Granitsas. Page 462: Wolfgang Steche/Visum-Photo Researchers. Page 463: Peter Menzel/Stock Boston.

CHAPTER 17 Opener: Owen Franken/Stock Boston. Page 484: (left) Austrian National Tourist Office, (right) Barbara Alper/Stock Boston. Page 485: (top) Richard Dibson-Smith/Photo Researchers, (bottom) Fritz Kern/German Information Center. Page 486: Austrian National Tourist Office. Page 487: Swiss National Tourist Office. Page 488: Russell A. Thompson/Taurus.

CHAPTER 18 Opener: Mark Chaster/Leo de Wys. Page 500: German Information Center. Page 504: Bossu/Sygma. Page 508: Thomas Hopker/Woodfin Camp. Page 509: Jim Cartier/Photo Researchers. Page 511: Ulrike Welsch.

COLOR INSERT Page 1: (top left) Mueller/Leo de Wys, (center left) Joachim Messerschmidt/Click-Chicago, (top right) Dagmar Fabricius, (bottom right) Ann & Myron Sutton/Tom Stack & Associates. Page 2: (top left) Lee Snider/Photo Images, (center left) Joachim Messerschmidt/Click-Chicago, (bottom left) © Berlitz/Click-Chicago, (bottom right) Rhoda F. Duren/RFD Inc. Pages 2 and 3 top: Tony Freeman Photographs. Page 3: (center left) © L. Freed/Magnum, (bottom left) © L. Freed/Magnum, (bottom right) Joachim Messerschmidt/Leo de Wys. Page 4: (top left) Joachim Messerschmidt/Click-Chicago, (top right) Arthur Grace/Sygma, (bottom) © J. & D. Heaton/Click-Chicago.